KB102789

한권으로 끝내는

고소장 작성 이론 및 실무

[고소장(59개 유형), 고발장, 증거보전신청]

법학박사 · 행정사 김 동 근 저

 법률출판사

머리말

현시대는 다양한 유형의 사건들로 권익을 침해받는 경우가 많습니다. 학교나 가정, 직장 등에서 발생하는 각종 사건 외에 생각지도 아니하였던 '묻지 마 범죄' 또한 기승을 부리고 있는 실정입니다.

그 만큼 과거에 비하여 다양한 유형의 사건들로부터 자신의 권익을 보호해야 하는 일이 많아진 현실입니다. 그런데 막상 자신이 뜻하지 아니한 사건의 중심에 서게 될 경우 경제적인 이유, 절차의 복잡성, 시간적 필요 등 여러 이유들로 관련 사건의 해결에 주저하는 경우가 많습니다. 대부분의 경우는 경제적인 이유에서입니다. 막상 사건의 해결을 위하여 전문가의 도움을 받아 고소장 하나 작성하려고 해도 적게는 수십만 원에서 많게는 수백만 원의 비용이 소요될 수도 있기 때문입니다.

본서는 이러한 현실적인 문제점에 착안하여 혼자서도 본서만 참고할 경우 손쉽게 고소장을 작성하고 나아가 고소를 통하여 자신의 문제를 성공적으로 해결할 수 있는 지침서를 만들고자 노력하였습니다.

따라서 본서의 제1장에서는 고소와 관련된 기본적인 이론 및 실무 그리고 관련 절차도, 핵심 조문 및 판례 등을 수록하여 고소의 기본인 이론, 구성요소 및 절차 등에 대한 이해도를 높일 수 있는 내용으로 구성하였고, 제2장에서는 이를 바탕으로 실질적인 고소장 작성의 편의성을 높이기 위하여 사회생활에서 흔히 접할 수 있는 고소사건의 유형을 총 59가지로 구분한 후 각각의 범죄사실에 대한 구성요건 등 핵심내용 및 중요 판례 그리고 관련 고소장 양식들을 삽입함으로써 본서만 참고하면 누구라도 손쉽게 고소장을 작성하는 것이 가능하도록 구성하였으며, 마지막 제3장에서는 관련 증거수집에 필수적인 증거보전 절차의 이론 및 관련 서식 등을 추가적으로 삽입함으로써 누구라도 이 한 권의 책으로 증거수집부터 고소장 작성 및 접수에 이르기까지 모든 절차를 스스로 진행하는 데 부족함이 없이 구성하였다는 특징이 있습니다.

아무쪼록 본서가 각종 범죄행위로 인해 고통을 받고 있는 피해자나 관련 실무종사자분들에게 한줄기 빛이 될 수 있는 길라잡이 역할을 충분히 해낼 수 있기를 바라고, 다만 혹시라도 다소 미흡하거나 부족한 부분들이 존재할 경우 독자분들의 지도편달을 바라면서, 관련 부분은 판을 거듭하며 보완해 나갈 것을 약속합니다.

끝으로 사회전반적인 불경기 등 여러 어려움 속에서도 본서의 출간을 위하여 혼신을 다해주신 법률출판사 김용성 사장님을 비롯하여 편집자 및 여러 임직원분들에게 깊은 감사를 표하는 바입니다.

2024. 1.

김동근 씀

차 례

제1장

고소절차 개관

1. 고 소

가. 의 의

고소란 ① 범죄의 피해자 또는 그와 일정한 관계가 있는 고소권자가 ② 수사기관에 대하여 ③ 범죄 사실을 신고하여 ④ 범인의 처벌을 구하는 의사표시를 말한다. 고소권은 헌법 제27조 제5항의 범죄피해자의 재판절차진술권을 구체적으로 실현하고 있는 것 중의 하나이다. 고소는 수사의 단서이지만 피해자의 구체적 사실을 바탕으로 한 범죄사실에 대한 진술이라는 점에서 다른 수사의 단서와는 달리 곧바로 수사가 개시된다.

(1) 고소권자의 수사기관에 대한 신고

> **범죄수사규칙**
>
> **제49조(고소고발의 수리)** 경찰관은 고소고발은 관할 여부를 불문하고 접수하여야 한다. 다만, 제7조에 규정된 관할권이 없어 계속 수사가 어려운 경우에는 경찰수사규칙 제96조에 따라 책임수사가 가능한 관서로 이송하여야 한다.
>
> **검찰청법**
>
> **제4조(검사의 직무)** ① 검사는 공익의 대표자로서 다음 각 호의 직무와 권한이 있다.
>
> 1. 범죄수사, 공소의 제기 및 그 유지에 필요한 사항. 다만, 검사가 수사를 개시할 수 있는 범죄의 범위는 다음 각 목과 같다.
>
>   가. 부패범죄, 경제범죄 등 대통령령으로 정하는 중요 범죄
>
>   나. 경찰공무원(다른 법률에 따라 사법경찰관리의 직무를 행하는 자를 포함한다) 및 고위공직자범죄수사처 소속 공무원(「고위공직자범죄수사처 설치 및 운영에 관한 법률」에 따른 파견공무원을 포함한다)이 범한 범죄
>
>   다. 가목·나목의 범죄 및 사법경찰관이 송치한 범죄와 관련하여 인지한 각 해당 범죄와 직접 관련성이 있는 범죄

고소는 고소권자에 의하여 행해져야 하며 수사기관에 대한 것이어야 한다. 따라서 수사기관이 아닌 법원에 대하여 진술서를 제출하거나 피고인의 처벌을 바란다고 증언하는 것은 고소가 아니다(대판 1984. 6. 26. 84도709).

[일반 형사사건 처리절차]

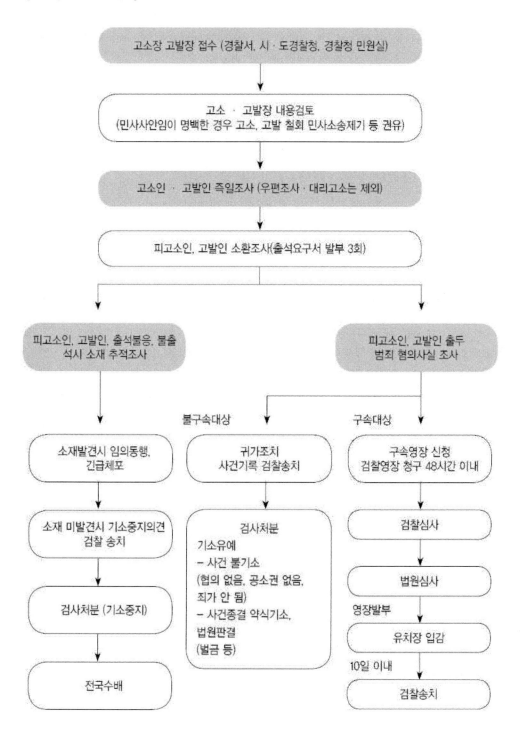

고소장 고발장 접수 (경찰서, 시 · 도경찰청, 경찰청 민원실)

고소 · 고발장 내용검토
(민사사안임이 명백한 경우 고소, 고발 철회 민사소송제기 등 권유)

고소인 · 고발인 즉일조사 (우편조사 · 대리고소는 제외)

피고소인, 고발인 소환조사(출석요구서 발부 3회)

피고소인, 고발인, 출석불응, 불출
석시 소재 추적조사

피고소인, 고발인 출두
범죄 혐의사실 조사

소재발견시 임의동행,
긴급체포

소재 미발견시 기소중지의견
검찰 송치

검사처분 (기소중지)

전국수배

불구속대상

귀가조치
사건기록 검찰송치

검사처분
기소유예
– 사건 불기소
(협의 없음, 공소권 없음,
죄가 안 됨)
– 사건종결 약식기소,
법원판결
(벌금 등)

구속대상

구속영장 신청
검찰영장 청구 48시간 이내

검찰심사

법원심사

영장발부

유치장 입감

10일 이내

검찰송치

- 경찰관서 민원실에서는 고소·고발, 진정·탄원 등 민원을 접수한 경우 해당 주무기능(수사·형사·여청·교통과 등)으로 전달, 조사담당자를 지정하여 처리한다.
- 피고소·고발인이 출석요구에 불응한 경우 피고소인·고발인에 대해 소재수사를 하게 되며, 소재수사로 소재가 확인되면 임의동행을 요구하나 동행요구에 불응하고 범죄사실이 인정되고 객관적 증거가 있으면 긴급체포할 수 있다.
- 무분별한 고소·고발로 인한 인권침해 및 수사력 낭비를 방지하기 위해 고소·고발사건 접수에 내용을 실질적으로 검토하여 범죄혐의가 명백히 없거나 입건하여 수사할 가치가 없는 경우에 한하여 각하 등 처리한다.
- 고소·고발사건 처리기간은 형사소송법 규정에 따라 고소·고발을 수리한 날로부터 3월 이내에 수사를 완료하여 공소제기 여부를 결정한다.

[소년형사사건 처리절차]

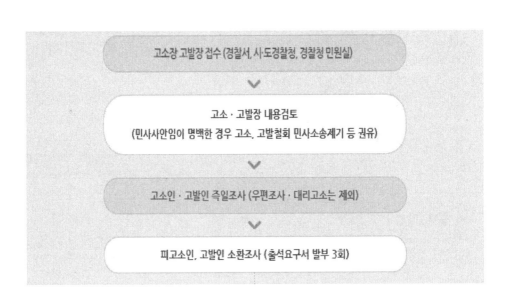

고소장 고발장 접수 (경찰서, 시·도경찰청, 경찰청 민원실)

∨

고소·고발장 내용검토
(민사사안임이 명백한 경우 고소, 고발철회 민사소송제기 등 권유)

∨

고소인·고발인 즉일조사 (우편조사·대리고소는 제외)

∨

피고소인, 고발인 소환조사 (출석요구서 발부 3회)

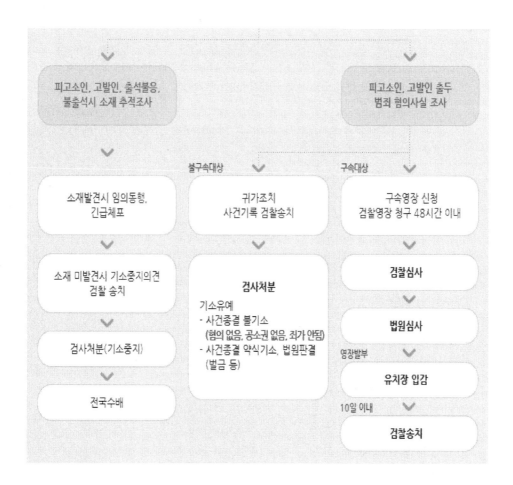

(2) 범죄사실의 신고

고소는 범죄사실을 신고하는 것이다. 이때 범죄사실의 특정은 고소인의 의사가 구체적
으로 어떤 범죄사실을 지정하여 범인의 처벌을 구하고 있는가를 확정할 수 있을 정도면
족하다. 고소는 수사기관에 대한 사인의 의사표시라는 점에서 공소장에 비하여 그 특정
성이 완화되는 것이다.

(3) 범인의 처벌을 구하는 의사표시

고소는 소추를 구하는 의사표시이다. 따라서 범죄로 인한 피해사실만을 신고하고 처벌
을 구하는 의사표시가 없는 경우에는 고소로 볼 수 없다.

고소	고발	진정 및 탄원
• 고소란 범죄의 피해자 또는 그와 일정한 관계가 있는 고소권자가 수사기관에 대하여 범죄 사실을 신고하여 범인의 처벌을 구하는 의사 표시이다.	• 고발이란 고소권자와 범인 이외의 사람이 수사기관에 대하여 범죄 사실을 신고하여 범인의 처벌을 구하는 의사 표시이다.	• 진정이란 개인 또는 단체가 국가나 공공기관에 대하여 일정한 사정을 진술하여 유리한 조치를 취해 줄 것을 바라는 의사표시이다.
• 고소는 고소권자에 의해 행하여져야 하고, 고소권이 없는 자가 한 고소는 고소의 효력이 없으며, 자기 또는 배우자의 직계존속은 고소하지 못한다.	• 누구든지 범죄가 있다고 사료되는 경우 고발을 할 수 있으나 자기 또는 배우자의 직계존속은 고발하지 못한다.	• 탄원이란 개인 또는 단체가 국가나 공공기관에 대하여 일정한 사정을 진술하여 도와주기를 바라는 의사 표시이다.
• 형사소송법상 고소권자로는 피해자, 피해자의 법정대리인, 피해자의 배우자 및 친족, 지정 고소권자가 있다. (친고죄에 대해 고소할 자가 없는 경우 이해관계인의 신청이 있으면 검사는 10일 이내에 고소할 수 있는지를 지정)	• 고발은 제1심 판결 선고전까지 취소 할 수 있으며, 고소와 달리 고발은 취소한 후에도 다시 고발할 수 있다.	• 진정과 탄원은 고소·고발과 달리 대상에 대한 제한 규정이 없다.
• 고소는 제1심 판결 선고전까지 취소할 수 있으며, 고소를 취소한 자는 다시 고소하지 못한다.		

나. 고소권자

> **형사소송법**
>
> 제223조(고소권자) 범죄로 인한 피해자는 고소할 수 있다.
>
> 제237조(고소, 고발의 방식) ① 고소 또는 고발은 서면 또는 구술로써 검사 또는 사법경찰관에게 하여야 한다.
>
> ② 검사 또는 사법경찰관이 구술에 의한 고소 또는 고발을 받은 때에는 조서를 작성하여야 한다.

고소는 범죄의 피해자(형사소송법 제223조)나 피해자의 법정대리인(형사소송법 제225조 제1항)이 할 수 있다. 여기서 피해자란 직접적인 피해자만을 의미하고 범죄로 인하여 간접적인 피해를 받은 자는 포함되지 않는다. 또한 자기 또는 배우자의 직계존속을 고소하지 못하는데(형사소송법 제224조), 다만 가정폭력범죄나 성폭력범죄에 대하여는 자기 또는 배우자의 직계존속을 고소할 수 있다. 또한, 친고죄에 대하여 고소할 자가 없는 경우에 이해관계인의 신청이 있으면 검사는 10일 이내에 고소할 수 있는 자를 지정하여야 한다(형소법 228조). 다만, 검사의 지정을 받은 고소인이 고소를 제기할 때에는 그 지정받은 사실을 소명하는 서면을 제출하여야 한다.

> **고소방식**
>
> 고소는 서면 또는 구두 진술로 가능하나, 반드시 검사 또는 사법경찰관에게 해야 한다. 구두로 고소한 경우 수사 기관은 조서를 작성해야 한다.
>
> 고소장은 일정한 양식이 없다. 다만, 고소인과 피고소인의 인적 사항, 고소하는 범죄사실, 처벌을 원하는 의사 표시가 포함되어 있어야 한다.
>
> 피고소인의 인적 사항을 몰라도 고소할 수 있지만, 피고소인을 특정하기 위해서는 고소인이 피해당한 사실을 구체적으로 밝히고, 피해사실에 대한 증빙자료를 첨부하여야 한다.

고소는 대리인을 지정하여 대리인으로 하여금 고소하게 하더라도, 반드시 본인의 명의로 해야 한다.

가명이나 다른 사람의 명의로 고소한 사실이 밝혀질 경우 수사기관은 수사를 중단하고 사건을 종결할 수 있다.

고소인의 권리 · 의무

고소인은 수사기관에 출석하여 고소사실을 진술할 수 있고 사건 결과를 통지 받을 수 있다. 검사가 고소사건을 불기소 처분한 경우, 처분의 이유를 물을 수 있고 이의 제기(항고, 재정신청)도 할 수 있다.

고소인은 수사기관의 수사에 협조할 의무가 있고 수사기관의 협조요청에 응하지 않을 경우 수사기관은 수사를 중단 하고 사건을 종결할 수 있다.

친고죄

고소권자의 고소가 있어야만 재판에 회부할 수 있는 범죄로, 성범죄 등이 해당 된다.

친고죄는 범인을 알게 된 그날로부터 6개월이 지나면 고소할 수 없습니다. 다만 불가항력적인 사유가 있는 경우 그 사정이 없어진 날짜가 시작점이 된다.

다만, 특별법(성폭력범죄의 처벌 및 피해자보호 등에 관한 법률)에 의해 친고죄의 고소기간이 1년으로 연장되는 경우도 있다.

고소취소

고소취소는 1심 판결 전까지 가능하고, 고소를 취소한 사람은 같은 내용에 대해 다시 고소할 수 없다.

친고죄의 경우 공범이 있다면, 고소인은 공범의 일부에 대해서만 고소하거나 취소할 수 없고, 일부에 대해서 고소하거나 취소하더라도 나머지 공범에 대해서도 고소하거나 취소한 것과 같은 효력이 생긴다.

고발

고발이란 고소와 마찬가지로 범죄사실을 수사기관에 신고하여 범인을 처벌해달라는 의사표시로서, 고소와 달리 범인 및 고소권자 이외의 제3자는 누구든지 할 수 있고,

공무원이 직무상 범죄를 발견한 때에는 고발해야 할 의무가 있다.

관세법 또는 조세범처벌법위반의 경우와 같이 고발이 있어야 처벌할 수 있는 사건(필요적 고발사건)도 있다.

제한 규정(자기 또는 배우자 직계존속에 대한 고소금지), 방식, 취소 등에 있어서 고소에 대한 법률 규정이 고발의 경우에도 적용된다.

무고죄

신고하는 사람이 타인의 강요 없이 자진하여 허위의 사실을 신고한 이상 그 방법을 불문하고 모두 무고죄에 해당된다.

신고의 상대방은 공무원 또는 공무소로 형법에 규정되어 있는데, 이는 형사처분 또는 징계처분을 할 수 있는 권한을 가지고 있는 공공기관과 담당 공무원 및 보조자를 말한다. 예를 들면 경찰 또는 검사 이외에도 임명권과 감독권이 있는 공공기관장 등을 들 수 있다.

법정형은 10년 이하의 징역 또는 1천500만원 이하의 벌금형으로, 무고죄의 범인은 무거운 형사 처벌을 받는다. 다만, 허위로 신고한 사람이 그 신고한 사건의 재판이 확정되기 전에 또는 징계처분이 내려지기 전에 자백 또는 자수 한 때는 그 형을 감경 또는 면제받을 수 있다.

고소·고발 관련 각종 서류, 고소(고발)장·고소(고발) 취소장

고소(고발)장은 일정한 양식이 없고, 고소(고발)인과 피고소(피고발)인의 인적사항, 피해를 입은 내용, 처벌을 원한다는 뜻만 들어 있으면 반드시 무슨 죄에 해당하는지 밝힐 필요는 없다. 다만 피해사실 등의 내용이 무엇인지 알 수 있을 정도로 가능한 한 명확하게 특정되어야 한다.

고소(고발)취소장도 일정한 양식이 없고, 피고소(고발)인의 인적사항, 죄명, 고소(고발)일시, 고소(고발)인의 인적 사항, 무슨 죄명에 대해서 고소(고발)를 취소한다는 내용을 기재하면 된다. 친고죄의 고소는 제1심 판결선고 전까지 취소할 수 있고, 고소를 취소한 자는 다시 고소하지 못한다.

> **고소(고발)장 접수증명원**
>
> 고소(고발)장을 접수한 사실을 증명하는 서류로서 관할 검찰청 민원실에 방문 또는 우편, 전화, 인터넷으로 신청할 수 있다.

다. 고소의 기간

> **형사소송법**
>
> 제230조(고소기간) ①친고죄에 대하여는 범인을 알게 된 날로부터 6월을 경과하면 고소하지 못한다. 단, 고소할 수 없는 불가항력의 사유가 있는 때에는 그 사유가 없어진 날로부터 기산한다.
>
> 제231조(수인의 고소권자) 고소할 수 있는 자가 수인인 경우에는 1인의 기간의 해태는 타인의 고소에 영향이 없다.

단순히 수사의 단서에 불과한 비친고죄의 고소의 경우에는 고소기간의 제한이 없다. 그러나 친고죄[1]의 경우에는 국가형벌권의 행사가 사인의 처벌희망의사표시의 유무에 의하여 장기간 좌우되는 폐단을 방지하기 위하여 고소기간의 제한을 둘 필요가 있다. 이에 형사소송법 제230조 제1항 본문은 친고죄에 대하여는 범인을 알게 된 날로부터 6월이 경과하면 고소하지 못하는 것으로 규정하고 있다.

---

1) 친고죄란 피해자의 명예보호나 침해이익의 경미성을 감안하여 피해자의 고소가 있을 때에만 공소를 제기할 수 있는 범죄를 가리킨다. 친고죄는 절대적 친고죄와 상대적 친고죄로 나뉜다. 사자의 명예훼손죄(형 제308조), 모욕죄(형 제311조) 등과 같이 신분관계를 묻지 않고 항상 친고죄인 범죄를 절대적 친고죄라 한다. 이에 대하여 절도죄(형 제347조), 공갈죄(형 제350조), 횡령배임죄(형 제355조), 장물죄(형 제362조) 등과 같이 일정한 신분자 사이에만 친고죄로 인정되는 범죄를 상대적 친고죄라 한다. 2013. 6. 19부터 성범죄 친고죄 조항이 60년 만에 폐지되면서 이제부터 피해자가 아니더라도 성범죄에 대한 처벌을 위한 인지수사 또는 고발이 가능하게 되었다.

여기서 '범인을 알게 된 날'이란 범인을 특정할 수 있을 정도로 알게 된 날을 의미하며 반드시 그 성명까지 알 필요는 없다. 또 범죄사실을 알게 된 것만으로써 고소기간은 진행되지 아니한다. 그러나 범인을 아는 것은 고소권발생의 요건이 아니므로 범인을 알기 전에도 유효한 고소를 할 수 있다. 또 여기에 범인은 정범, 교사범, 종범의 여하를 불문하고 수인의 공범이 있는 경우에는 그 1인만을 알아도 된다.

또한 고소할 수 있는 자가 수인인 경우에는 각 고소권자에 대하여 개별로 '범인을 알게 된 날'을 결정하고 그중 1인에 대한 기간의 해태는 타인의 고소에 영향이 없다(형소법 231조). 또 형법 제241조의 간통죄의 경우에는 혼인이 해소되거나 이혼소송을 제기한 후가 아니면 고소할 수 없으므로 이때에는 혼인의 취소 또는 이혼소송의 제기사항을 소명하는 접수증명원이나 소송계속 중에 있는 계류증명원 등의 서면을 첨부하여 고소를 제기하여야 하며, 다만 급속을 요하는 경우는 먼저 고소를 제기하고 후에 이를 보완할 수도 있다.

라. 고소의 방법

(1) 서면 또는 구술

고소는 서면 또는 구술로써 검사 또는 사법경찰관에게 하여야 한다(형사소송법 제237조 제1항). 따라서 피해자가 법원에 대하여 범죄사실을 적시하고 피고인을 처벌하여 줄 것을 요구하는 의사표시를 하였다 하더라도 이는 고소로서의 효력이 없다(대판 1966. 1. 31. 65도1089). 구술로 고소를 한 경우에 수사기관은 조서를 작성해야 한다. 유효한 고소의 존재는 소송법상 중요한 효과를 발생시키므로 고소장이나 고소조서에 직접 표시되어야 하고 전화나 전보 또는 팩시밀리에 의한 고소는 조서가 작성되지 않는 한 유효한 고소라고 볼 수 없다. 그러나 고소는 처벌을 희망하는 의사표시가 수사기관에 표시되기만 하면 족하므로 반드시 독립한 고소 조서에 의할 필요는 없다. 따라서 수사기관이 피해자를 참고인으로 신문하여 조사하는 과정에서 처벌을 희망하는 의사를 표시하여 이를 참고인 진술조서에 기재하였다면 그것은 유효한 고소라고 할 것이다(대판 1966. 1. 31. 66도1089).

(2) 범죄사실의 특정

고소는 범죄사실에 대한 신고이므로 범죄사실 등이 구체적으로 특정되어야 함이 원칙이다. 그러나 그 특정의 정도는 고소인의 의사가 수사기관에 대하여 일정한 범죄사실을 지정·신고하여 범인의 소추처벌을 구하는 의사표시가 있었다고 볼 수 있는 정도로 충분하다. 따라서 범인이 누구인지 나아가 범인 중 처벌을 구하는 자가 누구인지 적시할 필요가 없으며, 범인의 성명이 불명이거나 또는 오기가 있었다거나 범행의 일시, 장소, 방법 등이 명확하지 않거나 틀리는 곳이 있다고 하더라도 고소의 효력에는 영향이 없다 (대판 1984. 10. 23. 84도1704).

2. 고소사건의 수사, 처리기간 및 고소의 취소, 포기

가. 고소사건의 수사

(1) 경찰단계의 수사

고소사건의 시작은 고소장 접수부터 시작된다. 이를 접수한 경찰은 통상 '고소인 조사' ▶ '피고소인 조사(피의자 신문)' ▶ '대질신문(필요 시)' ▶ '검찰송치'의 순서로 업무를 처리하게 되며, 사건에 대해 잘 알고 있는 제3자가 있을 경우 그 제3자를 참고인으로 불러 '참고인 조사'를 진행할 수 있다.

일반적인 고소 사건에서 경찰은 고소인을 불러 사건 전반에 대한 내용과 고소인의 의견 등을 물어보며, 이후 피고소인을 소환하여 범죄혐의사실과 범죄혐의의 인정여부를 확인한다. 만일, 고소인의 진술과 피고소인의 진술에 차이가 있는 경우, 고소인과 피고소인을 함께 불러서 '대질신문'을 하는 경우도 있으며, 고소인과 피고소인 조사와 증거 수집을 완료한 후 그동안 수집된 증거와 의견을 붙여 검찰에 사건을 '송치'하는 것으로 마무리 한다.

다만, 검경 수사권 조정이 있기 전까지는 경찰은 무조건 사건을 조사해서 검찰로 송치하는 것으로 사건을 마무리했었는데 지금은 수사권이 조정이 되었기 때문에 경찰이 특별히 검사가 수사를 할 수 있는 사건 외에는 자체적으로 수사를 한 후 수사를 종할 수 있는 권리를 갖게 되었다. 그로 인해 고소내용을 조사해보고 피고소인 조사를 해본 결과 형사처벌이 될 수 있는 그런 사안이 아닌 것으로 판단될 경우 경찰은 불송치 결정을 할 수 있게 되었다. 여기서 불송치 결정이라 함은 경찰이 판단하기에 이 사건은 죄가 되지 않고 재판을 받을 필요가 없을 것 같다고 판단하면 불송치 결정을 해서 사건을 그대로 종결시키는 제도이다. 고소인은 경찰이 불송치 결정을 할 경우 이의신청 절차를 통해 불복할 수 있고, 경찰이 불송치 결정을 하여 종결시킨 사건에 대해서 이의신청을 하게 되면 검찰로 사건 기록이 넘어가고 그 사건을 배당받은 검사가 '경찰의 불송치 결정이 적절한 것이었는지' 여부를 다시 한 번 판단하게 된다. 만일 불송치 결정이 부적절했다는 판단이 들면 검사는 직접 수사를 하는 것은 아니고 다시 경찰로 보완수사를 명하게 된다는 점 유의하여야 한다.

(2) 검찰단계의 수사

경찰의 사건 송치를 통해 사건을 넘겨받은 검찰은 수사내용이나 피고소인의 혐의 인정 여부에 따라 경찰수사단계와 같이 '고소인 조사'나 '피의자 신문'을 진행할 수 있으며, 수사가 완료된 후 '처분'을 한다. 검찰 '처분'은 '불기소'와 '기소(공소제기)'로 구분할 수 있으며, '불기소'란 사건을 담당한 검사가 사건을 수사한 결과 재판에 회부하지 않는 것이 상당하다고 판단되는 경우에는 기소를 하지 않고 사건을 종결하는 것을 말하며, '기소'란 사건을 담당한 검사가 수사를 진행한 결과 범죄의 혐의가 있고 처벌할 필요성이 있다고 판단될 때 법원의 심판을 구하는 것이다. 검찰이 '불기소' 또는 '기소'여부를 결정하는 처분을 하면 형사사건 중 수사단계가 종료되고 '재판단계'가 시작된다.

나. 고소사건의 처리기간

> **형사소송법**
> 제257조(고소등에 의한 사건의 처리) 검사가 고소 또는 고발에 의하여 범죄를 수사할
> 때에는 고소 또는 고발을 수리한 날로부터 3월 이내에 수사를 완료하여 공소제기여
> 부를 결정하여야 한다.

「형사소송법」 제237조에 의하면 형사사건의 고소 · 고발은 검사 또는 사법경찰관에게 하도록 규정되어 있고, 사법경찰관(경찰서 등)에게 고소 · 고발을 한 경우에는 「사법경찰관리 집무규칙」 제45조에 따라 2개월 이내에 수사를 완료하지 못하면 검사에게 소정의 서식에 따른 수사기일연장 지휘 건의서를 제출하여 그 지휘를 받아야 한다.

기 관	기 한	비고
경찰단계	2개월	임의사항에 해당하나 연장시에는 검사에게 수사 기일 연장 건의서를 제출하여야 한다.
검찰단계	3개월	임의사항에 해당하나 3개월 이내에 수사를 완료하여 공소제기 여부를 결정하여야 한다.

그리고 「형사소송법」 제238조는 "사법경찰관이 고소 또는 고발을 받은 때에는 신속히 조사하여 관계서류와 증거물을 검사에게 송부하여야 한다."라고 규정하고 있고, 같은 법 제246조는 "공소는 검사가 제기하여 수행한다."라고 규정하고 있으므로, 모든 고소 · 고발사건은 검사에게 송치하여야 하고, 검사가 공소제기여부를 결정하는바, 이것은 검사의 기소독점주의의 원칙에 따른다(예외 : 재판상의 준기소절차 및 즉결심판).

[검찰송치]

피의자를 구속 송치하는 경우	피의자 신병, 수사기록 일체 및 증거자료를 검찰에 송치한다.
피의자를 불구속 송치하는 경우	피의자를 불구속한 상태로 수사기록 및 증거자료 등만 검찰에 송치한다.
피의자가 소재불명인 경우	피고소인, 피고발인 및 참고인 진술조서 등 수사기록과 함께 피의자를 기소중지의견으로 검찰에 송치한다.

고소·고발사건의 처리기간에 관하여는 구속사건과 불구속사건으로 나누어지는데 불구속사건의 경우 그 처리기간에 관하여는 같은 법 제257조는 "검사가 고소 또는 고발에 의하여 범죄를 수사할 때에는 고소 또는 고발을 수리한 날로부터 3월 이내에 수사를 완료하여 공소제기여부를 결정하여야 한다."라고 규정하고 있다.

그러므로 검사는 고소·고발을 수리한 날로부터 3개월 이내에 수사를 완료하여 공소제기여부를 결정하여야 할 것이나 위와 같은 공소제기 기간에 대한 규정은 훈시규정에 불과하여 3개월 경과 후의 공소제기여부의 결정도 유효한 것이라 할 것이다.

구속수사

- 피의자를 조사한 결과 범죄혐의가 인정되고 구속사유에 해당되는 경우에는 사전구속영장을 신청하거나 체포(체포영장에 의한 체포, 긴급체포, 현행범 체포)한 후 사후구속영장을 신청할 수 있다.
- 구속영장이 발부되면 피의자를 경찰서 유치장에 구속하고, 기각되면 피의자를 석방하여 불구속 수사하거나 증거보강수사를 하여 구속영장을 재신청할 수 있다.

불구속수사

- 피의자를 조사한 결과 범죄혐의가 인정되더라도 구속 사유에 해당되지 않거나 범죄혐의가 인정되지 않을 경우에는 피의자를 구속하지 않고 수사한다.
- 피의자를 체포한 경우에도 구속수사에 해당되지 않으면 검사의 석방지휘를 받아 석방한다.

구속사유

- 죄를 범하였다고 의심할 만한 상당한 이유가 있고 다음 사유가 있는 경우에는 구속할 수 있다
- 01. 一定한 住居가 없는 때
- 02. 증거를 인멸할 염려가 있는 때
- 03. 도망하거나 도망할 염려가 있는 때
- 단, 다액 50만원 이하의 벌금, 구류 또는 과료에 해당하는 사건에 관하여는 일정한 주거가 없는 때를 제외하고는 구속할 수 없다

다. 고소의 취소 및 포기

형사소송법

제232조(고소의 취소) ① 고소는 제1심 판결선고 전까지 취소할 수 있다.

② 고소를 취소한 자는 다시 고소할 수 없다.

③ 피해자의 명시한 의사에 반하여 공소를 제기할 수 없는 사건에서 처벌을 원하는 의사표시를 철회한 경우에도 제1항과 제2항을 준용한다.

고소는 제1심 판결선고 전까지 취소할 수 있다(형소법 232조 1항). 고소와 취소는 제1심 판결 후까지는 형사사법권의 발동이 사인의 의사에 좌우되지 않도록 하려는 취지에서 인정한 것이며, 고소의 취소도 대리인으로 하여금 하게 할 수 있고 고소의 취소의 방식은 고소의 방식에 관한 규정을 준용한다.

고소를 취소한 자는 다시 고소하지 못하며(형소법 232조 2항) 고소의 취소에 관하여도 고소불가분의 원칙이 적용되므로 친고죄의 공범 중 그 1인 또는 수인에 대하여 한 고소의 취소는 다른 공범자에 대하여도 그 효력이 발생하고(형소법 233조), 또 범죄사실의 일부에 관하여 고소를 취소하면 그 범죄사실 전체에 관하여 그 취소의 효력이 발생한다. 따라서 이런 경우에는 다른 공범자 또는 범죄사실의 다른 부분에 관하여도 고소를 할 수 없게 됨을 유의하여야 한다.

[서식] 고소취소장

고 소 취 소 장

고 소 인   ○   ○   ○

피고소인   ○   ○   ○

　고소인은 피소고소인을 사기혐의(또는 ○○죄)로 20○○. ○. ○. 귀서(또는 귀청)에 고소한 사실이 있었으나 고소인은 피고소인과 원만히 합의하였으므로 이 건 고소를 전부 취소합니다.

20○○.　　○.　　○.

위 고소인　○　　○　　○　(인)

○○경찰서장 귀하 (○○지방검찰청 귀중)

제출기관	사건 진행중인 수사관서 또는 형사법원	제출기간	제1심 판결 선고 전까지 취소할 수 있다.
제출자	고소인	제출부수	고소취하서 1부

라. 수사중지 결정

사법경찰관은 다음에 해당하는 경우에는 그 사유가 해소될 때까지 수사준칙 제51조제1항제4호[2])에 따른 수사중지 결정을 할 수 있다(경찰수사규칙 제98조).

(1) 피의자중지

다음의 어느 하나에 해당하는 경우 수사중지를 결정할 수 있다. 이 경우 사법경찰관리는 아래 (나), (다)의 사유로 수사중지 결정을 한 경우에는 매월 1회 이상 해당 수사중지 사유가 해소되었는지를 확인해야 한다.

(가) 피의자가 소재불명인 경우

(나) 2개월 이상 해외체류, 중병 등의 사유로 상당한 기간 동안 피의자나 참고인에 대한 조사가 불가능하여 수사를 종결할 수 없는 경우

(다) 의료사고 · 교통사고 · 특허침해 등 사건의 수사 종결을 위해 전문가의 감정이 필요하나 그 감정에 상당한 시일이 소요되는 경우

(라) 다른 기관의 결정이나 법원의 재판 결과가 수사의 종결을 위해 필요하나 그 결정이나 재판에 상당한 시일이 소요되는 경우

(마) 수사의 종결을 위해 필요한 중요 증거자료가 외국에 소재하고 있어 이를 확보하는 데 상당한 시일이 소요되는 경우

---

2) 4. 수사중지

가. 피의자중지

나. 참고인중지

(2) 참고인중지

참고인 · 고소인 · 고발인 · 피해자 또는 같은 사건 피의자의 소재불명으로 수사를 종결할 수 없는 경우에는 수사중지 결정을 할 수 있다.

3. 불기소처분

> **형사소송법**
> 제259조(고소인등에의 공소불제기이유고지) 검사는 고소 또는 고발 있는 사건에 관하여 공소를 제기하지 아니하는 처분을 한 경우에 고소인 또는 고발인의 청구가 있는 때에는 7일 이내에 고소인 또는 고발인에게 그 이유를 서면으로 설명하여야 한다.

가. 개념

불기소처분이란 고소 또는 고발이 있는 사건에 관하여 공소를 제기하지 아니하는 검사의 처분을 말한다(형사소송법 제259조).

나. 종류

불기소처분에는 ① 기소유예, ② 혐의 없음, ③ 죄가 안됨, ④ 공소권 없음, ⑤ 기소중지, ⑥ 공소보류 등이 있으며(검찰사건사무규칙 제69조) 그 중 혐의 없음, 죄가 안 됨, 공소권 없음을 협의의 불기소처분이라고 하는데 이를 살펴보면 다음과 같습니다.

구분	내 용		
기소	피의자의 형사사건에 대하여 법원의 심판을 구하는 행위		
불기소	피의자를 재판에 회부하지 않는 것	혐의없음	피의사실에 대한 증거가 불충분하거나 피의사실이 범죄를 구성하지 않을 때 실시하는 처분
		기소유예	증거는 충분하지만 범인의 성격, 연령, 처지, 범죄의 경중, 전과 등을 고려하여 불기소하는 처분
		공소권 없음	공소시효가 완성되거나 반의사불벌죄에서 범죄피해자가 처벌불원의 의사표시를 하거나 처벌의 의사표시를 철회하는 경우에 하는 처분

(1) 기소유예

형법

제51조(양형의 조건) 형을 정함에 있어서는 다음 사항을 참작하여야 한다.

1. 범인의 연령, 성행, 지능과 환경
2. 피해자에 대한 관계
3. 범행의 동기, 수단과 결과
4. 범행 후의 정황

피의사실이 인정되나 「형법」 제51조(범인의 연령, 성행(性行), 지능과 환경, 피해자에 대한 관계, 범행의 동기·수단과 결과, 범행 후의 정황)의 사항을 참작하여 공소를 제기하지 않는 것을 말한다.

(2) 혐의 없음

피의사실이 범죄를 구성하지 아니하거나 인정되지 아니하는 경우(범죄 인정 안 됨) 또는 피의사실을 인정할 만한 충분한 증거가 없는 경우(증거불충분)에 하는 처분을 말한다. 검사가 혐의 없음 결정시 고소인 또는 고발인의 무고혐의의 유·무에 관하여 판단하여야 한다(검찰사건사무규칙 제70조).

(3) 죄가 안 됨(범죄 불성립)

피의사실이 범죄구성요건에 해당하나 법률상 범죄의 성립을 조각하는 사유가 있어 범죄를 구성하지 아니하는 경우로 피의자가 형사미성년자나 심신상실자인 경우, 정당행위, 정당방위, 긴급피난에 해당되는 경우다.

(4) 공소권 없음

확정판결이 있는 경우, 통고처분이 이행된 경우, 「소년법」, 「가정폭력범죄의처벌등에관한특례법」, 또는 「성매매알선 등 행위의 처벌에 관한 법률」에 의한 보호처분이 확정된 경우(보호처분이 취소되어 검찰에 송치된 경우를 제외한다), 사면이 있는 경우, 공소의 시효가 완성된 경우, 범죄 후 법령의 개폐로 형이 폐지된 경우, 법률의 규정에 의하여 형이 면제된 경우, 피의자에 관하여 재판권이 없는 경우, 동일사건에 관하여 이미 공소가 제기된 경우(공소를 취소한 경우를 포함한다. 다만, 다른 중요한 증거를 발견한 경우에는 그러하지 아니하다) 친고죄 및 공무원의 고발이 있어야 논하는 죄의 경우에 고소 또는 고발이 없거나 그 고소 또는 고발이 무효 또는 취소된 때, 반의사불벌죄의 경우 처벌을 희망하지 아니하는 의사표시가 있거나 처벌을 희망하는 의사표시가 철회된 경우, 피의자가 사망하거나 피의자인 법인이 존속하지 아니하게 된 경우 등이다.

(5) 각하

고소 또는 고발이 있는 사건에 관하여 고소인 또는 고발인의 진술이나 고소장 또는 고발장에 의하여 위 (2)부터 (4)까지의 사유에 해당함이 명백한 경우, 형사소송법상의 고소·고발의 제한이나 고소불가분규정에 위반한 경우, 새로운 증거없는 불기소처분 사건인 경우, 고소권자 아닌 자가 고소한 경우, 고소·고발장 제출 후 고소·고발인이 출석요구에 불응하거나 소재불명되어 고소·고발사실에 대한 진술을 청취할 수 없는 경우, 고소·고발 사건에 대하여 사안의 경중 및 경위, 고소·고발인과 피고소·피고발

인의 관계 등에 비추어 피고소·피고발인의 책임이 경미하고 수사와 소추할 공공의
이익이 없거나 극히 적어 수사의 필요성이 인정되지 아니하는 경우 및 고발이 진위
여부가 불분명한 언론 보도나 인터넷 등 정보통신망의 게시물, 익명의 제보, 고발 내용
과 직접적인 관련이 없는 제3자로부터의 전문(傳聞)이나 풍문 또는 고발인의 추측만을
근거로 한 경우 등으로서 수사를 개시할만한 구체적인 사유나 정황이 충분하지 아니한
경우에는 각하할 수 있다.

(6) 기소중지

피의자의 소재불명 또는 검찰사건사무규칙 제74조 참고인중지결정 사유외의 사유로
수사를 종결할 수 없는 경우에는 그 사유가 해소될 때까지 기소중지결정을 할 수 있다(검
찰사건사무규칙 제73조). 피의자의 소재불명을 이유로 기소중지하는 경우에는 피의자
를 지명수배하게 된다. 피의자의 소재가 판명되는 등 기소중지사유가 해소되면 다시
수사를 진행해야 한다.

(7) 참고인중지

참고인·고소인·고발인 또는 같은 사건 피의자의 소재불명으로 수사를 종결할 수 없
는 경우에는 그 사유가 해소될 때까지 참고인중지결정을 할 수 있다(검찰사건사무규칙
제74조). 이 경우에는 참고인 등에 대한 소재수사지휘를 하는 경우가 있다(검찰사건사
무규칙 제77조).

(8) 공소보류

국가보안법위반 피의자에 대하여 「형법」 제51조의 사항을 참작하여 공소제기를 보류하는 것으로 「국가보안법」 제20조에 규정하고 있다.

[수사 및 재판절차 개관]

① 6대 중대범죄가 아닌 경우 → ② 경찰 고소 및 수사 → ③ 경찰 불송치 결정 → ④ 검찰에서 90일 기록 검토 → ⑤ 불송치 결정 위법부당 판단 → ⑥ 경찰에 재수사 요청 → ⑦ 경찰 불송치 결정 유지 → ⑧ 고소인 이의신청 → ⑨ 검찰로 사건 자동 송치 → ⑩ 검찰 수사 → ⑪ 검찰 보완수사 요구 → ⑫ 경찰 보완수사 후 송치 → ⑬ 검찰 수사 → ⑭ 검찰 기소 → ⑮ 법원

△ 경찰의 송치 · 불송치 결정 △ 검찰의 재수사 요청 · 보완수사 요구 △ 고소인의 이의신청까지 맞물려 수사가 진행될 경우 15단계 이상의 단계를 거쳐야 사건이 마무리된다.

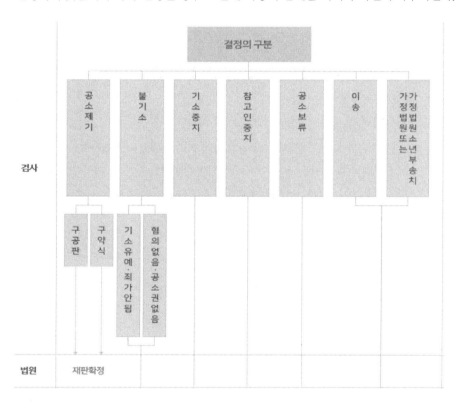

4. 경찰의 불송치 결정

가. 불송치 결정의 개념 및 경찰의 수사종결권

(1) 불송치 결정의 개념

경찰수사규칙

제108조(불송치 결정) ① 불송치 결정의 주문(主文)은 다음과 같이 한다.

1. 혐의없음
   가. 혐의없음(범죄인정안됨): 피의사실이 범죄를 구성하지 않거나 범죄가 인정되지 않는 경우
   나. 혐의없음(증거불충분): 피의사실을 인정할 만한 충분한 증거가 없는 경우
2. 죄가안됨: 피의사실이 범죄구성요건에 해당하나 법률상 범죄의 성립을 조각하는 사유가 있어 범죄를 구성하지 않는 경우(수사준칙 제51조 제3항 제1호는 제외한다)
3. 공소권없음
   가. 형을 면제한다고 법률에서 규정한 경우
   나. 판결이나 이에 준하는 법원의 재판·명령이 확정된 경우
   다. 통고처분이 이행된 경우
   라. 사면이 있는 경우
   마. 공소시효가 완성된 경우
   바. 범죄 후 법령의 개정·폐지로 형이 폐지된 경우
   사. 「소년법」, 「가정폭력범죄의 처벌 등에 관한 특례법」, 「성매매알선 등 행위의 처벌에 관한 법률」 또는 「아동학대범죄의 처벌 등에 관한 특례법」에 따른 보호처분이 확정된 경우(보호처분이 취소되어 검찰에 송치된 경우는 제외한다)
   아. 동일사건에 대하여 재판이 진행 중인 경우(수사준칙 제51조 제3항 제2호는 제외한다)
   자. 피의자에 대하여 재판권이 없는 경우
   차. 친고죄에서 고소가 없거나 고소가 무효 또는 취소된 경우
   카. 공무원의 고발이 있어야 공소를 제기할 수 있는 죄에서 고발이 없거나 고발이 무효 또는 취소된 경우

타. 반의사불벌죄(피해자의 명시한 의사에 반하여 공소를 제기할 수 없는 범죄를
　　말한다)에서 처벌을 희망하지 않는 의사표시가 있거나 처벌을 희망하는 의사
　　표시가 철회된 경우, 「부정수표 단속법」에 따른 수표회수, 「교통사고처리 특
　　례법」에 따른 보험가입 등 법률에서 정한 처벌을 희망하지 않는 의사표시에
　　준하는 사실이 있는 경우
파. 동일사건에 대하여 공소가 취소되고 다른 중요한 증거가 발견되지 않은 경우
하. 피의자가 사망하거나 피의자인 법인이 존속하지 않게 된 경우
4. 각하: 고소·고발로 수리한 사건에서 다음 각 목의 어느 하나에 해당하는 사유가
　　있는 경우
　가. 고소인 또는 고발인의 진술이나 고소장 또는 고발장에 따라 제1호부터 제3호
　　　까지의 규정에 따른 사유에 해당함이 명백하여 더 이상 수사를 진행할 필요
　　　가 없다고 판단되는 경우
　나. 동일사건에 대하여 사법경찰관의 불송치 또는 검사의 불기소가 있었던 사실
　　　을 발견한 경우에 새로운 증거 등이 없어 다시 수사해도 동일하게 결정될 것
　　　이 명백하다고 판단되는 경우
　다. 고소인·고발인이 출석요구에 응하지 않거나 소재불명이 되어 고소인·고
　　　발인에 대한 진술을 청취할 수 없고, 제출된 증거 및 관련자 등의 진술에 의
　　　해서도 수사를 진행할 필요성이 없다고 판단되는 경우
　라. 고발이 진위 여부가 불분명한 언론 보도나 인터넷 등 정보통신망의 게시물,
　　　익명의 제보, 고발 내용과 직접적인 관련이 없는 제3자로부터의 전문(傳聞)
　　　이나 풍문 또는 고발인의 추측만을 근거로 한 경우 등으로서 수사를 개시할
　　　만한 구체적인 사유나 정황이 충분하지 않은 경우
② 사법경찰관은 압수물의 환부 또는 가환부를 받을 사람이 없는 등 특별한 사유가
있는 경우를 제외하고는 제1항에 따른 결정을 하기 전에 압수물 처분을 완료하도록
노력해야 한다. 수사준칙 제64조 제1항 제2호에 따라 재수사 결과를 처리하는 경우
에도 또한 같다.

2021년 형사소송법 개정으로 인해 수사 결과 사법경찰관이 범죄 혐의가 인정되지 않는다고 판단할 경우 사건을 검찰에 송치하지 않고, 불송치 결정을 해 수사를 종결할 수 있게 됐다. 경찰수사규칙 제108조에 따르면 불송치 결정의 주문으로 혐의없음(범죄인정안됨, 증거불충분), 죄가 안됨, 공소권 없음 등을 규정하고 있는데, 이는 법 개정 전 검찰의 '불기소 결정'과 유사하게 사법경찰관 선에서 사건을 종결할 수 있게 된 것이다.

(2) 경찰의 수사종결권

검경수사권조정에 따라 검사는 6대 주요 범죄(부패범죄, 경제범죄, 공직자범죄, 선거사범, 방위사업범죄, 대형참사범죄 등)와 그 관련 사건만을 수사하고 그 외 사기, 도박, 교통사고, 폭행, 성폭력 등 일반 범죄는 경찰이 수사하게 되었고, 관련 범죄의 수사과정에서 경찰은 검사의 지휘를 받지 아니하고 자체적으로 사건을 종결시킬 수 있는 수사종결권을 갖게 되었다.

나. 불송치결정

(1) 불송치결정

경찰이 고소, 고발, 인지 등으로 통하여 일반 범죄를 수사할 결과 그 혐의가 인정되지 않는다고 판단할 경우 경찰에서 자체적으로 불송치 결정을 할 수 있다(수사종결권).

(2) 결정통지

> **경찰수사규칙**
>
> **97조(수사 결과의 통지)** ① 사법경찰관은 수사준칙 제53조에 따라 피의자와 고소인 등에게 수사 결과를 통지하는 경우에는 사건을 송치하거나 사건기록을 송부한 날부터 7일 이내에 해야 한다. 다만, 피의자나 고소인등의 연락처를 모르거나 소재가 확인되지 않는 경우에는 연락처나 소재를 안 날부터 7일 이내에 통지를 해야 한다.
> ② 제1항의 통지(법 제245조의6에 따른 고소인등에 대한 불송치 통지는 제외한다)

는 서면, 전화, 팩스, 전자우편, 문자메시지 등 피의자나 고소인등이 요청한 방법으로 할 수 있으며, 별도로 요청한 방법이 없는 경우에는 서면으로 한다. 이 경우 서면으로 하는 통지는 별지 제100호서식부터 별지 제102호서식까지의 수사결과 통지서에 따른다.

③ 법 제245조의6에 따른 고소인등에 대한 불송치 통지는 별지 제103호서식의 수사결과 통지서에 따른다.

④ 사법경찰관은 서면으로 통지한 경우에는 그 사본을, 그 외의 방법으로 통지한 경우에는 그 취지를 적은 서면을 사건기록에 편철해야 한다.

⑤ 수사준칙 제53조 제2항에 따른 고소인등의 통지 요구는 별지 제104호서식의 불송치 통지요구서에 따른다.

⑥ 사법경찰관은 고소인, 고발인 또는 피의자가 불송치 결정에 관한 사실증명을 청구한 경우에는 지체 없이 별지 제105호서식 또는 별지 제106호서식의 불송치 결정 증명서를 발급해야 한다.

⑦ 사법경찰관은 고소인등에게 수사중지 결정의 통지를 하는 경우에는 수사준칙 제54조 제3항에 따라 검사에게 신고할 수 있다는 내용을 통지서에 기재해야 한다.

경찰이 불송치 결정을 하는 경우 형사소송법 제256조의6에 따라 7일 이내에 고소인, 고발인, 피해자, 법정대리인 등에게 불기소 결정서를 송달하여야 한다. 통상 증거불충분 등의 이유로 불송치 결정이 내려지고, 이에 불복하는 고소인은 수령한 불송치 결정서의 내용을 바탕으로 이의신청서를 작성하여 해당 사법 경찰관 소속 관서의 장에게 이의신청을 할 수 있으며, 이럴 경우 사건을 검찰에 송치된다. 이 경우 검사는 이를 다시 검토하여 만일 이의신청이 이유 있다고 판단될 경우 해당 사법경찰관에게 '보완수사요구'를 하고, 사건을 다시 수사하여 검찰에 송치하면 판단 후 기소여부를 결정한다.

다. 재수사요청

경찰이 불송치 결정을 한 이후 검사는 90일 동안 불송치 기록을 검토한 후 불송치 결정이 위법 또는 부당하다고 판단되는 때에는 경찰에 재수사를 요청할 수 있다. 이때 재수사 요청은 1회에 한정된다. 다만, 검사는 통상 불송치 기록을 배당받아 60일 이내에 검토하여 재수사 요청 여부를 결정하여야 한다. 만일, 재수사에도 불구하고 법리위반 등으로 위법 또는 부당한 사실이 시정되지 아니할 경우 검사는 사건송치를 요구할 수 있다.

참고로, 경찰은 불송치 시 기록을 검찰에 송부하는데, 검사는 송부 받은 날부터 90일 이내에 사법경찰관에게 반환하여야 한다(형사소송법 제245조의5 2호). 따라서, 검사가 기록을 검토하여 사법경찰관에게 반환하기 전에 이의신청을 하는 것이 효과적이다. 그 이유는 검사가 기록에 대해 위법 또는 부당함이 없다고 판단하여 사법경찰관에게 반환하면, 이의신청이 있더라도 검사가 다시 그러한 판단을 뒤집고 기소하기는 어렵기 때문이다.

라. 불송치결정에 대한 이의기간

현행법상 경찰이 불송치 결정을 하게 되면 사건은 1차적으로 종결된다. 만약 고소인이 이에 불복할 경우 불송치 결정에 대한 이의신청서를 제출할 수 있고, 경찰은 지체 없이 사건을 검찰에 송치해야 한다. 다만 고소인이 아닌 고발인은 이의신청권이 없다. 그러나 현행 형사소송법에는 불송치 결정에 대한 이의신청 '기간'을 명시한 조문이 없다. 이론상으로는 불송치 결정 후 언제든지 이의신청이 가능하다.

마. 이의신청서 기재사항

이의신청서는 검사의 불소처처분에 대한 불복인 검찰항고장 작성과 같이 경찰의 수사가 ⅰ) 증거판단에 대한 잘못이 있다는 점(채증법칙 위반), ⅱ) 사실관계를 오인한 잘못이 있다는 점(수사미진), ⅲ) 법리적용 잘못한 오류 있는 점(법리오해, 판단유탈) 등을 기재하여야 한다.

바. 법무부 수사준칙[검사와 사법경찰관의 상호협력과 일반적 수사준칙에 관한 규정]

개정안 주요내용

이번 개정안에는 '경찰관이 고소·고발을 받은 때에는 이를 수리해야 한다'는 조항이 신설됐다. 문재인 정부 당시인 2021년 1월 검경 수사권 조정으로 경찰 담당 사건이 크게 늘자 일선 경찰이 미제 사건 누적을 피하려고 고소·고발장을 반려하면서 범죄 피해를 당한 국민이 제때 보호받지 못하게 됐다는 지적이 있었다. 앞으로는 경찰이 고소·고발장 접수를 거부하지 못하게 하려는 것이 개정안의 취지다.

개정안은 '검사가 재수사를 요청하면 경찰은 3개월 안에 이행해야 한다'는 규정도 도입했다. 재수사 요청은 경찰이 자체 종결한 사건 처리가 위법 부당할 때 검사가 다시 수사하라고 하는 것인데 재수사 기간에 제한이 없어 수사가 지연된다는 지적이 나왔다. 또 개정안에는 '경찰이 재수사 요청을 이행하지 않으면 검사가 사건을 송치하라고 요구할 수 있다'는 내용도 추가됐다. 검사가 재수사 요청을 했는데도 경찰이 사건을 자체 종결하는 과정에 있었던 위법, 부당이 시정되지 않으면 검사가 경찰에 사건을 송치하라고 요구할 수 있도록 하는 것이다.

개정안은 '검사가 보완 수사를 요청하면 경찰은 3개월 안에 이행해야 한다'는 조항도 신설했다. 검사는 경찰이 송치한 사건에 대해 기소를 위해 필요한 내용을 보완 수사하라고 요구할 수 있는데 지금까지는 보완 수사를 마쳐야 하는 기간에 대한 규정이 없었다. 이에 따라 보완 수사 사건 4건 중 1건은 최소 6개월 이상 수사가 지연되는 문제가 있었다.

이에 대해 경찰에서는 "재수사 사건에 대해 검사가 송치를 요구할 수 있게 하는 개정안 조항은 모든 범죄를 검찰이 직접 수사하는 근거가 될 우려가 있다"는 지적이 나오고 있다.

불송치 결정 이의신청서

□ 신청인

성 명		사 건 관 련 신 분	
주 민 등 록 번 호		전 화 번 호	
주 소		전 자 우 편	

□ 경찰 결정 내용

사 건 번 호	-
죄 명	
결 정 내 용	

□ 이의신청 이유

□ 이의신청 결과통지서 수령방법

종 류	서 면 / 전 화 / 팩 스 / 전 자 우 편 / 문 자 메 시 지

신청인   (서명)

소속관서장 귀하

210mm × 297mm(백상지 80g/㎡)

불송치 결정 이의신청서

신 청 인　　○　○　○ (전화번호 ○○○ – ○○○○)
　　　　　　　　　　○○시 ○○구 ○○길 ○○번지

피신청인　　△　△　△ (전화번호 ○○○ – ○○○○)
　　　　　　　　　　○○시 ○○구 ○○길 ○○번지

위 피고소인에 대한 ○○경찰서2022고제000 업무상횡령 등 피의사건에 대하여 00경찰서 경위 000은 2022. 00. 00. 피의자에게 불송치(혐의없음) 결정을 하였는바, 이에 대하여 고소인은 이의를 신청합니다.
[고소인은 위 불송치결정통지를 2023. 00. 00. 수령하였습니다.

– 이의사유 –

1. 불송치 결정요지
00경찰서는 경위 000은 ---- 대하여 불송치 결정을 하였습니다(불소치 이유기재).

2. 고소사실의 재수사 필요성
가. 업무상 횡령에 관하여
00경찰서 경위 000은은 "임차인들이 임차받은 점용부분 및 공용부분의 사용권능은 임차인들에게 있고, 임차인들이 임대한 공용부분에 대한 임대료 역시 임차인들의 소유로 봄이 타당하다"라는 경찰 의견서의 내용을 인용하면서 임차인의 소유인 이상 횡령이라고 볼 수 없다는 판단을 하고 있습니다.

그러나, 공용부분의 사용권능이 임차인들에게 있기 때문에 임차인들이 임대한 공용부분에 대한 임대료 역시 임차인들의 소유라는 것은 부당한 법률 판단입니다.

임대차는 소유권자가 가진 사용, 수익, 처분의 권능 중 사용 권능을 임차인에게 주는 것을 목적으로 하는 계약으로서 임차인은 임대차 당시의 상태대로 목적물을 사용하고 계약이 종료하면 원 상태로 반환하여야 합니다. 따라서 임대차 계약 존속 중 자신이 직접 임차한 목적물(전유부분)조차도 임대인의 동의 없이는 제3자에게 전대하는 것이 금지되어 있습니다. 전유부분에 대한 전대조차도 금지되어 있는 마당에 임대차의 직접적인 목적물이 아닌 공용부분을 타에 임대하고 그 수익을 임차인의 몫으로 취할 수 있다는 것은 부당한 법률 판단입니다.

또, ○○경찰서 경위 ○○○은 "가사 공용부분에 대한 임대료가 상가구분소유자의 것이라는 특별한 사정이 있다고 하더라도, 이를 피의자가 횡령하였다고 볼 아무런 증거가 없고, 수년간 그와 같은 임대료의 수금과 사용을 구분소유자들이 합의하고 사실상 용인한 상태에서 상가번영회가 관리하여 온 만큼 횡령 범의가 있다고도 할 수 없다"라고 하고 있습니다.

그러나, 상가구분소유자들이 임대료의 수금과 사용을 합의하였거나 용인한 사실은 없습니다. 상가구분소유자들은 임차인들이 공용부분을 임대하여 그 수익을 올리고 있는지, 그 수익이 얼마인지, 그 수익이 어디에 사용되는 지에 대하여 알지도 못하고 있었습니다.

한편, 가사 과거 수년 동안의 공용부분 차임의 수금 및 사용에 대하여 상가구분소유자들이 합의 내지 용인하였다고 보는 경우에도, 2010. 1. 28. 관리단 집회에서 구분소유자들이 관리업무를 직접 수행하기로 한 이상 피고소인들은 기존에 관리하고 있던 관리비 통장 및 공용부분 임료 수익 등을 관리단에 인계하여야 하며, 과거 수금 및 사용권한에 대한 상가구분소유자들의 합의 여하에 불구하고 더 이상 수금 및 사용 권한이 없습니다.

그럼에도 불구하고 피고소인들은 계속하여 공용부분 임료를 수금하여 무단으로 사용하면서 그 인계를 거부하고 있는 바, 과거의 공용부분 차임의 수금 및 사용에 대한 상가구분소유자들의 합의 내지 용인 여하에 불구하고, 최소한 2010. 1. 28. 관리단 집회 이후의 공용부분 임료 착복은 명백히 횡령이 된다고 할 것입니다.

따라서, 이 부분을 간과한 ○○경찰서 경위 ○○○은의 불송치결정은 심히 부당합니다.

나. 업무방해에 관하여
○○경찰서 경위 ○○○은, "관리단 구성의 적법성을 떠나 상가번영회에서 관리업무를

인계해야 할 책임도 있다고 볼 수 없으므로 단지 이에 응하지 않았다는 이유만으로 관리단의 업무를 방해했다고 볼 수 없다"라는 경찰 의견서의 내용을 그대로 인용하면서 불송치결정을 하고 있습니다.

그러나, 위 "관리단 구성의 적법성을 떠나 상가번영회에서 관리업무를 인계해야 할 책임이 있다고 볼 수 없다"라는 판단은 "집합건물의 소유 및 관리에 관한 법률"(이하 "집건법"이라고 합니다)과 정면으로 배치되는 판단으로 심히 부당한 법률 판단입니다.

집건법 제23조에 의하면, 집합건물에 대하여는 구분소유자 전원을 구성원으로 하여 건물과 그 대지 및 부속시설의 관리에 관한 사업의 시행을 목적으로 하는 관리단이 설립되는데, 이 관리단은 어떤 조직행위를 거쳐야 비로소 구성되는 것이 아니라 구분소유관계가 성립하는 건물이 있는 경우 당연히 그 구분소유자 전원을 구성원으로 하여 성립되는 것입니다.

대법원 역시 "건물의 영업제한에 관한 규약을 설정하거나 변경할 수 있는 관리단은 어떠한 조직행위를 거쳐야 비로소 성립되는 단체가 아니라 구분소유관계가 성립하는 건물이 있는 경우 당연히 그 구분소유자 전원을 구성원으로 하여 성립되고, 그 의결권도 구분소유자 전원이 행사한다고 할 것이며…"(대법원 2005.12.16. 자 2004마515 결정)라고 판시하고 있습니다.

고소인 상가의 경우에도, 상가 건물이 성립할 당시부터 구분소유자 전원을 구성원으로 하는 관리단이 당연 설립되어 있고, 관리업무는 원시적으로 관리단의 권한으로 귀속되어 있는 것이며 양도나 이전이 불가능한 고유권한입니다.

다만, 관리단의 업무는 관리단에서 직접 수행할 수도 있고, 관리단이 관리업체 등에 위임하여 관리단을 대리하여 수행하게 할 수도 있습니다. 후자의 경우 관리업체 등이 징수한 관리비 등의 소유권은 관리단에 귀속하는 것이고 관리단이 위임을 철회하여 직접 관리를 하겠다고 하는 경우 관리업무를 위임받은 자는 관리업무를 당연히 인계하여야 합니다.

고소인 상가의 경우 구분소유자 전원을 구성원으로 하는 관리단이 당연 구성된 상태에서 피고소인들(상가번형회)이 관리업무를 위임 받아 처리하여 온 것이고, 피고소인들은 관리단이 직접 상가관리업무를 맡을 것이며 더 이상 피고소인들에게 관리업무 대행을 맡기지 않겠다고 한 이상 당연히 관리업무를 인계하여야 합니다. 그럼에도 불구하고 관리업무를 인계할 필요가 없다고 한 00경찰서 경위 000은의 판단은 집건법에 배치되는 부당한 것입니다.

한편, 00경찰서 경위 000은이 그대로 인용한 경찰 의견서를 보면, 피고소인들이 자신들에게 유리한 자료라면서 구분소유자 7명의 확인서(상가 관리업무를 번영회에 위임한다는 내용)를 제출하고 있는 것을 볼 수 있는데, 위 확인서들은 진정한 것이 아닙니다. 그 예로, 확인서 중 102호 김00 명의 확인서를 보면, 김00이 작성한 것이 아니라 그 임차인인 김0순이 작성한 것을 알 수 있는데, 이에 대하여 피고소인들은 구분소유자 김00의 딸인 강명자로부터 김0순이 위임을 받아 작성하였다고 주장하였습니다. 하지만, 강00는 김0순에게 그러한 위임을 한 적이 없다고 하고 있고, 또 딸인 강00가 김00의 일을 마음대로 위임할 수도 없을 것입니다. 김00은 2022. 1. 28. 관리단집회 당시 관리단이 관리업무를 직접 수행하기로 하는 결의에 의결권을 행사한 자인데 이후에 그와 반대되는 내용의 확인서를 작성해 줄 리가 만무합니다.

3. 결론

따라서, 이 사건 경찰의 불송치결정은 마땅히 취소되어야 할 것이며, 고소인의 고소 취지에 따른 철저한 조사 및 송치가 이루어져야 할 것입니다.

2022. 00. 00.

신청인 0 0 0(인)

00경찰서장 귀중

5. 검사의 불기소처분에 대한 불복방법

가. 검찰항고

(1) 의 의

검찰항고란 고소인 또는 고발인이 검사의 불기소처분에 불복하여 검찰조직 내부의 상급기관에 그 시정을 구하는 제도를 말한다. 검사의 불기소처분에 대한 검찰 내부적 통제수단이라는 점에서 법원에 대하여 불복하는 재정신청과 구별된다.

(2) 항고권자와 항고대상

검사의 불기소처분에 불복할 수 있는 항고권자는 고소인 또는 고발인이다(검찰청법 제10조 제1항). 고소인 또는 고발인 외의 제3자 또는 피의자는 항고할 수 없다. 항고는 검사의 불기소처분에 대한 불복이므로 불기소처분이 항고의 대상이 된다. 전형적인 불기소처분인 기소유예, 혐의 없음, 죄가 안 됨, 공소권 없음, 각하(검찰사건사무규칙 제69조) 이외에 기소중지나 참고인중지도 '공소를 제기하지 아니하는 처분'에 해당되어 불기소처분과 사실상 같다고 할 것이므로 이에 포함된다. 그리고 항고권자 중에서 ① 고소권자로 고소를 한 자와 ② 형법 제123조부터 제126조까지의 죄에 대한 고발을 한 자는 형사소송법 제260조에 따라 항고를 거쳐 재정신청을 할 수 있으며 그 대신 재항고는 할 수 없기 때문에 재항고권자는 형법 제123조 내지 제126조 이외의 죄에 대한 고발인에 한한다(검찰청법 제10조 제3항).

(3) 항고의 절차

(가) 항고장의 제출과 항고기간

검사의 불기소처분에 불복하는 고소인 또는 고발인은 그 검사가 속한 지방검찰청 또는 지청을 거쳐 서면으로 관할 고등검찰청 검사장에게 항고할 수 있다(검찰청법 제10조 제1항 전문). 항고는 불기소처분의 통지를 받은 날로부터 30일 이내에 하여야 하나(동조 제4항) 항고인에게 책임이 없는 사유로 위 기간 이내에 항고하지 못한 것을 소명하면 그 항고기간은 그 사유가 해소된 때로부터 기산한다(동조 제6항). 항고기간이 지난 후 접수된 항고는 기각하여야 한다. 다만 중요한 증거가 새로 발견된 경우에 고소인 또는 고발인이 그 사유를 소명하였을 때에는 예외로 한다(동조 제7항).

(나) 항고에 대한 판단

먼저 지방검찰청 또는 지청의 검사는 항고가 이유 있다고 인정하는 때에는 그 처분을 경정(更正)하여야 한다(검찰청법 제10조 제1항). 구체적으로 ① 항고가 이유 있는 것으로 인정되거나 재수사에 의하여 항고인의 무고혐의에 대한 판단이 다시 필요하다고 인정될 경우에는 불기소사건재기서에 의하여 재기수사한다. 그리고 ② 항고가 이유 없는 것으로 인정될 경우에는 수리한 날로부터 20일 이내에 항고장, 항고에 대한 의견서 및 사건기록 등을 고등검찰청의 장에게 송부하여야 한다(검찰사건사무규칙 제90조 제1항).

다음으로 고등검찰청 검사장은 항고가 이유 있다고 인정하면 소속 검사로 하여금 지방검찰청 또는 지청 검사의 불기소처분을 경정하게 할 수 있다(검찰청법 제10조 제2항 전문). 구체적으로 ① 항고가 이유 있는 것으로 인정되거나 재수사에 의하여 항고인의 무고혐의에 대한 판단이 다시 필요하다고 인정하는 경우에 A)직접 경정을 하는 때에는 소속 검사로 하여금 사건을 재기하여 공소를 제기하게 하거나 주문 또는 이유를 변경하게 할 수 있는데(검찰사건사무규칙 제91조 제1항 2호), 공소를 제기하는 때에는 불기소처분청에 공소장 등 공소제기에 필요한 서류와 사건기록을 송부하여야 하고(동항 3호), 주문 또는 이유를 변경하는 때에는 그에 따라 처리하고 관련서류 및 사건기록을 불기소처분청에 송부하여야 하고(동항 4호), B)직접 경정을 하지 아니하고 재기수사명령, 공소제기명령 또는 주문변경명령 등의 결정을 한 때에는 항고사건결정서의 등본과 사건기록을 첨부하여 지방검찰청 또는 지청의 장에게 송부하여야 한다(동항 5호). 그리고 ② 항고가 이유 없는 것으로 인정될 경우에는 항고사건기각결정서에 의하여 항고기각결정을 한다(동항 6호).

(4) 재항고의 절차

(가) 재항고장의 제출과 재항고기간

① 항고를 기각하는 처분에 불복하거나 ② 항고를 한 날로부터 항고에 대한 처분이 이루어지지 아니하고 3개월이 지났을 때에는 그 검사가 속한 고등검찰청을 거쳐 서면으로 검찰총장에게 재항고할 수 있다(검찰청법 제10조 제3항 전문).

재항고기간은 ① 항고기각결정의 통지를 받은 날 또는 ② 항고 후 항고에 대한 처분이 이루어지지 아니하고 3개월이 지난날부터 30일 이내에 하여야 하나(동조 제5항), 재항고인에게 책임이 없는 사유로 위 기간 이내에 재항고하지 못한 것을 소명하면 그 재항고기간은 그 사유가 해소된 때로부터 기산한다(동조 제6항). 재항고기간이 지난 후 접수된 재항고는 기각하여야 한다. 다만 중요한 증거가 새로 발견된 경우에 고소인 또는 고발인이 그 사유를 소명하였을 때에는 예외로 한다(동조 제7항).

(나) 재항고에 대한 판단

먼저 고등검찰청의 검사는 재항고가 이유 있다고 인정하는 때에는 그 처분을 경정(更正)하여야 한다(검찰청법 제10조 제3항 후문). 구체적으로 ① 재항고가 이유 있는 것으로 인정되거나 재수사를 통하여 재항고인의 무고혐의에 대한 판단이 다시 필요하다고 인정되면 재기수사명령, 공소제기명령 또는 주문변경명령 등의 결정을 한다. 그리고 ② 재항고가 이유 없는 것으로 인정될 경우에는 수리한 날로부터 20일 이내에 재항고장, 재항고에 대한 의견서 및 사건기록 등을 검찰총장에게 송부하여야 한다(검찰사건사무규칙 제90조 제2항).

다음으로 검찰총장은 ① 재항고가 이유 있는 것으로 인정되거나 재수사를 통하여 재항고인의 무고혐의에 대한 판단이 다시 필요하다고 인정되는 경우에는 재기수사명령, 공소제기명령 또는 주문변경명령 등의 결정을 한다(동 규칙 제91조 제2항 1호). 그리고 ② 재항고가 이유 없는 것으로 인정될 경우에는 재항고기각결정을 한다(동항 2호).

항 고 장

항 고 인(고소인)   ○ ○ ○ (전화번호 ○○○ – ○○○○)
          ○○시 ○○구 ○○길 ○○번지

피고소인   △ △ △ (전화번호 ○○○ – ○○○○)
          ○○시 ○○구 ○○길 ○○번지

위 피고소인에 대한 ○○지방검찰청 ○○지청 20○○형제 ○○○호 횡령사건에 관하여 동 검찰청 지청 검사 이□□은 20○○. ○. ○. 자로 혐의가 없다는 이유로 불기소처분 결정을 하였으나, 그 결정은 아래와 같은 이유로 부당하므로 이에 불복하여 항고를 제기합니다.
(고소인은 위 불기소처분결정통지를 20○○. ○. ○. 수령하였습니다.)

– 아 래 –

1. 검사의 불기소이유의 요지는 "피의자는 20○○. ○. ○. 고소인의 실소유물인 19톤 트럭(서울 ○○다 ○○○○호) 1대를 강제집행 목적으로 회수하여 피의자가 ☆☆보증보험(주)를 퇴사하기 전까지는 위 차량을 회사의 주차장에 보관하고 있었고 그 후 20○○. ○월경 위 회사의 성명불상 직원들이 위 차량을 매각이나 경매하지 않고 등록원부상 소유자로 되어 있는 ◎◎중기에 반환하여 주었던 것이므로 피의자가 위 차량을 임의로 운용하였다고 단정할 자료가 없다"는 것으로 파악됩니다.

2. 그러나 위와 같은 사실은 피고소인의 진술을 그대로 받아들인 것으로서 피고소인의 진술을 뒷받침하는 증거로는 ◎◎중기(주) 대표이사의 동생인 김□□의 진술 및 피의자가 퇴사하기 전에 위 덤프트럭을 위 ☆☆보증보험(주)의 주차장에 주차하여 관리하고 있음을 입증하는 차량관리대장과 주차비용지급 기안용지 뿐인바, 위 김□□은 소유자도 아닌데 위 덤프트럭을 인수하여 이익을 본 입장일 수도 있어 그 진술에 신빙성이 없습니다.

3. 그리고 20○○. ○월경 ☆☆보증보험(주) 직원들이 위 덤프트럭을 ◎◎중기(주)에
   반환하였다면 ☆☆보증보험(주)에 그 근거서류가 남아 있거나 그 사실을 누군가
   알고 있어야 하는데, 불기소이유에 의하면 ☆☆보증보험(주)의 직원인 박ㅁㅁ은 자
   신도 위 사실을 알지 못하고 그 사실을 아는 사람이 누구인지도 모른다고 진술한
   것으로 되어 있습니다.
   따라서 20○○. ○월이면 피의자가 퇴사한지 2년이나 지난 후인데, 회사직원 그
   누구도 모르는 사실을 어떻게 2년 전에 퇴사한 피고소인만 알고 있는지 도저히 이치
   에 맞지 않습니다.

4. 또한 피의자가 위 회사를 퇴사하기 전에 위 덤프트럭을 회사의 주차장에 주차하여
   관리하고 있었다는 사실이 위 회사의 차량관리대장과 회수중기 보관에 따른 주차비
   용지급이라는 제목의 기안용지에 의해 입증될 수 있는 것이라면 위 회사가 위 덤프트
   럭을 20○○. ○월경 ◎◎중기(주)에 반환하기 전까지 주차하여 관리했던 사실 및
   위 트럭을 ◎◎중기(주)에 반환하였다는 사실도 위 차량관리대장과 같은 문서에
   의해 근거가 남겨져 있어야만 합니다. 위 박ㅁㅁ이 위 사실에 대해 모르는 것으로
   미루어 서류상 그러한 근거가 남아 있지 않음이 분명한 바, 그렇다면 피의자의
   진술은 거짓임이 분명합니다.

5. 그 뿐만 아니라 위 ☆☆보증보험(주) 직원들이 위 덤프트럭을 반납하였다는 ◎◎중기
   (주)는 위 덤프트럭의 지입회사이지 소유자가 아니며, 20○○. ○월경 당시 이미
   부도처리된 회사이므로 부도난 회사에 위 덤프트럭을 반환하였다는 것도 이해가
   가지 않습니다.
   그리고 고소인은 고소인의 처인 고소 외 김ㅁㅁ 명의로 위 덤프트럭을 고소 외 현대
   자동차 (주)로부터 대금 76,000,000원에 36개월 할부로 구입하면서 그 담보로 위
   ☆☆보증보험 (주)과 할부판매보증보험계약을 체결하였고 그 후 고소인이 위 할부금
   중 38,000,000원을 납부하고 나머지 대금을 연체하자 ☆☆보증보험(주)이 위 보증
   보험계약에 따라 그 잔금 34,742,547원을 위 현대자동차 (주)에 대신 지급하고
   주채무자인 위 김ㅁㅁ와 연대보증인인 고소인에게 구상금 청구를 하고 있던 상황에
   서 피의자가 채권 회수 목적으로 위 덤프트럭을 가져갔던 것이며 지금도 위 ☆☆보증
   보험에서는 고소인 및 고소인의 처에게 위 구상금 변제 독촉장을 보내고 있습니다.
   위와 같은 경위에 비추어 볼 때, ☆☆보증보험(주)의 직원들로서는 위 덤프트럭이
   지입회사인 ◎◎중기(주)의 소유가 아니라 고소인 및 고소인 처의 소유라는 사실을

명백히 알고 있었다고 하므로 위 덤프트럭을 고소인측이 아닌 ◎◎중기(주)에 반환하였다는 진술은 이치에 맞지 않습니다.

6. 또한 피의자가 위 덤프트럭을 회수해 간 후 한 동안은 위 ☆☆보증보험(주)으로부터 위 구상금을 변제하라는 독촉장이 오지 않다가 언제부터인가 다시 독촉장이 오기 시작하여 20○○. 말 경 고소인이 위 ☆☆보증보험(주)으로 찾아가니 위 회사 담당직원이 "피고소인은 이미 퇴사하였고 회사로서는 위 덤프트럭이 어디 있는지 몰라 경매도 못한다"고 말한 사실이 있습니다. 이 건 불기소이유에서 인정한 사실관계에 의하면 위 덤프트럭은 계속 위 ☆☆보증보험(주) 주차장에 보관되어 있다가 20○○. ○월경 위 ◎◎중기(주)에 반환되었다는 것이므로, 당시 위 회사 담당직원이 고소인에게 한 말과 일치하지 않습니다.

뿐만 아니라 위 ☆☆보증보험(주) 직원들이 20○○. ○월경 위 덤프트럭을 ◎◎중기(주)에 반환하였다면 그 뒤에라도 고소인에게 이를 알려 주었을 텐데 고소인은 위 회사 직원으로부터 그런 통보를 받은 사실이 없습니다.

7. 위와 같은 사유로 항고하오니 고소인의 주장을 면밀히 검토하여 재수사를 명해주시기를 간절히 바랍니다.

첨 부 서 류

1. 불기소처분 통지서	1통
1. 공소부제기이유고지서	1통

20○○. ○. ○.

위 고소인 (항고인) ○ ○ ○ (인)

○○고등검찰청   귀중

제출 기관	불기소처분한 검사 소속의 지방검찰청 또는 지청	제출 기간	불기소처분의 통지를 받은 날로부 터 30일내
항 고 인	고소인, 고발인	피 항고인	관할 고등검찰청검사장
제출부 수	항고장 1부	관련 법규	형사소송법 260조 검찰청법 10조
항고기 각결정 에 대한 불복 절차 및 기간	(재항고) · 근거 : 검찰청법 10조 · 기간 : 처분결과의 통지를 받은 날부터 30일(검찰청법 10조4항) (재정신청) · 근거 : 형사소송법 260조 · 기간 : 항고기각결정을 받은 날로부터 10일 이내(형사소송법 260조 3항)		

기타	◦ 항고전치주의
	  – 재정신청을 하기위해서는 검사의 불기소처분에 통지를 받은 날부터 30일 이내
	    항고를 하여야 하며, 이 항고에 대한 항고기각결정을 받은 날로부터 10일 이내
	    재정신청을 할 수 있음
	
	◦ 항고전치주의의 예외
	  – 항고 이후 재기수사가 이루어진 다음에 다시 공소를 제기하지 아니한다는 통지
	    를 받은 경우
	  – 항고 신청 후 항고에 대한 처분이 행하여지지 아니하고 3개월이 경과한 경우
	  – 검사가 공소시효 만료일 30일 전까지 공소를 제기하지 아니하는 경우		

항 고 장

항 고 인(고소인)　　○　○　○ (전화번호 ○○○ - ○○○○)
　　　　　　　　　　○○시 ○○구 ○○길 ○○번지

피고소인　　　　　　△　△　△ (전화번호 ○○○ - ○○○○)
　　　　　　　　　　○○시 ○○구 ○○길 ○○번지

피고소인에 대한 ○○지방검찰청 20○○ 형제 ○○○○○호 사기등 피의사건에 관하여 ○○지방검찰청 검사 □□□는 피고소인에게 혐의가 없다는 이유로 20○○. ○. ○.자로 불기소처분결정을 한 바, 이에 대하여 고소인은 불복하여 항고를 제기합니다.
(고소인은 위 불기소처분결정통지를 20○○. ○. ○. 수령하였습니다.)

항 고 이 유

검사의 불기소 이유의 요지는 증거 불충분 등의 이유로서 피의 사실에 대한 증거가 없다는 것인 바, 기타 제반 사정을 종합 검토하면 본 건 고소사실에 대한 증거는 충분하여 그 증명이 명백함에도 불구하고 증거가 불충분하다는 이유로 불기소처분한 것은 부당하니 재수사를 명하여 주시기 바랍니다.

첨 부 서 류

1. 불기소처분통지서　　　　　　　　　　　　　　　1통

20○○.　○.　○.

항 고 인　　○　○　○　(인)

○○고등검찰청 귀중

나. 재정신청

(1) 의 의

재정신청이란 고소인 등이 검사의 불기소처분에 불복하여 그 당부에 관한 재정을 신청하여 법원의 심리에 의하여 공소제기여부를 결정하는 제도를 말한다. 법원의 결정에 의하여 공소제기가 의제되는 것이 아니라 검사에게 공소제기를 강제하는 제도이기에 기소강제절차라고도 한다. 검찰항고제도와는 검사의 불기소처분에 대한 불복으로 기소편의주의와 기소독점주의에 대한 통제수단이라는 점에서 같으나 검찰내부의 상급기관이 아니라 법원에 대하여 불복한다는 점에서 구별된다.

(2) 연 혁

재정신청제도는 종래 형법 제123조 내지 제125조의 공무원의 직권남용범죄에 국한하여 고소인 또는 고발인의 재정신청에 의해 법원이 재정결정을 하면 공소제기를 의제하는 준기소절차로 운영되는 바람에 불복제도로서의 의미가 극히 적었다. 그러던 중 헌법재판소에서 검사의 불기소처분에 대한 헌법소원(헌법재판소법 제68조 제1항)이 가능하게 되자 검사의 불기소처분에 불복하는 고소인 등이 헌법소원을 청구하는 경우가 엄청나게 증가하는 비정상적인 상황이 계속되기도 하였다. 그리하여 재정신청의 대상을 모든 범죄로 확대할 필요성이 입법론으로 강력하게 주장되었고 2008년부터 시행된 개정 형사소송법을 통하여 모든 범죄의 고소인과 형법 제123조 내지 제125조의 고발인이 재정신청을 할 수 있도록 재정신청의 대상범죄가 전면 확대되고, 다만 재정신청을 위해서는 반드시 검찰항고를 거치도록 하는 항고전치주의를 도입하는 등으로 재정신청제도에 전면적인 변화가 생기게 되었다. 최근 수사기관의 공소제기 전 피의사실공표 논란이 제기되는 바람에 2012년부터 시행된 개정 형사소송법으로 형법 제126조 피의사실공표죄에 대한 고발인까지 재정신청을 할 수 있도록 대상범죄의 범위가 더욱 확대되었다.

(3) 재정신청의 절차

(가) 신청권자와 신청대상

재정신청의 신청권자는 검사로부터 공소를 제기하지 아니한다는 통지를 받은 ① 고소인 또는 ② 형법 제123조부터 제126조까지의 죄에 대한 고발인이다. 다만 형법 제126조의 피의사실공표죄에 대하여는 피공표자의 명시한 의사에 반하여 고발인이 재정신청을 할 수는 없다(형사소송법 제260조 제1항). 형법 제123조부터 제126조까지의 죄 이외의 죄에 대한 고발인은 신청권자가 아니므로 검찰항고 이후에 재항고를 할 수 있을 뿐이다. 고소 · 고발을 취소한 자도 재정신청을 신청할 수 없으며, 피의자도 재정신청을 할 수 없다. 재정신청권자는 대리인에 의하여 재정신청을 할 수 있다(형사소송법 제264조 제1항).

재정신청의 신청대상은 검사의 불기소처분이다. 불기소처분이므로 기소유예 처분에 대하여도 당연히 재정신청을 할 수 있으며(대법원 1988. 1. 29. 자 86모58 결정), 기소중지와 참고인중지 처분에 대하여는 ① 종국처분이 아닌 수사중지처분에 불과하다는 이유로 재정신청이 허용되지 않는다는 견해가 있으나(손동권 366면; 신양균 358면; 이은모 425면; 임동규 323면) ② 기소중지와 참고인중지가 중간처분이라고 하여도 형사소송법 제260조 제1항에서 '공소를 제기하지 아니하는 통지를 받은 때'라고 규정하여 이를 불기소처분의 통지로 본다면 기소중지 등도 이에 해당된다고 할 것이며 검찰항고의 대상과 동일하게 취급하는 것이 적절하다는 점에서 재정신청이 허용된다고 할 것이다(신동운 442면). 진정사건에 대한 검사의 내사종결처리는 재정신청의 대상이 되지 않으며, 재정신청의 제기기간이 경과된 후에는 재정신청의 대상을 추가할 수도 없다.

(나) 항고전치주의

재정신청을 하려면 검찰청법 제10조에 따른 항고를 거쳐야 하는 것이 원칙이다(형사소송법 제260조 제2항). 항고전치주의를 통해 신청권자에게 재정신청 전에 신속한 권리구제의 기회를 제공하는 한편 검사에게도 자체시정의 기회를 갖도록 한 것이다. 이에 따라 항고 이후 재정신청을 할 수 있는 신청권자는 별도로 재항고를 할 수 없다(검찰청법 제10조 제3항).

다만, ① 항고 이후 재기수사가 이루어진 다음에 다시 공소를 제기하지 아니한다는 통지를 받은 경우, ② 항고 신청 후 항고에 대한 처분이 행하여지지 아니하고 3개월이 경과한 경우, ③ 검사가 공소시효 만료일 30일 전까지 공소를 제기하지 아니하는 경우의 어느 하나에 해당하는 때에는 예외적으로 항고를 거치지 않고 바로 재정신청을 할 수 있다(형사소송법 제260조 제2항 단서).

(다) 재정신청의 기간과 방식

재정신청을 하려는 자는 항고기각결정을 통지받은 날로부터 10일 이내에 지방검찰청 검사장 또는 지청장에게 재정신청서를 제출하여야 한다. 다만 항고전치주의의 예외에 해당되어 항고절차를 거칠 필요가 없는 때에는 ① 항고 이후 재기수사가 이루어진 다음에 다시 공소를 제기하지 아니한다는 통지를 받은 경우 또는 항고 신청 후 항고에 대한 처분이 행하여지지 아니하고 3개월이 경과한 경우에는 그 사유가 발생한 날로부터 10일 이내에, ② 검사가 공소시효 만료일 30일 전까지 공소를 제기하지 아니하는 경우에는 공소시효 만료일 전날까지 위와 같이 재정신청서를 제출하여야 한다(형사소송법 제260조 제3항). 위와 같은 신청기간은 불변기간이므로 연장이 허용되지 아니한다.

재정신청서에는 재정신청의 대상이 되는 사건의 범죄사실 및 증거 등 재정신청을 이유 있게 하는 사유를 기재하여야 한다(동조 제4항). 이와 같이 재정신청서에 재정신청의 근거를 명시하게 함으로써 법원으로 하여금 재정신청의 범위를 신속하게 확정하고 재정신청에 대한 결정을 신속하게 내릴 수 있도록 하며, 재정신청의 남발을 방지하려는 취지와 재정신청으로 인하여 이미 검사의 불기소처분을 받은 피고소인 또는 피고발인의 지위가 계속 불안정하게 되는 불이익을 고려한 것이기에 재정신청서에 위와 같은 사유를 기재하지 아니한 때에는 재정신청을 기각할 수 있다. 재정신청사건의 관할법원은 불기소처분을 한 검사 소속의 지방검찰청 소재지를 관할 하는 고등법원이다(형사소송법 제260조 제1항).

(라) 재정신청의 효력과 취소

고소인 또는 고발인이 수인인 경우에 공동신청권자 중 1인의 재정신청은 그 전원을 위하여 효력을 발생한다(형사소송법 제264조 제1항). 그리고 재정신청이 있으면 재정결정이 있을 때까지 공소시효의 진행이 정지된다(형사소송법 제262조의4 제1항). 재정신청은 고등법원의 재정결정이 있을 때까지 취소할 수 있고 재정신청을 취소한 자는 다시 재정신청을 할 수 없다(형사소송법 제264조 제2항). 재정신청과 달리 재정신청의 취소는 다른 공동신청권자에게 효력이 미치지 않는다(동조 제3항). 재정신청의 취소는 관할 고등법원에 서면으로 하여야 한다. 다만, 기록이 관할 고등법원에 송부되기 전에는 그 기록이 있는 검찰청 검사장 또는 지청장에게 하여야 한다(형사소송규칙 제121조 제1항).

(마) 지방검찰청 검사장·지청장의 처리

재정신청서를 제출받은 지방검찰청 검사장 또는 지청장은 재정신청서를 제출받은 날부터 7일 이내에 재정신청서·의견서·수사 관계서류 및 증거물을 관할 고등검찰청을 경유하여 관할 고등법원에 송부하여야 한다. 다만, 예외적으로 항고전치주의가 적용되지 않는 경우에는 지방검찰청 검사장 또는 지청장은 ① 재정신청이 이유 있는 것으로 인정하는 때에는 즉시 공소를 제기하고 그 취지를 관할 고등법원과 재정신청인에게 통지하고, ② 재정신청이 이유 없는 것으로 인정하는 때에는 30일 이내에 관할 고등법원에 송부한다(형사소송법 제261조).

(4) 고등법원의 심리와 결정

(가) 심리절차의 구조

재정신청 이유의 유무를 심사하는 절차인 고등법원의 심리절차에 대한 법적 성격 내지 구조에 대해 종래 여러 논의가 있어왔지만 심리절차는 공소제기 전의 절차로 수사와 유사한 성격을 가지기는 하지만 기본적으로 재판절차라는 점에서 형사소송유사의 재판절차로 파악하는 형사소송유사설(刑事訴訟類似說)의 입장이 일반적이고, 이 견해가 재정신청사건은 항고의 절차에 준하여 결정한다는 형사소송법의 태도에 비추어 보아도 타당하다고 하겠다.

(나) 재정신청사건의 심리

1) 재정신청의 통지

법원은 재정신청서를 송부받은 때에는 송부받은 날로부터 10일 이내에 피의자에게 그 사실을 통지하여야 한다(형사소송법 제262조 제1항). 또한 재정신청서를 송부받은 날로부터 10일 이내에 피의자 이외에 재정신청인에게도 그 사유를 통지하여야 한다(형사소송규칙 제120조).

2) 심리기간과 방식

법원은 재정신청서를 송부받은 날로부터 3개월 이내에 재정결정을 하여야 한다(형사소송법 제262조 제2항). 이와 같은 심리기간은 법원에 충실한 심리를 가능하도록 하는 동시에 피의자가 장기간 불안정한 지위에 놓여 있다는 점을 고려한 것으로 일반적으로 훈시규정으로 보고 있기에 그 기간을 경과한 후에 재정결정을 하여도 위법하지는 않지만 원칙적으로 준수하여야 할 것이다. 재정신청사건의 심리는 항고의 절차에 준하므로(형사소송법 제262조 제2항) 구두변론에 의하지 않고 절차를 진행할 수 있으며, 필요한 경우에는 사실조사를 할 수도 있다(형사소송법 제37조 제2항, 제3항). 그리고 특별한 사정이 없는 한 심리는 공개하지 아니한다(형사소송법 제262조 제3항). 심리를 비공개로 한 것은 피의자의 사생활 침해, 수사의 비밀저해 및 민사사건에 악용하기 위한 재정신청의 남발 등을 막기 위한 것이다.

법원은 필요한 때에는 증거조사를 할 수 있으므로(형사소송법 제262조 제2항) 피의자신문, 참고인에 대한 증인신문, 검증, 감정 등을 할 수 있다. 증거조사의 방법은 공판절차가 아니므로 법원이 필요하다고 인정하면 법정에서 심리하지 않아도 무방하며 서면심리로도 가능할 것이다.

3) 강제처분의 허용여부

심리절차에서 피의자 구속, 압수·수색·검증과 같은 강제처분이 허용되는 여부에 대해 논의가 되고 있다. 학설로 ① 강제처분허용설은 심리절차가 항고절차에 준하는 절차이므로 재정법원도 수소법원에 준하는 권한을 가지고 필요한 경우에 증거조사를 할 수 있으며 증거조사의 원활한 진행을 위하여 강제처분도 할 필요가 있다는 견해이고, ② 강제처분불허설은 피의자는 피고인이 아니어서 피고인 구속에 관한 규정을 적용할 수 없으며, 무엇보다도 재정신청사건의 심리절차에서 강제처분이 허용된다는 명문규정이 없으므로 강제처분이 허용되지 않는다는 견해이다. 검토해 보면 심리절차가 항고절차에 준하고 기소여부를 판단하기 위한 증거조사에서 필요한 경우에는 강제처분도 허용되어야 하므로 기본적으로 강제처분허용설이 타당하다. 다만 이미 불기소처분을 받은 사건에 대한 심리절차라는 성격상 강제처분을 할 경우는 거의 없을 것으로 보이고 또한 피의자에 대한 구속과 관련하여서는 ① 법원의 구속기간이 공소제기시부터 기산되고(형사소송법 제92조 제3항), ② 재정법원의 구속을 수사기관의 피의자에 대한 구속기간에 적용할 수도 없기 때문에 피의자신문을 위한 구인은 가능하지만 구금은 현실적으로 어렵다고 할 것이다.

4) 기피신청의 허용여부

재정신청사건에서 재정신청을 한 고소인 또는 고발인은 심리절차에서 법관에 대하여 기피신청을 할 수 있는데, 피의자에게도 기피신청이 허용되는 여부에 대해 논의가 되고 있다. ① 재정신청은 검사의 불기소처분에 불복하여 고소인 또는 고발인이 하는 것이고, 이에 따른 재정결정은 당해 사건에 대한 실체판단이 아니므로 피의자에게는 기피신청이 허용되지 않는다는 소극설이 있으나 ② 재정신청사건의 심리와 결정도 재판의 일종이므로 공정성의 확보를 위하여 형사소송법 제18조를 유추적용하여 피의자에게 기피신청을 허용할 수 있다는 적극설이 타당하다고 판단된다.

5) 기록의 열람 · 등사 제한

재정신청사건의 심리 중에는 관련 서류 및 증거물을 열람 또는 등사할 수 없다(법 제262조의2 본문). 이와 같은 열람 · 등사의 금지는 심리의 비공개 원칙과 같이 이미 불기소처분을 받은 피의자의 사생활 침해, 수사의 비밀저해 및 민사사건에 악용하기 위한 재정신청의 남발 등을 막기 위한 것이다(헌법재판소 2011.11.24.선고 2008헌마578 결정). 다만 재정신청사건의 심리 중에 증거조사를 행한 경우에는 증거조사과정에서 작성된 서류의 전부 또는 일부의 열람 또는 등사를 할 수 있다(형사소송법 제262조의2 단서). 법원의 증거조사과정에서 작성된 것이며, 검사나 재정신청인 등 이해관계 있는 자의 이익을 고려한 것이다.

(다) 재정결정

1) 기각결정

재정신청이 법률상의 방식에 위배되거나 이유 없는 때에는 신청을 기각한다(형사소송법 제262조 제2항 1호). 재정신청이 법률상의 방식에 위배된 때란 ① 신청권자가 아닌 자가 재정신청을 한 경우, ② 신청기간이 경과한 후에 재정신청을 한 경우, ③ 검찰항고를 거치지 아니하고 재정신청을 한 경우, ④ 재정신청서에 범죄사실과 증거 등 재정신청을 이유있게 하는 사유를 기재하지 않은 경우(대법원 2002.2.23.자 2000모216 결정)

등이다. 재정신청서를 직접 고등법원에 제출한 경우에는 신청방식이 법률에 위배된 때에 해당되긴 하지만 그 신청을 기각할 것이 아니라 재정신청서를 관할 지방검찰청 검사장 또는 지청장에게 송부하여야 할 것이다.

그리고 재정신청이 이유 없는 때란 검사의 불기소처분이 정당한 것으로 인정된 경우이다. 재정신청의 이유 유무는 불기소처분시가 아니라 재정결정시를 기준으로 하므로 불기소처분 후에 새로 발견된 증거를 판단의 자료로 삼을 수 있다. 검사의 혐의없음 처분에 대한 재정신청사건을 심리한 결과 범죄의 객관적 혐의는 인정되나 기소유예 처분을 할 만한 사건이라고 인정되는 경우에도 재정신청을 기각할 수 있으며, 검사의 불기소처분 당시에 공소시효가 완성되어 공소권이 없는 경우에도 불기소처분에 대한 재정신청은 허용되지 않는다.

법원은 기각결정을 한 때에는 즉시 그 정본을 재정신청인, 피의자와 관할 지방검찰청 검사장 또는 지청장에게 송부하여야 한다(형사소송법 제262조 제5항 전문). 기각결정 이 확정된 사건에 대하여는 다른 중요한 증거를 발견한 경우를 제외하고는 소추할 수 없으므로(형사소송법 제262조 제4항 후문) 다른 피해자의 고소에 대하여 불기소처분 이 있었고 재정신청이 기각된 이상 그 기각된 사건내용과 동일한 사실인 경우에도 마찬가지이다.

이는 법원의 판단에 의하여 재정신청 기각결정이 확정되었는데도 검사의 공소제기를 제한없이 허용하게 되면 피의자를 장기간 불안정한 상태에 두게 되므로 검사의 공소제기를 제한하면서 한편으로는 재정신청사건에 대한 법원의 결정에는 일사부재리의 효력이 인정되지 않으므로 피의사실을 유죄로 인정할 명백한 증거가 발견된 경우에도 검사의 공소제기를 금지하는 것은 사법정의에 반하는 결과가 된다는 점을 고려한 것이다.

2) 공소제기결정

재정신청이 이유 있는 때에는 사건에 대한 공소제기를 결정한다(형사소송법 제262조 제2항 2호). 재정신청이 이유 있는 때란 공소를 제기하는 것이 상당함에도 소추재량의 한계를 넘어서 불기소처분한 위법이 인정되는 경우라 할 것이다(대법원 1988.1.29.자

86모58 결정). 공소제기를 결정하는 때에는 죄명과 공소사실이 특정될 수 있도록 이유를 명시하여야 한다(형사소송규칙 제122조). 그리고 즉시 그 정본을 재정신청인·피의자와 관할 지방검찰청 검사장 또는 지청장에게 송부하여야 하고, 관할 지방검찰청 검사장 또는 지청장에게는 사건기록을 함께 송부하여야 한다(형사소송법 제262조 제5항). 공소제기결정이 있는 때에는 공소시효에 관하여 그 결정이 있는 날에 공소가 제기된 것으로 본다(형사소송법 제262조의4 제2항). 공소제기결정에 따라 이후에 실제 검사가 공소를 제기한 시점과는 관계없이 법원이 공소제기결정을 한 날에 공소시효의 진행이 정지되어(형사소송법 제253조 제1항 참조) 결과적으로 재정신청에 의하여 정지된 공소시효(형사소송법 제262조의4 제1항)는 계속 정지되는 것이다.

(5) 재정결정에 대한 불복

재정결정에 대하여는 원칙적으로 불복할 수 없다(법 제262조 제4항). 이에 따라 법원의 공소제기결정에 불복할 수 없으므로 공소제기결정에 잘못이 있는 경우라도 이러한 잘못은 본안사건에서 공소사실 자체에 대하여 무죄, 면소, 공소기각 등을 할 사유에 해당하는지를 살펴서 무죄 등의 판결을 함으로써 그 잘못을 바로잡을 수 있는 것이다. 그러나 재정신청 기각결정에 대해서는 헌법재판소에서 형사소송법 제262조 제4항에서 규정하고 있는 재정신청 기각결정에 대한 '불복'에 형사소송법 제415조의 '재항고'가 포함되는 것으로 해석하는 한 합리적인 입법재량의 범위를 벗어나 재정신청인의 재판청구권과 평등권을 침해하는 것으로 헌법에 위반된다고 결정하였다(헌법재판소 2011.11.24.선고 2008헌마578, 2009헌마41?98(병합) 결정). 이에 따라 재정신청 기각결정에 대해서는 예외적으로 재판에 영향을 미친 헌법·법률·명령 또는 규칙의 위반이 있음을 이유로 하는 때에 한하여 대법원의 최종적 심사를 받기 위하여 재항고를 할 수 있다(형사소송법 제415조).

(6) 비용부담

법원은 재정신청 기각결정을 하거나 재정신청의 취소가 있는 경우에는 결정으로 재정신청인에게 신청절차에 의하여 생긴 비용의 전부 또는 일부를 부담하게 할 수 있다(형사소송법 제262조의3 제1항). 또한 법원은 직권 또는 피의자의 신청에 따라 재정신청인에게 피의자가 재정신청절차에서 부담하였거나 부담할 변호인선임료 등 비용의 전부 또는 일부의 지급을 명할 수 있다(형사소송법 제262조의3 제2항). 재정신청의 대상을 모든 범죄로 확대하면서 재정신청이 남발되는 것을 방지하기 위하여 마련된 제도이지만 아직은 경고적 의미가 강하고 실효적으로 적용되고 있지는 않고 있다.

(7) 기소강제와 공소유지

고등법원의 공소제기결정에 따른 재정결정서를 송부받은 관할 지방검찰청 검사장 또는 지청장은 지체없이 담당 검사를 지정하고 지정받은 검사는 공소를 제기하여야 한다(형사소송법 제262조 제6항). 이와 같이 법원의 공소제기결정에 의해 공소제기가 의제되는 것이 아니라 검사에게 공소제기를 강제하게 되므로 검사는 공소제기를 위하여 관할 지방법원에 공소장을 제출하여야 하며 공소유지도 검사가 담당하게 된다. 공소를 제기한 검사는 통상의 공판절차에 따라 권한을 행사하므로 공소유지를 위하여 공소장 변경을 할 수도 있고 상소를 제기할 수도 있다. 다만 공소제기결정의 취지에 따라 검사는 공소를 유지할 권한만을 가지고 있다고 할 것이므로 공소를 취소할 수는 없다(형사소송법 제264조의2).

재 정 신 청 서

신 청 인(고소인)　　ㅇ　　ㅇ　　ㅇ
피신청인(피의자)　　△　　△　　△
　　　　　　　　　　ㅇㅇ시 ㅇ구 ㅇㅇ길 ㅇㅇ

피신청인(피의자)에 대한 ㅇㅇ지방검찰청 20ㅇㅇ형제 ㅇㅇㅇ호 불법체포 · 감금죄 피의
사건에 있어서, 동 검찰청 소속 검사 ㅁㅁㅁ이 20ㅇㅇ. ㅇ. ㅇ. 한 불기소처분(무혐의
처분)에 대하여 신청인은 이에 불복하여 항고(200ㅇ불항ㅇㅇㅇ호)하였으나 ㅇㅇ고등검
찰청 검사ㅇㅇㅇ은 200ㅇ. ㅇㅇ. ㅇㅇ.자로 항고기각 처분하였습니다. 그러나 다음과
같은 이유로 부당하여 재정신청을 하오니 위 사건을 관할 ㅇㅇ지방검찰청에서 공소제기하
도록 하는 결정을 하여주시기 바랍니다.

신청인이 검사로부터 불기소처분통지를 수령한 날 : 20ㅇㅇ. ㅇ. ㅇ.

신 청 취 지

피의자 △△△에 대한 ㅇㅇ지방검찰청 ㅇㅇ 형제 ㅇㅇㅇ호 불법체포 · 감금 피의사건에
대하여 피의자 △△△을 ㅇㅇ지방법원의 심판에 부한다
라는 결정을 하여 주시기 바랍니다.

신 청 이 유

1. 피의자 △△△의 범죄사실
   별지기재와 같음

2. 피의자의 범죄에 관한 증거설명
   별지기재와 같음

3. 검사의 불기소 이유의 요지는 피의사실에 대한 증거가 없어 결국 범죄혐의가 없다는
   것인 바, 참고인 진술과 압수한 증거물 기타 제반사정을 종합검토하면 본 건 피의사실
   에 대한 증거는 충분하여 그 증명이 명백함에도 불구하고 증거가 불충분하다는 이유로
   불기소처분한 것은 부당하고 검사의 기소독점주의를 남용한 것이라 아니할 수 없으므
   로 재정신청에 이른 것입니다.

첨 부 서 류

1. 피의사실 및 증거내용   1통
2. 불기소처분통지서   1통
3. 기타 증거서류 사본   2통

20○○년   ○월   ○일
재정신청인(고소인)   ○   ○   ○ (인)

○ ○ 고 등 법 원 귀 중

제출기관	불기소처분한 검사소속의 지방검찰청 또는 지청	제출기간	항고기각결정의 통지를 받은 날로부터 10일이내
신 청 인	· 고소권자로서 고소를 한 자 · 형법 제123조부터 제125조까지의 죄에 대하여는 고발한 자도 가능	관 할	불기소처분한 검사소속의 고등검찰청에 대응한 고등법원
제출부수	· 신청서 1부	관련법규	형사소송법260~264조
불복방법	신청기각의 결정에 대하여는 형사소송법 제415조에 따른 즉시항고를 할 수 있고, 공소제기의 결정에 대하여는 불복할 수 없음. 신청기각의 결정이 확정된 사건에 대하여는 다른 중요한 증거를 발견한 경우를 제외하고는 소추할 수 없음(형사소송법 제262조 4항).		
공소제기 결정효과	· 공소시효에 관하여는 공소제기결정이 있는 날에 공소가 제기된 것으로 간주(형사소송법 제262조의4 제2항) · 재정결정서를 송부받은 관할 지방검찰청 검사장 또는 지청장은 지체없이 담당 검사를 지정하고 지정받은 검사는 공소를 제기하여야 함 (형사소송법 제262조 제6항)		
기 타	· 항고전치주의 　– 재정신청을 하기위해서는 검사의 불기소처분에 통지를 받은 날부터 30일 이내 항고를 하여야 하며, 이 항고에 대한 항고기각결정을 받은 날로부터 10일 이내 재정신청을 할 수 있음 · 항고전치주의의 예외 　– 항고 이후 재기수사가 이루어진 다음에 다시 공소를 제기하지 아니한다는 통지를 받은 경우 　– 항고 신청 후 항고에 대한 처분이 행하여지지 아니하고 3개월이 경과한 경우 　– 검사가 공소시효 만료일 30일 전까지 공소를 제기하지 아니하는 경우 · 형법 제126조 피의사실공표죄에 대해서는 피공표자의 명시한 의사에 반하여 재정을 신청할 수 없음		

재 정 신 청 서

사   건   20○○형 제○○○○호 가혹행위

피고소인   ○   ○   ○ (000000-0000000)
            ○○시 ○○구 ○○로 ○○(○○동)
직 업 :   경찰공무원

신청인은 위 피고소인을 가혹행위죄로 20○○. ○. ○. 귀청에 고소하였으나 같은
해 ○. ○. 귀청으로부터 공소를 제기하지 아니한다는 불기소처분의 통지를 받았는
바, 다음과 같은 이유로 재정신청을 하오니 그 사건을 관할 지방법원의 심판에 부하는
결정을 하여 주시기를 바랍니다.

신 청 이 유

위 고소사건에 대한 검사의 불기소이유의 요지는 "피의사실에 대하여는 사실이나
피고소인이 공직에 기여한 공이 크므로, 불기소처분을 한다."라는 것인바, 이는 고소
장에 기재한 바와 같이 피고소인은 직권을 남용하여 여성의 성적 수치심을 고문 수단
으로 악용하였는바, 피고소인은 누구보다 인권을 보호하여야 할 의무가 있음에도
불구하고 성적인 고문을 하여 신청인으로 하여금 자살을 생각할 정도로 영혼과 인격
에 엄청난 상처를 입혔음에도 이러한 피고소인에 대하여 검사는 공직에 기여한 공을
들어 불기소처분을 하였다는 것은 검사의 공소권 행사에 있어 공정을 잃는 처사라고
할 수 있어 형사소송법 제260조에 의하여 재정신청에 이른 것입니다.

첨 부 서 류

1. 불기소처분통지서   1통

1. 불기소이유고지서   1통
1. 고소장 사본   1통

20○○.   ○.   ○.
위 신청인(고소인)   ○   ○   ○   (인)

○○고등법원 귀중

[서식] 재정신청서

재 정 신 청 서

사   건   20○○형 제○○○○호 사기

신 청 인   1. 오   ○   권 (000000-0000000) (전화 :   )
(고소인)   ○○시 ○○구 ○○로 ○○(○○동)
            2. 염   ○   근 (000000-0000000) (전화 :   )
               ○○시 ○○구 ○○로 ○○(○○동)
피신청인   김   ○   준 (000000-0000000)   (전화 :   )
(피고소인)   ○○시 ○○구 ○○로 ○○(○○동)

신 청 취 지

위 피고소인에 대한 20○○형 제○○○○호 사기사건에 대하여 ○○지방검찰청 검사
강○현은 20○○. ○. ○.자로 증거불충분 등의 이유로 불기소처분 결정을 하였고
이에 불복하여 항고(20○○불항 제○○○○호)하였으나 ○○고등검찰청 검사 권○는

20○○. ○. ○.자로 항고기각 처분을 하였습니다. 신청인은 이이 불복하고 형사소송법 제260조에 따라 재정신청합니다(고소인은 20○○. ○. ○. 불기소처분통지를 송달받았음).

신 청 이 유

1. 검사의 항소각하 이유

○○고등검찰청에서는 이 항고사건의 피의사실 및 불기소처분 이유의 요지는 "불기소처분 검사의 불기소처분 결정서 기재와 같으므로 이를 원용하는바, 이 건은 원심청에서 자체 재기수사한 후 불기소 처리한 사건에 대하여 다시 항고한 사안이므로 항고기각처분을 하였다."라고 하고 있습니다.

2. 고소인 오○권에 대한 검사의 항소각하처분의 부당성

(피의자가 이 사건 토지주로부터 매매계약해지통고를 받아 이 사건 공사를 할 수 없음에도 불구하고 그 후 고소인에게 기망행위로 투자계약서를 작성·교부한 행위)

　가. 고소인은 피의자의 감언이설에 속아 20○○. ○. ○.경 및 같은 달 ○.경 두 차례에 걸쳐 1억원을 피의자에게 투자한 후 고소인은 위 투자금에 대하여 어떠한 서류를 받은 바 없기에 피의자에게 고소인이 투자한 내용에 대하여 계약서를 작성해준 줄 것을 요구하여 이에 피의자는 20○○. ○. ○.에 투자계약서를 작성·교부하였습니다.

　나. 따라서 이 피의자는 이 사건 공사를 하기 위하여 토지소유자인 고소 외 장○영에게 이 사건 토지의 계약금만을 지급한 이후 잔금을 지급하지 못하여 위 장○영으로부터 20○○. ○. ○. 매매계약해지 통지를 내용증명으로 받았고, 그 후 같은 해 ○. ○.경에는 피의자가 위 장○영에게 20○○. ○. ○.까지 위 토지 잔금을 지급하지 못할 경우에는 원상회복과 함께 사업을 포기한다는 포기각서를 작성·교부하였으며, 위 ○. ○.까지 잔금을 지급하지 못한 피의자는 위 장○과의 포기각서의 내용에 따라 사업자체를 진행할 수 없어 같은 해 ○. ○. 시공사인 ○○종합건설 주식회사가 위 장○영에게 공사포기각서를 작성·교부하였고, 같은 날 설계·감리업체인 ○○건축사사무소가 위 장○영에게 건축설계·감리포기서를 작성·교부하였기에 피의자가 고소인에게 작성·교부하여 준 투자계약서를 작성할 당시인 20○○. ○. ○.경에는 피의자는 이 사건 사업을 진행할 수 없었던 것입니다.

그럼에도 불구하고, 계속적으로 기망행위를 하여 이에 속은 고소인을 안심시켜

투지계약서를 작성·교부하여 주어 1억원 상당의 금전을 편취한 것입니다(피의자는 고소인이 투자한 원금은 20ㅇㅇ. ㅇ.경 즉시 지급하여 주고, 나머지 이익금 7억원은 순차로 지급하여 준다고 기망행위를 하였음).

그러므로 피의자는 고소인으로 하여금 1억원을 지급받은 이후에도 기망행위로 사업이 잘 진행되고 있다고 거짓말을 하여 위 금원을 편취한 것이므로 사기죄의 범의가 있다고 할 수 있습니다.

3. 고소인 염○근에 대한 검사의 항소각하처분의 부당성

고소인 염○근의 불복 사유의 주된 논점은 첫째, 피의자는 고소인들이 대여한 금전을 대여금이 아닌 투자금으로 거짓 주장을 하고 있으며, 둘째, 피의자가 고소인들로부터 차용한 금전을 수목원 경매물건을 처분하여 지급하기로 한 것은 고소인이 20ㅇㅇ. ㅇ. ㅇ. 낙찰을 받아 경락대금을 완납하였으나, 그 후 토지소유자가 채무금을 채권자에게 변제하여 경매가 취하되어 고소인은 같은 해 ㅇ. ㅇ.경 위 경락대금을 환불받았으나 피의자는 다시 ○○사우나 공사비로 빌려줄 것을 요구하여 위 금전을 빌려주었습니다. 피의자는 위 차용금을 ○○상호신용금고에서 23억원을 대출을 받아 변제하기로 하였으나 변제하지 않았으며, 또한 수원시행사업을 한다며 계약금 10억원만 맞추면 은행에서 ○○자금이 나오니 그때 위 대여금을 모두 상환하기로 약정을 하였습니다. 당시 피의자는 처음부터 변제의사나 변제능력이 없음에도 불구하고 고소인을 기망하여 이에 속은 고소인으로부터 금 1,566,800,000원을 지급받아 동 금원을 편취하였기에 사기죄를 구성한다고 할 수 있습니다.

4. 결 론

위와 같이 피의사실에 대한 증거가 있음에도 증거가 없다는 이유로 불기소 처분을 한 것은 부당하므로 그 시정을 구하기 위하여 항고에 이르렀으나, 검사는 가장 주된 논점인 피의자의 대여금이 아닌 투자금이라는 일방적인 주장을 수용하여 본 건 피의사실에 대한 증거가 불충분하자는 이유로 검사가 불기소처분 및 항소각하결정을 한 것은 부당하고 검사의 기소독점주의를 남용한 것이라 아니할 수 없으므로 재정신청에 이른 것입니다.

첨 부 서 류

1. 항고사건처분통지서	1통
1. 항고각하이유고지서	1통

1. 고소인 염○근의 불기소이유서에 대한 항변 및 증거서류

20○○.   ○.   ○.

위 신청인(고소인) 오   ○   권 (인)
염   ○   근 (인)

○○고등법원 귀중

6. 고소장 기재사항

고소장은 그 내용에 따라 수사의 방향이 정해질 수 있으므로 수사를 담당하는 경찰관이 수사의 방향을 정확히 잡고 수사를 진행할 수 있도록 당사자 및 범죄사실 관계 및 관련 증거 등을 육하원칙에 맞추어 일목요연하게 정리하고 첨부해 주는 것이 좋다.

이러한 고소장은 일정한 양식은 없다. 따라서 특정한 형식에 구애됨이 없이 고소인, 피고소인, 고소이유 등만 기재하여도 충분하다. 다만, 실무적으로는 2006.경 대검찰청에서 제작한 고소장 표준양식(아래 첨부)을 주로 사용하고 있다.

가. 기재사항

고소장에는 ① 고소를 하는 사람과 고소 상대방, ② 고소취지, ③ 범죄사실 ④ 고소사실과 관련된 사건의 수사 및 재판 여부가 기재되어야 하며 이는 누락되어서는 아니되는 필요적 기재사항이다.

이외에 범행 경위 및 정황의 정도 등 고소를 하게 된 이유, 증거자료의 유무, 관련사건에 대하여 민사소송이 진행 중인지 여부, 고소사실에 대한 진실 확약 등도 기재할 수 있으며 이는 임의적 기재사항이다.

(1) 고소를 하는 사람과 고소 상대방

고소인과 상대방은 당해 사건의 당사자이기 때문에 명확히 특정할 필요가 있다. 따라서 고소장 기재시 고소인 또는 피고소인의 경우 성명, 주민등록번호, 주소, 연락처 등을 정확히 기재하여야 한다(피고소인의 인적사항을 정확히 모를 때에는 알고 있는 내용만 기재하고 나머지 부분은 불상이라고 기재하면 된다). 만일 고소인이 법인 또는 단체인 경우에는 상호 또는 단체명, 대표자, 법인등록번호(또는 사업자등록번호), 주된 사무소의 소재지, 전화 등 연락처를 기재해야 하며, 법인의 경우 법인등기부등본을 첨부해야 한다.

또한 미성년자의 친권자 등 법정대리인이 고소하는 경우 및 변호사에 의한 고소대리의 경우에 법정대리인 관계, 변호사 선임을 증명할 수 있는 서류를 첨부해야 한다.

(2) 고소취지

고소취지는 피고소인의 죄명을 기재하여 가령, '고소인은 피고소인을 사기죄로 고소하오니 처벌하여 주시기 바랍니다.'라는 방식으로 기재(죄명 및 피고소인에 대한 처벌의사 기재)하면 된다.

(3) 범죄사실

범죄사실은 향후 수사의 방향을 기초를 제공하는 핵심적인 내용이므로 형법 등 처벌법규에 해당하는 사실에 대하여 일시, 장소, 범행방법, 결과 등을 구체적으로 특정하여 기재해야 하며, 고소인이 알고 있는 지식과 경험, 증거에 의해 사실로 인정되는 내용을 기재하여야 한다.

(4) 고소이유

고소이유에는 고소장의 내용 중 가장 중요한 부분이다. 피고소인을 알게된 경위 및 범행 경위 그리고 정황, 피해를 입게 된 경위 및 고소를 하게 된 동기와 사유 등 범죄사실을 뒷받침하는 내용을 시간 순서에 따라 간략하고 명료하게 기재하여야 한다.

(5) 증거자료 제출

백문이 불여일견이라는 말이 있다. 앞서 고소취지나 고소이유 등이 단순한 주장에 불과할 경우 무죄추정의 원칙에 따라 피고소인을 고소인이 원하는 대로 처벌하게 하는 것은 불가능해 질 수 있다. 따라서 고소를 준비할 경우 당해 사건의 고소 및 향후 그 범죄로 인해 처벌을 받게 할 수 있는 명확한 증거의 수집 및 제출이 매우 중요하다. 물론 경찰관들이 소명의식을 가지고 적극적으로 증거수집을 할 수도 있겠지만, 증거라는 것이 시간이 지남에 따라 소멸될 수 있는 것도 많으니 사전에 고소인이 관련 증거를 수집해 놓은 것이 보다 더 유리한 방법이다. 표준 고소장 양식에서 증거자료 부분의 해당 부분에 체크표시를 해주면 된다.

(6) 관련사건의 수사 및 재판여부

이 부분도 증거자료 부분과 마찬가지로 관련 사건의 수사 및 재판여부 부분의 해당란에 체크를 해주면 된다. 만일 해당 사항이 존재할 경우 관련 사건번호도 함께 기재해 주는 것이 좋다.

(7) 고소사건 조회

고소 이후 고소인이나 피고소인은 자신의 사건 진행 사항을 형사사법포털 사이트에서 조회할 수 있다.

사건조회	민원신청
벌과금조회	전자약식명령 등본조회

국민과 함께하는 형사사법
형사사법포털이
만들어갑니다.

알림 ▶ ❚❚ 1 / 14

형사공탁의 절차와 형사공탁 안내

공지사항	자주 묻는 질문	＋

[KICS]	[당첨자 발표] 2023년 형사사법포털 이용자 …	2023.12.06
[KICS]	간편안증 서비스 확대 안내	2023.06.27
[KICS]	형사사법포털 사칭 피싱사이트 주의 안내	2023.05.26
[법원]	법원 형사공탁 안내	2022.12.09

범죄피해자 지원 안내

모바일서비스안내

이용문의 1588-4771
평일(월~금) 09:00~18:00

▆▆ 검색할 수 있는 대상

경찰사건	해양경찰사건	검찰사건	공수처사건	법원사건

기관1. 경찰사건

조회대상자	대상 사건
• 고소인등 (고소인·고발인·진정인·피해자) • 위의 법정대리인·임의대리인·변호사	• 입건 사건
• 피의자 • 위의 법정대리인·임의대리인·변호사	**【진행중인사건】** • 입건 사건 중, 피의자의 사건조회가 제한되지 않는 사건 • 전자약식 사건 **【종결사건】** • 입건 후 종결된 사건 　※ '이송' 결정 피의자는 사건조회가 제한되지 않은 사건에 한해 조회 가능 　※ '수사중지' 결정 피의자는 조회 불가 • 전자약식 사건

※아래의 경우는 검색할 수 없습니다.
• 담당 수사관이 피의자 도주·증거인멸 우려 등 사유로 사건조회를 제한한 사건
• 입건전 조사사건
• 인증서 또는 지문 로그인을 하지 않은 경우

나. 고소취지 작성례

[작성례- 사기죄]

피고소인은 가정주부로서 사실은 남편의 원수입이 000원 외에 별다른 수입이 없고, 개인적입 부채도 000원에 이르고 그 이자를 매월 000원 이상 지급해야할 형편이어서 타인으로부터 돈을 차용하더라도 이를 변제할 의사나 능력이 없음에도 불구하고, 2022. 1. 1. 00:00경 서울 서초구 방배동 소재 고소인 김00의 집에서 동녀에게 금 000원만 빌려주면 월 00%의 이자로 2개월 후에 틀림없이 변제하겠다는 취지의 거짓말을 하여 이에 속은 동녀로부터 즉시 그곳에서 차용금 명목으로 금 000원을 교부받아 이를 편취한 것이다.

[작성례 - 공갈죄]

피고소인은 2022. 00. 00. 00:00경 서울 서초구 방배동 000 앞길에서 그곳을 지나가던 피해자 김00을 불러 세워놓고 갑자기 주먹으로 동인의 복부를 1회 때리면서 "가진 돈 다 내놓아라. 만일 뒤져서 돈이 나오면 100원에 한 대씩 때리겠다"고 말하며 이에 불응하면 동인의 신체 등에 더 큰 위해를 가할 것 같은 태도를 보여 이에 겁을 먹은 동인으로부터 금 000원을 교부받아 이를 갈취한 것이다.

[작성례 - 업무상횡령죄]

피고소인은 2022. 00. 00.경부터 2022. 00. 00.경까지 서울 서초구 방배동 소재 00건설 경리직원으로서 위 회사의 자금조달업무에 종사하던 자인바, 2022. 00. 00. 00:00경 서울 서초구 방배동 소재 00금고 서초동 지점에서 위 회사의 운영자를 조달하기 위하여 위 회사 소유인 00시 00동 소재 임야 000평에 관하여 위 00금고에 근저당권설정등기를 결료하여 주고 금 000원을 대출받아 이를 위 회사를 위하여 업무상 보관 중 같은 달 00. 00:00경 위 회사 사무실에서 그 중 000원을 자신과 불륜관계를 맺어 온 위 회사의 000에게 임의로 지급하여 이를 횡령한 것이다.

[작성례 - 명예훼손죄]

피고소인은 2022. 00. 00. 00:00경 서울 서초구 서초동 소재 00빌딩 1층 커피숍에서 사실은 피고소인 김00이 피고소인 자동차를 절취한 간 사실이 없음에도 불구하고 손님 00명이 듣고 있는 가운데, 위 김00에 대하여 "내 자동차를 훔쳐간 도둑놈아, 빨리 차를 내놓으라"라고 소리를 침으로써, 공연히 허위사실을 적시하여 동인의 명예를 훼손한 것이다.

[작성례 - 모욕죄]

피고인은 2022. 00. 00. 00:00경 서울 서초구 방배동 소재 00식당에서 친구인 고소외 정00 등 10여명과 함께 식사를 하던 중 피고소인 강00과 평소 금전거래 관계로 말다툼을 하다가 동인에게 "악질적인 고리대금업자"라고 큰 소리로 말하여 공연히 동인을 모욕한 것이다.

[작성례– 업무방해죄]

피고인은 2022. 00. 00. 00:00경 서울 서초구 방배동 소재 피고소인 김00 경영의 00식당에서 평소 동인으로부터 푸대접을 받은 데 대한 화풀이로 "야 이 새끼야, 왜 사람 괄시하는 거야"라고 큰 소리를 치고 수저통을 마루바닥에 집어던지는 등 소란을 피워 그 식당에 들어오려던 손님들이 들어오지 못하게 하여 위력으로써 동인의 식당영업을 방해한 것이다.

[작성례–주거침입죄]

피고인은 2022. 00. 00. 00:00경 서울 서초구 서초동 소재 피고소인 김00의 집에 이르러 물건을 훔칠 생각으로 그 열려진 대문을 통하여 그 집 현관까지 들어가 동인의 주거에 침입한 것이다.

[작성례–상해죄]

피고소인은 2022. 00. 00. 00:00경 서울 서초구 서초동 소재 피고소인 김00 경영 00식당에서 동인과 음식값 문제로 말다툼을 하다가 동인으로부터 욕설을 듣자 이에 화가 나 오른쪽 주먹으로 동인의 얼굴 부분을 2회 때려 동인에게 약 3주간의 치료를 요하는 상구순부열차 등을 가한 것이다.

[작성례 - 무고죄]

피고소인은 2022. 1. 1. 00:00경 서울 서초고 서초동 소재 서울중앙지방법원 제000 호 법정에서 위 법원 2022고단000호 피고인 김00에 대한 절도 피고사건의 증인으로 출석하여 선서한 다음 증언함에 있어, 사실은 김00가 2021. 1. 1. 00:00경 위 법원 앞길을 운행 중인 서울00차000호 시내버스 안에서 절도하는 것을 직접 목격하였음에 도 불구하고, 위 사실을 심리 중인 위 법원 제00단독 판사 000에게 "위 김00이 절도하는 것을 본 일이 없다"라는 기억에 반하는 허위의 진술을 하여 위증한 것이다.

[작성례–사문서위조, 행사죄]

피고인은 2022. 1. 1. 10:00경 서울 서초구 서초동 소재 00금고 사무실에서 행사할 목적으로 권한 없이 백지에 검은색 볼펜을 사용하여 "차용증서, 금 일천만원, 이 금액을 정히 차용하여 2022. 11. 1,까지 틀림없이 변제할 것을 확인함. 2022. 1. 1. 채무자 김00., 00금고 귀하"라고 기재한 후 위 김00의 이름 옆에 미리 조각하여 소지하고 있던 동인의 인장을 찍어 권리의무에 관한 사무서인 동인 명의의 차용증서 1통을 위조하고, 즉시 그 자리에서 그 정을 모르는 위 금고 직원 김00에게 금000원을 대출받으면서 위와 같이 위조한 차용증서를 마치 진정하게 성립한 것처럼 교부하여 이를 행사한 것이다.

고 소 장

(고소장 기재사항 중 * 표시된 항목은 반드시 기재하여야 합니다.)

1. 고소인

성 명 (상호·대표자)	홍 길 동	주민등록번호 (법인등록번호)	000000-0000000
주 소 (주사무소소재지)	(현거주지) ○○시 ○○로 ○○(○○동) ○○시 ○○로 ○○(○○동)		
직 업	회사원	사무실 주소	○○시 ○○동 ○○(○○동)
전 화	(휴대폰) 010-1234-5678 (자 택) 02-123-3456 (사무실) 02-234-5678		
이 메 일	hong@naver.com		
대리인에 의한 고소	□ 법정대리인 (성명 : , 연락처) □ 고소대리인 (성명 : 변호사 , 연락처)		

※ 고소인이 법인 또는 단체인 경우에는 상호 또는 단체명, 대표자, 법인등록번호(또는 사업자등록번호), 주된 사무소의 소재지, 전화 등 연락처를 기재해야 하며, 법인의 경우에는 법인등기부등본이 첨부되어야 합니다.

※ 미성년자의 친권자 등 법정대리인이 고소하는 경우 및 변호사에 의한 고소대리의 경우 법정대리인 관계, 변호사 선임을 증명할 수 있는 서류를 첨부하시기 바랍니다.

2. 피고소인

성 명	○ ○ ○	주민등록번호	000000-0000000
주 소	○○시 ○○로 ○○(○○동) (현거주지) ○○시 ○○로 ○○(○○동)		
직 업	무직	사무실 주소	
전 화	(휴대폰) 010-3456-1234 (자 택) 02-345-6789　　　(사무실)		
이 메 일	abc@hanmail.net		
기타사항	고소인과의 관계 : 거래상대방으로서 친·인척관계는 없음		

※ 기타사항에는 고소인과의 관계 및 피고소인의 인적사항과 연락처를 정확히 알 수 없을 경우
　피고소인의 성별, 특징적 외모, 인상착의 등을 구체적으로 기재하시기 바랍니다.

3. 고소취지

고소인은 피고소인을 ○○죄로 고소하오니 처벌하여 주시기 바랍니다.

4. 범죄사실

※ 범죄사실은 형법 등 처벌법규에 해당하는 사실에 대하여 일시, 장소, 범행방법, 결과 등을
　구체적으로 특정하여 기재해야 하며, 고소인이 알고 있는 지식과 경험, 증거에 의해 사실로
　인정되는 내용을 기재하여야 합니다.

5. 고소이유

※ 고소이유에는 피고소인의 범행 경위 및 정황, 고소를 하게 된 동기와 사유 등 범죄사실을
　뒷받침하는 내용을 간략, 명료하게 기재해야 합니다.

6. 증거자료 (✓ 해당란에 체크하여 주시기 바랍니다)

　□ 고소인은 고소인의 진술 외에 제출할 증거가 없습니다.
　□ 고소인은 고소인의 진술 외에 제출할 증거가 있습니다.
☞ 제출할 증거의 세부내역은 별지를 작성하여 첨부합니다.

7. 관련사건의 수사 및 재판 여부 (✓ 해당란에 체크하여 주시기 바랍니다)

① 중복 고소 여부	본 고소장과 같은 내용의 고소장을 다른 검찰청 또는 경찰서에 제출하거나 제출하였던 사실이 있습니다 □ / 없습니다 □
② 관련 형사사건 수사 유무	본 고소장에 기재된 범죄사실과 관련된 사건 또는 공범에 대하여 검찰청이나 경찰서에서 수사 중에 있습니다 □ / 수사 중에 있지 않습니다 □
③ 관련 민사소송 유무	본 고소장에 기재된 범죄사실과 관련된 사건에 대하여 법원에서 민사소송 중에 있습니다 □ / 민사소송 중에 있지 않습니다 □

기타사항

※ ①, ②항은 반드시 표시하여야 하며, 만일 본 고소내용과 동일한 사건 또는 관련 형사사건이 수사·재판 중이라면 어느 검찰청, 경찰서에서 수사 중인지, 어느 법원에서 재판 중인지 아는 범위에서 기타사항 난에 기재하여야 합니다.

8. 기 타

본 고소장에 기재한 내용은 고소인이 알고 있는 지식과 경험을 바탕으로 모두 사실대로 작성하였으며, 만일 허위사실을 고소하였을 때에는 형법 제156조 무고죄로 처벌받을 것임을 서약합니다.

20○○.   ○.   ○. *

고소인   (인) *

제출인   (인)

※ 고소장 제출일을 기재하여야 하며, 고소인 난에는 고소인이 직접 자필로 서명 날(무)인 해야 합니다. 또한 법정대리인이나 변호사에 의한 고소대리의 경우에는 제출인을 기재하여야 합니다.

○○지방검찰청 귀중

※ 고소장은 가까운 경찰서에 제출하셔도 되며, 경찰서 제출시에는 '○○경찰서 귀중'으로 작성하시기 바랍니다.

(범죄사실 입증을 위해 제출하려는 증거에 대하여 아래 각 증거별로 해당란을 구체적으로 작성해 주시기 바랍니다)

1. 인적증거 (목격자, 기타 참고인 등)

성 명		주민등록번호		－
주 소	자택 : 직장 :		직 업	
전 화	(휴대폰) (자 택)　　　　　　(사무실)			
입증하려는 내 용	○○○ 고소인의 친구이며, 피고소인이 고소인에게 금 ○○○원을 주면 ○○을 싸게 구입해주겠다고는 말을 20○○. ○. ○. 고소인과 같이 들었음			

※ 참고인의 인적사항과 연락처를 정확히 알 수 없으면 참고인을 특정할 수 있도록 성별, 외모 등을 '입증하려는 내용'란에 아는 대로 기재하시기 바랍니다.

2. 증거서류 (진술서, 차용증, 금융거래내역서, 진단서 등)

순번	증 거	작성자	제 출 유 무
1			□ 접수시 제출 □ 수사 중 제출
2			□ 접수시 제출 □ 수사 중 제출
3			□ 접수시 제출 □ 수사 중 제출
4			□ 접수시 제출 □ 수사 중 제출
5			□ 접수시 제출 □ 수사 중 제출

※ 증거란에 각 증거서류를 개별적으로 기재하고, 제출 유무란에는 고소장 접수시 제출하는지 또는 수사 중 제출할 예정인지 표시하시기 바랍니다.

3. 증거물

순번	증　　　거	소유자	제 출 유 무
1			□ 접수시 제출 □ 수사 중 제출
2			□ 접수시 제출 □ 수사 중 제출
3			□ 접수시 제출 □ 수사 중 제출
4			□ 접수시 제출 □ 수사 중 제출
5			□ 접수시 제출 □ 수사 중 제출

※ 증거란에 각 증거물을 개별적으로 기재하고, 소유자란에는 고소장 제출시 누가 소유하고 있는지, 제출 유무란에는 고소장 접수시 제출하는지 또는 수사 중 제출할 예정인지 표시하시기 바랍니다.

4. 기타 증거

고 소 장

1. 고소인

성 명 (상호·대표자)		생년월일 (법인등록번호)	
주 소 (주사무소 소재지)			
직 업		사무실 주소	
전 화	(휴대폰)　　　　　　　　　(사무실)		
이메일			
대리인에 의한 고소	☐ 법정대리인 (성명 :　　　　　　　　, 연락처　　　　　) ☐ 고소대리인 (성명 :　　　　　　　　　　　　　)		

2. 피고소인

고소인의 법률상 배우자인 000(000000-000000)입니다.

3. 고소 취지

고소인은 피고소인을 <u>통신매체를 이용한 음란행위(성폭력범죄의 처벌 등에 관한 특례법</u>

제13조), 협박(형법 제283조 제1항), 강간(형법 제297조), 유사강간(형법 제297조의2), 강제추행(형법 제298조), 강요(형법 제324조 제1항)죄로 고소하오니 엄중한 수사로 처벌하여 주시기 바랍니다.

4. 사건의 경위

가. 고소인과 피고소인의 혼인생활

고소인과 피고소인은 2000. 00. 00.경 결혼식을 올리고, 2000. 00. 00. 혼인신고를 마치며 혼인생활을 시작하였으며 2000. 00. 00. 자녀를 출산하였습니다.

그러나 피고소인은 결혼 후에도 잦은 술자리와 다른 여자와의 만남을 지속하였고, 2000. 00. 00. 무렵 대포차 사건에 연루되어 구치소에 수감되는 등 우여곡절 끝에 집행유예 판결을 받은 적도 있습니다.

고소인은 여동생의 금전문제로 사기를 당했고, 2000. 00. 00. 무렵 현재 전세로 살고있는 집 주인에게 '담보 이행각서'라는 문건이 도착하면서, 피고소인과 피고소인의 가족들은 고소인에게 '사기 결혼하여 남편 등골을 빼먹는 여자'취급을 하면서, 이혼을 종용하며 아무것도 바라지 말고 아이도 놓고 혼자 나가라는 소리를 들었습니다.

나. 피고소인의 가혹행위

고소인 또한 더 이상의 결혼생활은 무리라고 판단되어 이혼을 결심하였지만 양육권만은 포기할 수는 없다는 의견을 밝혔습니다. 그런데 그 이후부터 피고소인은 양육권을 빌미로 '아이와 함께 하고 싶으면 내 말을 잘 들어야 한다'라며 차마 글로 담을 수 없을 정도의 성적 학대와 폭력을 행사하였습니다.

피고소인은 주중에는 지방에서 일을 하고 주말에 고소인과 아이가 있는 집에 찾아오는데, 행여 고소인이 아이를 데리고 도망갈까봐 휴대전화에 위치추적 어플리케이션을 설치하고 변태적 성행위를 강요했습니다. 아이 양육을 빌미로 평생 복종하겠다는 각서 작성을 강요하고, 상상도 할 수 없는 물건들을 고소인의 성기에 삽입하라고 하고, 소변을 마시라고 하며, 변태적인 성행위를 강요하며 매일 카카오톡을 통하여 자위영상을 찍어서 보내라며 고소인을 학대하고 있습니다.

5. 범죄 사실

가. 법률의 규정

---

3) 대법원 2018. 2. 8. 선고 2016도17733 판결 "강제추행죄는 사람의 성적 자유 내지 성적 자기결정의 자유를 보호하기 위한 죄로서 정범 자신이 직접 범죄를 실행하여야 성립하는 자수범이라고 볼 수 없으므로, 처벌되지 아니하는 타인을 도구로 삼아 피해자를 강제로

—성폭력범죄의 처벌 등에 관한 특례법—

제13조(통신매체를 이용한 음란행위) 자기 또는 다른 사람의 성적 욕망을 유발하거나 만족시킬 목적으로 전화, 우편, 컴퓨터, 그 밖의 통신매체를 통하여 성적 수치심이나 혐오감을 일으키는 말, 음향, 글, 그림, 영상 또는 물건을 상대방에게 도달하게 한 사람은 2년 이하의 징역 또는 500만원 이하의 벌금에 처한다.

—형법—

제283조(협박, 존속협박) ① 사람을 협박한 자는 3년 이하의 징역, 500만원 이하의 벌금, 구류 또는 과료에 처한다.

제297조(강간) 폭행 또는 협박으로 사람을 강간한 자는 3년 이상의 유기징역에 처한다.

제297조의2(유사강간) 폭행 또는 협박으로 사람에 대하여 구강, 항문 등 신체(성기는 제외한다)의 내부에 성기를 넣거나 성기, 항문에 손가락 등 신체(성기는 제외한다)의 일부 또는 도구를 넣는 행위를 한 사람은 2년 이상의 유기징역에 처한다.

제298조(강제추행) 폭행 또는 협박으로 사람에 대하여 추행을 한 자는 10년 이하의 징역 또는 1천500만원 이하의 벌금에 처한다.

제324조(강요) ① 폭행 또는 협박으로 사람의 권리행사를 방해하거나 의무 없는 일을 하게 한 자는 5년 이하의 징역 또는 3천만원 이하의 벌금에 처한다.

나. 피고소인의 범죄

피고소인은 카카오톡을 이용하여 성적 수치심이나 혐오감을 일으키는 말을 도달하게 하고, 자신의 말을 듣지 않으면 자녀 양육에 관하여 좋지 못한 일이 있을 것이라며 협박하고, 고소인의 의사에 반하여 변태적인 성관계를 계속하고, 고소인의 성기에 물건들을 삽입하고, 고소인에게 음란한 동영상을 촬영하여 전송하라고 지시[3]하고, 소변 등을 마시게 하는 등 협박, 강간, 유사강간, 강제추행, 강요죄를 범하였습니다.

6. 결론

고소인은 피고소인은 물론 피고소인의 가족들로부터 이미 인간 이하의 취급을 받고 있습니다. 장기간에 걸친 피고소인의 행위로 인하여 고소인은 엄청난 정신적 고통에 시달리고 있는바, 피고소인을 엄중히 수사하여 처벌하여 주시기 바랍니다.

7. 증거 자료

ㅁ 고소인은 고소인의 진술 외에 제출할 증거가 없습니다.

■ 고소인은 고소인의 진술 외에 제출할 증거가 있습니다.

→ 별지로 첨부합니다.

8. 관련 사건의 수사 및 재판 여부

① 중복 고소 여부	본 고소장과 같은 내용의 고소장을 다른 검찰청 또는 경찰서에 제출하거나 제출하였던 사실이 있습니다 ㅁ / 없습니다 ㅁ
② 관련 형사사건 수사 유무	본 고소장에 기재된 범죄사실과 관련된 사건 또는 공범에 대하여 검찰청이나 경찰서에서 수사 중에 있습니다 ㅁ / 수사 중에 있지 않습니다 ㅁ
③ 관련 민사소송 유무	본 고소장에 기재된 범죄사실과 관련된 사건에 대하여 법원에서 민사소송 중에 있습니다 ㅁ / 민사소송 중에 있지 않습니다 ㅁ

9. 기타

(고소내용에 대한 진실확약)

본 고소장에 기재한 내용은 고소인이 알고 있는 지식과 경험을 바탕으로 모두 사실대로 작성하였으며, 만일 허위사실을 고소하였을 때에는 형법 제156조 무고죄로 처벌받을 것임을 서약합니다.

2020. 2. .

고소인 ＿000＿

00경찰서 귀중

별지 : 증거자료 세부 목록

순번	증거	소유자	제출 유무
1	카카오톡	O O O	□ 접수시 제출 □ 수사 중 제출
2			□ 접수시 제출 □ 수사 중 제출
3			□ 접수시 제출 □ 수사 중 제출
4			□ 접수시 제출 □ 수사 중 제출
5			□ 접수시 제출 □ 수사 중 제출

추행하는 간접정범의 형태로도 범할 수 있다. 여기서 강제추행에 관한 간접정범의 의사를 실현하는 도구로서의 타인에는 피해자도 포함될 수 있다고 봄이 타당하므로, 피해자를 도구로 삼아 피해자의 신체를 이용하여 추행행위를 한 경우에도 강제추행죄의 간접정범에 해당할 수 있다. 피고인이 피해자들을 협박하여 겁을 먹은 피해자들로 하여금 어쩔 수 없이 나체나 속옷만 입은 상태가 되게 하여 스스로를 촬영하게 하거나, 성기에 이물질을 삽입하거나 자위를 하는 등의 행위를 하게 하였다면, 이러한 행위는 피해자들을 도구로 삼아 피해자들의 신체를 이용하여 그 성적 자유를 침해한 행위로서, 그 행위의 내용과 경위에 비추어 일반적이고도 평균적인 사람으로 하여금 성적 수치심이나 혐오감을 일으키게 하고 선량한 성적 도덕관념에 반하는 행위라고 볼 여지가 충분하다. 따라서 원심이 확정한 사실관계에 의하더라도, 피고인의 행위 중 위와 같은 행위들은 피해자들을 이용하여 강제추행의 범죄를 실현한 것으로 평가할 수 있고, 피고인이 직접 위와 같은 행위들을 하지 않았다거나 피해자들의 신체에 대한 직접적인 접촉이 없었다고 하더라도 달리 볼 것은 아니다."

고 소 장

1. 고소인

성 명 (상호·대표자)	고ㅇㅇ	주민등록번호 (법인등록번호)	
주 소 (주사무소 소재지)			
직 업		사무실 주소	
전 화	(휴대폰)　　　(사무실)		
이메일			
대리인에 의한 고소	▢ 법정대리인 (성명 :　　　　　, 연락처　　　) ▢ 고소대리인 (성명 :　　　　　　　　)		

2. 피고소인

고소인의 법률상 배우자 ㅇㅇㅇ(1900 .ㅇㅇ. ㅇㅇ..생)입니다.

3. 고소취지

고소인은 피고소인을 폭행(형법 제260조 제1항), 감금(형법 제276조 제1항), 협박(형법 제283조 제1항)죄로 고소하오니 엄중한 수사로 처벌하여 주시기 바랍니다.

4. 이 사건의 경위

가. 2000. 00. 00. 범죄사실(폭행, 감금, 협박)

2000. 00. 00. 고소인은 어린이날 휴일임에도 불구하고 학원에 나가 일을 했고, 오후 5시가 되어서야 퇴근해 집으로 돌아왔습니다.

고소인이 출근한 동안에는 피고소인이 아들을 돌보고 있었는데, 고소인이 퇴근해 돌아오자 외출복을 갈아입을 틈도 주지 않고 아들을 고소인에게 맡기고는 어지러진 거실 등을 뒤로한 채 안방으로 들어가 잠을 자는 것이었습니다.

고소인은 정리가 전혀 되어 있지 않은 집에다 퇴근 후 잠시 쉴 틈도 주지 않고 자러 들어가는 피고소인에게 화가 나지 않을 수 없었습니다. 고소인은 피고소인에게 "나와서 애기 좀 봐"라고 얘기했고, 피고소인은 그 말이 못마땅했던지 불같이 화를 내면서 30분 이상을 "염병할 년, 씨발 좆 같은 년아. 니네 엄마는 너 같은 년을 낳고 미역국을 먹었냐?", "아가리 닥쳐라, 찢어버리기 전에", "니가 신고 안 한다는 각서 쓰면 내가 너를 죽기 직전까지 때려줄게", "미친 년이 지랄을 하는구나"는 등 아이 앞에서 차마 입에 담지 못할 폭언을 계속하였습니다.

피고소인은 폭언에 그치지 않고 고소인의 머리를 향해 아이 분유통과 쇼파 쿠션을 집어 던지려 했고, 두 손을 뻗어 고소인의 목을 조르려고 하였으며, 고소인의 얼굴에 삿대질을 하며 "정신병자!"라고 소리를 질렀고, 피아노 의자를 발로 걸어 차며 위협하고, 손으로 고소인을 때리려고 하였습니다.

고소인은 너무 놀라 아이를 데리고 집 밖으로 피신하려고 했지만 피고소인이 막아서며 섰고, 고소인과 아이를 방 안에 집어넣다시피 한 후 나오지 못하도록 했습니다. 고소인과 아이가 방 안에 갇힌 후 마침 다행스럽게도 고소인의 동생에게서 전화가 걸려와 피고소인 몰래 경찰에 신고해달라고 요청하였고, 고소인은 경찰이 출동하기 전까지 누구보다도 아이를 보호해야겠다는 생각에 동요를 크게 불러주며 안정을 주려고 하였으나, 아이는 피고소인이 소리를 크게 지를 때마다 놀라서 울음을 그치지 않는 등 고소인으로서는 이러한 상황이 너무나도 무서웠습니다.

얼마 후 동생의 신고를 받은 경찰이 출동하여 집 초인종을 눌렀습니다. 그런데 피고소인이 출동한 경찰을 마주하고서는 아무 일 없다는 듯이 얘기를 하는 분위기를 감지한 고소인이 방 안에서 "살려주세요!"라고 큰 소리로 외치자 경찰이 집 안으로 들어와 집 상태와 고소인의 상태를 살폈고, 고소인은 다행히 아이와 함께 친정으로 피신할 수 있었습니다.

피고소인은 후에 고소인과의 카카오톡 대화에서 이를 모두 인정하며 잘못을 빌었습니다.

다만, 당시 현장에 출동한 경찰관은 고소인의 신체 등에 폭행의 흔적 등이 남아있지 않다며 단순 신고사건으로 취급해 피고소인을 입건하지 않았습니다. 그러나 당시 위 피고소인의 행위는 명백히 모욕, 폭행, 협박, 감금죄의 구성요건에 해당하는바 다음 '5. 범죄사실'항에서 상술하도록 하겠습니다.

나. 2000. 00. 00. 범죄사실(폭행, 협박)

고소인과 피고소인의 혼인생활은 차츰 파탄에 이르게 되어 오랜기간 별거상태에 돌입한 상태였고 상호간 큰 틀에서 이혼하기로 합의가 되었습니다.

이에 2000. 00. 00. 고소인이 피고소인의 집을 방문하여 구체적인 협의이혼의 조건에 대하여 이야기를 나누었으나, 상호간에 협의가 완료되지 않아 결국 소송으로 진행하기로 이야기가 마무리되었습니다.

얘기를 마치고 고소인이 귀가하려고 하자 피고소인은 갑자기 "타고 온 자동차는 두고 가라"며 억지를 부렸고, 고소인은 자동차 명의를 자신으로 등록하기도 했고, 늦은 밤 친정까지 돌아갈 방법이 없어 차 타고 간다고 하며 자동차를 몰고 나왔습니다.

고소인이 아파트 입구 도로를 벗어나려는 찰나 갑자기 피고소인이 차로 뛰어 들어 와이퍼를 잡아 부수고, 앞 유리창을 내리치며 차 문을 열라고 소리를 질렀습니다.

고소인은 피고소인의 행동에 겁을 먹고 112 신고 외에는 방법이 없겠다 싶어 신고를 하였고, 출동한 경찰관 도움으로 무사히 귀가할 수 있었습니다.

5. 범죄사실

가. 법률의 규정

> **-형법-**
>
> **제260조(폭행, 존속폭행)**
> ① 사람의 신체에 대하여 폭행을 가한 자는 2년 이하의 징역, 500만원 이하의 벌금, 구류 또는 과료에 처한다.
>
> **제276조(체포, 감금, 존속체포, 존속감금)**
> ① 사람을 체포 또는 감금한 자는 5년 이하의 징역 또는 700만원 이하의 벌금에 처한다.
>
> **제283조(협박, 존속협박)**
> ① 사람을 협박한 자는 3년 이하의 징역, 500만원 이하의 벌금, 구류 또는 과료에 처한다.

나. 폭행

1) 법령 및 판례

사람의 신체에 대하여 폭행을 가한 자를 폭행죄로 처벌하는데(형법 제260조 제1항), 대법원 1990. 2. 13. 선고 89도1406 판결은 "폭행죄에 있어서의 폭행이라 함은 사람의 신체에 대하여 물리적 유형력을 행사함을 뜻하는 것으로서 반드시 피해자의 신체에 접촉함을 필요로 하는 것은 아니므로 피해자에게 근접하여 욕설을 하면서 때릴 듯이 손발이나 물건을 휘두르거나 던지는 행위를 한 경우에 직접 피해자의 신체에 접촉하지 않았다고 하여도 피해자에 대한 불법한 유형력의 행사로서 폭행에 해당한다."라며 직접적인 유형력의 행사는 물론 간접적인 유형력의 행사 또한 폭행으로 보고 있습니다.

2) 2000. 00. 00. 폭행

피고소인은 2000. 00. 00. 18:00경 경기도 00시 00구 00로100번길 000에 있는 00아파트 101동 102호 집에서 고소인에게 "염병할 년, 씨발 좆 같은 년아. 니네 엄마는 너 같은 년을 낳고 미역국을 먹었냐? ", "아가리 닥쳐라, 찢어버리기 전에", "니가 신고 안한다는 각서 쓰면 내가 너를 죽기 직전까지 때려줄게", "미친 년이 지랄을 하는구나"는 등의 욕설을 하면서, 고소인의 머리를 향해 아이 분유통과 쇼파 쿠션을 집어 던지려 했고, 두 손을 뻗어 고소인의 목을 조르려고 하였으며, 고소인의 얼굴에 삿대질을 하며 "정신병자!"라고 소리를 질렀고, 피아노 의자를 발로 걷어 차며 위협하고, 손으로 고소인을 때리려고 하였습니다.

3) 2000. 00. 00. 폭행

피고소인은 또한 2000. 00. 00. 저녁경 경기도 00시 00구 00로100번길 000에 있는 00아파트 진입도로에서 고소인이 운전하던 렉서스 자동차 앞으로 뛰어들어 와이퍼를 잡아 부수고, 앞 유리창을 내리치며 차 문을 열라고 소리를 질렀습니다.

다. 감금

사람을 감금한 자를 감금죄로 처벌하는데(형법 제276조 제1항), 대법원 2000. 3. 24. 선고 판결은 "감금죄는 사람의 행동의 자유를 그 보호법익으로 하여 사람이 특정한 구역에서 나가는 것을 불가능하게 하거나 또는 심히 곤란하게 하는 죄로서 이와 같이 사람이 특정한 구역에서 나가는 것을 불가능하게 하거나 심히 곤란하게 하는 그 장해는 물리적, 유형적 장해뿐만 아니라 심리적, 무형적 장해에 의하여서도 가능하고 또 감금의 본질은 사람의 행동의 자유를 구속하는 것으로 행동의 자유를 구속하는 그 수단과 방법에는 아무런 제한이 없으므로 그 수단과 방법에는 유형적인 것이거나 무형적인 것이거나를 가리지 아니하며 감금에 있어서의 사람의 행동의 자유의 박탈은 반드시 전면적이어야 할 필요가 없으므로 <u>감금된 특정구역 내부에서 일정한 생활의 자유가 허용되어 있었다고 하더라도 감금죄의 성립에는 아무 소장이 없다</u>"고 판시한 바 있습니다.

피고소인은 2000. 00. 00. 18:00경 경기도 00시 00구 00로100번길 000에 있는 00아파트 101동 102호 집에서 고소인과 아이를 방 안에 몰아넣다시피 한 후 나오지 못하도록 감금했습니다.

라. 협박

피고소인은 2000. 00. 00. 17:30경 경기도 00시 00구 00로100번길 000에 있는 00아파트 101동 102호 집에서 고소인에게 "니가 신고 안한다는 각서 쓰면 내가 너를 죽기 직전까지 때려줄게"라고 협박하고, 2019. 8. 9. 저녁경 경기도 00시 00구 00로100번길 000에 있는 00에 있는 00아파트 진입도로에서 고소인이 운전하던 000 자동차 앞으로 뛰어들어 와이퍼를 잡아 부수고 앞 유리창을 내리치며 차 문을 열라며 협박하였습니다.

6. 결론

고소인은 피고소인의 폭행, 감금, 협박행위 그 자체는 물론이고 현재까지도 그와 같은 경험이 반복될까 두려워 심한 정신적 고통을 겪고 있는바 피고소인을 엄중히 수사하여 처벌하여 주시기 바랍니다.

7. 증거 자료

- ☐ 고소인은 고소인의 진술 외에 제출할 증거가 없습니다.
- ■ 고소인은 고소인의 진술 외에 제출할 증거가 있습니다.

  ☞ 제출할 증거의 세부 내역은 별지를 작성하여 첨부합니다.

8. 관련 사건의 수사 및 재판 여부

① 중복 고소 여부	본 고소장과 같은 내용의 고소장을 다른 검찰청 또는 경찰서에 제출하거나 제출하였던 사실이 있습니다 ☐ / 없습니다 ☐
② 관련 형사사건 수사 유무	본 고소장에 기재된 범죄사실과 관련된 사건 또는 공범에 대하여 검찰청이나 경찰서에서 수사 중에 있습니다 ☐ / 수사 중에 있지 않습니다 ☐
③ 관련 민사소송 유 무	본 고소장에 기재된 범죄사실과 관련된 사건에 대하여 법원에서 민사소송 중에 있습니다 ☐ / 민사소송 중에 있지 않습니다 ☐

9. 기타

(고소내용에 대한 진실확약)

본 고소장에 기재한 내용은 고소인이 알고 있는 지식과 경험을 바탕으로 모두 사실대로 작성하였으며, 만일 허위사실을 고소하였을 때에는 형법 제156조 무고죄로 처벌받을 것임을 서약합니다.

2000. 00. 00.

고소인   고 0 0   (인)

00경찰서 귀중

별지 : 증거자료 세부 목록

순번	증거	소유자	제출 유무
1	카카오톡 대화자료	고소인	☐ 접수시 제출 ☐ 수사 중 제출
2			☐ 접수시 제출 ☐ 수사 중 제출
3			☐ 접수시 제출 ☐ 수사 중 제출
4			☐ 접수시 제출 ☐ 수사 중 제출
5			☐ 접수시 제출 ☐ 수사 중 제출

제2장

유형별 고소장

1. 강간죄 등

제297조(강간) 폭행 또는 협박으로 사람을 강간한 자는 3년 이상의 유기징역에 처한다.

제297조의2(유사강간) 폭행 또는 협박으로 사람에 대하여 구강, 항문 등 신체(성기는 제외한다)의 내부에 성기를 넣거나 성기, 항문에 손가락 등 신체(성기는 제외한다)의 일부 또는 도구를 넣는 행위를 한 사람은 2년 이상의 유기징역에 처한다.

제298조(강제추행) 폭행 또는 협박으로 사람에 대하여 추행을 한 자는 10년 이하의 징역 또는 1천500만원 이하의 벌금에 처한다.

제299조(준강간, 준강제추행) 사람의 심신상실 또는 항거불능의 상태를 이용하여 간음 또는 추행을 한 자는 제297조, 제297조의2 및 제298조의 예에 의한다.

제300조(미수범) 제297조, 제297조의2, 제298조 및 제299조의 미수범은 처벌한다.

제301조(강간등 상해·치상) 제297조, 제297조의2 및 제298조부터 제300조까지의 죄를 범한 자가 사람을 상해하거나 상해에 이르게 한 때에는 무기 또는 5년 이상의 징역에 처한다.

제301조의2(강간등 살인·치사) 제297조, 제297조의2 및 제298조부터 제300조까지의 죄를 범한 자가 사람을 살해한 때에는 사형 또는 무기징역에 처한다. 사망에 이르게 한 때에는 무기 또는 10년 이상의 징역에 처한다.

제302조(미성년자등에 대한 간음) 미성년자 또는 심신미약자에 대하여 위계 또는 위력으로써 간음 또는 추행을 한 자는 5년 이하의 징역에 처한다.

제303조(업무상위력등에 의한 간음) ① 업무, 고용 기타 관계로 인하여 자기의 보호 또는 감독을 받는 사람에 대하여 위계 또는 위력으로써 간음한 자는 7년 이하의 징역 또는 3천만원 이하의 벌금에 처한다.

② 법률에 의하여 구금된 사람을 감호하는 자가 그 사람을 간음한 때에는 10년 이하의 징역에 처한다.

제305조(미성년자에 대한 간음, 추행) ① 13세 미만의 사람에 대하여 간음 또는 추행을 한 자는 제297조, 제297조의2, 제298조, 제301조 또는 제301조의2의 예에 의한다.

② 13세 이상 16세 미만의 사람에 대하여 간음 또는 추행을 한 19세 이상의 자는 제297조, 제297조의2, 제298조, 제301조 또는 제301조의2의 예에 의한다.

제305조의2(상습범) 상습으로 제297조, 제297조의2, 제298조부터 제300조까지, 제302조, 제303조 또는 제305조의 죄를 범한 자는 그 죄에 정한 형의 2분의 1까지 가중한다.

제305조의3(예비, 음모) 제297조, 제297조의2, 제299조(준강간죄에 한정한다), 제301조(강간 등 상해죄에 한정한다) 및 제305조의 죄를 범할 목적으로 예비 또는 음모한 사람은 3년 이하의 징역에 처한다.

가. 개념

강간죄는 폭행 또는 협박으로 사람을 강간함으로써 성립하는 범죄로서, 동죄를 범한 자는 3년 이상의 유기징역에 처해지고(형법 제297조), 미수범 또한 처벌되며(형법 제300조), 공소시효는 10년이다. 다만, 강간 등 상해의 경우 공소시효는 15년이다.

나. 구성요건

(1) 주체 – 제한 없음

강간죄의 행위주체는 제한이 없다. 과거와 달리 여자의 경우에는 단독정범뿐만 아니라 (과거에는 여자의 경우 단독정범이 될 수 없었음) 남자를 이용한 간접정범 또는 남자와의 공동정범은 성립될 수 있다.

(2) 객체 – 사람

(가) 19세 이상 사람

형법 제297조의 규정에 따른 강간죄의 실질적인 객체는 19세 이상의 사람이다. 물론 13세 미만 및 13세 이상의 사람도 형법상 강간죄의 객체가 된다. 다만 위 연령과 관련된 강간죄의 경우 형법이 적용되지 아니하고, 13세 미만의 사람에 대한 강간의 경우 성폭력특례법 제7조 제1항의 규정에 의거 가중처벌 되며(무기 또는 10년 이상의 유기징역),

13세 이상 19세 미만의 사람에 대한 강간의 경우 아동·청소년의 성보호에 관한 법률 제7조 제1항의 규정에 의거 가중처벌(5년 이상의 유기징역) 되고 있다.

한편, 형법 제297조에서 규정한 강간죄의 객체에 부부도 포함되는지 여부가 문제되는데, 헌법이 보장하는 혼인과 가족생활의 내용, 가정에서의 성폭력에 대한 인식의 변화, 형법의 체계와 그 개정 경과, 강간죄의 보호법익과 부부의 동거의무의 내용 등에 비추어 보면, 형법 제297조가 정한 강간죄의 객체인 '부녀'에는 법률상 처가 포함되고, 혼인관계가 파탄된 경우뿐만 아니라 혼인관계가 실질적으로 유지되고 있는 경우에도 남편이 반항을 불가능하게 하거나 현저히 곤란하게 할 정도의 폭행이나 협박을 가하여 아내를 간음한 경우에는 강간죄가 성립한다고 보아야 한다. 다만 남편의 아내에 대한 폭행 또는 협박이 피해자의 반항을 불가능하게 하거나 현저히 곤란하게 할 정도에 이른 것인지 여부는, 부부 사이의 성생활에 대한 국가의 개입은 가정의 유지라는 관점에서 최대한 자제하여야 한다는 전제에서, 그 폭행 또는 협박의 내용과 정도가 아내의 성적 자기결정권을 본질적으로 침해하는 정도에 이른 것인지 여부, 남편이 유형력을 행사하게 된 경위, 혼인생활의 형태와 부부의 평소 성행, 성교 당시와 그 후의 상황 등 모든 사정을 종합하여 신중하게 판단하여야 한다.[4]

(3) 행위 – 폭행/협박/강간

(가) 폭행, 협박

강간죄에 있어 폭행 또는 협박은 피해자의 항거를 현저히 곤란하게 할 정도의 것이어야 하고, 그 폭행 또는 협박이 피해자의 항거를 현저히 곤란하게 할 정도의 것이었는지 여부는 유형력을 행사한 당해 폭행 및 협박의 내용과 정도는 물론이고 유형력을 행사하게 된 경위, 피해자와의 관계, 범행 당시의 정황 등 제반 사정을 종합하여 판단하여야 한다.[5] 이때의 폭행 또는 협박은 행위자 스스로 행한 것이어야 하며, 그 대상은 피해자

---

4) 대법원 2013. 5. 16. 선고 2012도14788,2012전도252 전원합의체 판결.
5) 대법원 2000. 8. 18. 선고 2000도1914 판결.

는 물론 제3자에 대한 것이어도 무방하다. 다만 제3자가 행한 폭행 또는 협박 등으로 인해 항거불능인 상태 등을 이용하여 간음할 경우에는 준강간죄가 성립한다.

(나) 강간

강간이란 폭행 또는 협박에 의하여 상대방의 반항을 곤란하게 하고 사람을 간음하는 행위이다. 여기서 간음은 결혼 아닌 성교행위로서 남자의 성기를 여자의 성기에 삽입한 경우를 말한다.

다. 실행의 착수

폭행 또는 협박을 개시한 때 실행이 착수가 인정된다. 다시 말해, 강간죄는 사람을 간음하기 위하여 피해자의 항거를 불능하게 하거나 현저히 곤란하게 할 정도의 폭행 또는 협박을 개시한 때에 그 실행의 착수가 있다고 보아야 할 것이고, 실제로 그와 같은 폭행 또는 협박에 의하여 피해자의 항거가 불능하게 되거나 현저히 곤란하게 되어야만 실행의 착수가 있다고 볼 것은 아니다.[6]

라. 처벌

동죄를 범한 자는 3년 이상의 유기징역에 처해지며(형법 제297조), 미수범 또한 처벌된다(형법 제300조).

---

6) 대법원 2000. 6. 9. 선고 2000도1253 판결.

고 　 소 　 장

고 소 인 　 ○ 　 ○ 　 ○ (000000-0000000)
　　　　　　 ○○시 ○○구 ○○로 ○○(○○동)
　　　　　　 (전화번호 : 000-0000)

피고소인 　 ○ 　 ○ 　 ○ (000000-0000000)
　　　　　　 ○○시 ○○구 ○○로 ○○(○○동)
　　　　　　 (전화번호 : 000-0000)

고 　 소 　 취 　 지

피고소인에 대하여 강간죄로 고소하오니 처벌하여 주시기 바랍니다.

고 　 소 　 사 　 실

1. 피고소인은 ○○시 ○○구 ○○로 ○○(○○동)에 사는 자인데 20○○. ○. ○.
   01:30경에 ○○시 ○○구 ○○로 ○○(○○동) 소재 고소인의 집에서 잠을 자고
   있는 고소인을 폭행, 협박하여 강제로 ○회 성교를 하였습니다.
   당시 고소인은 고소인의 방에서 깊은 잠에 빠져 있었는데 고소인의 방의 열린 창문
   을 통하여 침입한 피고소인이 갑자기 놀라 잠에서 깨어난 고소인의 입을 손으로
   틀어막은 후 가만히 있지 않으면 죽여 버리겠다고 협박하고 이에 반항하는 고소인
   의 목을 조르고 얼굴을 주먹으로 수회 강타한 후 강제로 자신의 성기를 고소인의
   질내에 삽입하여 고소인을 강간한 것입니다.

2. 위와 같은 사실을 들어 피고소인을 고소하오니 철저히 조사하시어 엄벌하여 주시기
   바랍니다.

소 명 방 법

    1. 진단서   1통
    조사시 자세히 진술하겠습니다.

20○○.　　○.　　○.
위 고소인 ○　○　○ (인)

○○경찰서장　귀하

제출기관	범죄지, 피의자의 주소, 거소 또는 현재지의 경찰서, 검찰청	공소시효	10년
고소권자	피해자(형사소송법 223조)	소추요건	
제출부수	고소장 1부	관련법규	형법 297조
범죄성립 요 건	폭행 또는 협박으로 사람을 강간한 때		
형 량	• 3년 이상의 유기징역		
불기소처분 등에 대한 불복절차 및 기간	(항고) • 근거 : 검찰청법 10조 • 기간 : 처분결과의 통지를 받은 날부터 30일(검찰청법 10조4항) (재정신청) • 근거 : 형사소송법 제260조 • 기간 : 항고기각 결정을 통지받은 날 또는 동법 제260조 제2항 각 호의 사유가 발생한 날부터 10일(형사소송법 제260조 제3항) (헌법소원) • 근거 : 헌법재판소법 68조 • 기간 : 그 사유가 있음을 안 날로부터 90일 이내에, 그 사유가 있는 날로부터 1년 이내에 청구하여야 한다. 다만, 다른 법률에 의한 구제절차를 거친 헌법소원의 심판은 그 최종결정을 통지받은 날로부터 30일 이내에 청구(헌법재판소법 69조)		

고 소 장

고 소 인   ○   ○   ○ (000000-0000000)
○○시 ○○구 ○○로 ○○(○○동)
(전화번호 : 000-0000)

피고소인   ○   ○   ○ (000000-0000000)
○○시 ○○구 ○○로 ○○(○○동)
(전화번호 : 000-0000)

고 소 취 지

피고소인을 상대로 강간치상죄로 고소하오니 처벌하여 주시기 바랍니다.

고 소 사 실

1. 피고소인은 20○○. ○. ○. 22:40경 ○○시 ○○구 ○○로 ○○(○○동) 소재 피고소인의 집에서 전화로 고소인 경영의 ○○다방으로 차 주문을 한 후 그 주문을 받고 배달을 나온 고소인을 보고 손으로 고소인을 밀쳐 그곳 방바닥에 눕힌 다음 하의와 속옷을 벗기고 "말을 듣지 않으면 죽여 버린다"고 말하면서 그 옆에 있는 각목으로 고소인의 머리를 때려 고소인의 반항을 억압한 후 강간하려 하였으나 때마침 고소인을 찾으러 온 위 다방 종업원인 고소 외 ○○○에게 발각되어 강간은 당하지 아니하였으나 이로 인하여 고소인으로 하여금 약 ○주간의 치료를 요하는 두피 좌상 등의 상해를 입게 한 사실이 있습니다.

2. 위와 같은 사실을 들어 피고소인을 고소하오니 철저히 조사하시어 엄벌하여 주시기
   바랍니다.

첨 부 서 류

1. 상해진단서1통
조사시 자세히 진술하겠습니다.

20○○.   ○.   ○.

위 고소인   ○   ○   ○ (인)

○○경찰서장   귀하

제출기관	범죄지, 피의자의 주소, 거소 또는 현재지의 경찰서, 검찰청	공소시효	15년
고소권자	피해자(형사소송법 223조)	소추요건	
제출부수	고소장 1부	관련법규	형법 301조
범죄성립 요 건	강간죄· 유사강간죄· 강제추행죄· 준강간죄· 준강제추행죄를 범한 자가 사람을 상해에 이르게 한 때		
형 량	무기 또는 5년 이상의 징역		
불기소처분 등에 대한 불복절차 및 기간	(항고) • 근거 : 검찰청법 10조 • 기간 : 처분결과의 통지를 받은 날부터 30일(검찰청법 10조4항) (재정신청) • 근거 : 형사소송법 제260조 • 기간 : 항고기각 결정을 통지받은 날 또는 동법 제260조 제2항 각 호의 사유가 발생한 날부터 10일(형사소송법 제260조 제3항) (헌법소원) • 근거 : 헌법재판소법 68조 • 기간 : 그 사유가 있음을 안 날로부터 90일 이내에, 그 사유가 있은 날로부터 1년 이내에 청구하여야 한다. 다만, 다른 법률에 의한 구제절차를 거친 헌법소원의 심판은 그 최종결정을 통지받은 날로부터 30일 이내에 청구 (헌법재판소법 69조)		

2. 강제집행면탈죄

> 제327조(강제집행면탈) 강제집행을 면할 목적으로 재산을 은닉, 손괴, 허위양도 또는 허위의 채무를 부담하여 채권자를 해한 자는 3년 이하의 징역 또는 1천만원 이하의 벌금에 처한다.

가. 개념

강제집행을 면할 목적으로 재산을 은닉, 손괴, 허위양도 또는 허위의 채무를 부담하여 채권자를 해함으로써 성립하는 범죄이며, 동죄를 범할 경우 3년 이하의 징역 또는 1천만원 이하의 벌금에 처해진다. 동죄의 공소시효는 5년이다.

한편, 형법 제327조의 강제집행면탈죄는 위태범으로서, 현실적으로 민사소송법에 의한 강제집행 또는 가압류·가처분의 집행을 받을 우려가 있는 객관적인 상태에서, 즉 채권자가 본안 또는 보전소송을 제기하거나 제기할 태세를 보이고 있는 상태에서 주관적으로 강제집행을 면탈하려는 목적으로 재산을 은닉, 손괴, 허위양도하거나 허위의 채무를 부담하여 채권자를 해할 위험이 있으면 성립하는 것이고, 반드시 채권자를 해하는 결과가 야기되거나 행위자가 어떤 이득을 취하여야 범죄가 성립하는 것은 아니다.[7]

나. 구성요건

(1) 주체

채무자 이외에 제3자도 본죄의 주체가 될 수 있다.

(2) 객체

형법 제327조는 "강제집행을 면할 목적으로 재산을 은닉, 손괴, 허위양도 또는 허위의 채무를 부담하여 채권자를 해한 자"를 처벌함으로써 강제집행이 임박한 채권자의 권리

---

7) 대법원 2009. 5. 28. 선고 2009도875 판결.

를 보호하기 위한 것이므로, 강제집행면탈죄의 객체는 채무자의 재산 중에서 채권자가 민사집행법상 강제집행 또는 보전처분의 대상8)으로 삼을 수 있는 것이어야 한다. 따라서 강제집행면탈죄에 있어서 재산에는 동산·부동산뿐만 아니라 재산적 가치가 있어 민사소송법에 의한 강제집행 또는 보전처분이 가능한 특허 내지 실용신안 등을 받을 수 있는 권리도 포함된다.9)

(3) 행위 – 은닉, 손괴, 허위양도 또는 허위의 채무를 부담

강제집행면탈의 한 행위유형인 '재산의 은닉'이라 함은 재산의 발견을 불가능 또는 곤란하게 만드는 것으로써, 재산의 소유관계를 불명하게 하는 행위를 포함한다. 가령, 피고인이 자신의 채권담보의 목적으로 채무자 소유의 선박들에 관하여 가등기를 경료하여 두었다가 채무자와 공모하여 위 선박들을 가압류한 다른 채권자들의 강제집행을 불가능하게 할 목적으로 정확한 청산절차도 거치지 않은 채 의제자백판결을 통하여 선순위 가등기권자인 피고인 앞으로 본등기를 경료함과 동시에 가등기 이후에 경료된 가압류등기 등을 모두 직권말소하게 하였음은 소유관계를 불명하게 하는 방법에 의한 '재산의 은닉'에 해당한다.10)

그 외 '손괴'라 함은 재물을 물질적으로 훼손하거나 그 가치를 감소시키는 일체의 행위를 의미하며, '허위양도'란 실제로 재산의 양도가 없음에도 양도한 것처럼 가장하여 재산의 명의를 변경하는 것을 말하고, '허위 채무부담'이란 채무가 실제로는 없음에도 불구하고 제3자에게 채무를 부담한 것처럼 가장하는 것을 말한다. 따라서 피고인이 타인에게 채무를 부담하고 있는 양 가장하는 방편으로 피고인 소유의 부동산들에 관하여 소유권이전청구권보전을 위한 가등기를 경료하여 주었다 하더라도 그와 같은 가등기는 원래 순위보전의 효력밖에 없는 것이므로 그와 같이 각 가등기를 경료한 사실만으로는 피고

---

8) 대법원 2009. 5. 14. 선고 2007도2168 판결.
9) 대법원 2001. 11. 27. 선고 2001도4759 판결.
10) 대법원 2000. 7. 28. 선고 98도4558 판결.

인이 강제집행을 면탈할 목적으로 허위채무를 부담하여 채권자를 해한 것이라고 할 수 없다.[11)

다. 범죄성립

(1) 강제집행의 위험이 있는 객관적 상태

강제집행면탈죄가 성립하기 위해서는 강제집행의 위험이 있는 객관적 상태가 존재하여야 하는데, 여기서 강제집행은 오직 민사소송법(민사집행법)에 의한 강제집행 또는 가압류 · 가처분의 집행을 의미한다. 벌금 · 과료 · 몰수 등의 형사재판의 집행, 행정재판에 의한 강제집행 등은 포함되지 않는다.

(2) 강제집행을 받을 위험

강제집행 받은 위험이란 강제집행 또는 가압류 · 가처분의 집행을 받을 구체적 염려가 있는 상태를 의미하는데, 여기에는 이미 지급명령이나 확정판결이 있는 상태뿐만 아니라 채권자가 문자 · 내용증명우편 등을 통하여 채무변제를 독촉하는 경우와 같이 본안 또는 보전소송을 제기하거나 제기할 태세를 보이고 있는 상태도 포함된다.

라. 처벌

본죄를 범할 경우 3년 이하의 징역 또는 1천만원 이하의 벌금에 처해진다.

---

11) 대법원 1987. 8. 18. 선고 87도1260 판결.

고 소 장

고 소 인　　　00 주식회사
　　　　　　　대표자 사장 0 0 0
　　　　　　　00시 00구 00로 000-00
　　　　　　　(전화 : 010-0000-0000)

피 고 소 인　　1. 전　0 0(000000-000000)
　　　　　　　　　00시 00구 00로 000-00
　　　　　　　2. 전　0 0(000000-000000)
　　　　　　　　　00시 00구 00로 000-00

고 소 취 지

고소인은 피고소인들을 업무상횡령죄, 강제집행면탈죄 등으로 고소하오니, 철저히 조사하시여 법에 따라 엄벌해주시기를 바랍니다.

고 소 이 유

1. 당사자들의 관계
고소인은 한국을 비롯한 여러 나라에 호주산 오렌지 등 농산물을 수출하는 호주회사이고, 피고소인 전00은 고소인의 거래회사 중 하나인 주식회사 쥬시클럽(이하 '쥬시클럽'이라고만 합니다)의 대표이사로 재직하였던 자이며, 전00는 위 회사의 감사로 재직하였던 자입니다(참고로 위 주식회사 쥬시클럽은 2000. 00. 00.경 해산된 상태입니다 – 증 제1호증 등기사항전부증명원 참조).

2. 고소인과 쥬시클럽과의 거래 및 매매대금채권 발생
고소인과 쥬시클럽은 2000. 00.경부터 2000. 00.경까지 약 00개월 거래를 하였고, 위 기간 동안 고소인은 쥬시클럽에게 호주 산 오렌지를 쥬시클럽의 상표가 새겨진 포장 상장에 담은 후 약 1,000상자를 1개의 컨테이너에 담아 보내는 방식으로 총 00컨테이너 분량의 오렌지를 쥬시클럽에게 공급하였습니다.

그런데 쥬시클럽은 2000. 00.경 이후로 공급된 컨테이너 74개 분의 오렌지의 대금 총액 호주달러 $000 중에서 $ 000 만을 결제했고, 나머지 $ 0000을 아직까지 지급하지 않고 있습니다. 쥬시클럽은 2000. 00. 이후로는 각 선적물량 별로 발생하는 대금의 약 00% 정도만을 지급하되 미지급분을 한꺼번에 모아 2000. 00.말까지 지급하기로 약속하였으나, 끝내 이를 지키지 아니하였습니다.

이에 따라 고소인은 쥬시클럽을 상대로 매매대금 등 청구의 소(서울중앙지방법원 2000가합00 매매대금 등)를 제기하였고, 위 소송에서 "쥬시클럽은 고소인에게 000원 및 이에 대하여 2000. 00. 00.부터 2000. 00. 00.까지는 연6%, 그 다음날부터 다 갚는 날까지는 연 12%의 각 비율로 계산한 돈을 지급하라"라는 판결을 선고 받았습니다. 위 판결에 따라 쥬시클럽은 고소인에게 금 0000원(원금기준)을 지급할 의무가 발생하였습니다(증 제2호증의 1, 2, 3호증 각 판결문 참조).

3. 피고소인들의 범죄사실 – 업무상횡령죄 및 강제집행면탈죄

전설한 바와 같이 쥬시클럽은 고소인에게 금0000원(원금기준)의 매매대금 채무가 발생하였고, 쥬시클럽은 이를 고소인에게 지급할 계약상 의무가 발생하였습니다. 피고소인 전00은 이 사건 당시 쥬시클럽의 대표이사로서, 쥬시클럽이 고소인에게 지급해야할 위 금 0000원을 결제 후 이를 집행할 위치에 있던 자였고, 전00는 위 회사의 감사로서 위와 같은 대표이사의 업무 및 회계 등에 대한 감시・감독을 할 지위에 있는 자였습니다.

하지만 피고소인들은 위 2항의 소송이 진행 중이던 2000. 00. 00.경 위와 같은 의무를 위반한 채, 상호 공모하여 회사가 회사를 위하여 회사명의의 00은행의 계좌에 보관 중이던 공금 000원을, 같은 날 00:00분경 000원을 각각 임의로 인출하는 방법으로 이를 횡령하였습니다. 그 외에도 피고소인은 같은 방법으로 쥬시클럽이 등에 보관 중이던 회사 공금을 모두 인출하여 소비하는 방법으로 회사공금을 모두 횡령하였고, 강제집행재산을 은닉하였습니다.

이로 인하여 고소인은 결국 쥬시클럽으로부터 지급받아야 할 매매대금 상당의 금원 000원(원금기준)을 수년이 지난 현재까지 단 1원도 지급받지 못하게 되는 손해를 입게 되었습니다.

4. 결 론

따라서 <u>고소인은 피고소인들을 업무상횡령죄 및 강제집행면탈죄로 고소</u>하오니 다시는 고소인과 같은 피해자가 발생하지 않도록 철저히 수사하여 의법 처리하여 주시시를 바랍니다.

증 거 목 록

1. 증 제1호증   등기부사항전부증명서(쥬시클럽)
생략

2000. 00. 00.
고소인 0 0 0 (인)

인천00검찰청 00지청   귀중

제출기관	범죄지, 피의자의 주소, 거소 또는 현재지의 경찰서, 검찰청	공소시효	5년
고소권자	피해자(형사소송법 223조)	소추요건	
제출부수	고소장 1부	관련법규	형법 327조
범죄성립 요 건	강제집행을 면할 목적으로 재산을 은닉, 손괴, 허위양도 또는 허위의 채무를 부담하여 채권자를 해한 때		
형 량	• 3년 이하의 징역 • 1,000만원 이하의 벌금		
불기소처분 등에 대한 불복절차 및 기간	(항고) • 근거 : 검찰청법 10조 • 기간 : 처분결과의 통지를 받은 날부터 30일(검찰청법 10조4항) (재정신청) • 근거 : 형사소송법 제260조 • 기간 : 항고기각 결정을 통지받은 날 또는 동법 제260조 제2항 각 호의 사유가 발생한 날부터 10일(형사소송법 제260조 제3항) (헌법소원) • 근거 : 헌법재판소법 68조 • 기간 : 그 사유가 있음을 안 날로부터 90일 이내에, 그 사유가 있은 날로부터 1년 이내에 청구하여야 한다. 다만, 다른 법률에 의한 구제절차를 거친 헌법소원의 심판은 그 최종결정을 통지받은 날로부터 30일 이내에 청구(헌법재판소법 69조)		

고　　소　　장

고 소 인　　ㅇ　　ㅇ　　ㅇ (000000-0000000)
　　　　　　　ㅇㅇ시 ㅇㅇ구 ㅇㅇ로 ㅇㅇ(ㅇㅇ동)
　　　　　　　(전화번호 : 000-0000)

피고소인　　ㅇ　　ㅇ　　ㅇ (000000-0000000)
　　　　　　　ㅇㅇ시 ㅇㅇ구 ㅇㅇ로 ㅇㅇ(ㅇㅇ동)
　　　　　　　(전화번호 : 000-0000)

고　소　취　지

피고소인에 대하여 강제집행면탈죄로 고소하오니 처벌하여 주시기 바랍니다.

고　소　사　실

1. 피고소인은 ㅇㅇ산업의 엉업상무직에 있는 자로서, 고소인으로부터 ㅇㅇ만원을 차용한 사실이 있으나 그 변제기일에 채무를 변제하지 않아 고소인이 강제집행을 하려고 준비에 착수하자, 피고소인은 이것을 면하기 위하여 등기명의이전에 의한 부동산의 허위양도를 하기로 마음먹고 20ㅇㅇ. ㅇ. ㅇ. 피고소인의 사촌인 고소 외 ㅇㅇㅇ에게 부탁하여 강제집행을 당할 우려가 있는 피고소인 소유의 ㅇㅇ시 ㅇㅇ로 ㅇㅇ(ㅇㅇ동)번지에 있는 콘크리트조 2층 주택 1동, 면적 ㅇㅇ㎡에 관하여 피고소인 소유명의를 고소 외 ㅇㅇㅇ에게 이전할 것을 승낙받아 동인에게 위 주택을 매도하는 내용의 허위매도증서를 작성하고, 같은 해 ㅇ. ㅇ. 그 사실을 모르는 법무사 ㅇㅇㅇ로 하여금 위 부동산의 매매에 기인한 소유권이전등기신청의 관계서류를 작성, 같은 동 ㅇㅇ번지에 있는 ㅇㅇ지방법원 ㅇㅇ등기소 담당직원에게 제출

하게 하고 같은 날 위 등기소 담당공무원으로 하여금 그 내용의 권리를 등기하게 하여 위 부동산을 허위 양도한 것입니다.

2. 따라서 위와 같은 사실로 피고소인을 고소하오니 철저히 조사하시어 처벌하여 주시기 바랍니다.

입 증 방 법

조사 시 자세히 진술하겠습니다.

20○○.   ○.   ○.
위 고소인 ○ ○ ○ (인)

○○경찰서장   귀하

고　소　장

고 소 인　　ㅇ　ㅇ　ㅇ (000000-0000000)
ㅇㅇ시 ㅇㅇ구 ㅇㅇ로 ㅇㅇ(ㅇㅇ동)
(전화번호 : 000-0000)

피고소인　　ㅇ　ㅇ　ㅇ (000000-0000000)
ㅇㅇ시 ㅇㅇ구 ㅇㅇ로 ㅇㅇ(ㅇㅇ동)
(전화번호 : 000-0000)

고　소　취　지

피고소인을 강제집행면탈죄로 고소하오니 처벌하여 주시기 바랍니다.

고　소　사　실

1. 피고소인은 20ㅇㅇ년부터 건축업을 목적으로 ㅇㅇ건설 주식회사를 설립하여 이
   회사 대표이사로 있는 자로서 지급능력이 없으면서 거액의 어음을 고소인에게 남발
   하였고,
   위 피고소인은 약속어음의 지불기일이 되자 고소인 등이 피고소인의 재산에 압류
   등 강제처분을 할 것을 우려한 나머지 자기 소유재산인 ㅇㅇ건설 주식회사를 허위
   로 양도하는 등 고소인의 강제집행을 면할 것을 기도하고 ㅇㅇ건설 주식회사 대표
   ㅇㅇㅇ와 공모하여 20ㅇㅇ. ㅇ. ㅇ. 위 ㅇㅇ건설 주식회사 주식 13,000주를 금
   6,000만원으로 평가하여 그중 7,000주를 대금 3,500만원에 매도하였음에도 불구
   하고 주식 전체를 위 ㅇㅇ건설 주식회사 대표 ㅇㅇㅇ에게 매도한 것처럼 서류를
   만들고 내용적으로 전 주식의 70%만 피고인에게 양도한다는 비밀합의서를 만든

다음 그 일체에 필요한 서류를 교부하여 주었습니다.

2. 그 후 20○○. ○. ○. ○○시 ○○로 ○○(○○동) 소재 ○○빌딩 ○호에서 피고소인 ○○○은 동 회사 주식 13,000주를 ○○○에게 양도하는 이사회를 개최 만장일치로 승낙한 것처럼 의사회의사록도 만들었고 13,000주를 ○○○에게 완전히 배서하여 줌으로써 동 주식 30% 해당분 2,500만원 상당을 강제집행 불능케 하여 이를 면탈한 것입니다.

3. 이에 고소인은 위와 같은 사실로 피고소인을 고소하오니 철저히 조사하여 법에 의거 엄벌하여 주시기 바랍니다.

20○○.   ○.   ○.

위 고소인   ○   ○   ○   (인)

○○**경찰서장   귀하**

3. 강제추행죄

> 제298조(강제추행) 폭행 또는 협박으로 사람에 대하여 추행을 한 자는 10년 이하의 징역 또는 1천500만원 이하의 벌금에 처한다.
>
> 제300조(미수범) 제297조, 제297조의2, 제298조 및 제299조의 미수범은 처벌한다.

가. 개념

폭행 또는 협박으로 사람에 대하여 추행함으로써 성립하는 범죄이며, 본죄를 범한 자는 10년 이하의 징역 또는 1천500만원 이하의 벌금에 처해지고, 미수범 또한 처벌된다. 본죄의 공소시효는 10년이며, 강제추행으로 상해까지 입혔다면 공소시효는 15년으로 늘어날 수 있다.

나. 구성요건

(1) 주체

주체는 제한이 없다. 여자도 본죄의 단독정범 또는 공동정범이 될 수 있으며, 이성은 물론 동성 간에도 범해질 수 있는 범죄이다.

(2) 객체

강제추행죄의 객체는 남녀, 기혼, 미혼 불문하고 19세 이상의 사람이다. 연령별로 13세 미만의 사람을 객체로 한 강제추행은 성폭력범죄의 처벌 등에 관한 특례법에 의하여 가중 처벌되고, 13세 이상 19세 미만의 청소년을 객체로 한 강제추행은 아동·청소년의 성보호에 관한 법률에 의하여 가중 처벌된다.

(3) 행위 - 폭행 또는 협박

강제추행죄는 폭행 또는 협박을 가하여 사람을 추행함으로써 성립하는 것으로서 그 폭행 또는 협박이 항거를 곤란하게 할 정도일 것을 요한다.[12] 그러므로 강제추행죄에 있어서의 폭행은 반드시 상대방의 의사를 억압할 정도의 것이어야만 하는 것은 아니다.[13] 따라서 상대방의 의사에 반하는 유형력의 행사가 있는 이상 그 힘의 대소강약을 불문한다.

그리고 그 폭행 등이 피해자의 항거를 곤란하게 할 정도의 것이었는지 여부는 그 폭행 등의 내용과 정도는 물론, 유형력을 행사하게 된 경위, 피해자와의 관계, 추행 당시와 그 후의 정황 등 모든 사정을 종합하여 판단하여야 한다.

(4) 추행

강제추행죄는 개인의 성적 자유라는 개인적 법익을 침해하는 죄로서, 위 법규정에서의 '추행'이란 일반인에게 성적 수치심이나 혐오감을 일으키고 선량한 성적 도덕관념에 반하는 행위인 것만으로는 부족하고 그 행위의 상대방인 피해자의 성적 자기결정의 자유를 침해하는 것이어야 한다. 따라서 건전한 성풍속이라는 일반적인 사회적 법익을 보호하려는 목적을 가진 형법 제245조의 공연음란죄에서 정하는 '음란한 행위'(또는 이른바 과다노출에 관한 경범죄처벌법 제1조 제41호에서 정하는 행위)가 특정한 사람을 상대로 행하여졌다고 해서 반드시 그 사람에 대하여 '추행'이 된다고 말할 수 없고, 무엇보다도 문제의 행위가 피해자의 성적 자유를 침해하는 것으로 평가될 수 있어야 한다. 그리고 이에 해당하는지 여부는 피해자의 의사 · 성별 · 연령, 행위자와 피해자의 관계, 그 행위에 이르게 된 경위, 구체적 행위태양, 주위의 객관적 상황 등을 종합적으로 고려하여 정하여진다.[14]

(5) 시기

---

12) 대법원 2012. 7. 26. 선고 2011도8805 판결.
13) 대법원 1983. 6. 28. 선고 83도399 판결.
14) 대법원 2012. 7. 26. 선고 2011도8805 판결.

강제추행죄에 있어서 추행은 상대방에 대하여 폭행 또는 협박을 가하여 항거를 곤란하게 한 뒤에 추행행위를 하는 경우 뿐만 아니라 폭행행위 자체가 추행행위라고 인정되는 경우도 포함된다.15) 따라서 폭행 또는 협박은 반드시 추행 전에 행하여질 것을 요하는 것은 아니다.

다. 처벌

본죄를 범한 자는 10년 이하의 징역 또는 1천500만원 이하의 벌금에 처해지고, 미수범 또한 처벌된다.

[서식(고소장) 131] 강제추행죄 (폭행 후 추행)

고　　소　　장

고 소 인　　ㅇ　ㅇ　ㅇ (000000-0000000)
　　　　　　ㅇㅇ시 ㅇㅇ구 ㅇㅇ로 ㅇㅇ(ㅇㅇ동)
　　　　　　(전화번호 : 000-0000)
피고소인　　ㅇ　ㅇ　ㅇ (000000-0000000)
　　　　　　ㅇㅇ시 ㅇㅇ구 ㅇㅇ로 ㅇㅇ(ㅇㅇ동)
　　　　　　(전화번호 : 000-0000)

고　소　취　지

피고소인에 대하여 강제추행죄로 고소하오니 처벌하여 주시기 바랍니다.

---

15) 대법원 1983. 6. 28. 선고 83도399 판결

고 소 사 실

1. 피고소인은 트럭을 몰고 다니며 주방기기를 판매하는 자인바, 20○○. ○. ○. 15:30경 ○○군 ○○면 ○○리를 지나던 중 ○○ 산기슭에 있는 밭에서 피고소인이 밭일을 하고 있는 것을 보고 갑자기 그녀에게 달려들어 끌어안고 땅에 넘어뜨린 후 그녀의 배 위에 걸터앉아 얼굴을 때리는 등 폭행을 가하고 그녀의 치마를 찢고 손으로 음부와 유방을 만지는 등 강제로 추행한 것입니다.

2. 따라서 위와 같은 사실로 피고소인을 고소하오니 철저히 조사하시어 처벌하여 주시기 바랍니다.

입 증 방 법

조사시 자세히 진술하겠습니다.

20○○.　　○.　　○.

위 고소인　○　　○　　○　(인)

○○경찰서장　귀하

제출기관	범죄지, 피의자의 주소, 거소 또는 현재지의 경찰서, 검찰청	공소 시효	10년
고소권자	피해자(형사소송법 223조)	소추 요건	
제출부수	고소장 1부	관련 법규	형법 298조
범죄성립 요 건	폭행 또는 협박으로 사람에 대하여 추행을 한 때		
형 량	• 10년 이하의 징역 • 1,500만원 이하의 벌금		
불기소처 분 등에 대한 불복절차 및 기간	(항고) • 근거 : 검찰청법 10조 • 기간 : 처분결과의 통지를 받은 날부터 30일(검찰청법 10조4항) (재정신청) • 근거 : 형사소송법 제260조 • 기간 : 항고기각 결정을 통지받은 날 또는 동법 제260조 제2항 각 호의 사유가 발생한 날부터 10일(형사소송법 제260조 제3항) (헌법소원) • 근거 : 헌법재판소법 68조 • 기간 : 그 사유가 있음을 안 날로부터 90일 이내에, 그 사유가 있은 날로부터 1년 이내에 청구하여야 한다. 다만, 다른 법률에 의한 구제절차를 거친 헌법소원의 심판은 그 최종결정을 통지받은 날로부터 30일 이내에 청구(헌법재판소법 69조)		

4. 공갈죄

> 제350조(공갈) ① 사람을 공갈하여 재물의 교부를 받거나 재산상의 이익을 취득한 자는 10년 이하의 징역 또는 2천만원 이하의 벌금에 처한다.
> ② 전항의 방법으로 제삼자로 하여금 재물의 교부를 받게 하거나 재산상의 이익을 취득하게 한 때에도 전항의 형과 같다.
> 제350조의2(특수공갈) 단체 또는 다중의 위력을 보이거나 위험한 물건을 휴대하여 제350조의 죄를 범한 자는 1년 이상 15년 이하의 징역에 처한다.
> 제351조(상습범) 상습으로 제347조 내지 전조의 죄를 범한 자는 그 죄에 정한 형의 2분의 1까지 가중한다.
> 제352조(미수범) 제347조 내지 제348조의2, 제350조, 제350조의2와 제351조의 미수범은 처벌한다.
> 제353조(자격정지의 병과) 본장의 죄에는 10년 이하의 자격정지를 병과할 수 있다.
> 제354조(친족간의 범행, 동력) 제328조와 제346조의 규정은 본장의 죄에 준용한다.

가. 개념

공갈죄란 사람을 공갈(폭행, 협박 등)하여 재물의 교부를 받거나 재산상의 이익을 취하거나 제3자로 하여금 취득하게 함으로써 성립하는 범죄이며, 본죄가 성립할 경우10년 이하의 징역 또는 2천만원 이하의 벌금에 처해지고, 본죄의 공소시효는 10년이다. 한편 본죄에서 공갈이란 재산상의 불법적인 이익을 얻을 목적으로 타인에게 폭행 또는 협박을 수단으로 해악을 가할 것을 고지하여 상대방으로 하여금 공포심을 일으키는 행위를 말한다.

나. 구성요건

공갈죄 핵심은 공갈행위로 상대방에게 공포심이 발생되었고, 이로 인해 재물의 교부 및 재산적 처분이 있어야 공갈죄의 성립요건을 충족시키게 되며, 이러한 인과관계를 제대로 입증해야 한다.

(1) 객체

공갈죄의 객체는 사기죄와 같이 타인의 재물 또는 재산상의 이익이다. 이처럼 공갈죄의 대상이 되는 재물은 타인의 재물을 의미하므로, 사람을 공갈하여 자기의 재물을 교부받는 경우에는 공갈죄가 성립하지 아니한다. 그리고 타인의 재물인지는 민법, 상법, 기타의 실체법에 의하여 결정되는데, 금전을 도난당한 경우 절도범이 절취한 금전만 소지하고 있는 때 등과 같이 구체적으로 절취된 금전을 특정할 수 있어 객관적으로 다른 금전 등과 구분됨이 명백한 예외적인 경우에는 절도 피해자에 대한 관계에서 그 금전이 절도범인 타인의 재물이라고 할 수 없다.[16]

한편, 공갈죄는 전설한 바와 같이 재산범으로서 그 객체인 재산상 이익은 경제적 이익이 있는 것을 말하는 것인바, 일반적으로 부녀와의 정부 그 자체는 이를 경제적으로 평가할 수 없는 것이므로 부녀를 공갈하여 정교를 맺었다고 하여도 특단의 사정이 없는 한 이로써 재산상 이익을 갈취한 것이라고 볼 수는 없는 것이며, 부녀가 주점접대부라 할지라도 피고인과 매음을 전제로 정교를 맺은 것이 아닌 이상 피고인이 매음대가의 지급을 면하였다고 볼 여지가 없으니 공갈죄가 성립하지 아니한다.[17]

(2) 공갈행위

재물을 교부받거나 재산상의 이익을 취득하기 위하여 폭행 또는 협박으로 외포심을 불러일으키게 하는 행위를 말한다.

(가) 폭행

폭행이란 사람에 대한 일체의 유형력 행사를 말한다. 공갈행위는 처분행위를 본질로 하므로 폭력은 상대방의 의사형성에 영향을 미치는 강제적, 심리적 폭행에 한하며, 적대적, 물리적 폭력의 경우에는 피해자의 처분행위 자체 즉, 피해자의 의사형성의 여지가 없으므로 제외된다.

---

16) 대법원 2012. 8. 30. 선고 2012도6157 판결.
17) 대법원 1983. 2. 8. 선고 82도2714 판결.

(나) 협박

공갈죄의 수단으로서 협박은 사람의 의사결정의 자유를 제한하거나 의사실행의 자유를 방해할 정도로 겁을 먹게 할 만한 해악을 고지하는 것을 말하고, 해악의 고지는 반드시 명시의 방법에 의할 것을 요하지 아니하며 언어나 거동 등에 의하여 상대방으로 하여금 어떠한 해악을 입을 수 있을 것이라는 인식을 갖게 하는 것이면 족하고, 또한 직접적이 아니더라도 피공갈자 이외의 제3자를 통해서 간접적으로 할 수도 있으며, 행위자가 그의 직업, 지위, 불량한 성행, 경력 등에 기하여 불법한 위세를 이용하여 재물의 교부나 재산상 이익을 요구하고 상대방으로 하여금 그 요구에 응하지 아니할 때에는 부당한 불이익을 초래할 위험이 있을 수 있다는 위구심을 야기하게 하는 경우에도 해악의 고지가 된다.18)19)

그 외 공갈의 상대방이 재산상의 피해자와 동일인일 필요도 없으며, 고지된 해악이 진실한 경우뿐만 아니라 허위의 사실인 경우에도 협박이 될 수 있으며,20) 그 해악에는 인위적인 것뿐만 아니라 천재지변 또는 신력이나 길흉화복에 관한 것도 포함될 수 있으나, 다만 천재지변 또는 신력이나 길흉화복을 해악으로 고지하는 경우에는 상대방으로 하여금 행위자 자신이 그 천재지변 또는 신력이나 길흉화복을 사실상 지배하거나 그에 영향을 미칠 수 있는 것으로 믿게 하는 명시적 또는 묵시적 행위가 있어야 공갈죄가 성립한다.21)

---

18) 대법원 2005. 7. 15. 선고 2004도1565 판결.
19) 공갈죄의 수단으로서의 협박은 사람의 의사결정의 자유를 제한하거나 의사실행의 자유를 방해할 정도로 겁을 먹게 할 만한 해악을 고지하는 것을 말하고 여기에서 고지된 해악의 실현은 반드시 그 자체가 위법한 것임을 요하지 아니하며 해악의 고지가 권리실현의 수단으로 사용된 경우라고 하여도 그것이 권리행사를 빙자하여 협박을 수단으로 상대방을 겁을 먹게 하였고 권리실현의 수단 방법이 사회통념상 허용되는 정도나 범위를 넘는다면 공갈죄가 성립한다(대법원 1993. 9. 14. 선고 93도915 판결, 대법원 2004. 9. 24. 선고 2003도6443 판결 등 참조)(대법원 2007. 10. 11. 선고 2007도6406 판결).
20) 대법원 1961. 9. 21. 선고 4294형상385 판결.
21) 대법원 2002. 2. 8. 선고 2000도3245 판결.

(3) 처분행위

재산상 이익의 취득으로 공갈죄가 성립하려면 폭행 또는 협박과 같은 공갈행위로 인하여 피공갈자가 재산상 이익을 공여하는 처분행위가 있어야 한다.

(4) 재산상의 이익

공갈죄는 타인에게 폭행 또는 협박을 수단으로 해악을 고지하여 재산상의 불법적인 이익을 얻어야 한다. 다만 재산상의 이득액의 경우 범죄행위로 인하여 취득하거나 제3자로 하여금 취득하게 한 불법영득의 대상이 된 재물이나 재산상 이익의 가액의 합계인 것이지 궁극적으로 그와 같은 이득을 실현할 것인지, 거기에 어떠한 조건이나 부담이 붙었는지 여부는 영향이 없다.[22]

다. 처벌

본죄가 성립할 경우 10년 이하의 징역 또는 2천만원 이하의 벌금에 처해지고, 미수범 또한 처벌된다.

---

22) 대법원 2000. 2. 25. 선고 99도4305 판결.

고   소   장

고 소 인   ○   ○   ○ (000000-0000000)

              ○○시 ○○구 ○○로 ○○(○○동)

              (전화번호 : 000-0000)

피고소인   ○   ○   ○ (000000-0000000)

              ○○시 ○○구 ○○로 ○○(○○동)

              (전화번호 : 000-0000)

고   소   취   지

피고소인에 대하여 공갈죄로 고소하오니 처벌하여 주시기 바랍니다.

고   소   사   실

1. 피고소인은 일정한 직업이 없는 자인바, 20○○. ○. 중순경 ○○시 ○○동 소재 ○○캬바레에서 우연히 만나 정교한 유부녀인 고소인으로부터 정교사실을 미끼로 금품을 갈취하기로 마음먹고,

2. 위 같은 해 ○. ○. 13:30경 ○○시 ○○동 소재 ○○호텔 커피숍에서 고소인에게 사업자금이 급히 필요해서 그러니 3,000만원만 달라, 만일 이에 불응하면 위 정교 사실을 사진과 함께 ○○공무원으로 근무하고 있는 당신의 남편에게 알려버리겠다 고 말하는 등 협박하여 이에 겁을 먹은 고소인으로부터 다음날 15:00경 위 커피숍

에서 3,000만원을 교부받아 이를 갈취한 것입니다.

3. 따라서 피고소인을 귀서에 고소하오니 철저히 조사하시어 처벌하여 주시기 바랍니다.

입 증 방 법

조사시 자세히 진술하겠습니다.

20○○.   ○.   ○.
위 고소인 ○   ○   ○ (인)

○○**경찰서장 귀하**

제출기관	범죄지, 피의자의 주소, 거소 또는 현재지의 경찰서, 검찰청	공소시효	10년
고소권자	피해자(형사소송법 223조)	소추요건	(형법 354조, 328조)
제출부수	고소장 1부	관련법규	형법 350조
범죄성립 요 건	• 사람을 공갈하여 재물의 교부를 받거나 재산상의 이익을 취득한 때 • 사람을 공갈하여 제3자로 하여금 재물의 교부를 받게 하거나 재산상의 이익을 취득하게 한 때		
형 량	• 10년 이하의 징역 • 2,000만원 이하의 벌금 (10년 이하의 자격정지를 병과할 수 있음 : 형법 353조)		
불기소처분 등에 대한 불복절차 및 기간	(항고) • 근거 : 검찰청법 10조 • 기간 : 처분결과의 통지를 받은 날부터 30일(검찰청법 10조4항) (재정신청) • 근거 : 형사소송법 제260조 • 기간 : 항고기각 결정을 통지받은 날 또는 동법 제260조 제2항 각 호의 사유가 발생한 날부터 10일(형사소송법 제260조 제3항) (헌법소원) • 근거 : 헌법재판소법 68조 • 기간 : 그 사유가 있음을 안 날로부터 90일 이내에, 그 사유가 있은 날로부터 1년 이내에 청구하여야 한다. 다만, 다른 법률에 의한 구제절차를 거친 헌법소원의 심판은 그 최종결정을 통지받은 날로부터 30일 이내에 청구 (헌법재판소법 69조)		

고　　소　　장

고 소 인　　○　　○　　○ (000000-0000000)
　　　　　　○○시 ○○구 ○○로 ○○(○○동)
　　　　　　(전화번호 : 000-0000)

피고소인　　○　　○　　○ (000000-0000000)
　　　　　　○○시 ○○구 ○○로 ○○(○○동)
　　　　　　(전화번호 : 000-0000)

고　소　취　지

피고소인에 대하여 공갈죄로 고소하오니 처벌하여 주시기 바랍니다.

고　소　사　실

1. 피고소인은 일정한 주거와 직업 없이 놀고 있는 자인바, ○○시 ○○구 ○○로 ○○(○○동) 소재 ○○단란주점에서 접대부를 고용하고 있음을 기화로 금품을 갈취하기로 마음먹고 20○○. ○. ○. 14:00경 동소에 고객으로 가장하여 그 정을 모르는 고소 외 ○○○, 같은 ○○○를 데리고 들어가 양주 1병(시가 170,000원)과 안주(시가 150,000원) 등 도합 320,000원 상당의 음식을 시켜먹고 고소인에게 "지금 돈 안 가져 왔으니 외상으로 합시다."라고 말하여 고소인이 이를 거절하자 피고소인과 작배한 접대부를 지적하면서 "이 집에 접대부를 둘 수 있느냐 지금 당장 112에 신고하겠다"라고 동소 전화기를 들자, 고소인이 수화기를 뺏으며, "그럼 내일 가져 오세요"라고 하자 "이제 필요 없어 그러면 신고 안 할 테니 50만원만 주쇼"라고 돈을 요구하며 만약 이에 불응하면 당국에 신고하여 처벌을 받게 할

것 같은 기세를 보여서, 이에 외포된 고소인이 그 즉시 금 500,000원을 교부하는 등 위 대금 370,000원을 면하여 도합 870,000원 상당을 갈취한 것입니다.

2. 따라서 피고소인을 귀서에 고소하오니 철저히 조사하시어 처벌하여 주시기 바랍니다.

입   증   방   법

조사시 자세히 진술하겠습니다.

20○○.   ○.   ○.

위 고소인   ○   ○   ○   (인)

○○경찰서장   귀하

5. 공무상표시무효죄

제140조(공무상비밀표시무효)
① 공무원이 그 직무에 관하여 실시한 봉인 또는 압류 기타 강제처분의 표시를 손상 또는 은닉하거나 기타 방법으로 그 효용을 해한 자는 5년 이하의 징역 또는 700만원 이하의 벌금에 처한다.
② 공무원이 그 직무에 관하여 봉함 기타 비밀장치한 문서 또는 도화를 개봉한 자도 제1항의 형과 같다.
③ 공무원이 그 직무에 관하여 봉함 기타 비밀장치한 문서, 도화 또는 전자기록등 특수매체기록을 기술적 수단을 이용하여 그 내용을 알아낸 자도 제1항의 형과 같다.
제143조(미수범) 제140조 내지 전조의 미수범은 처벌한다.

가. 개념

공무상표시무효죄는 공무원이 그 직무에 관하여 실시한 봉인(封印) 또는 압류(押留) 기타 강제처분의 표시를 손상 또는 은닉하거나 기타 방법으로 그 효용을 해하거나 또는 공무원이 그 직무에 관하여 비밀로 한 봉함(封緘)기타의 문서나 도화를 개피(開披)함으로써 성립하며, 본죄가 성립할 경우 5년 이하의 징역 또는 700만 원 이하의 벌금에 처해진다.

한편, 이러한 공무상표시무효죄가 성립하기 위하여는 행위 당시에 강제처분의 표시가 현존할 것을 요하고,[23] 강제처분은 유효하여야 하나, 강제처분이 유효성이 인정되는 한 그 결정이 부당한지 여부는 문제되지 않는다. 판례도 법원의 가처분결정에 기하여 집달관이 한 강제처분 표시의 효력은 그 가처분 결정이 적법한 절차에 의하여 취소되지 않는 한 지속되는 것이며, 그 가처분 결정이 가령 부당한 것이라 하더라도 그 효력을 부정할 수는 없다고 한다.[24]

---

23) 대법원 1997. 3. 11. 선고 96도2801 판결.
24) 대법원 1985. 7. 9. 선고 85도1165 판결.

나. 객체

공무원이 실시한 봉인 등의 표시에 절차상 또는 실체상의 하자가 있으나 객관적, 일반적으로 그것이 공무원이 그 직무에 관하여 실시한 봉인 등으로 인정할 수 있는 상태에 있는 경우, 공무상표시무효죄의 객체가 된다.

다만, 공무원이 그 직권을 남용하여 위법하게 실시한 봉인 또는 압류 기타 강제처분의 표시임이 명백하여 법률상 당연무효 또는 부존재라고 볼 수 있는 경우에는 그 봉인 등의 표시는 공무상표시무효죄의 객체가 되지 아니하여 이를 손상 또는 은닉하거나 기타 방법으로 그 효용을 해한다 하더라도 공무상표시무효죄가 성립하지 아니한다.[25] 그러나 공무원이 그 직무에 관하여 실시한 봉인 등의 표시를 손상 또는 은닉 기타의 방법으로 그 효용을 해함에 있어서 그 봉인 등의 표시가 법률상 효력이 없다고 믿은 것은 법규의 해석을 잘못하여 행위의 위법성을 인식하지 못한 것이라고 할 것이므로 그와 같이 믿은 데에 정당한 이유가 없는 이상, 그와 같이 믿었다는 사정만으로는 공무상 표시무효죄의 죄책을 면할 수 없다.[26]

다. 행위 – 봉인 또는 압류 기타 강제처분의 표시를 손상 등

여기서 '봉인'이란 물건에 대한 임의처분을 금지하기 위하여 그 외장에 시행한 봉함 기타 이와 유사할 장치를 말하고, '압류 기타 강제처분'이란 민사집행법에 의한 압류, 가압류, 부동산이나 금전채권의 압류를 말하고, '표시'란 압류나 강제처분이 있다는 것을 명시하기 위하여 시행한 표시로서 입간판, 고시문, 금지표찰 등이 이에 해당한다.

그 외 '손상'이란 물질적으로 훼손하는 것을 말하고, '은닉'이란 소재를 불명하게 하여 발견을 곤란하게 하는 것을 말한다. '기타 방법으로 그 효용을 해하는 것'이라 함은 손상 또는 은닉 이외의 방법으로 그 표시 자체의 효력을 사실상으로 감쇄 또는 멸각시키는

---

25) 대법원 2000. 4. 21. 선고 99도5563 판결.
26) 대법원 2000. 4. 21. 선고 99도5563 판결.

것을 의미하는 것이지, 그 표시의 근거인 처분의 법률상 효력까지 상실케 한다는 의미는 아니다.[27]

따라서 집행관이 유체동산을 가압류하면서 이를 채무자에게 보관하도록 한 경우 그 가압류의 효력은 압류된 물건의 처분행위를 금지하는 효력이 있으므로, 채무자가 가압류된 유체동산을 제3자에게 양도하고 그 점유를 이전한 경우, 이는 가압류집행이 금지하는 처분행위로서, 특별한 사정이 없으면 가압류표시 자체의 효력을 사실상으로 감쇄 또는 멸각시키는 행위에 해당하고, 이는 채무자와 양수인이 가압류된 유체동산을 원래 있던 장소에 그대로 두었다고 하더라도 마찬가지이다.[28]

그러나 압류물을 종전과 같이 사용할 수 있는 상태대로 압류하여 채무자에게 보관시킨 경우에 종전대로 사용하는 것은 효용침해가 아니어서 공무상표시무효죄가 성립하지 않는다. 판례도 '압류집행을 함에 있어 그 압류물을 종전과 같이 사용할 수 있는 상태대로 압류하여 채무자에게 보관시킨 경우에는 채무자는 압류 그대로의 상태에서 종전과 같은 방법으로 그 압류물을 사용할 수 있으므로 피고인이 압류표시된 원동기를 가동하였다고 하여 공무상표시무효죄를 구성할 수는 없다'고 한다.[29]

라. 처벌

본죄가 성립할 경우 5년 이하의 징역 또는 700만원 이하의 벌금에 처해질 수 있다.

---

27) 대법원 2004. 10. 28. 선고 2003도8238 판결, 대법원 2018. 7. 11. 선고 2015도5403 판결.
28) 대법원 2018. 7. 11. 선고 2015도5403 판결.
29) 대법원 1969. 6. 24. 선고 69도481 판결.

고　　소　　장

고 소 인　　ㅇ　　ㅇ　　ㅇ (000000-0000000)
　　　　　　ㅇㅇ시 ㅇㅇ구 ㅇㅇ로 ㅇㅇ(ㅇㅇ동)
　　　　　　(전화번호 : 000-0000)

피고소인　　ㅇ　　ㅇ　　ㅇ (000000-0000000)
　　　　　　ㅇㅇ시 ㅇㅇ구 ㅇㅇ로 ㅇㅇ(ㅇㅇ동)
　　　　　　(전화번호 : 000-0000)

고　소　취　지

피고소인을 상대로 공무상비밀표시무효의 죄로 고소하오니 처벌하여 주시기 바랍니다.

고　소　사　실

1. 고소인은 피고소인에게 금 ㅇㅇㅇ원을 대여하였으나, 변제기가 지나도 이를 변제하지 않아 고소인이 피고소인을 상대로 ㅇㅇ지방법원에서 위 대여금의 지급을 구하는 청구소송을 제기하여 확정판결을 받은 바 있습니다.

2. 고소인은 확정판결을 받은 후에도 피고소인의 임의변제를 기다렸으나, 피고소인이 막무가내로 변제를 거부함에 따라 20ㅇㅇ. ㅇ. ㅇ. 15:00부터 같은 날 16:20경까지 사이에 ㅇㅇ지방법원 소속 집행관(ㅇㅇㅇ)의 지휘 아래 ㅇㅇ시 ㅇㅇ구 ㅇㅇ로 ㅇㅇ(ㅇㅇ동) 소재 피고소인의 유체동산에 대한 압류집행을 실시하였습니다.

3. 이러한 압류집행을 실시한 후에 피고소인이 집행관이나 고소인인 채권자의 동의나 허락을 받음이 없이 집행관과 고소인인 채권자에게 일방적으로 위 압류물의 이전을 통고한 후 ○○지방법원 소속 집행관의 관할구역 밖인 ○○장소로 압류표시된 물건을 이전함으로써 위 집행관이 실시한 압류표시의 효용을 해하였습니다.

4. 피고소인의 이러한 행위는 형법 제140조(공무상비밀표시무효) 제1항 "공무원이 그 직무에 관하여 실시한 봉인 또는 압류 기타 강제처분의 표시를 손상 또는 은닉하거나 기타 방법으로 그 효용을 해한 행위"에 해당한다고 할 것입니다.

5. 따라서 피고소인을 귀서에 고소하오니 철저히 조사하시어 처벌하여 주시기 바랍니다.

첨 부 서 류

1. 판결문 사본   1통
조사시 자세히 진술하겠습니다.

20○○.   ○.   ○.
위 고소인 ○   ○   ○ (인)

○○경찰서장 귀하

제출기관	범죄지, 피의자의 주소, 거소 또는 현재지의 경찰서, 검찰청	공소시효	7년
고소권자	피해자(형사소송법 223조)	소추요건	(형법 354조, 328조)
제출부수	고소장 1부	관련법규	형법 350조

범죄성립 요 건	• 공무원이 그 직무에 관하여 실시한 봉인(封印) 또는 압류(押留) 기타 강제처분의 표시를 손상 또는 은닉하거나 기타 방법으로 그 효용을 해함 • 공무원이 그 직무에 관하여 비밀로 한 봉함(封緘)기타의 문서나 도화를 개피(開披)함
형 량	• 5년 이하의 징역 또는 0년 이하의 징역 • 700만원 이하의 벌금
불기소처분등 에대한 불복절차 및 기간	(항고) • 근거 : 검찰청법 10조 • 기간 : 처분결과의 통지를 받은 날부터 30일(검찰청법 10조4항) (재정신청) • 근거 : 형사소송법 제260조 • 기간 : 항고기각 결정을 통지받은 날 또는 동법 제260조 제2항 각 호의 사유가 발생한 날부터 10일(형사소송법 제260조 제3항) (헌법소원) • 근거 : 헌법재판소법 68조 • 기간 : 그 사유가 있음을 안 날로부터 90일 이내에, 그 사유가 있는 날로부터 1년 이내에 청구하여야 한다. 다만, 다른 법률에 의한 구제절차를 거친 헌법소원의 심판은 그 최종결정을 통지받은 날로부터 30일 이내에 청구(헌법재판소법 69조)

6. 권리행사방해죄

제323조(권리행사방해) 타인의 점유 또는 권리의 목적이 된 자기의 물건 또는 전자기록 등 특수매체기록을 취거, 은닉 또는 손괴하여 타인의 권리행사를 방해한 자는 5년 이하의 징역 또는 700만원 이하의 벌금에 처한다.

제328조(친족간의 범행과 고소) ① 직계혈족, 배우자, 동거친족, 동거가족 또는 그 배우자간의 제323조의 죄는 그 형을 면제한다.

② 제1항이외의 친족 간에 제323조의 죄를 범한 때에는 고소가 있어야 공소를 제기할 수 있다.

③ 전2항의 신분관계가 없는 공범에 대하여는 전 이항을 적용하지 아니한다.

가. 개념

타인의 점유 또는 권리의 목적이 된 자기의 물건 또는 전자기록등 특수매체기록을 취거, 은닉 또는 손괴하여 타인의 권리행사를 방해함으로써 성립하는 범죄이며, 본죄의 성립 시 5년 이하의 징역 또는 700만원 이하의 벌금에 처한다. 공소시효는 7년이다.

나. 구성요건

(1) 객체

(가) 자기의 물건 또는 전자기록 등 특수매체기록

자기소유의 물건 또는 전자기록 등 특수매체기록을 말한다. 그러므로 자기와 타인의 공유물은 타인의 물건이므로 본죄의 객체가 아니다. 따라서 피고인이 이건 굴삭기를 취거할 당시 그 굴삭기를 공소 외 회사에 지입하여 그 회사 명의로 중기등록원부에 소유권등록이 되어 있었다면 위 굴삭기는 위 회사의 소유이고 피고인의 소유가 아니라 할 것이므로 이를 취거한 행위는 권리행사방해죄를 구성하지 않는다.[30] 다만, 타인의 물건 등일 경우 절도죄, 손괴죄 등은 성립할 수 있다.

---

30) 대법원 1985. 9. 10. 선고 85도899 판결.

(나) 타인의 점유 또는 권리의 목적

1) 타인의 점유

자기이외의 모든 사람으로서 자연인, 법인, 법인격 없는 단체를 불문하며, 자기와 타인의 공동점유는 자기소유물도 타인이 점유하는 재물이다.

한편, 권리행사방해죄에서의 보호대상인 '타인의 점유'는 반드시 점유할 권원에 기한 점유만을 의미하는 것은 아니고, 일단 적법한 권원에 기하여 점유를 개시하였으나 사후에 점유권원을 상실한 경우의 점유, 점유권원의 존부가 외관상 명백하지 아니하여 법정절차를 통하여 권원의 존부가 밝혀질 때까지의 점유, 권원에 기하여 점유를 개시한 것은 아니나 동시이행항변권 등으로 대항할 수 있는 점유 등과 같이 법정절차를 통한 분쟁해결시까지 잠정적으로 보호할 가치있는 점유는 모두 포함된다고 볼 것이며, 다만 절도범인의 점유와 같이 점유할 권리없는 자의 점유임이 외관상 명백한 경우는 포함되지 아니한다.31) 또한 반드시 본권에 기한 점유만을 말하는 것이 아니라 유치권 등에 기한 점유도 여기에 해당한다.32)

2) 타인의 권리의 목적

자기의 소유물이 타인의 제한물권이나 채권의 목적이 되어 있는 것을 의미한다. 따라서 공장근저당권이 설정된 선반기계 등을 이중담보로 제공하기 위하여 이를 다른 장소로 옮긴 경우, 이는 공장저당권의 행사가 방해될 우려가 있는 행위로서 권리행사방해죄에 해당한다.33)

---

31) 대법원 2006. 3. 23. 선고 2005도4455 판결.
32) 대법원 2011. 5. 13. 선고 2011도2368 판결.
33) 대법원 1994. 9. 27. 선고 94도1439 판결.

(2) 행위 - 취거, 은닉, 손괴

취거라 함은 타인의 점유 또는 권리의 목적이 된 자기의 물건을 그 점유자의 의사에 반하여 그 점유자의 점유로부터 자기 또는 제3자의 점유로 옮기는 것을 말하므로 점유자의 의사나 그의 하자있는 의사에 기하여 점유가 이전된 경우에는 여기에서 말하는 취거로 볼 수는 없다.[34] 또한 은닉이라 함은 물건의 소재 발견이 불가능 또는 현저히 곤란한 상태에 두는 것을 말하며, 손괴라 함은 물건의 전부 또는 일부를 물질적으로 훼손하거나 기타 방법으로 그 용익적, 가치적 효용을 해하는 것을 말한다.

따라서 타인의 권리의 목적이 된 자기의 소유토지를 타에 매도하여 그 소유권이전등기를 하여 준 행위는 취거, 은닉, 손괴의 어느 것에도 해당될 수 없어 권리행사방해죄가 되지 아니한다.

다. 처벌

본죄의 성립시 5년 이하의 징역 또는 700만원 이하의 벌금에 처해질 수 있다.

---

34) 대법원 1988. 2. 23. 선고 87도1952 판결.

고 소 장

고 소 인   주식회사 ○○은행
            ○○시 ○○구 ○○로 ○○(○○동)
            대표이사 ○ ○ ○

피고소인   ○○주식회사
            ○○시 ○○구 ○○로 ○○(○○동)
            대표이사 ○ ○ ○

고 소 취 지

피고소인을 형법 제323조의 권리행사방해죄로 고소하오니 처벌하여 주시기 바랍니다.

고 소 사 실

1. 피고소인은 ○○시 ○○구 ○○로 ○○(○○동) 소재에서 ○○주식회사라는 상호로 쇠공구등 철물 제조업에 종사하면서 20○○. ○. ○. 당 은행을 찾아와 현재 회사의 경영상 자금이 급히 필요하여 대출을 신청한다고 하여 고소인은 피고소인의 자산가치 등 담보물을 확인한 결과, 피고소인이 운영하는 공장의 부동산과 그 사업장내의 쇠공구 등의 생산에 필요한 피고소인 소유 선반, 밀링등 기계가 있어 고소인은 공장저당법에 의하여 이를 담보로 피고소인에게 대출을 하여 주었던 것입니다

2. 그 후 피고소인은 대출금 상환기일이 도과하여도 이를 변제하지 아니하므로 고소인은 위 공장저당법에 의한 물건들을 법 절차에 따라 경매하려 현장 확인을 하여 본 결과, 고소인은 담보 대출 당시 공장 내에 있는 기계 등의 저당목록에 기재된 물건들이 상당수 없어진 점을 발견하고 고소인은 피고소인 회사 직원에게 이를 추궁한 끝에 위 물건들이 피고소인에 의하여 ○○시 ○○구 ○○로 ○○(○○동) 소재 ○○○ 경영의 공장 현장으로 옮겨 은닉한 사실을 발견하였습니다.

   현재 피고소인은 고소인에게 대출금을 한 푼도 상환하지 않고 있을 뿐만 아니라 피고소인은 고소인의 권리로 담보된 물건을 취거 은닉한 부분에 대하여 전혀 범죄 의식이 없습니다.

3. 따라서 위와 같은 사실을 들어 피고소인을 권리행사방해죄로 고소하오니 철저히 조사하시어 처벌하여 주시기 바랍니다.

첨 부 서 류

1. 등기권리증 사본   1부
1. 법인등기부등본   2부
1. 현장사진 등   5부

20○○.   ○.   ○.

위 고소인 ○   ○   ○ (인)

○○경찰서장   귀하

제출기관	범죄지, 피의자의 주소, 거소 또는 현재지의 경찰서, 검찰청	공소시효	7년
고소권자	피해자(형사소송법 223조)	소추요건	(형법 328조)
제출부수	고소장 1부	관련법규	형법 323조
범죄성립 요 건	타인의 점유 또는 권리의 목적이 된 자기의 물건 또는 전자기록등 특수매체 기록을 취거, 은닉 또는 손괴하여 타인의 권리행사를 방해한 때		
형 량	• 5년 이하의 징역 또는 700만원 이하의 벌금		
불기소처분 등에 대한 불복절차 및 기간	(항고) • 근거 : 검찰청법 10조 • 기간 : 처분결과의 통지를 받은 날부터 30일(검찰청법 10조4항) (재정신청) • 근거 : 형사소송법 제260조 • 기간 : 항고기각 결정을 통지받은 날 또는 동법 제260조 제2항 각 호의 사유가 발생한 날부터 10일(형사소송법 제260조 제3항)) (헌법소원) • 근거 : 헌법재판소법 68조 • 기간 : 그 사유가 있음을 안 날로부터 90일 이내에, 그 사유가 있은 날로부터 1년 이내에 청구하여야 한다. 다만, 다른 법률에 의한 구제절차를 거친 헌법소원의 심판은 그 최종결정을 통지받은 날로부터 30일 이내에 청구(헌법재판소법 69조)		

7. 명예훼손죄

제307조(명예훼손) ① 공연히 사실을 적시하여 사람의 명예를 훼손한 자는 2년 이하의 징역이나 금고 또는 500만원 이하의 벌금에 처한다.
② 공연히 허위의 사실을 적시하여 사람의 명예를 훼손한 자는 5년 이하의 징역, 10년 이하의 자격정지 또는 1천만원 이하의 벌금에 처한다.
제308조(사자의 명예훼손) 공연히 허위의 사실을 적시하여 사자의 명예를 훼손한 자는 2년 이하의 징역이나 금고 또는 500만원 이하의 벌금에 처한다.
제309조(출판물등에 의한 명예훼손) ① 사람을 비방할 목적으로 신문, 잡지 또는 라디오 기타 출판물에 의하여 제307조제1항의 죄를 범한 자는 3년 이하의 징역이나 금고 또는 700만원 이하의 벌금에 처한다.
② 제1항의 방법으로 제307조제2항의 죄를 범한 자는 7년 이하의 징역, 10년 이하의 자격정지 또는 1천500만원 이하의 벌금에 처한다.
제310조(위법성의 조각) 제307조제1항의 행위가 진실한 사실로서 오로지 공공의 이익에 관한 때에는 처벌하지 아니한다.
제312조(고소와 피해자의 의사) ① 제308조와 제311조의 죄는 고소가 있어야 공소를 제기할 수 있다.
② 제307조와 제309조의 죄는 피해자의 명시한 의사에 반하여 공소를 제기할 수 없다.

가. 개념

공연히 사실 또는 허위의 사실을 적시하여 사람의 명예를 훼손함으로써 성립하는 범죄이며, 본죄는 사실의 적시의 경우 2년 이하의 징역이나 금고 또는 500만원 이하의 벌금에 처해지고, 허위의 사실을 적시하였을 경우에는 5년 이하의 징역, 10년 이하의 자격정지 또는 1천만원 이하의 벌금에 처해진다.

본죄는 피해자의 명시한 의사에 반하여 공소를 제기할 수 없는 반의사불벌죄에 해당하며, 공소시효는 사실적시 명예훼손죄 5년, 허위사실적시 명예훼손죄 7년이다.

법	사실적시	허위사실적시
형법	2년 이하의 징역이나 금고 또는 500만원 이하의 벌금	5년 이하의 징역, 10년 이하의 자격정지 또는 1천만원 이하의 벌금
정보통신망이용촉진및정보보호등에관한법률35)	3년 이하의 징역 또는 3천만원 이하의 벌금	7년 이하의 징역, 10년 이하의 자격정지 또는 5천만원 이하의 벌금

나. 공통적인 구성 요건

형법 제307조를 분석해 볼 경우 명예훼손죄는 ⅰ) 공연성, ⅱ) 사실 또는 허위사실의 적시, ⅲ) 사람, ⅳ) 명예훼손 등의 구성요건을 충족하여야 한다.

다만, 출판물에 의한 명예훼손죄의 경우에는 ⅰ) 비방할 목적, ⅱ) 신문 잡지 라디오 기타 출판물에 의하여, ⅲ) 사실 또는 허위사실 적시, ⅳ) 사람, ⅴ) 명예훼손 등의 구성요건을 충족하여야 하며, 사자명예훼손죄의 경우에는 ⅰ) 공연성, ⅱ) 허위사실의 적시, ⅲ) 사자, ⅳ) 명예훼손 등의 구성요건을 충족하여야 한다.

(1) 객체 - 사람의 명예

명예훼손죄는 어떤 특정한 사람 또는 인격을 보유하는 단체에 대하여 그 명예를 훼손함으로써 성립하는 것이므로 그 피해자는 특정한 것임을 요한다. 명예훼손의 내용이 집단에 속한 특정인에 대한 것이라고 해석되기 힘들고 집단표시에 의한 비난이 개별구성원에 이르러서는 비난의 정도가 희석되어 구성원 개개인의 사회적 평가에 영향을 미칠

---

35) 사이버명예훼손죄란 사람을 비방할 목적으로 정보통신망을 통하여 공공연하게 사실이나 거짓의 사실을 드러내어 타인의 명예를 훼손하는 행위로 형법상의 명예훼손죄와는 달리 다른 사람을 비방할 목적을 구성요건으로 하고 있어 비방할 목적이 증명되지 않는다면 정보통신망이용촉진및정보보호등에관한법률상의 사이버 명예훼손죄가 아닌 형법상 명예훼손죄가 성립된다.

정도에 이르지 않는 것으로 평가되는 경우에는 구성원 개개인에 대한 명예훼손이 성립하지 않는다.

(2) 행위

(가) 공연성

명예훼손죄는 공연히 사실을 적시한 경우에 처벌되는데, 공연성은 "불특정 또는 다수인이 인식할 수 있는 상태"를 의미한다. 따라서 불특정이면 다수인, 소수인 불문하며, 다수인이면 그 다수인이 특정되었는지 여부는 불문한다.

그러나 사실을 특정한 한 사람에게만 전달한 경우라도 그 말을 들은 사람이 불특정 또는 다수인에게 그 말을 전달할 가능성이 있으면 공연성이 충족된다(전파가능성 이론). 다만 피해자의 가족이나 피의자의 가족에게 말한 경우, 피해자의 사장에게 진정서를 제출한 경우, 피해자와 절친한 관계에 있는 사람에게 말한 경우에는 전파 가능성이 없다고 볼 수 있다.

따라서 명예훼손죄에 있어서 공연성은 불특정 또는 다수인이 인식할 수 있는 상태를 의미하므로 비록 개별적으로 한 사람에 대하여 사실을 유포하더라도 이로부터 불특정 또는 다수인에게 전파될 가능성이 있다면 공연성의 요건을 충족한다 할 것이지만, 이와 달리 전파될 가능성이 없다면 특정한 한 사람에 대한 사실의 유포는 공연성을 결한다 할 것이다.[36]

---

36) 대법원 2000. 2. 11. 선고 99도4579 판결.

▶ 인정사례 : 대법원 1985. 4. 23. 선고 85도 431 판결

명예훼손죄의 구성요건인 공연성은 불특정 또는 다수인이 인식할 수 있는 상태를 의미하므로 비록 개별적으로 한 사람에 대하여 사실을 유포하였다 하더라도 그로부터 불특정 또는 다수인에게 전파될 가능성이 있다면 공연성의 요건을 충족한다 할 것인 바(당원 1968.12.24. 선고 68도1569 판결, 1981.10.27. 선고 81도1023 판결 참조), 원심이 유지한 제1심판결이 확정한 사실과 기록에 의하여 살펴보면 피고인이 사실을 적시한 장소가 공소 외 1이라는 행정서사의 사무실내 이었기는 하나 그의 사무원인 공소 외 2와 동인의 처 공소 외 3이 함께 있는 자리였었고, 그들은 모두 피해자와 같은 교회에 다니는 교인들일 뿐 피해자에 관한 소문을 비밀로 지켜줄 만한 특별한 신분관계는 없었던 사정을 규지할 수 있어 피고인이 그들에게 적시한 사실은 그들을 통하여 불특정 또는 다수인에게 전파될 가능성이 충분히 있었다고 보기에 넉넉하므로 원심판결에 공연성에 관한 법리오해가 있다는 논지도 받아들일 수 없다.

▶ 인정사례 : 대법원 2008. 2. 14. 선고 2007도8155 판결.

개인 블로그의 비공개 대화방에서 상대방으로부터 비밀을 지키겠다는 말을 듣고 일대 일로 대화하였다고 하더라도, 그 사정만으로 대화 상대방이 대화내용을 불특정 또는 다수에게 전파할 가능성이 없다고 할 수 없으므로, 명예훼손죄의 요건인 공연성을 인정할 여지가 있다.

▶ 불인정 사례 : 대법원 1981. 10. 27. 선고 81도1023 판결.

명예훼손죄의 구성요건인 '공연성'은 불특정 또는 다수인이 인식할 수 있는 상태를 의미하므로, 비록 개별적으로 한 사람에 대하여 사실을 유포하였다고 하여도 이로부터 불특정 또는 다수인에게 전파될 가능성이 있다면 공연성의 요건을 충족하는 것이나, 이와 반대의 경우라면 특정한 한 사람에 대한 사실의 유포는 공연성을 결여한 것이다.

(3) 사실의 적시 여부

(가) 사실의 적시

사실의 적시는 가치판단이나 평가를 내용으로 하는 의견표현에 대치되는 개념으로서 시간적으로나 공간적으로 구체적인 과거 또는 현재의 사실관계에 관한 보고나 진술을 의미한다. 적시된 사실은 사람의 사회적 평가나 가치를 떨어뜨리는데 충분하여야 하며, 그 사실은 반드시 숨겨진 사실일 필요는 없으므로 이미 알려진 사실이나 상대방이 알고 있는 사실도 포함된다.

따라서 객관적으로 피해자의 사회적 평가를 저하시키는 사실에 관한 보도내용이 소문이나 제3자의 말, 보도를 인용하는 방법으로 단정적인 표현이 아닌 전문 또는 추측한 것을 기사화한 형태로 표현하였지만, 그 표현 전체의 취지로 보아 그 사실이 존재할 수 있다는 것을 암시하는 방식으로 이루어진 경우에는 사실을 적시한 것으로 보아야 한다.[37]

다만, 위와 같이 구체적인 사실을 알리지 않은 채 단순히 추상적인 사실 또는 모욕적인 가치판단만의 표시는 모욕죄가 성립될 수 있을 뿐 명예훼손죄는 될 수 없다. 가령, "애꾸눈, 병신"이라는 발언 내용은 피고인이 피해자를 모욕하기 위하여 경멸적인 언사를 사용하면서 욕설을 한 것에 지나지 아니하고, 피해자의 사회적 가치나 평가를 저하시키기에 충분한 구체적 사실을 적시한 것이라고 보기는 어렵다.[38]

(나) 사실과 허위 사실

표시된 사실이 진실인 경우나 허위인 경우 모두 명예훼손죄가 성립하며, 다만 허위의 사실인 경우에는 보다 중하게 처벌되며, 또한 그것이 공공의 이익을 위한 것이라고 평가되어 무죄로 판결될 여지가 없다는 점에서 양자는 차이가 난다.

사실과 허위의 사실의 적시 여부는 그 내용 전체의 취지를 살펴보아 중요한 부분이

---

[37] 대법원 2008. 11. 27. 선고 2007도5312 판결.
[38] 대법원 1994. 10. 25. 선고 94도1770 판결.

객관적 사실과 일치하나, 세부적인 사항에 있어서 약간의 차이가 나거나 다소 과장이 된 경우에는 진실한 사실로 본다. 한편, 허위사실 적시 명예훼손죄가 성립하려면 피고인이 적시하는 사실이 허위일 뿐만 아니라 그 사실이 허위임을 인식하여야 합니다.

다. 처벌 및 위법성 조각사유

본죄가 성립할 경우 사실의 적시의 경우 2년 이하의 징역이나 금고 또는 500만원 이하의 벌금에 처해지고, 허위의 사실을 적시하였을 경우에는 5년 이하의 징역, 10년 이하의 자격정지 또는 1천만원 이하의 벌금에 처해질 수 있다.

다만, 형법 제310조는 "형법 제307조 제1항의 행위가 진실한 사실로서 오로지 공공의 이익에 관한 때에는 처벌하지 아니한다."라고 정한다. 여기서 '진실한 사실'이란 내용 전체의 취지를 살펴볼 때 중요한 부분이 객관적 사실과 합치되는 사실이라는 의미로 세부에서 진실과 약간 차이가 나거나 다소 과장된 표현이 있더라도 무방하다. 또한 '오로지 공공의 이익에 관한 때'란 적시된 사실이 객관적으로 볼 때 공공의 이익에 관한 것으로서 행위자도 주관적으로 공공의 이익을 위하여 그 사실을 적시한 것이어야 하는 것인데, 공공의 이익에 관한 것에는 널리 국가ㆍ사회 기타 일반 다수인의 이익에 관한 것뿐만 아니라 특정한 사회집단이나 그 구성원 전체의 관심과 이익에 관한 것도 포함한다. 적시된 사실이 공공의 이익에 관한 것인지는 사실의 내용과 성질, 사실의 공표가 이루어진 상대방의 범위, 표현의 방법 등 표현 자체에 관한 여러 사정을 감안함과 동시에 표현에 의하여 훼손되거나 훼손될 수 있는 명예의 침해 정도 등을 비교ㆍ고려하여 결정해야 하며, 행위자의 주요한 동기나 목적이 공공의 이익을 위한 것이라면 부수적으로 다른 사익적 목적이나 동기가 내포되어 있더라도 형법 제310조의 적용을 배제할 수 없다.[39]

또한, 사실적시의 내용이 사회 일반의 일부 이익에만 관련된 사항이라도 다른 일반인

---

[39] 대법원 2022. 2. 11. 선고 2021도10827 판결, 대법원 2022. 7. 28. 선고 2020도8421 판결 등 참조.

과 공동생활에 관계된 사항이라면 공익성을 지니고, 나아가 개인에 관한 사항이더라도 공공의 이익과 관련되어 있고 사회적인 관심을 획득하거나 획득할 수 있는 경우라면 직접적으로 국가·사회 일반의 이익이나 특정한 사회집단에 관한 것이 아니라는 이유만으로 형법 제310조의 적용을 배제할 것은 아니다. 사인이라도 그가 관계하는 사회적 활동의 성질과 사회에 미칠 영향을 헤아려 공공의 이익에 관련되는지 판단해야 한다.[40]

[서식(고소장)] 명예훼손 등(정보통신망이용)

고 소 장

고 소 인   0 0 0
00시 00구 00로 000-00
연락처 010-0000-0000

피고소인   1. 0 0 0
00시 00구 00로 000-00
연락처 010-0000-0000

2. 성명불상
00시 00구 00로 000-00
연락처 010-0000-0000

3. 0 0 0
00시 00구 00로 000-00
연락처 010-0000-0000

---

40) 대법원 2020. 11. 19. 선고 2020도5813 전원합의체 판결, 대법원 2022. 2. 11. 선고 2021도10827 판결 등 참조.

    4. ㅇㅇㅇ
    5. ㅇㅇㅇ
    6. ㅇㅇㅇ
    7. 성명불상

고 소 취 지

고소인은 <u>피고소인 1. 박ㅇㅇ를 명예훼손(형법 제307조 제2항), 정보통신망 이용촉진 및
정보보호 등에 관한법률(이하 '정보통신망법'이라고만 합니다. 제44조의7 제1항 제2호,
제3호, 제48조 제1항) 위반으로, 피고소인 2. 성명불상을 정보통신망법(제44조의7 제1
항 제3호) 위반으로, 피고소인 3. 정ㅇㅇ을 명예훼손(형법 제307조 제2항), 정보통신망법
(제44조의7 제1항 제2호, 제3호) 위반, 폭력행위 등 처벌에 관한 법률(이하 '폭처법'이라
고만 합니다. 제3조 제1항, 제2조 제1항 제2호, 제1호) 위반으로, 피고소인 4. 조ㅇㅇ, 5. 고
ㅇㅇ, 6. 최ㅇㅇ, 7. 성명불상을 폭처법(제3조 제1항, 제2조 제1항 제2호, 제1호) 위반으로
고소하오니,</u> 수사하시어 혐의가 인정될 경우 피고소인들에게 법이 정한 최대한의 처벌
을 받도록 해 주시기 바랍니다.

고 소 이 유

1. 당사자 간의 관계

고소인은 ㅇㅇㅇ상사에서 시스템운용팀 연구개발본부에서 과장 직책으로 근무하고 있습
니다. 고소 외 천ㅇㅇ수는 ㅇㅇㅇ상사 연구개발본부 서비스개발3팀 팀장으로 근무하고
있습니다.

피고소인 1. 박ㅇㅇ과 고소 외 천ㅇㅇ은 2005. 5. 9. 혼인신고를 마친 법률상 부부로서
2000. 00. 00. 협의이혼신청을 하였습니다. 위 박ㅇㅇ과 고소인 사이에는 서울가정법
원 2000드단000호로 손해배상 청구의 소가 계속 중에 있습니다.

피고소인 2. 성명불상은 위 박ㅇㅇ의 친구이고, 피고소인 3. 정ㅇㅇ은 위 박ㅇㅇ의 동생이고,
피고소인 4. 조ㅇㅇ은 위 박ㅇㅇ의 모이고, 피고소인 5. 고ㅇㅇ은 위 박ㅇㅇ의 언니이고, 피고
소인 6. 최ㅇㅇ은 위 박ㅇㅇ의 언니이고, 피고소인 7. 성명불상은 위 박ㅇㅇ의 올케입니다.

2. 피고소인 1. 박ㅇㅇ의 범죄사실

가. 명예훼손 및 정보통신망법 위반

피고소인 박00은 장소불상지에서 자신의 이메일 아이디 0000@naver.com으로부터,

① 2000. 00. 00. 00:00경, 주식회사 000상사(이하 "000상사"라 합니다)의 대표메일 아이디 000@000.com로 '고소인과 천00이 불륜관계에 빠졌고, 그로 인하여 가정이 파탄되었다'라는 취지의 이메일을 발송하고(증제1호증 000상사로 발송한 이메일 참조),

② 2000. 12. 11. 22:30경, 34명의 000상사 직원들의 각 이메일 주소로 '고소인과 천00이 불륜관계에 빠졌고, 그로 인하여 가정이 파탄되었다'라는 취지로 "저는 연구개발본부 서비스개발3팀 천00 팀장의 아내입니다"라는 제목의 이메일들을 각 발송하였습니다.

또한, ③ 피고소인 박00은 2000. 11. ~ 12.경 고소인의 00스토리에 "11월에 처자식 있는 유부남 이혼 시키고 소원성취했답니다", "저희 00살 딸은 000 때문에 아빠를 잃게됐네요" 등의 허위의 사실을 적어 고소인의 명예를 훼손하였습니다(증제2호증 000스토리에 박00이 적은 문언 참조).

이로써 피고소인 박00은 공연히 허위의 사실을 적시하여 고소인의 명예를 훼손하였고, 정보통신망을 통하여 고소인을 비방할 목적으로 공공연하게 거짓의 사실을 드러내어 고소인의 명예를 훼손하는 내용의 정보를 유통하였습니다.

나. 정보통신망법 위반

1) 피고소인 박00은 2000. 12.경 장소불상지에서 고소 외 천00의 휴대전화에 깔려있던 000상사 회사 조직도 000으로부터 000상사 34명의 이메일 주소를 무단으로 알아내었습니다.

이로써 피고소인 박00은 정당한 접근권한 없이 정보통신망에 침입하였습니다.

2) 피고소인 박00은 2000. 11. ~ 12.경 문자서비스로 "계속 안 읽으면 다른 사람 통해서 전달합니다" 등, 카카오톡 메시지로 "당신들 두 사람 이제 내눈치도 안보고 이렇게 막 나가는거 나도 가만있지 않을거다", "당신 두 사람 잘되는건 절대 두고볼일 없으니 알아서 하시길" 등, 텔레그램 메시지로 "···나한테 계속 시달리고 싶지 않으면..", "혼인관계 해소되자마자 변호사한테 전화하면 고소장 바로 날라가는 거다" 등의 해악을 고지하는 내용을 반복적으로 보내고, 추후로도 계속할 의사를 전달하였습니

다(증제3호증 박OO 발송 SMS문자 메시지, 증제4호증 박OO 발송 카카오톡 메시지, 증제5호증 박OO 발송 텔레그램 메시지 각 참조). 전화를 회피하는 고소인에게 전화도 자주하여 고소인을 불안하게 만들었습니다(증제6호증 부재중 전화 기록 참조). 또한 불륜녀가 자신의 경험을 쓴 책이라며 고소인이 읽어봐야 한다는 메모와 함께 택배로 보냈습니다(증제7호증 택배로 보낸 책과 메모 참조).

이로써 피고소인 박OO은 정보통신망을 통하여 공포심이나 불안감을 유발하는 문언을 반복적으로 고소인에게 도달하도록 하는 내용의 정보를 유통하였습니다.

3. 피고소인 2.성명불상의 범죄사실

피고소인 2.성명불상은 2000. 12. 1. 고소인에게 텔레그램 메시지로 "… 장담하건데 둘은 그저 상간녀에 불륜남으로 평생 살겠죠.. 가족과 친구들에게조차" 등의 고소인에게 해악을 고지하는 듯한 내용을 반복적으로 보냈습니다(증제8호증 박OO 친구 발송 텔레그램 메시지 참조).

이로써 피고소인 2.성명불상은 정보통신망을 통하여 공포심이나 불안감을 유발하는 문언을 반복적으로 고소인에게 도달하도록 하는 내용의 정보를 유통하였습니다.

4. 피고소인 3.정OO의 (단독) 범죄사실

가. 명예훼손 및 정보통신망법 위반

피고소인 정OO은 2000. 11. ~ 12.경 고소인의 카카오스토리에 "..강심장이니 유부남이랑 바람도 피면서 걸리던 헤어지기는커녕 미안함도 없이 당당하겠죠?" 등의 고소인에 대한 근거 없는 비방의 글을 남겼습니다(증제9호증 카카오스토리에 정OO이 적은 문언 참조).

이로써 피고소인 정OO은 공연히 허위의 사실을 적시하여 고소인의 명예를 훼손하였고, 정보통신망을 통하여 고소인을 비방할 목적으로 공공연하게 거짓의 사실을 드러내어 고소인의 명예를 훼손하는 내용의 정보를 유통하였습니다.

나. 정보통신망법 위반

피고소인 정OO은 2000. 11. 29. 고소인에게 텔레그램 메시지로 "… 도리를 아는게 그게 인간과 짐승의 차이랍니다… 제 말 기분 나쁘게 생각 말고 잘 생각해보세요 이건 시작일뿐이니…" 등의 고소인에게 해악을 고지하는 듯한 내용을 반복적으로 보내고, 추후로도 계속하려는 의사를 나타내었습니다(증제10호증 정OO 발송 텔레그램 메시지 참조).

이로써 피고소인 정OO은 정보통신망을 통하여 공포심이나 불안감을 유발하는 문언을 반복적으로 고소인에게 도달하도록 하는 내용의 정보를 유통하였습니다.

5. 피고소인 3.정00, 4.조00, 5.고00, 6.최00, 7.성명불상의 공동 범죄사실

피고소인 3. ~ 7.은 2000. 11. 29. 서울 양천구 목동 카페 코코부르니로 고소인을 불러 내어, 피고소인 조00은 "미친년"등의 욕설을 하였고, "(고소인의) 엄마한테 전화해라"라고 강요하였고, 물컵을 던지려는 시늉을 하고 고소인을 폭행하려 하였으며, 피고소인 정00은 "(고소인의) 엄마와 동생 전화번호는 내일이라도 알아낼 수 있다"고 말하며 가족들의 연락처를 알아내어 알리겠다고 협박하였고, 피고소인 정00과 7.성명불상은 "회사 이번 주 안에 그만두어라. 그만두지 않으면 회사를 찾아가겠다"고 퇴직을 강요하였고, 피고소인 7.성명불상은 "난 칼로 옆구리 쑤셔버렸다" 등의 협박을 하였습니다.

이로써 피고소인들은 다중의 위력으로, 해악을 고지하였고, 협박으로 의무 없는 일을 하게 하였습니다.

6. 결 론

이상에서와 같이 피고소인들은 명백히 수 회의 명예훼손 및 정보통신망법 위반을 범하고 있고, 폭처법 위반을 범했습니다. 피고소인들은 추후에도 반복적으로 고소인에게 해악을 입히고, 고소인의 명예를 훼손하여 사회적 활동에 악영향을 끼치려 하고 있습니다.

<u>고소인은 피고소인들의 명예훼손 행위 등으로 인해 회사로부터 퇴직권고를 받고2000. 00. 00. 퇴직하는</u> 등 인생이 모두 파탄되어 위 명예훼손 등의 행위들을 도저히 용서할 수 없사오니, 부디 피고소인들을 엄정히 수사하시어 엄벌에 처해주시기 바랍니다.

첨 부 자 료

1. 증 제1호증 　　　000상사로 발송한 이메일

2000. 00. 00.
위 고소인

00지방검찰청 00지청 귀중

제출기관	범죄지, 피의자의 주소, 거소 또는 현재지의 경찰서, 검찰청	공소시효	사실적시 명예훼손죄 5년, 허위사실적시 명예훼손죄 7년
고소권자	피해자(형사소송법 223조)	소추요건	반의사불벌죄 (형법 312조2항)
제출부수	고소장 1부	관련법규	형법 307조
범죄성립 요 건	1. 공연히 사실을 적시하여 사람의 명예를 훼손한 때(형법 307조1항) 2. 공연히 허위의 사실을 적시하여 사람의 명예를 훼손한 때(형법 307조2항)		
형 량	• 2년 이하의 징역이나 금고 또는 500만원 이하의 벌금(형법 307조1항) • 5년 이하의 징역, 10년 이하의 자격정지 또는 1,000만원 이하의 벌금(형법 307조2항)		
불기소처분 등에 대한 불복절차 및 기간	(항고) • 근거 : 검찰청법 10조 • 기간 : 처분결과의 통지를 받은 날부터 30일(검찰청법 10조4항) (재정신청) • 근거 : 형사소송법 제260조 • 기간 : 항고기각 결정을 통지받은 날 또는 동법 제260조 제2항 각 호의 사유가 발생한 날부터 10일(형사소송법 제260조 제3항) (헌법소원) • 근거 : 헌법재판소법 68조 • 기간 : 그 사유가 있음을 안 날로부터 90일 이내에, 그 사유가 있은 날로부터 1년 이내에 청구하여야 한다. 다만, 다른 법률에 의한 구제절차를 거친 헌법소원의 심판은 그 최종결정을 통지받은 날로부터 30일 이내에 청구(헌법재판소법 69조)		

고 소 장

고 소 인 　　　○　　○　　○ (000000-0000000)
　　　　　　　○○시 ○○구 ○○로 ○○(○○동)
　　　　　　　(전화번호 : 000-0000)

피고소인 　　　○　　○　　○ (000000-0000000)
　　　　　　　○○시 ○○구 ○○로 ○○(○○동)
　　　　　　　(전화번호 : 000-0000)

고 소 취 지

피고소인에 대하여 명예훼손죄로 고소하오니 처벌하여 주시기 바랍니다.

고 소 사 실

1. 피고소인은 20○○. ○. ○. 21:30경 ○○시 ○○구 ○○로 ○○(○○동)에 있는 피고소인의 집 3층 방에서 그곳으로부터 약 50m 거리의 길가에 주차되어 있던 승용차가 불타고 있는 것을 발견하고 곧 불을 끄고자 뛰어 갔는바, 그때 그곳에서 서성거리고 있던 같은 동네에 사는 고소인을 보고, 그를 의심하여 아무런 확증이 없음에도 같은 달 ○. 20:00경 피고소인의 집에서 이웃에 사는 고소 외 ○○○, 같은 ○○○, 같은 ○○○ 등에 대하여 "경찰이 아직도 방화범을 잡지 못하는 것은 다 이유가 있다. 그 범인은 바로 옆 골목에 사는 ○○○인데 그가 경찰관들과 친하기 때문에 잡지 않는 것이다"라는 등으로 공연히 사실을 적시하여 고소인의 명예를 훼손한 자입니다.

2. 따라서 피고소인을 귀서에 고소하오니 철저히 조사하시어 처벌하여 주시기 바랍니다.

입 증 방 법

조사시 자세히 진술하겠습니다.

200○.   ○.   ○.

위 고소인 ○   ○   ○ (인)

○○경찰서장 귀하

고　　소　　장

고 소 인　　ㅇ　　ㅇ　　ㅇ　(000000-0000000)

　　　　　　ㅇㅇ시 ㅇㅇ구 ㅇㅇ로 ㅇㅇ(ㅇㅇ동)

　　　　　　(전화번호 : 000-0000)

피고소인　　ㅇ　　ㅇ　　ㅇ　(000000-0000000)

　　　　　　ㅇㅇ시 ㅇㅇ구 ㅇㅇ로 ㅇㅇ(ㅇㅇ동)

　　　　　　(전화번호 : 000-0000)

고　소　사　실

1. 피고소인은 ㅇㅇ주식회사의 주주입니다.

2. 20ㅇㅇ. ㅇ. ㅇ. ㅇㅇ시 ㅇㅇ구 ㅇㅇ로 ㅇㅇ(ㅇㅇ동)에서 이 회사의 주주총회시 동 회사의 대표이사인 고소인이 그동안의 회사의 경영사정에 대하여 고소인의 의사를 피력하는 중 피고소인이 고소인의 의사를 반박함으로써 언쟁이 있었는데 피고소인이 50여 명의 주주가 모인 이 자리에서 회사의 공금을 횡령한 사기꾼이 무슨 할 이야기가 많으냐? 근거가 있으니 고소하여 처벌받게 할 것인데 어떻게 생각하느냐고 타인들의 동조를 구하는 등 고소인도 전혀 알지 못하는 사실무근한 허위사실을 들어가면서 고소인의 명예를 훼손한 사실이 있습니다.

3. 위와 같은 사실을 들어 피고소인을 귀서에 고소하오니 철저히 조사하시어 엄벌하여 주시기 바랍니다.

20ㅇㅇ.　　ㅇ.　　ㅇ.

위 고소인　ㅇ　　ㅇ　　ㅇ　(인)

ㅇㅇ경찰서장　귀하

8. 모욕죄

> 제311조(모욕) 공연히 사람을 모욕한 자는 1년 이하의 징역이나 금고 또는 200만원 이하의 벌금에 처한다.
>
> 제312조(고소와 피해자의 의사) ① 제308조와 제311조의 죄는 고소가 있어야 공소를 제기할 수 있다.
>
> ② 제307조와 제309조의 죄는 피해자의 명시한 의사에 반하여 공소를 제기할 수 없다.

가. 개념

모욕죄는 공연히 사람을 모욕함으로써 성립하는 범죄이며, 본죄 성립시 1년 이하의 징역이나 금고 또는 200만원 이하의 벌금에 처해지며, 또한 본죄는 피해자의 명시한 의사에 반하여 공소를 제기할 수 없는 반의사불벌죄에 속한다. 본죄의 공소시효는 5년 이다.

나. 구성요건

모욕죄는 공연히 사람을 모욕함으로써 성립하는 범죄이다.

(1) 사람

사람은 자연인 외에 법인이나 법인격 없는 단체도 포함되며, 자연인인 이상 유아나 정신병자도 포함된다. 여기서 특정성은 특정인의 실명을 거론하여 특정인의 명예를 훼손하거나, 또는 실명을 거론하지는 않더라도 그 표현의 내용을 주위사정과 종합하여 볼 때 그 표시가 특정인을 지목하는 것임을 알아차릴 수 있는 경우에는, 원칙적으로 특정인에 대한 명예훼손 또는 모욕의 죄책을 면하기 어렵다 할 것이다.

하지만 인터넷 댓글에 의하여 모욕을 당한 피해자의 인터넷 아이디(ID)만을 알 수 있을 뿐 그 밖의 주위사정을 종합해보더라도 그와 같은 인터넷 아이디를 가진 사람이 청구인이라고 알아차릴 수 없는 경우에 있어서는 외부적 명예를 보호법익으로 하는 명예훼손죄 또는 모욕죄의 피해자가 청구인으로 특정된 경우로 볼 수 없으므로, 특정인인 청구인에 대한 명예훼손죄 또는 모욕죄가 성립하지 않는다.[41)]

(2) 행위

(가) 공연성

모욕죄에 있어 공연성은 명예훼손죄와 같다. 따라서 본죄의 공연성은 불특정 또는 다수인이 인식할 수 있는 상태를 의미한다. 따라서 비록 특정의 사람에 대하여 어떤 사실을 이야기하였어도 이로부터 불특정 또는 다수인에게 전파될 가능성이 있다면 공연성의 요건을 충족하는 것이나 이와 달리 전파될 가능성이 없다면 공연성을 결여한 것으로 보아야 할 것이다.[42)]

그 결과 가령, 피고인이 각 피해자에게 "사이비 기자 운운" 또는 "너 이 쌍년 왔구나"라고 말한 장소가 여관방안이고 그곳에는 피고인과 그의 처, 피해자들과 그들의 딸, 사위, 매형 밖에 없었고 피고인이 피고인의 딸과 피해자들의 아들간의 파탄된 혼인관계를 수습하기 위하여 만나 얘기하던 중 감정이 격화되어 위와 같은 발설을 한 사실이 인정된다면, 위 발언은 불특정 또는 다수인이 인식할 수 있는 상태, 또는 불특정다수인에게 전파될 가능성이 있는 상태에서 이루어진 것이라 보기 어려우므로 이는 공연성이 없다 할 것이다.[43)]

(나) 모욕

모욕이란 구체적인 사실을 적시하지 아니하고 사람의 인격을 경멸하는 추상적 가치판단의 표시 즉, 죽일 놈, 망할 놈 등과 같은 표현을 하는 것을 말한다. 따라서 명예훼손죄에 있어서 '사실의 적시'라 함은 사람의 사회적 평가를 저하시키는데 충분한 구체적 사실을

---

41) 헌재 20086. 26. 선고 2007헌마 461 결정.
42) 대법원 1984. 4. 10. 선고 83도49 판결.
43) 대법원 1984. 4. 10. 선고 83도49 판결.

적시하는 것을 말하므로, 이를 적시하지 아니하고 단지 모멸적인 언사를 사용하여 타인의 사회적 평가를 경멸하는, 자기의 추상적 판단을 표시하는 것 ('빨갱이 계집년', '만신(무당)', '첩년'이라고 말한 것)은 사람을 모욕한 경우에 해당하고, 명예훼손죄에는 해당하지 아니한다.[44] 또한 동네사람 4명과 구청직원 2명 등이 있는 자리에서 피해자가 듣는 가운데 구청직원에게 피해자를 가리키면서 '저 망할년 저기 오네'라고 피해자를 경멸하는 욕설 섞인 표현을 하였다면 피해자를 모욕하였다고 볼 수 있다.[45]

결국 어떠한 표현이 상대방의 인격적 가치에 대한 사회적 평가를 저해시킬 만한 것이 아니라면 표현이 다소 무례한 방법으로 표시되었다고 하더라도 모욕죄에 해당하지는 않는다. 따라서 가령, 아파트 입주자대표회의 감사인 피고인이 관리소장 갑의 업무처리에 항의하기 위해 관리소장실을 방문한 자리에서 갑과 언쟁을 하다가 '야, 이따위로 일할래.', '나이 처먹은 게 무슨 자랑이냐.'라고 말한 사안에서, 피고인의 발언은 상대방을 불쾌하게 할 수 있는 무례하고 저속한 표현이기는 하지만 객관적으로 갑의 인격적 가치에 대한 사회적 평가를 저하시킬 만한 모욕적 언사에 해당하지 않는다.[46]

다. 처벌 및 위법성 조각

본죄 성립 시 1년 이하의 징역이나 금고 또는 200만원 이하의 벌금에 처해질 수 있다.

다만, 모욕죄에서 말하는 모욕이란, 사실을 적시하지 아니하고 사람의 사회적 평가를 저하시킬 만한 추상적 판단이나 경멸적 감정을 표현하는 것으로, 어떤 글이 특히 모욕적인 표현을 포함하는 판단 또는 의견의 표현을 담고 있는 경우에도 그 시대의 건전한 사회통념에 비추어 그 표현이 사회상규에 위배되지 않는 행위로 볼 수 있는 때에는 형법 제20조에 의하여 예외적으로 위법성이 조각된다.

---

44) 대법원 1981. 11. 24. 선고 81도2280 판결.
45) 대법원 1990. 9. 25. 선고 90도873 판결.
46) 대법원 2015. 9. 10. 선고 2015도2229 판결.

따라서 가령, 골프클럽 경기보조원들의 구직편의를 위해 제작된 인터넷 사이트 내 회원 게시판에 특정 골프클럽의 운영상 불합리성을 비난하는 글을 게시하면서 위 클럽담당자에 대하여 한심하고 불쌍한 인간이라는 등 경멸적 표현을 한 사안에서, 게시의 동기와 경위, 모욕적 표현의 정도와 비중 등에 비추어 사회상규에 위배되지 않는다고 보아 모욕죄의 성립을 부정된다.[47)

[서식(고소장) 138] 모욕죄 (물품대금 외상거절로 인함)

고　　소　　장

고 소 인　　ㅇ　ㅇ　ㅇ (000000-0000000)
　　　　　　ㅇㅇ시 ㅇㅇ구 ㅇㅇ로 ㅇㅇ(ㅇㅇ동)
　　　　　　(전화번호 : 000-0000)

피고소인　　ㅇ　ㅇ　ㅇ (000000-0000000)
　　　　　　ㅇㅇ시 ㅇㅇ구 ㅇㅇ로 ㅇㅇ(ㅇㅇ동)
　　　　　　(전화번호 : 000-0000)

고　소　취　지

피고소인을 상대로 모욕죄로 고소하오니 처벌하여 주시기 바랍니다.

고　소　이　유

---

47) 대법원 2008. 7. 10. 선고 2008도1433 판결.

1. 피고소인은 ○○시 ○○로 ○○(○○동)에 거주하는 자로서, 20○○. ○. ○. 19:00경 같은 로 ○○(○○동)에 있는 고소인이 경영하는 ○○가게에서 평소 고소인이 피고소인에게 외상으로 물건을 주지 않는다는 이유로 고소 외 ○○○, 같은 ○○○ 등 마을사람 10여 명이 있는 가운데 고소인에게 "이 돼지 같은 년아, 네가 혼자 잔뜩 처먹고 배 두드리며 사나보자"라고 큰소리로 말하여 공연히 고소인을 모욕한 것입니다.

2. 따라서 피고소인을 귀서에 고소하오니 철저히 조사하시어 처벌하여 주시기 바랍니다.

입 증 방 법

추후 조사시 제출하겠습니다.

20○○.　　○.　　○.

위 고소인　○　　○　　○　(인)

○○경찰서장　귀하

제출기관	범죄지, 피의자의 주소, 거소 또는 현재지의 경찰서, 검찰청	공소시효	5년
고소권자	피해자(형사소송법 223조)	소추요건	친고죄 (형법 312조1항)
제출부수	고소장 1부	관련법규	형법 311조
범죄성립 요 건	공연히 사람을 모욕한 때		
형 량	• 1년 이하의 징역이나 금고 또는 200만원 이하의 벌금		
불기소처분 등에 대한 불복절차 및 기간	(항고) • 근거 : 검찰청법 10조 • 기간 : 처분결과의 통지를 받은 날부터 30일(검찰청법 10조4항) (재정신청) • 근거 : 형사소송법 제260조 • 기간 : 항고기각 결정을 통지받은 날 또는 동법 제260조 제2항 각 호의 사유가 발생한 날부터 10일(형사소송법 제260조 제3항) (헌법소원) • 근거 : 헌법재판소법 68조 • 기간 : 그 사유가 있음을 안 날로부터 90일 이내에, 그 사유가 있은 날로부터 1년 이내에 청구하여야 한다. 다만, 다른 법률에 의한 구제절차를 거친 헌법소원의 심판은 그 최종결정을 통지받은 날로부터 30일 이내에 청구(헌법재판소법 69조)		

고 소 장

고 소 인   ○   ○   ○ (000000-0000000)
　　　　　　○○시 ○○구 ○○로 ○○(○○동)
　　　　　　(전화번호 : 000-0000)

피고소인   ○   ○   ○ (000000-0000000)
　　　　　　○○시 ○○구 ○○로 ○○(○○동)
　　　　　　(전화번호 : 000-0000)

고 소 취 지

피고소인에 대하여 모욕죄로 고소하오니 처벌하여 주시기 바랍니다.

고 소 사 실

1. 피고소인은 20○○. ○. ○. 23:40경, ○○도 ○○군 ○○읍 ○○로 ○○　○○라는 주점에서 친구 3명과 떠들며 술을 마시던 중 옆 좌석에 앉아 술을 마시고 있던 제가 피고소인에게 좀 조용히 하라고 주의를 주자, 저에게 "너나 입닥쳐 이 병신아"라고 경멸하는 말을 하여 모욕한 것입니다.

2. 이에 저는 피고소인에게 사과를 요구하였으나 피고소인은 오히려 "병신 육갑하네"라고 말하면서 사과를 거부하고 있습니다.

3. 따라서 피고소인을 귀서에 고소하오니 철저히 조사하시어 처벌하여 주시기 바랍니다.

입 증 방 법

추후 조사 시 제출하겠습니다.

20○○.   ○.   ○.

위 고소인 ○   ○   ○ (인)

○○경찰서장   귀하

9. 무고죄

제156조(무고) 타인으로 하여금 형사처분 또는 징계처분을 받게 할 목적으로 공무소 또는 공무원에 대하여 허위의 사실을 신고한 자는 10년 이하의 징역 또는 1천500만원 이하의 벌금에 처한다.
제157조(자백·자수) 제153조는 전조에 준용한다.

가. 개념

무고죄는 타인으로 하여금 형사처분 또는 징계처분을 받게 할 목적으로 공무소 또는 공무원에 대하여 허위의 사실을 신고함으로써 성립하는 범죄이며, 본죄가 성립할 경우 10년 이하의 징역 또는 1천500만원 이하의 벌금에 처한다. 다만, 무고죄를 저지른 사람이 그 사건의 재판 또는 징계처분이 확정되기 전에 자백 또는 자수한 때에는 형이 감경 또는 면제되며, 공소시효는 10년이다.

[무고의 유형]

▶ 형사처벌 또는 징계처분을 받게 할 인식이 있는 경우
▶ 처벌받게 할 목적이 아니라 시시비비를 가리기 위해 허위신고 한 경우
▶ 자기무고를 허위신고 하도록 교사, 방조한 사람인 경우
▶ 승낙 받고 허위신고 한 경우
▶ 변호사법 위반을 진정할 목적으로 지방변호사회에 허위신고 한 경우
▶ 탈세혐의 고발할 목적으로 국세청에 허위신고 한 경우
▶ 신고 내용 중, 핵심 또는 중요내용이 허위인 경우
▶ 범죄사실에 대한 공소시효가 완성되지 않는 것처럼 고소한 경우
▶ 고소를 자진하여 허위 진술한 경우
▶ 도박자금을 대여금인 것처럼 감추고 사기죄로 고소한 경우
▶ 고소 내용이 허위사실이라는 것을 적극적으로 증명한 경우

나. 구성요건

무고죄는 범죄구성요건 사실 등을 구체적으로 명시하지 않더라도, 사실에 기초한 것이 아니라 진실하다는 확신이 없는 사실 등의 허위 사실을 수사관서·감독관서의 수사권 또는 징계권의 발동을 촉구하는 정도로 적시하면서 이로 인해 그 사람이 형사 또는 징계처분을 받게 될 것이라는 인식이 있는 경우 무고죄에 해당할 수 있다.

(1) 행위대상

본죄의 주체에는 제한이 없으며 행위대상은 공무소, 공무원이다. 모든 공무원 또는 공무소는 아니고 형사처분, 징계처분에 대하여 직권행사를 할 수 있는 해당 관서 또는 그 소속 공무원을 말한다.

(2) 행위 - 허위사실적시

가) 허위사실 적시

허위사실의 적시란 객관적 진실에 반하는 사실을 말한다. 따라서 신고자 신고내용을 허위라고 오신한 경우에도 그것이 객관적 진실에 부합할 경우 무고는 아니다. 다만, 1통의 고소장에 의하여 수개의 혐의사실을 들어 고소를 한 경우 그 중 일부 사실은 진실이나 다른 사실은 허위인 때에는 그 허위사실은 독립하여 무고죄를 구성한다.[48] 그러나 정황을 다소 과장한 정도는 허위의 신고라 할 수 없고,[49] 또한 신고사실은 객관적 사실과 일치하나 법적평가, 죄명을 잘못 적은 경우에도 허위의 신고라 할 수 없으며,[50] 그 외 신고사실이 객관적으로 진실인 이상 범죄주체를 잘못 지목한 경우에도 허위신고가 아니다.[51]

---

48) 대법원 2001. 7. 27. 선고 99도2533 판결.
49) 폭행을 당하지는 않았더라도 그와 다투는 과정에서 시비가 되어 서로 허리띠나 옷을 잡고 밀고 당기면서 평소에 좋은 상태가 아니던 요추부에 경도의 염좌증세가 생겼을 가능성이 충분히 있다면 피고인의 구타를 당하여 상해를 입었다는 내용의 고소는 다소 과장된 것이라고 볼 수 있을지언정 이를 일컬어 무고죄의 처벌대상인 허위사실을 신고한 것이라고 단정하기는 어렵다고 본 사례(대법원 1996. 5. 31. 선고 96도771 판결).
50) 대법원 1981. 6. 23. 선고 80도1049 판결.

나) 적시의 정도 및 범의

대법원은 무고죄의 허위사실 적시의 정도에 대해 "수사관서 또는 감독관서에 대하여 수사권 또는 징계권의 발동을 촉구하는 정도의 것이면 충분하고 반드시 범죄구성요건 사실이나 징계요건 사실을 구체적으로 명시하여야 하는 것은 아니"라고 보았으며, 무고죄의 범의에 대해 "확정적 고의임을 요하지 아니하고 미필적 고의로서도 족하다 할 것이므로 무고죄는 신고자가 진실하다는 확신 없는 사실을 신고함으로써 성립하고 그 신고사실이 허위라는 것을 확신함을 필요로 하지 않는다."라고 판단하여 위 고발장의 내용이 진실이라고 믿을 만한 어떠한 증거도 없는 점 등에 비추어 허위 사실 적시를 인정하였다.

다) 신고

신고는 자발성을 요건으로 한다. 따라서 조사관의 요청이나 수사기관의 심문에 의하여 허위진술을 하는 것은 신고가 아니다.[52] 따라서 피고인이 수사기관에 한 진정 및 그와 관련된 부분을 수사하기 위한 검사의 추문에 대한 대답으로서 진정내용 이외의 사실에 관하여 한 진술은 피고인의 자발적 진정내용에 해당되지 아니하므로 무고죄를 구성하지 않는다.

다만, 고소장에 기재하지 아니한 사실을 고소보충조서를 받으면서 자진하여 허위진술을 한 경우에는 자진하여 신고한 것이 된다.[53]

한편, 무고죄에 있어서 '형사처분 또는 징계처분을 받게 할 목적'은 허위신고를 함에 있어서 다른 사람이 그로 인하여 형사 또는 징계처분을 받게 될 것이라는 인식이 있으면 족한 것이고 그 결과발생을 희망하는 것을 요하는 것은 아닌바, 피고인이 고소장을 수사기관에 제출한 이상 그러한 인식은 있었다 할 것이다.[54]

---

51) 대법원 1982. 4. 27. 선고 81도2341 판결.
52) 대법원 1990. 8. 14. 선고 90도595 판결.
53) 대법원 1996. 2. 9. 선고 95도2652 판결.
54) 대법원 2006. 5. 25. 선고 2005도4642 판결.

다. 처벌

본죄가 성립할 경우 10년 이하의 징역 또는 1천500만원 이하의 벌금에 처해질 수 있다.

종류	감형사유 존재	기본	가중처벌 사유 존재
일반 무고죄	1년 이하의 징역	6개월~2년 사이의 징역	1년~4년 사이의 징역
특가법상 무고죄	1~3년 사이 징역	2년~4년 사이의 징역	3년~6년 사이의 징역

[서식(고소장)] 무고죄 (연대보증서 위조 대출)

고   소   장

고 소 인   ○   ○   ○ (000000-0000000)
            ○○시 ○○구 ○○로 ○○(○○동)
            (전화번호 : 000-0000)

피고소인   ○   ○   ○ (000000-0000000)
            ○○시 ○○구 ○○로 ○○(○○동)
            (전화번호 : 000-0000)

고   소   취   지

피고소인에 대하여 무고죄로 고소하오니 처벌하여 주시기 바랍니다.

고 소 사 실

1. 피고소인은 20○○. ○. ○. 고소인으로부터 동인이 농협에게 2,000만원을 대출받는데 연대보증인이 되어 달라는 부탁을 받고 이를 승낙하여 연대보증인으로 서명날인까지 하여 주었음에도 고소인이 대출원금을 상환하지 아니하여 보증채무를 부담하게 될 상황에 이르자 그 보증채무를 면하고 고소인으로 하여금 형사처벌을 받게할 목적으로, 20○○. ○. ○. 09:00경 ○○읍 소재 피고소인의 집에서 고소인이 피고소인의 승낙을 받지 아니하고 연대보증인란에 피고소인의 이름을 함부로 기재한 후 도장을 찍어 피고소인 명의의 연대보증서 1매를 위조하여 행사하고 금 2,000만원을 대출받았다는 내용의 허위사실을 기재한 고소장을 작성 같은 날 14:00경 ○○경찰서 민원실에 이를 제출하여 고소인을 무고한 자입니다.

2. 따라서 피고소인을 귀서에 고소하오니 철저히 조사하시어 처벌하여 주시기 바랍니다.

20○○.　　○.　　○.

위 고소인　○　　○　　○　(인)

○○경찰서장　귀하

제출기관	범죄지, 피의자의 주소, 거소 또는 현재지의 경찰서, 검찰청	공소시효	10년
고소권자	피해자(형사소송법 223조)	소추요건	
제출부수	고소장 1부	관련법규	형법 156조
범죄성립 요 건	타인으로 하여금 형사처분 또는 징계처분을 받게 할 목적으로 공무소 또는 공무원에 대하여 허위의 사실을 신고한 때		
형 량	• 10년 이하의 징역 • 1,500만원 이하의 벌금		
불기소처분 등에 대한 불복절차 및 기간	(항고) • 근거 : 검찰청법 10조 • 기간 : 처분결과의 통지를 받은 날부터 30일(검찰청법 10조4항) (재정신청) • 근거 : 형사소송법 제260조 • 기간 : 항고기각 결정을 통지받은 날 또는 동법 제260조 제2항 각 호의 사유가 발생한 날부터 10일(형사소송법 제260조 제3항) (헌법소원) • 근거 : 헌법재판소법 68조 • 기간 : 그 사유가 있음을 안 날로부터 90일 이내에, 그 사유가 있은 날로부터 1년 이내에 청구하여야 한다. 다만, 다른 법률에 의한 구제절차를 거친 헌법소원의 심판은 그 최종결정을 통지받은 날로부터 30일 이내에 청구(헌법재판소법 69조)		

[서식(고소장) 141] 무고죄 (임대차계약서 다시 작성)

고　　소　　장

고 소 인　　　ㅇ　ㅇ　ㅇ (000000-0000000)
　　　　　　　ㅇㅇ시 ㅇㅇ구 ㅇㅇ로 ㅇㅇ(ㅇㅇ동)
　　　　　　　(전화번호 : 000-0000)

피고소인　　　1. 김　ㅇ　ㅇ (000000-0000000)
　　　　　　　ㅇㅇ시 ㅇㅇ구 ㅇㅇ로 ㅇㅇ(ㅇㅇ동)
　　　　　　　(전화번호 : 000-0000)
　　　　　　　1. 이　ㅇ　ㅇ (000000-0000000)
　　　　　　　ㅇㅇ시 ㅇㅇ구 ㅇㅇ로 ㅇㅇ(ㅇㅇ)
　　　　　　　(전화번호 : 000-0000)

고　소　취　지

피고소인에 대하여 무고죄로 고소하오니 처벌하여 주시기 바랍니다.

고　소　사　실

1. 피고소인은 20ㅇㅇ. ㅇ. ㅇ. 고소인 김ㅇㅇ으로부터 ㅇㅇ시 ㅇㅇ동 소재 ㅇㅇ다방
을 임차하여 동인과 내연의 관계에 있던 고소인 이ㅇㅇ로 하여금 위 다방을 운영하
도록 하던 중 같은 달 ㅇ. 임대차계약의 임차인을 피고소인 명의에서 고소인 이ㅇㅇ
명의로 변경하도록 승낙한 사실이 있음에도 불구하고, 고소 외 김ㅇㅇㅇ을 상대로
임대차보증금반환청구의 소를 제기하였다가 패소하자 고소인들로 하여금 형사처
벌을 받게 할 목적으로 20ㅇㅇ. ㅇ. ㅇ. ㅇㅇ시 ㅇㅇ동 소재 ㅇㅇ식당에서 고소인

'김○○와 같은 이○○가 통정하여 20○○. ○. ○. 고소인들 모르게 임차인을 고소인 이○○로 하는 임대차계약서를 다시 작성하여 피고소인의 임대차보증금 3,000만원과 권리금 2,500만원, 합계 5,500만원을 편취하였다.'는 취지의 고소장을 작성한 후 같은 달 ○. ○○경찰서 민원실에서 같은 경찰서장 앞으로 이를 제출, 접수하게 하여 공무소에 대하여 허위신고를 한 것입니다.

2. 따라서 피고소인을 귀서에 고소하오니 철저히 조사하시어 처벌하여 주시기 바랍니다.

20○○.　　○.　　○.

위 고소인　○　○　○　(인)

○○경찰서장　귀하

고　소　장

고 소 인　　○　○　　○ (000000-0000000)
　　　　　　○○시 ○○구 ○○로 ○○(○○동)
　　　　　　(전화번호 : 000-0000)

피고소인　　○　○　○ (000000-0000000)
　　　　　　○○시 ○○구 ○○로 ○○(○○동)
　　　　　　(전화번호 : 000-0000)

고　소　취　지

피고소인에 대하여 무고죄로 고소하오니 처벌하여 주시기 바랍니다.

고　소　사　실

1. 피고소인은 고소인이 경영하는 ○○출판사 외판원으로 일하면서 20○○. ○. ○. 금 ○○○원을 선지급 받은 사실이 있음에도 불구하고, 고소인이 피고소인의 인장을 임의 조각하여 출금전표를 작성함으로써 사문서위조 및 동 행사를 한 사실이 있다고 ○○경찰서에 고소함으로써 고소인을 형사처분을 받게 할 목적으로 허위의 사실을 신고하여 고소인을 무고한 사실이 있습니다.

2. 따라서 피고소인을 귀서에 고소하오니 철저히 조사하시어 처벌하여 주시기 바랍니다.

20○○.　　○.　　○.

위 고소인 ○　○　○　(인)

○○경찰서장　귀하

10. 미성년자 등에 대한 간음죄

[아동·청소년의 성보호에 관한 법률]

이 법은 아동·청소년대상 성범죄의 처벌과 절차에 관한 특례를 규정하고 피해아동·청소년을 위한 구제 및 지원 절차를 마련하며 아동·청소년대상 성범죄자를 체계적으로 관리함으로써 아동·청소년을 성범죄로부터 보호하고 아동·청소년이 건강한 사회구성원으로 성장할 수 있도록 함을 목적으로 한다.

제2조(정의)

이 법에서 사용하는 용어의 뜻은 다음과 같다.

1. "아동·청소년"이란 19세 미만의 자를 말한다. 다만, 19세에 도달하는 연도의 1월 1일을 맞이한 자는 제외한다.

2. "아동·청소년대상 성범죄"란 다음 각 목의 어느 하나에 해당하는 죄를 말한다.

   가. 제7조부터 제15조까지의 죄

   나. 아동·청소년에 대한 「성폭력범죄의 처벌 등에 관한 특례법」 제3조부터 제15조까지의 죄

   다. 아동·청소년에 대한 「형법」 제297조, 제297조의2 및 제298조부터 제301조까지, 제301조의2, 제302조, 제303조, 제305조, 제339조 및 제342조(제339조의 미수범에 한정한다)의 죄

   라. 아동·청소년에 대한 「아동복지법」 제17조제2호의 죄

3. "아동·청소년대상 성폭력범죄"란 아동·청소년대상 성범죄에서 제11조부터 제15조까지의 죄를 제외한 죄를 말한다.

3의 2. "성인대상 성범죄"란 「성폭력범죄의 처벌 등에 관한 특례법」 제2조에 따른 성폭력범죄를 말한다. 다만, 아동·청소년에 대한 「형법」 제302조 및 제305조의 죄는 제외한다.

4. "아동·청소년의 성을 사는 행위"란 아동·청소년, 아동·청소년의 성(性)을 사는 행위를 알선한 자 또는 아동·청소년을 실질적으로 보호·감독하는 자 등에게 금품이나 그 밖의 재산상 이익, 직무·편의제공 등 대가를 제공하거나 약속하고 다음 각 목의 어느 하나에 해당하는 행위를 아동·청소년을 대상으로 하거나 아동·청소년으로 하여금 하게 하는 것을 말한다.

   가. 성교 행위

나. 구강·항문 등 신체의 일부나 도구를 이용한 유사 성교 행위

다. 신체의 전부 또는 일부를 접촉·노출하는 행위로서 일반인의 성적 수치심이나 혐오감을 일으키는 행위

라. 자위행위

5. "아동·청소년성착취물"이란 아동·청소년 또는 아동·청소년으로 명백하게 인식될 수 있는 사람이나 표현물이 등장하여 제4호의 어느 하나에 해당하는 행위를 하거나 그 밖의 성적 행위를 하는 내용을 표현하는 것으로서 필름·비디오물·게임물 또는 컴퓨터나 그 밖의 통신매체를 통한 화상·영상 등의 형태로 된 것을 말한다.

6. "피해아동·청소년"이란 제2호나목부터 라목까지, 제7조부터 제15조까지의 죄의 피해자가 된 아동·청소년(제13조제1항의 죄의 상대방이 된 아동·청소년을 포함한다)을 말한다.

6의 2. "성매매 피해아동·청소년"이란 피해아동·청소년 중 제13조제1항의 죄의 상대방 또는 제13조제2항·제14조·제15조의 죄의 피해자가 된 아동·청소년을 말한다.

7. 삭제 〈2020.5.19〉

8. 삭제 〈2020.6.9〉

9. "등록정보"란 법무부장관이 「성폭력범죄의 처벌 등에 관한 특례법」 제42조제1항의 등록대상자에 대하여 같은 법 제44조제1항에 따라 등록한 정보를 말한다.

가. 아청법의 제정목적

이 법은 아동·청소년대상 성범죄의 처벌과 절차에 관한 특례를 규정하고 피해아동·청소년을 위한 구제 및 지원 절차를 마련하며 아동·청소년대상 성범죄자를 체계적으로 관리함으로써 아동·청소년을 성범죄로부터 보호하고 아동·청소년이 건강한 사회구성원으로 성장할 수 있도록 함을 목적으로 한다.

나. 처벌

(1) 아동·청소년에 대한 강간·강제추행 등

(가) 강간

폭행 또는 협박으로 아동·청소년을 강간한 사람은 무기징역 또는 5년 이상의 유기징역에 처한다(제7조 제1항).

(나) 유사성행위 등

아동·청소년에 대하여 폭행이나 협박으로 구강·항문 등 신체(성기는 제외한다)의 내부에 성기를 넣는 행위 및 성기·항문에 손가락 등 신체(성기는 제외한다)의 일부나 도구를 넣는 행위의 어느 하나에 해당하는 행위를 한 자는 5년 이상의 유기징역에 처한다(같은 조 제2항).

(다) 강제추행

아동·청소년에 대하여 「형법」 제298조(강제추행)의 죄를 범한 자는 2년 이상의 유기징역 또는 1천만원 이상 3천만원 이하의 벌금에 처한다(같은 조 제3항).

(라) 준강간 등

아동·청소년에 대하여 「형법」 제299조의 죄(준강간, 준강제추행)를 범한 자는 제1항부터 제3항까지의 예에 따른다(같은 조 제4항).

(마) 위계 위력에 의한 간음

위계(位階) 또는 위력으로써 아동·청소년을 간음하거나 아동·청소년을 추행한 자는 제1항부터 제3항까지의 예에 따른다.

(사) 미수범처벌

위 각행위에 따른 범죄는 미수범도 처벌한다.

(2) 장애인인 아동·청소년에 대한 간음 등

19세 이상의 사람이 13세 이상의 장애 아동·청소년(「장애인복지법」 제2조제1항에 따른 장애인으로서 신체적인 또는 정신적인 장애로 사물을 변별하거나 의사를 결정할 능력이 미약한 아동·청소년을 말한다. 이하 같다)을 간음하거나 13세 이상의 장애 아동·청소년으로 하여금 다른 사람을 간음하게 하는 경우에는 3년 이상의 유기징역에 처한다(제8조 제1항). 또한, 19세 이상의 사람이 13세 이상의 장애 아동·청소년을 추행한 경우 또는 13세 이상의 장애 아동·청소년으로 하여금 다른 사람을 추행하게 하는 경우에는 10년 이하의 징역 또는 1천500만원 이하의 벌금에 처한다(같은 조 제2항).

(3) 13세 이상 16세 미만 아동·청소년에 대한 간음 등

19세 이상의 사람이 13세 이상 16세 미만인 아동·청소년(제8조에 따른 장애 아동·청소년으로서 16세 미만인 자는 제외한다. 이하 이 조에서 같다)의 궁박(窮迫)한 상태를 이용하여 해당 아동·청소년을 간음하거나 해당 아동·청소년으로 하여금 다른 사람을 간음하게 하는 경우에는 3년 이상의 유기징역에 처한다(제8조의2). 또한, 19세 이상의 사람이 13세 이상 16세 미만인 아동·청소년의 궁박한 상태를 이용하여 해당 아동·청소년을 추행한 경우 또는 해당 아동·청소년으로 하여금 다른 사람을 추행하게 하는 경우에는 10년 이하의 징역 또는 1천500만원 이하의 벌금에 처한다(같은 조 제2항).

(4) 강간 등 상해·치상

제7조의 죄를 범한 사람이 다른 사람을 상해하거나 상해에 이르게 한 때에는 무기징역 또는 7년 이상의 징역에 처한다(제9조).

(5) 아동·청소년성착취물의 제작·배포 등

(가) 처벌

아동·청소년성착취물을 제작·수입 또는 수출한 자는 무기징역 또는 5년 이상의 유기징역에 처하며(제11조 제1항), 영리를 목적으로 아동·청소년성착취물을 판매·대여·배포·제공하거나 이를 목적으로 소지·운반·광고·소개하거나 공연히 전시 또는 상영한 자는 5년 이상의 징역에 처한다(같은 조 제2항).

또한, 아동·청소년성착취물을 배포·제공하거나 이를 목적으로 광고·소개하거나 공연히 전시 또는 상영한 자는 3년 이상의 징역에 처하며(같은 조 제3항), 아동·청소년성착취물을 제작할 것이라는 정황을 알면서 아동·청소년을 아동·청소년성착취물의 제작자에게 알선한 자는 3년 이상의 징역에 처한다(같은 조 제4항). 그 외 아동·청소년성착취물을 구입하거나 아동·청소년성착취물임을 알면서 이를 소지·시청한 자는 1년 이상의 징역에 처한다(같은 조 제5항).

(나) 미수범 처벌 등

아동·청소년성착취물을 제작·수입 또는 수출한 자의 행위는 미수범 또한 처벌하며, 상습적으로 위 죄를 범한 자는 그 죄에 대하여 정하는 형의 2분의 1까지 가중한다.

(6) 아동·청소년의 성을 사는 행위 등

아동·청소년의 성을 사는 행위를 한 자는 1년 이상 10년 이하의 징역 또는 2천만원 이상 5천만원 이하의 벌금에 처한다(제13조 제1항). 또한, 아동·청소년의 성을 사기 위하여 아동·청소년을 유인하거나 성을 팔도록 권유한 자는 1년 이하의 징역 또는 1천만원 이하의 벌금에 처하며(같은 조 제2항), 16세 미만의 아동·청소년 및 장애 아동·청소년을 대상으로 제1항 또는 제2항의 죄를 범한 경우에는 그 죄에 정한 형의 2분의 1까지 가중처벌한다(같은 조 제3항).

(7) 아동·청소년에 대한 강요행위 등제14조

다음 각 호의 어느 하나에 해당하는 자는 5년 이상의 유기징역에 처하며(제14조), 미수범도 처벌하며, 또한 본죄는 죄는 디엔에이(DNA)증거 등 그 죄를 증명할 수 있는 과학적인 증거가 있는 때에는 공소시효가 10년 연장된다.

1. 폭행이나 협박으로 아동·청소년으로 하여금 아동·청소년의 성을 사는 행위의 상대방이 되게 한 자

2. 선불금(先拂金), 그 밖의 채무를 이용하는 등의 방법으로 아동·청소년을 곤경에 빠뜨리거나 위계 또는 위력으로 아동·청소년으로 하여금 아동·청소년의 성을 사는 행위의 상대방이 되게 한 자

3. 업무·고용이나 그 밖의 관계로 자신의 보호 또는 감독을 받는 것을 이용하여 아동·청소년으로 하여금 아동·청소년의 성을 사는 행위의 상대방이 되게 한 자

4. 영업으로 아동·청소년을 아동·청소년의 성을 사는 행위의 상대방이 되도록 유인·권유한 자

다만, 제1항 제1호부터 제3호까지의 죄를 범한 자가 그 대가의 전부 또는 일부를 받거나 이를 요구 또는 약속한 때에는 7년 이상의 유기징역에 처한다.

그 외 아동·청소년의 성을 사는 행위의 상대방이 되도록 유인·권유한 자는 7년 이하의 징역 또는 5천만원 이하의 벌금에 처한다.

(8) 알선영업행위 등

다음 각 호의 어느 하나에 해당하는 자는 7년 이상의 유기징역에 처한다(제15조).

1. 아동·청소년의 성을 사는 행위의 장소를 제공하는 행위를 업으로 하는 자

2. 아동·청소년의 성을 사는 행위를 알선하거나 정보통신망에서 알선정보를 제공하는 행위를 업으로 하는 자

3. 제1호 또는 제2호의 범죄에 사용되는 사실을 알면서 자금·토지 또는 건물을 제공한 자

4. 영업으로 아동·청소년의 성을 사는 행위의 장소를 제공·알선하는 업소에 아동·청소년을 고용하도록 한 자

또한, 다음 각 호의 어느 하나에 해당하는 자는 7년 이하의 징역 또는 5천만원 이하의

벌금에 처한다.

1. 영업으로 아동·청소년의 성을 사는 행위를 하도록 유인·권유 또는 강요한 자

2. 아동·청소년의 성을 사는 행위의 장소를 제공한 자

3. 아동·청소년의 성을 사는 행위를 알선하거나 정보통신망에서 알선정보를 제공한 자

4. 영업으로 제2호 또는 제3호의 행위를 약속한 자

그 외 아동·청소년의 성을 사는 행위를 하도록 유인·권유 또는 강요한 자는 5년 이하의 징역 또는 3천만원 이하의 벌금에 처한다.

다. 공소시효에 관한 특례

(1) 기산점

아동·청소년대상 성범죄의 공소시효는 「형사소송법」 제252조제1항에도 불구하고 해당 성범죄로 피해를 당한 아동·청소년이 성년에 달한 날부터 진행한다(제20조).

(2) 적용특례

13세 미만의 사람 및 신체적인 또는 정신적인 장애가 있는 사람에 대하여 다음 각 호의 죄를 범한 경우에는 제1항과 제2항에도 불구하고 「형사소송법」 제249조부터 제253조까지 및 「군사법원법」 제291조부터 제295조까지에 규정된 공소시효를 적용하지 아니한다. 〈개정 2019.1.15, 2020.5.19〉

1. 「형법」 제297조(강간), 제298조(강제추행), 제299조(준강간, 준강제추행), 제301조(강간등 상해·치상), 제301조의2(강간등 살인·치사) 또는 제305조(미성년자에 대한 간음, 추행)의 죄

2. 제9조 및 제10조의 죄

3. 「성폭력범죄의 처벌 등에 관한 특례법」 제6조제2항, 제7조제2항·제5항, 제8조, 제9조의 죄

또한, 다음 각 호의 죄를 범한 경우에는 제1항과 제2항에도 불구하고 「형사소송법」 제249조부터 제253조까지 및 「군사법원법」 제291조부터 제295조까지에 규정된 공소시효를 적용하지 아니한다.

1. 「형법」 제301조의2(강간등 살인·치사)의 죄(강간등 살인에 한정한다)
2. 제10조제1항의 죄
3. 「성폭력범죄의 처벌 등에 관한 특례법」 제9조제1항의 죄

라. 형벌과 수강명령 등의 병과

법원은 아동·청소년대상 성범죄를 범한 자에 대하여 유죄판결을 선고하거나 약식명령을 고지하는 경우에는 500시간의 범위에서 재범예방에 필요한 수강명령 또는 성폭력 치료프로그램의 이수명령(이하 '이수명령'이라 한다)을 병과(倂科)하여야 한다. 다만, 수강명령 또는 이수명령을 부과할 수 없는 특별한 사정이 있는 경우에는 그러하지 아니하다(제21조 제2항). 이때 수강명령은 형의 집행을 유예할 경우에 그 집행유예기간 내에서 병과하고, 이수명령은 벌금 이상의 형을 선고하거나 약식명령을 고지할 경우에 병과한다. 다만, 이수명령은 아동·청소년대상 성범죄자가 「전자장치 부착 등에 관한 법률」 제9조의2제1항제4호에 따른 성폭력 치료 프로그램의 이수명령을 부과받은 경우에는 병과하지 아니한다. 또한, 법원이 아동·청소년대상 성범죄를 범한 사람에 대하여 형의 집행을 유예하는 경우에는 수강명령 외에 그 집행유예기간 내에서 보호관찰 또는 사회봉사 중 하나 이상의 처분을 병과할 수 있다.

고　　소　　장

고 소 인　　○　○　○ (000000-0000000)
　　　　　　○○시 ○○구 ○○로 ○○(○○동)
　　　　　　(전화번호 : 000-0000)

피고소인　　○　○　○ (000000-0000000)
　　　　　　○○시 ○○구 ○○로 ○○(○○동)
　　　　　　(전화번호 : 000-0000)

고　소　취　지

피고소인을 미성년자 등에 대한 간음죄로 고소하오니 처벌하여 주시기 바랍니다.

고　소　사　실

1. 피고소인은 ○○주식회사 ○○공장에서 공장장으로 재직하고 있는 자로서, 위 회사 위 공장의 공원인 고소인이 20○○. ○. ○. 19:00경 피고소인에게 찾아와 "동생 등록금을 내야 하는데 ○○만원만 빌려 달라"고 간청하자, 이를 쾌히 승낙하고 이를 기회로 고소인을 간음하기로 마음먹고, 그때쯤 그녀를 데리고 ○○시 ○○로 ○○(○○동)에 있는 "○○주점"에 가서 ○○양주 ○잔을 억지로 마시게 하면서 "앞으로 돈 걱정은 일체 하지 말라. 모두 내가 책임지겠다"라는 등의 거짓말로 고소인을 유혹하여 이를 믿게 한 다음, 같은 날 21:30경 술에 취한 고소인을 위 주점 근처의 "○○모텔" ○○○호실로 유인하여 미성년자인 고소인을 간음한 것입니다.

2. 따라서 피고소인을 귀서에 고소하오니 철저히 조사하시어 처벌하여 주시기 바랍니다.

20○○.　　○.　　○.

위 고소인 ○○○은 미성년자이므로

법정대리인 친권자 부　○　　○　　○　(인)

　　　　　　모　○　　○　　○　(인)

○○경찰서장　　귀중

제출기관	범죄지, 피의자의 주소, 거소 또는 현재지의 경찰서, 검찰청	공소시효	7년
고소권자	피해자(형사소송법 223조)	소추요건	
제출부수	고소장 1부	관련법규	형법 302조
범죄성립 요건	미성년자 또는 심신미약자에 대하여 위계 또는 위력으로써 간음 또는 추행을 한 때		
형 량	• 5년 이하의 징역		
불기소처분 등에 대한 불복절차 및 기간	(항고) • 근거 : 검찰청법 10조 • 기간 : 처분결과의 통지를 받은 날부터 30일(검찰청법 10조4항) (재정신청) • 근거 : 형사소송법 제260조 • 기간 : 항고기각 결정을 통지받은 날 또는 동법 제260조 제2항 각 호의 사유가 발생한 날부터 10일(형사소송법 제260조 제3항) (헌법소원) • 근거 : 헌법재판소법 68조 • 기간 : 그 사유가 있음을 안 날로부터 90일 이내에, 그 사유가 있은 날로부터 1년 이내에 청구하여야 한다. 다만, 다른 법률에 의한 구제절차를 거친 헌법소원의 심판은 그 최종결정을 통지받은 날로부터 30일 이내에 청구(헌법재판소법 69조)		

고 소 장

고 소 인   ○   ○   ○ (000000-0000000)

              ○○시 ○○구 ○○로 ○○(○○동)

              (전화번호 : 000-0000)

피고소인   ○   ○   ○ (000000-0000000)

              ○○시 ○○구 ○○로 ○○(○○동)

              (전화번호 : 000-0000)

고 소 취 지

피고소인을 미성년자에 대한 추행죄 등의 죄로 고소하오니 처벌하여 주시기 바랍니다.

고 소 사 실

1. 피고소인은 일정한 직업이 없는 자로서, 20○○. ○. ○. 15:00경 술을 먹고 ○○시 ○○로 ○○(○○동)에 있는 평소 알지 못한 고소 외 ○○○의 집에 들어가 동인의 딸인 고소인이 마침 혼자 있는 것을 보고 동인에게 "나는 네 아빠의 친구다. 너 참 예쁘구나"라고 거짓말을 하며 고소인을 껴안고 팬티 속에 손을 집어넣어 음부를 문지르는 등 추행을 하고, 다시 강제로 간음하려 하다가 고소인의 할머니 고소 외 ○○○가 집에 들어오는 바람에 그 목적을 이루지 못하고 미수에 그쳤으나 그때 위 추행 등으로 인하여 고소인에게 약 1주일간의 치료를 요하는 외음부개갠상처를 입게 한 것입니다.

2. 따라서 피고소인을 귀서에 고소하오니 철저히 조사하시어 처벌하여 주시기 바랍니다.

20○○.   ○.   ○.

위 고소인 ○○○은 미성년자이므로

법정대리인 친권자 부 ○   ○   ○ (인)

모 ○   ○   ○ (인)

○○경찰서장   귀중

11. 배임죄

제355조(횡령, 배임) ① 타인의 재물을 보관하는 자가 그 재물을 횡령하거나 그 반환을 거부한 때에는 5년 이하의 징역 또는 1천500만원 이하의 벌금에 처한다.

② 타인의 사무를 처리하는 자가 그 임무에 위배하는 행위로써 재산상의 이익을 취득하거나 제삼자로 하여금 이를 취득하게 하여 본인에게 손해를 가한 때에도 전항의 형과 같다.

제356조(업무상의 횡령과 배임) 업무상의 임무에 위배하여 제355조의 죄를 범한 자는 10년 이하의 징역 또는 3천만원 이하의 벌금에 처한다.

제357조(배임수증재) ① 타인의 사무를 처리하는 자가 그 임무에 관하여 부정한 청탁을 받고 재물 또는 재산상의 이익을 취득하거나 제3자로 하여금 이를 취득하게 한 때에는 5년 이하의 징역 또는 1천만원 이하의 벌금에 처한다.

② 제1항의 재물 또는 재산상 이익을 공여한 자는 2년 이하의 징역 또는 500만원 이하의 벌금에 처한다.

③ 범인 또는 그 사정을 아는 제3자가 취득한 제1항의 재물은 몰수한다. 그 재물을 몰수하기 불가능하거나 재산상의 이익을 취득한 때에는 그 가액을 추징한다.

제358조(자격정지의 병과) 전3조의 죄에는 10년 이하의 자격정지를 병과할 수 있다.

가. 개념

배임죄는 타인의 재물을 보관하는 자가 그 재물을 횡령하거나 그 반환을 거부하거나 또는 타인의 사무를 처리하는 자가 그 임무에 위배하는 행위로써 재산상의 이익을 취득하거나 제삼자로 하여금 이를 취득하게 하여 본인에게 손해를 가하여 성립하는 범죄이며, 단순배임죄가 성립할 경우 5년 이하의 징역 또는 1천500만원 이하의 벌금에 처해질 수 있으며, 공소시효는 7년이다. 그러나 업무상배임죄가 성립할 경우에는 10년 이하의 징역 또는 3천만원 이하의 벌금에 처해질 수 있으며 공소시효는 10년이다.

나. 구성요건

(1) 타인의 사무를 처리하는 자

'타인의 사무를 처리하는 자'란 타인과의 대내관계에 있어서 신의성실의 원칙에 비추어 그 사무를 처리할 신임관계가 존재한다고 인정되는 자를 의미하며, 고유의 권한으로서 그 사무를 처리를 하는 자에 한하지 않고, 그 자의 보조기관으로서 직접 또는 간접으로 그 처리에 관한 사무를 담당하는 자도 포함한다. 또한 반드시 제3자에 대한 대외관계에서 그 사무에 관한 대리권이 존재할 것을 요하지 않으며, 업무상 배임죄에 있어서의 업무의 근거는 법령, 계약, 관습의 어느 것에 의하건 묻지 않고, 사실상의 것도 포함하는 것이다.[55] 그 외 그 사무가 포괄적 위탁사무일 것을 요하는 것도 아니고, 사무처리의 근거, 즉 신임관계의 발생근거는 법령의 규정, 법률행위, 관습 또는 사무관리에 의하여도 발생할 수 있으므로, 법적인 권한이 소멸된 후에 사무를 처리하거나 그 사무처리자가 그 직에서 해임된 후 사무인계 전에 사무를 처리한 경우도 배임죄에 있어서의 사무를 처리하는 경우에 해당한다.

다만, 타인의 사무임과 동시에 자기사무로서의 성질을 가지고 있는 경우에는 타인의 재산보호가 본질적 내용을 이루는 한 타인의 사무가 된다. 따라서 가령, 계주는 계원들과의 약정에 따라 지정된 곗날에 계원으로부터 월불입금을 징수하여 지정된 계원에게 이를 지급할 임무가 있고, 계주의 이러한 임무는 계주 자신의 사무임과 동시에 타인인 계원들의 사무를 처리하는 것도 되는 것이므로, 계주가 계원들로부터 월불입금을 모두 징수하였음에도 불구하고 그 임무에 위배하여 정당한 사유 없이 이를 지정된 계원에게 지급하지 아니하였다면 다른 특별한 사정이 없는 한 그 지정된 계원에 대한 관계에 있어서 배임죄를 구성한다.[56]

(2) 임무에 위배하는 행위

배임죄에 있어서 '임무에 위배하는 행위'라 함은 처리하는 사무의 내용, 성질 등에 비추어 법령의 규정, 계약의 내용 또는 신의칙상 당연히 하여야 할 것으로 기대되는 행위를 하지 않거나 당연히 하지 않아야 할 것으로 기대되는 행위를 함으로써 본인과의 신임관

---

55) 대법원 2000. 3. 14. 선고 99도 457 판결.
56) 대법원 1994. 3. 8. 선고 93도2221 판결.

계를 저버리는 일체의 행위를 포함하며, 이에 해당하는 한 재산처분에 관한 결정권을 가진 학교법인의 이사회의 결의가 있었다거나 감독청의 허가를 받아서 한 것이라고 하여 정당화할 수 없으며,[57] 그러한 행위('임무에 위배하는 행위')가 법률상 유효한가 여부는 따져볼 필요가 없고, 행위자가 가사 본인을 위한다는 의사를 가지고 행위를 하였다고 하더라도 그 목적과 취지가 법령이나 사회상규에 위반된 위법한 행위로서 용인할 수 없는 경우에는 그 행위의 결과가 일부 본인을 위하는 측면이 있다고 하더라도 이는 본인과의 신임관계를 저버리는 행위로서 배임죄의 성립을 인정함에 영향이 없다.

(3) 재산상 이익 취득

배임죄가 성립하려면 배임행위로 인하여 사무처리자가 재산상의 이익을 취득하거나 제3자로 하여금 이를 취득하게 하여 본인에게 손해를 가하였다고 인정되어야 하고 여기서 제3자라 함은 사무처리자 또는 본인을 제외한 자를 말한다.

따라서 주택조합 조합장이 총회의 승인 없이 발행한 조합 회원증을 담보로 금원을 차용하여 조합운영비로 사용한 후 위 회원증을 매도하게 하여 채무 전액의 변제에 충당한 경우, 총회 승인 없이 발행된 조합 회원증의 매수인들은 조합원 자격을 취득할 수 없고 단지 조합에 대하여 매수대금 상당의 손해배상채권을 취득할 뿐이므로 조합장이나 회원증 매수인들이 어떠한 재산상 이득을 취득한 바 없다면 업무상배임죄는 성립하지 않는다.[58]

(4) 재산상 손해의 발생

배임행위로 인하여 본인에게 재산상 손해가 발생하여야 한다. 재산상의 손해는 적극적 손해 소극적 손해 불문하며, 현실적으로 손해가 발생한 경우뿐만 아니라 가치의 감소라고 볼 수 있는 재산상의 위험이 발생한 경우(불량대부, 담보권의 상실 등)도 포함된다.[59]

---

57) 대법원 2000. 3. 14. 선고 99도457 판결.
58) 대법원 1999. 7. 9. 선고 99도311 판결.

특히 본죄에 있어 재산상의 손해를 가한다 함은 총체적으로 보아 본인의 재산 상태에 손해를 가하는 경우, 즉 본인의 전체적 재산가치의 감소를 가져오는 것을 말하므로 재산상의 손실을 야기한 임무위배행위가 동시에 그 손실을 보상할 만한 재산상의 이익을 준 경우, 예컨대 그 배임행위로 인한 급부와 반대급부가 상응하고 다른 재산상 손해 (현실적인 손해 또는 재산상 실해 발생의 위험)도 없는 때에는 전체적 재산가치의 감소, 즉 재산상 손해가 있다고 할 수 없다.[60]

다. 처벌

단순배임죄가 성립할 경우 5년 이하의 징역 또는 1천500만원 이하의 벌금에 처해질 수 있으며, 공소시효는 7년이다. 그러나 업무상배임죄가 성립할 경우에는 10년 이하의 징역 또는 3천만원 이하의 벌금에 처해질 수 있으며, 공소시효는 10년이다.

	배임죄	업무상배임죄
처벌	5년 이하의 징역 또는 1천500만원 이하의 벌금	10년 이하의 징역 또는 3천만원 이하의 벌금
공소시효	공소시효는 7년	공소시효는 10년

---

59) 대법원 2003. 2. 11. 선고 2002도 5679 판결.
60) 대법원 2005. 4. 15. 선고 2004도 7053 판결.

고　　소　　장

고 소 인　　ㅇ　　ㅇ　　ㅇ (000000-0000000)
　　　　　　　ㅇㅇ시 ㅇㅇ구 ㅇㅇ로 ㅇㅇ(ㅇㅇ동)
　　　　　　　(전화번호 : 000-0000)

피고소인　　ㅇ　　ㅇ　　ㅇ (000000-0000000)
　　　　　　　ㅇㅇ시 ㅇㅇ구 ㅇㅇ로 ㅇㅇ(ㅇㅇ동)
　　　　　　　(전화번호 : 000-0000)

고　소　취　지

피고소인에 대하여 배임죄로 고소를 제기하오니 처벌하여 주시기 바랍니다.

고　소　사　실

1. 피고소인은 20ㅇㅇ. ㅇ. ㅇ. ㅇㅇ시 ㅇㅇ구 ㅇㅇ로 ㅇㅇ(ㅇㅇ동)에 있는 피고소인의 집에서 조직한 계금 1,000만원, 구좌 24개인 번호계의 계주인 자로서,

2. 20ㅇㅇ. ㅇ. ㅇ. 피고소인의 집에서 그 계원들로부터 계불입금 1,000만원을 받았으면 그날 계금을 타기로 지정된 11번 계원인 고소인에게 계금 1,000만원을 지급할 임무가 있음에도 불구하고 그 임무에 위배하여 그 계금을 고소인에게 지급하지 아니한 채, 그 무렵 피고소인의 주거지 등지에서 임의로 피고소인의 생활비 등에 소비하여 계금 1,000만원 상당의 이익을 취득하고 고소인에게 동액 상당의 재산상

손해를 가한 것입니다.

3. 위와 같은 사실로 피고소인을 고소하오니 철저히 조사하시어 처벌하여 주시기
   바랍니다.

입　증　방　법

조사시 자세히 진술하겠습니다.

20ㅇㅇ.　　ㅇ.　　ㅇ.
위 고소인　ㅇ　　ㅇ　　ㅇ　(인)

ㅇㅇ경찰서장　귀하

제출기관	범죄지, 피의자의 주소, 거소 또는 현재지의 경찰서, 검찰청	공소시효	10년
고소권자	피해자(형사소송법 제223조)	소추요건	(형법 제361조, 제328조)
제출부수	고소장 1부	관련법규	형법 355조2항
범죄성립 요 건	타인의 사무를 처리하는 자가 그 임무에 위배하는 행위로써 재산상의 이익을 취득하거나 제3자로 하여금 이를 취득하게 하여 본인에게 손해를 가한 때		
형 량	• 5년 이하의 징역 • 1,500만원 이하의 벌금 (10년 이하의 자격정지를 병과할 수 있음 : 형법 358조)		
불기소 처분 등에 대한 불복절차 및 기간	(항고) • 근거 : 검찰청법 제10조 • 기간 : 처분결과의 통지를 받은 날부터 30일(검찰청법 제10조4항) (재정신청) • 근거 : 형사소송법 제260조 • 기간 : 항고기각 결정을 통지받은 날 또는 동법 제260조 제2항 각 호의 사유가 발생한 날부터 10일(형사소송법 제260조 제3항) (헌법소원) • 근거 : 헌법재판소법 제68조 • 기간 : 그 사유가 있음을 안 날로부터 90일 이내에, 그 사유가 있는 날로부터 1년 이내에 청구하여야 한다. 다만, 다른 법률에 의한 구제절차를 거친 헌법소원의 심판은 그 최종결정을 통지받은 날로부터 30일 이내에 청구(헌법재판소법 제69조)		

고 소 장

고 소 인   ○   ○   ○ (000000-0000000)
            ○○시 ○○구 ○○로 ○○(○○동)
            (전화번호 : 000-0000)

피고소인   ○   ○   ○ (000000-0000000)
            ○○시 ○○구 ○○로 ○○(○○동)
            (전화번호 : 000-0000)

고 소 취 지

피고소인에 대하여 배임죄로 고소를 제기하오니 처벌하여 주시기 바랍니다.

고 소 사 실

1. 피고소인은 일정한 직업이 없는 자인바, 20○○. ○. ○. ○○시 ○○구 ○○로
   ○○(○○동) 소재 ○○부동산사무소에서 피고소인 소유의 같은 로 ○○(○○동)
   소재 대지 80평 및 단층주택 59평을 고소인에게 금 2억 5천만원에 매도하기로
   매매계약을 체결하고 즉석에서 계약금으로 금 1,000만원을, 같은 해 ○. ○. 같은
   장소에서 중도금으로 5천만원을 각 수령하였으므로 잔금지급기일인 같은 해 ○.
   ○. 잔금수령과 동시에 고소인에게 위 부동산에 대한 소유권이전등기절차를 이행하
   여 주어야 할 임무가 있음에도 불구하고 그 임무를 위배하여 같은 해 ○. ○. 같은
   로 ○○(○○동) 소재 ○○○부동산에서 고소 외 ○○○에게 금 2억 7천만원에 위
   부동산을 이중으로 매도하고 그 다음날 고소 외 ○○○ 명의로 위 부동산에 대한

소유권이전등기를 경료하여 줌으로써 위 부동산 시가 6천만원 상당의 재산상 이익을 취득하고 고소인에게 동액 상당의 재산상 손해를 가한 것입니다.

2. 위와 같은 사실로 피고소인을 고소하오니 철저히 조사하시어 처벌하여 주시기 바랍니다.

입 증 방 법

조사시 자세히 진술하겠습니다.

20○○.   ○.   ○.

위 고소인 ○   ○   ○ (인)

○○경찰서장 귀하

고　　소　　장

고 소 인　　ㅇ　　ㅇ　　ㅇ (000000-0000000)
　　　　　　ㅇㅇ시 ㅇㅇ구 ㅇㅇ로 ㅇㅇ(ㅇㅇ동)
　　　　　　(전화번호 ： 000-0000)

피고소인　　ㅇ　　ㅇ　　ㅇ (000000-0000000)
　　　　　　ㅇㅇ시 ㅇㅇ구 ㅇㅇ로 ㅇㅇ(ㅇㅇ동)
　　　　　　(전화번호 ： 000-0000)

고　소　취　지

고소인은 피고소인에 대하여 배임죄로 고소를 제기하오니 처벌하여 주시기 바랍니다.

고　소　사　실

1. 피고소인은 ㅇㅇ군 ㅇㅇ리에 있는 ㅇㅇ농업협동조합장으로서 조합에 관한 사무일체를 관장하고 있는 자입니다.

2. 20ㅇㅇ. ㅇ. ㅇ. 고소인 외 35명이 연대하여 농약공동구입자금으로서 ㅇㅇ농업협동조합에서 금 ㅇㅇㅇ원을 대출받기로 하고 피고소인이 위 연대채무자의 대표자로서 같은 달 ㅇ일 위 조합에서 위 현금을 융자받음에 있어서 자기 이익을 도모하기 위하여 본 임무에 위배하여 타 연대보증인들의 승낙도 없이 자의로 금 ㅇㅇㅇ원을 위 조합에 대한 사례금으로 공제하여서 자기 개인용도에 쓰고 각 연대채무자에게

손해를 입게 한 자입니다.

3. 따라서 피고소인은 귀서에 고소하오니 철저히 조사하시어 처벌하여 주시기 바랍니다.

입 증 방 법

조사시 자세히 진술하겠습니다.

20○○.   ○.   ○.
위 고소인 ○ ○ ○ (인)

○○경찰서장 귀하

12. 부당이득죄

> **제349조(부당이득)** ① 사람의 곤궁하고 절박한 상태를 이용하여 현저하게 부당한 이익을 취득한 자는 3년 이하의 징역 또는 1천만원 이하의 벌금에 처한다.
> ② 제1항의 방법으로 제3자로 하여금 부당한 이익을 취득하게 한 경우에도 제1항의 형에 처한다.

가. 개념

부당이득죄는 사람의 곤궁하고 절박한 상태를 이용하여 현저하게 부당한 이익을 취득함으로써 성립하는 범죄로서, 본죄가 성립할 경우 3년 이하의 징역 또는 1천만원 이하의 벌금에 처해질 수 있으며, 미수범은 처벌하지 않는다. 공소시효는 5년이다.

나. 구성요건

(1) 궁박한 상태 이용

궁박한 상태라 함은 비단 경제적인 궁박상태에 한하지 않고 정신적, 명예적, 육체적인 것도 포함하며 궁박상태에 이르게 된 원인이 누구에게 있는지도 불문한다.

(2) 현저히 부당한 이익

현저히 부당한 이익이란 행위당시의 구체적 사정을 종합하여 객관적으로 판단하여 급부와 반대급부가 사회통념상 지나치게 불균형한 경우를 말한다. 따라서 피해자가 궁박한 상태에 있었는지 여부 및 급부와 반대급부 사이에 현저히 부당한 불균형이 존재하는지 여부는 거래당사자의 신분과 상호간의 관계, 피해자가 처한 상황의 절박성의 정도, 계약의 체결을 둘러싼 협상과정 및 거래를 통한 피해자의 이익, 피해자가 그 거래를 통해 추구하고자 한 목적을 달성하기 위한 다른 적절한 대안의 존재 여부 등 제반 상황을 종합하여 구체적으로 판단하되, 특히 우리 헌법이 규정하고 있는 자유시장경제질서와 여기에서 파생되는 사적 계약자유의 원칙을 고려하여 그 범죄의 성립을 인정함에 있어

서는 신중을 요한다.[61]

다. 처벌

본죄가 성립할 경우 3년 이하의 징역 또는 1천만원 이하의 벌금에 처해질 수 있으며, 미수범은 처벌하지 않는다.

---

61) 대법원 2005. 4. 15. 선고 2004도1246 판결.

고　　소　　장

고 소 인　　○　○　○ (000000-0000000)
　　　　　　○○시 ○○구 ○○로 ○○(○○동)
　　　　　　(전화번호 : 000-0000)

피고소인　　○　○　○ (000000-0000000)
　　　　　　○○시 ○○구 ○○로 ○○(○○동)
　　　　　　(전화번호 : 000-0000)

고　소　취　지

피고소인에 대하여 부당이득죄로 고소하오니 처벌하여 주시기 바랍니다.

고　소　사　실

1. 피고소인은 ○○시 ○○로 ○○(○○동)에서 부동산중개업을 하는 자로서, 20○
○. ○. ○. 11:30쯤 위 장소에서 고소인으로부터 ○○군 ○○면 ○○리 ○○○
번지의 임야 ○○○㎡를 매각처분에 달하는 위임을 받고 20○○. ○. ○. 고소
외 ○○○에게 위 임야를 소개하고 매매계약을 체결하여 금 5천만원에 매도하였으
나, 고소인에게는 "3천만원에 처분하였다"고 거짓말하여 이에 속은 고소인에게
3천만원을 교부하고 나머지 2천만원을 교부하지 않아 부당하게 재산상의 이익을
취득한 것입니다.

2. 따라서 피고소인을 위와 같은 사실로 귀서에 고소하오니 철저히 조사하시어 처벌하
여 주시기 바랍니다.

입 증 방 법

조사시 자세히 진술하겠습니다.

20○○.　　○.　　○.
위 고소인 　○　　○　　○　(인)

○○경찰서장　귀하

제출기관	범죄지, 피의자의 주소, 거소 또는 현재지의 경찰서, 검찰청	공소시효	5년
고소권자	피해자(형사소송법 제223조)	소추요건	
제출부수	고소장 1부	관련법규	형법 355조2항
범죄성립 요 건	사람의 곤궁하고 절박한 상태를 이용하여 현저하게 부당한 이익을 취득한 때		
형 량	• 3년 이하의 징역 • 1,000만원 이하의 벌금		
불기소처분 등에 대한 불복절차 및 기간	(항고) • 근거 : 검찰청법 제10조 • 기간 : 처분결과의 통지를 받은 날부터 30일(검찰청법 제10조4항) (재정신청) • 근거 : 형사소송법 제260조 • 기간 : 항고기각 결정을 통지받은 날 또는 동법 제260조 제2항 각 호의 사유가 발생한 날부터 10일(형사소송법 제260조 제3항) (헌법소원) • 근거 : 헌법재판소법 제68조 • 기간 : 그 사유가 있음을 안 날로부터 90일 이내에, 그 사유가 있은 날로부터 1년 이내에 청구하여야 한다. 다만, 다른 법률에 의한 구제절차를 거친 헌법소원의 심판은 그 최종결정을 통지받은 날로부터 30일 이내에 청구(헌법재판소법 제69조)		

13. 부동산강제집행효용침해죄

> **제140조의2(부동산강제집행효용침해)**
> 강제집행으로 명도 또는 인도된 부동산에 침입하거나 기타 방법으로 강제집행의 효용을 해한 자는 5년 이하의 징역 또는 700만원 이하의 벌금에 처한다.

가. 개념

부동산강제집행효용침해죄는 강제집행으로 명도 또는 인도된 부동산에 침입하거나 기타 방법으로 강제집행의 효용을 해함으로써 성립하는 범죄이며, 본죄가 성립할 경우 5년 이하의 징역 또는 700만원 이하의 벌금에 처해질 수 있다. 본죄의 공소시효는 7년이다.

나. 구성요건

(1) 객체 – 강제집행으로 명도 또는 인도된 부동산

본죄의 강제집행은 민사집행법에 의한 강제집행을 말하며, 명도 또는 인도된 부동산 중 명도라 함은 거주자·동산을 부동산(토지, 건물 또는 지상물을 말하며, 동산은 제외한다)으로부터 배제하고 완전한 지배를 채권자에게 넘겨주는 것을 말한다. 그 외 인도라 함은 부동산의 점유만 이전하는 것을 말한다. 그리고 본죄의 입법취지와 체제 및 내용과 구조를 살펴보면, 부동산강제집행효용침해죄의 객체인 강제집행으로 명도 또는 인도된 부동산에는 강제집행으로 퇴거집행된 부동산을 포함한다고 해석된다.[62]

(2) 행위 – 침입 기타 방법으로 강제집행효용저해

본죄에서 침입이라 함은 권리자의 의사에 반하여 부동산의 경계 안으로 들어오는 행위를 말하며 계속성을 요하므로 일순간의 침임은 본죄의 침입이 아니다. 그 외 여기서 '기타 방법'이란 강제집행의 효용을 해할 수 있는 수단이나 방법에 해당하는 일체의 방해행위를 말하고, '강제집행의 효용을 해하는 것'이란 강제집행으로 명도 또는 인도된

---

62) 대법원 2003. 5. 13. 선고 2001도3212 판결.

부동산을 권리자가 그 용도에 따라 사용 · 수익하거나 권리행사를 하는 데 지장을 초래하는 일체의 침해행위를 말한다.[63]

다. 처벌

본죄가 성립할 경우 5년 이하의 징역 또는 700만원 이하의 벌금에 처해질 수 있다.

---

63) 대법원 2002. 11. 8. 선고 2002도4801 판결.

고 소 장

고 소 인 　 ○ 　 ○ 　 ○ (000000-0000000)
　　　　　　 ○○시 ○○구 ○○로 ○○(○○동)
　　　　　　 (전화번호 : 000-0000)

피고소인 　 ○ 　 ○ 　 ○ (000000-0000000)
　　　　　　 ○○시 ○○구 ○○로 ○○(○○동)
　　　　　　 (전화번호 : 000-0000)

고 소 취 지

고소인은 피고소인을 부동산강제집행의 효용을 침해한 혐의로 고소하오니 철저히 조사하시어 처벌하여 주시기 바랍니다.

고 소 사 실

1. 고소인은 피고소인에게 고소인 소유의 ○○시 ○○구 ○○로 ○○(○○동) 소재 건물의 점포 1칸을 임대하였으나, 임대료를 체납하여 임대차계약을 해제하고 피고소인을 상대로 명도청구소송을 제기하여 확정판결을 받은 바 있습니다.

2. 200○. ○. ○. 14:00부터 같은 날 16:00경까지 사이에 ○○지방법원 소속 집행관의 지휘 아래 위 피고소인이 점유하고 있던 점포에 대하여 확정판결에 의한 명도집행을 하고 난 직후 피고소인이 명도집행 한 점포에 진입하려하자 옆에서 이를 저지하던 고소인의 처 ○○○를 폭행하는 등 폭력적인 방법으로 위 건물점포에 진입함으로서 위 부동산 강제집행의 효용을 침해하였습니다.

3. 피고소인이 이 사건 건물에 들어간 것은 집행관이 임차인인 피고소인의 위 건물점 포에 대한 점유를 해제하고 이를 임대인인 고소인에게 인도하여 강제집행이 완결 된 후의 행위로서 부동산강제집행효용침해죄에 해당한다 할 것입니다.

4. 피고소인의 이러한 행위는 형법 제140조의2(부동산강제집행효용침해) 강제집행으 로 명도 또는 인도된 부동산에 침입하거나 기타 방법으로 강제집행의 효용을 해한 행위에 해당된다 할 것입니다.

5. 따라서 피고소인을 고소하오니 철저히 조사하시어 엄벌하여 주시기 바랍니다.

소 명 방 법

1. 임대차계약서 사본   1통
1. 판결문 사본   1통
조사시 자세히 진술하겠습니다.

20○○.   ○.   ○.
위 고소인   ○   ○   ○   (인)

○○경찰서장   귀하

제출기관	범죄지, 피의자의 주소, 거소 또는 현재지의 경찰서, 검찰청	공소시효	7년
고소권자	피해자(형사소송법 223조)	소추요건	
제출부수	고소장 1부	관련법규	형법 140조의 2
범죄성립 요 건	강제집행으로 명도 또는 인도된 부동산에 침입하거나 기타 방법으로 강제집행의 효용을 해한 때		
형 량	• 5년 이하의 징역 • 700만원 이하의 벌금		
불기소처 분 등에 대한 불복절차 및 기간	(항고) • 근거 : 검찰청법 10조 • 기간 : 처분결과의 통지를 받은 날부터 30일(검찰청법 10조4항) (재정신청) • 근거 : 형사소송법 제260조 • 기간 : 항고기각 결정을 통지받은 날 또는 동법 제260조 제2항 각 호의 사유가 발생한 날부터 10일(형사소송법 제260조 제3항) (헌법소원) • 근거 : 헌법재판소법 68조 • 기간 : 그 사유가 있음을 안 날로부터 90일 이내에, 그 사유가 있은 날로부터 1년 이내에 청구하여야 한다. 다만, 다른 법률에 의한 구제절차를 거친 헌법소원의 심판은 그 최종결정을 통지받은 날로부터 30일 이내에 청구(헌법재판소법 69조)		

14. 부동산중개업법 위반

가. 제정목적 - 공인중개사법

이 법은 공인중개사의 업무 등에 관한 사항을 정하여 그 전문성을 제고하고 부동산중개업을 건전하게 육성하여 국민경제에 이바지함을 목적으로 한다.

나. 금지행위 - 제33조

개업공인중개사 등은 다음 각 호의 행위를 하여서는 아니 된다(제33조 제1항).

1. 제3조에 따른 중개대상물의 매매를 업으로 하는 행위

2. 제9조에 따른 중개사무소의 개설등록을 하지 아니하고 중개업을 영위하는 자인 사실을 알면서 그를 통하여 중개를 의뢰받거나 그에게 자기의 명의를 이용하게 하는 행위

3. 사례 · 증여 그 밖의 어떠한 명목으로도 제32조에 따른 보수 또는 실비를 초과하여 금품을 받는 행위

4. 해당 중개대상물의 거래상의 중요사항에 관하여 거짓된 언행 그 밖의 방법으로 중개의뢰인의 판단을 그르치게 하는 행위

5. 관계 법령에서 양도 · 알선 등이 금지된 부동산의 분양 · 임대 등과 관련 있는 증서 등의 매매 · 교환 등을 중개하거나 그 매매를 업으로 하는 행위

6. 중개의뢰인과 직접 거래를 하거나 거래당사자 쌍방을 대리하는 행위

7. 탈세 등 관계 법령을 위반할 목적으로 소유권보존등기 또는 이전등기를 하지 아니한 부동산이나 관계 법령의 규정에 의하여 전매 등 권리의 변동이 제한된 부동산의 매매를 중개하는 등 부동산투기를 조장하는 행위

8. 부당한 이익을 얻거나 제3자에게 부당한 이익을 얻게 할 목적으로 거짓으로 거래가 완료된 것처럼 꾸미는 등 중개대상물의 시세에 부당한 영향을 주거나 줄 우려가 있는 행위

9. 단체를 구성하여 특정 중개대상물에 대하여 중개를 제한하거나 단체 구성원 이외의 자와 공동중개를 제한하는 행위

다. 처벌 – 제49조

다음 각 호의 어느 하나에 해당하는 자는 1년 이하의 징역 또는 1천만원 이하의 벌금에 처한다.

1. 제7조제1항 또는 제2항을 위반하여 다른 사람에게 자기의 성명을 사용하여 중개업무를 하게 하거나 공인중개사자격증을 양도·대여한 자 또는 다른 사람의 공인중개사자격증을 양수·대여받은 자

1의2. 제7조제3항(자격증대여 알선)을 위반하여 같은 조 제1항 및 제2항에서 금지한 행위를 알선한 자

2. 공인중개사가 아닌 자로서 공인중개사 또는 이와 유사한 명칭을 사용한 자

3. 이중으로 중개사무소의 개설등록을 하거나 둘 이상의 중개사무소에 소속된 자

4. 둘 이상의 중개사무소를 둔 자

5. 임시 중개시설물을 설치한 자

5의2. 제15조제3항(고용할 수 있는 중개보조인 수 초과)을 위반하여 중개보조원을 고용한 자

6. 개업공인중개사가 아닌 자로서 '공인중개사사무소', '부동산중개' 또는 이와 유사한 명칭을 사용한 자

6의2. 개업공인중개사가 아닌 자로서 중개업을 하기 위하여 중개대상물에 대한 표시·광고를 한 자

7. 제19조제1항 또는 제2항을 위반하여 다른 사람에게 자기의 성명 또는 상호를 사용하여 중개업무를 하게 하거나 중개사무소등록증을 다른 사람에게 양도·대여한 자 또는 다른 사람의 성명·상호를 사용하여 중개업무를 하거나 중개사무소등록증을 양수·대여받은 자

7의2. 제19조제3항(중개사무소등록증 대여 등)을 위반하여 같은 조 제1항 및 제2항에서 금지한 행위를 알선한 자

8. 제24조제4항의 규정을 위반하여 정보를 공개한 자

9. 제29조제2항의 규정을 위반하여 업무상 비밀을 누설한 자

10. 제33조제1항제1호부터 제4호까지의 규정을 위반한 자

제29조제2항의 규정에 위반한 자는 피해자의 명시한 의사에 반하여 벌하지 아니한다.

[서식(고소장)] 부동산중개업법위반 (매매대금 착복)

고 소 장

고 소 인　　ㅇ　　ㅇ　　ㅇ
　　　　　　ㅇㅇ시 ㅇㅇ구 ㅇㅇ로 ㅇㅇ(ㅇㅇ동)
　　　　　　전화번호 000-0000

피고소인　　ㅇ　　ㅇ　　ㅇ
　　　　　　ㅇㅇ시 ㅇㅇ구 ㅇㅇ로 ㅇㅇ(ㅇㅇ동)
　　　　　　전화번호 000-0000

고 소 취 지

피고소인에 대하여 부동산중개업법 위반으로 고소하오니 처벌하여 주시기 바랍니다.

고 소 사 실

1. 고소인은 주소지에 거주하는 가정주부이고, 피고소인은 ㅇㅇ시 ㅇㅇ구 ㅇㅇ동 소재 ㅇ번 버스종점에서 ㅇㅇ부동산이란 상호로 부동산 중개업소의 보조원으로 재직하는 자입니다.

---

2. 고소인은 20○○. ○.경 피고소인의 소개로 현주소지로 이주하게 된 관계로 알게 되었는데, 피고소인은 이를 기화로 고소인에게 자주 전화를 걸고 저렴한 땅이 있으니 중개하겠다고 하므로 같은 해 ○. ○.에 피고소인을 만났던바, 시내 ○○구 ○○로 ○○(○○동) 거주 소외 ○○○가 김포공항확장공사로 당국으로부터 철거에 따르는 대토권이 부여되었는데 이를 사서 두면 얼마가지 않아 몇 배의 이득을 득할 수 있겠고 아니면 집을 지어서 살아도 좋다고 감언이설로 아무것도 모르는 가정주부인 고소인으로 하여금 중개대상물의 정확한 고지 없이 고소인의 판단을 흐리게 하여 무려 1,200만원이란 판매대금을 받아 착복하고 금일 현재까지 만나주지도 않고 피해 다니는 자로, 귀서에 고소하오니 체포하시어 엄벌에 처해 주시기 바랍니다.

첨 부 서 류

1. 계약서 및 영수증 사본   각 1매

조사시 자세히 진술하겠습니다.

20○○.   ○.   ○.

위 고소인   ○   ○   ○   (인)

○○경찰서장   귀하

제출기관	범죄지, 피의자의 주소, 거소 또는 현재지의 경찰서, 검찰청	공소시효	
고소권자	피해자	소추요건	
제출부수	고소장 1부	관련법규	공인중개사법 제33조, 제49조
범죄성립 요 건	공인중개사법 제33조 1항의 행위		
형 량	공인중개사법 제49조 참조		
불기소 처분 등에 대한 불복절차 및 기간	(항고) • 근거 : 검찰청법 10조 • 기간 : 처분결과의 통지를 받은 날부터 30일(검찰청법 10조4항) (재정신청) • 근거 : 형사소송법 제260조 • 기간 : 항고기각 결정을 통지받은 날 또는 동법 제260조 제2항 각 호의 사유가 발생한 날부터 10일(형사소송법 제260조 제3항) (헌법소원) • 근거 : 헌법재판소법 68조 • 기간 : 그 사유가 있음을 안 날로부터 90일 이내에, 그 사유가 있은 날로부터 1년 이내에 청구하여야 한다. 다만, 다른 법률에 의한 구제절차를 거친 헌법소원의 심판은 그 최종결정을 통지받은 날로부터 30일 이내에 청구(헌법재판소법 69조)		

15. 부정수표단속법위반

가. 제정목적

이 법은 부정수표(不正手票) 등의 발행을 단속·처벌함으로써 국민의 경제생활의 안전과 유통증권인 수표의 기능을 보장함을 목적으로 한다. 여기서 수표의 발행이라 함은 수표요지에 수표의 기본요건을 작성하여 상대방에게 교부하는 행위를 말하므로, 이미 적법하게 발행된 수표의 발행일자 등을 수표 소지인의 양해 아래 정정하는 수표 문언의 사후 정정행위는 부정수표단속법에서 규정하는 수표의 발행행위는 아니다.

나. 부정수표 발행인의 형사책임(제2조)

다음 각 호의 어느 하나에 해당하는 부정수표를 발행하거나 작성한 자는 5년 이하의 징역 또는 수표금액의 10배 이하의 벌금에 처한다.

1. 가공인물의 명의로 발행한 수표. 여기서 '가공인물의 명의'는 수표발행인의 명의가 개인인 경우에는 주민등록표상의 성명과 일치하지 아니하는 것으로 하고, 법인인 경우에는 법인 등기사항증명서상의 상호·명칭과 일치하지 아니하는 것으로 한다(영 제2조 제2항).

2. 금융기관(우체국을 포함한다. 이하 같다)과의 수표계약 없이 발행하거나 금융기관으로부터 거래정지처분을 받은 후에 발행한 수표. 이 법에 따른 '금융기관'은 수표법과 그 밖의 법령에 따라 수표의 지급 사무를 처리하는 은행 및 은행과 같이 취급되는 사람 또는 시설로 한다(영 제2조 제1항).

3. 금융기관에 등록된 것과 다른 서명 또는 기명날인으로 발행한 수표

또한, 수표를 발행하거나 작성한 자가 수표를 발행한 후에 예금부족, 거래정지처분이나 수표계약의 해제 또는 해지로 인하여 제시기일에 지급되지 아니하게 한 경우에도 위와 같다. 여기서 '제시기일'은 선일자수표를 만기 전에 제시한 날(수표법 제28조 제2항) 및 지급제시간에 금융기관에 지급을 받기 위하여 수표를 제시한 날로 하며(영 제2조

제3항), '제시기일'에 지급되지 아니하게 한 경우는 지급거절을 증명하였을 때로 한다 (같은 조 제4항). 다만, 과실로 위의 죄를 범한 자는 3년 이하의 금고 또는 수표금액의 5배 이하의 벌금에 처한다. 다만, 수표를 발행하거나 작성한 자가 그 수표를 회수한 경우 또는 회수하지 못하였더라도 수표 소지인의 명시적 의사에 반하는 경우 공소를 제기할 수 없다.

다. 위조 변조자의 형사책임(제5조)

수표를 위조하거나 변조한 자는 1년 이상의 유기징역과 수표금액의 10배 이하의 벌금 에 처한다. 이는 수표의 강한 유통성과 거래수단으로서의 중요성을 감안하여 유가증권 중 수표의 위·변조행위에 관하여는 범죄성립요건을 완화하여 초과주관적 구성요건인 '행사할 목적'을 요구하지 아니하는 한편, 유가증권위변조죄보다 그 형을 가중하여 처벌 하려는 취지의 규정이다.[64]

라. 금융기관의 고발의무

금융기관에 종사하는 사람이 직무상 제2조 제1항(발행인이 법인이나 그 밖의 단체인 경우 를 포함한다) 또는 제5조에 규정된 수표를 발견한 때에는 48시간 이내에 수사기관에 고발 하여야 하며(제7조 제1항 전단), 제2조 제2항(발행인이 법인이나 그 밖의 단체인 경우를 포함한다)에 규정된 수표를 발견한 때에는 30일 이내에 수사기관에 고발하여야 한다(같은 항 후단). 이러한 고발을 하지 아니하면 100만원 이하의 벌금에 처한다(같은 조 제2항).

마. 처벌

본죄는 수표의 발행인이 예금부족으로 제시일에 지급되지 아니할 것을 예견하고 수표 를 발행한 때에 성립한다. 결국 지급제시일에 지급되지 않는 것이 확인되어야 본죄가 성립하는 것이 아니며, 본죄는 수표마다 하나의 죄가 성립한다.

---

64) 대법원 2008. 2. 14. 선고 2007도10100 판결.

고 소 장

고 소 인   ○   ○   ○ (000000-0000000)
　　　　　　○○시 ○○구 ○○로 ○○(○○동)
　　　　　　(전화번호 : 000-0000)

피고소인   ○   ○   ○ (000000-0000000)
　　　　　　○○시 ○○구 ○○로 ○○(○○동)
　　　　　　(전화번호 : 000-0000)

고 소 취 지

피고소인에 대하여 부정수표단속법위반죄로 고소하오니 처벌하여 주시기 바랍니다.

고 소 사 실

1. 피고소인은 ○○시 ○○로 ○○(○○동) 소재 ○○공업사라는 상호를 걸고 어망생산을 하는 자인바, 5년 전부터 ○○은행 ○○지점과 당좌거래계정을 개설하고 당좌수표를 발행하여 오던 중 20○○. ○. ○.부터 ○○. ○. ○. 사이에 금 ○○○원권 당좌수표 5장과 금 ○○원권 당좌수표 3장을 발행하였으나 소지인들이 지급기일에 위 은행에 제시하여 본 결과 예금부족 및 무거래라는 이유로 지급거절되었습니다.

2. 위 피고소인은 계획적으로 부도를 내고도 조금도 뉘우치지 않고 있으므로, 피고소인은 고소하오니 철저히 조사하시어 처벌하여 주시기 바랍니다.

입 증 방 법

1. 우편물   1통

20○○.   ○.   ○.
위 고소인 ○   ○   ○ (인)

○○경찰서장 귀하

제출기관	범죄지, 피의자의 주소, 거소 또는 현재지의 경찰서, 검찰청	공소시효	
고소권자	피해자(형사소송법 223조)	소추요건	
제출부수	고소장 1부	관련법규	부정수표단속법 제2, 5, 7조.
범죄성립 요 건	부정수표를 발행하거나 작성한 때		
형 량	• 5년 이하의 징역 • 수표금액의 10배 이하의 벌금		
불기소 처분 등에 대한 불복절차 및 기간	(항고) • 근거 : 검찰청법 10조 • 기간 : 처분결과의 통지를 받은 날부터 30일(검찰청법 10조4항) (재정신청) • 근거 : 형사소송법 제260조 • 기간 : 항고기각 결정을 통지받은 날 또는 동법 제260조 제2항 각 호의 사유가 발생한 날부터 10일(형사소송법 제260조 제3항) (헌법소원) • 근거 : 헌법재판소법 68조 • 기간 : 그 사유가 있음을 안 날로부터 90일 이내에, 그 사유가 있은 날로부터 1년 이내에 청구하여야 한다. 다만, 다른 법률에 의한 구제절차를 거친 헌법소원의 심판은 그 최종결정을 통지받은 날로부터 30일 이내에 청구(헌법재판소법 69조)		

16. 비밀침해죄

제316조(비밀침해) ① 봉함 기타 비밀장치한 사람의 편지, 문서 또는 도화를 개봉한 자는 3년 이하의 징역이나 금고 또는 500만원 이하의 벌금에 처한다.
② 봉함 기타 비밀장치한 사람의 편지, 문서, 도화 또는 전자기록 등 특수매체기록을 기술적 수단을 이용하여 그 내용을 알아낸 자도 제1항의 형과 같다.
제317조(업무상비밀누설) ① 의사, 한의사, 치과의사, 약제사, 약종상, 조산사, 변호사, 변리사, 공인회계사, 공증인. 대서업자나 그 직무상 보조자 또는 차등의 직에 있던 자가 그 직무처리 중 지득한 타인의 비밀을 누설한 때에는 3년 이하의 징역이나 금고, 10년 이하의 자격정지 또는 700만원 이하의 벌금에 처한다.
② 종교의 직에 있는 자 또는 있던 자가 그 직무상 지득한 사람의 비밀을 누설한 때에도 전항의 형과 같다.
제318조(고소) 본장의 죄는 고소가 있어야 공소를 제기할 수 있다.

가. 개념

비밀침해죄는 봉함 기타 비밀장치한 사람의 편지, 문서 또는 도화를 개봉한 행위 및 봉함 기타 비밀장치한 사람의 편지, 문서, 도화 또는 전자기록 등 특수매체기록을 기술적 수단을 이용하여 그 내용을 알아낸 행위로써 성립하는 범죄이며, 본죄가 성립할 경우 3년 이하의 징역이나 금고 또는 500만원 이하의 벌금에 처하며, 본죄는 친고죄로서 피해사실을 인지한 후 6개월 이내에 법적절차를 진행해야 하고, 공소시효는 5년이다. 또한, 본죄는 부부나 연인 사이라 할지라도 예외 없이 상대방의 핸드폰 잠금을 풀어 카톡 내용을 몰래 확인하거나 상대방 앞으로 온 우편물을 열어보는 행위는 엄연히 형법 상 범죄이기 때문에 비밀침해죄로 고소 및 처벌당할 수 있음에 유의하여야 한다. 특히, 사적대화의 비밀을 침해하는 행위는 통신비밀보호법 제3조 제14조, 제16조 등에서 규정하고 있다.

나. 구성요건

(1) 객체

비밀침해죄의 객체는 봉함 기타 비밀장치한 사람의 편지, 문서 또는 도화 전자기록 등 특수매체기록이다. 이중 편지란 특정인으로부터 다른 특정인에게 의사를 표시한 문서를 말하며, 반드시 우편물에 한정하지 아니하고, 발송전후도 불문한다. 그러나 수신인이 수령하여 읽고 난 후에는 본죄의 객체가 되지 아니한다.

그 외 문서란 문자 기타 발음부호에 의하여 특정인의 의사를 표시한 즉 원고, 유언서, 일기장 등의 것을 말하고, 도화란 그림에 의하여 사람의 시사가 표시된 사진, 도표 등을 말하며, 전자기록 등 특수매체기록이란 일정한 데이터에 관한 전자적, 자기적, 광학적 기록 등으로서 감각기관에 의해서는 직접 인식할 수 없는 녹화테이프, 녹음테이프, 마이크로필름, CD 등을 말한다.

(2) 봉함 기타 비밀장치

'봉함 기타 비밀장치가 되어 있는 문서'란 '기타 비밀장치'라는 일반 조항을 사용하여 널리 비밀을 보호하고자 하는 위 규정의 취지에 비추어 볼 때, 반드시 문서 자체에 비밀장치가 되어 있는 것만을 의미하는 것은 아니고, 봉함 이외의 방법으로 외부 포장을 만들어서 그 안의 내용을 알 수 없게 만드는 일체의 장치를 가리키는 것으로, 잠금장치 있는 용기나 서랍 등도 포함한다.[65] 따라서 봉함·비밀장치를 하지 아니한 편지 등 즉, 우편엽서는 본죄의 객체가 아니다.

(3) 실행행위

비밀침해죄가 성립하기 위해서는 ① 봉함 기타 비밀장치한 문서 등을 개봉하는 경우와 ② 개봉하지 않고서도 기술적 수단을 이용하여 그 내용을 알아내는 행위, 즉 투시장치에 의 투과, 화학적 반응의 이용 등 물리적, 화학적 방법을 사용하거나 비밀소지자의 패스워

---

65) 대법원 2008. 11. 27. 선고 2008도9071 판결.

드나 비밀번호를 이용하여 특수기록매체의 내용을 탐지해 내는 행위를 들 수 있다. 편지를 개봉하지 않고 단순히 자연광이나 전등 등에 비추어 내용을 알아내는 행위는 처벌대상이 되지 않지만, 다른 사람의 우편물이 자기 주소지로 적혀 배달되었더라도 다른 사람의 우편물이라는 점을 알면서 이를 개봉하였다면 비밀침해죄가 성립하게 된다.

다. 처벌 및 위법성 조각

본죄가 성립할 경우 3년 이하의 징역이나 금고 또는 500만원 이하의 벌금에 처해질 수 있다.

다만, 사회상규에 위배되지 아니한 행위는 정당행위로서 위법성이 조각되어 처벌받지 아니하는데, 가령, '회사의 직원이 회사의 이익을 빼돌린다'는 소문을 확인할 목적으로, 비밀번호를 설정함으로써 비밀장치를 한 전자기록인 피해자가 사용하던 '개인용 컴퓨터의 하드디스크'를 떼어내어 다른 컴퓨터에 연결한 다음 의심이 드는 단어로 파일을 검색하여 메신저 대화 내용, 이메일 등을 출력한 사안에서 피해자의 범죄 혐의를 구체적이고 합리적으로 의심할 수 있는 상황에서 피고인이 긴급히 확인하고 대처할 필요가 있었고, 그 열람의 범위를 범죄 혐의와 관련된 범위로 제한하였으며, 피해자가 입사시 회사 소유의 컴퓨터를 무단 사용하지 않고 업무 관련 결과물을 모두 회사에 귀속시키겠다고 약정하였고, 검색 결과 범죄행위를 확인할 수 있는 여러 자료가 발견된 사정 등에 비추어, 피고인의 그러한 행위는 사회통념상 허용될 수 있는 상당성이 있는 행위로서 형법 제20조의 '정당행위'라고 본다.[66]

---

66) 대법원 2009. 12. 24. 선고 2007도6243 판결.

고 소 장

1. 고소인

성명 : 전 ○ ○

주민등록번호 : 000000-0000000

주소 : 00시 00구 00동 000-00

전화 : 010-0000-0000

2. 피고소인

성명 : 고 ○ ○

주민등록번호 : 000000-000000

주소 : 00시 00구 00동 000-00

전화 : 010-0000-0000

3. 고소취지

고소인은 피고소인을 위치정보의보호및이용등에관한법률위반(위치정보법 제15조 제1항, 제40조 제4호), 비밀침해죄(형법 제316조 제2항), 협박죄(형법 제283조)로 고소하오니, 엄중한 수사 후 처벌하여 주시기 바랍니다.

4. 범죄사실의 요지

가. 피고소인은 고소인의 위치를 추적하기로 마음 먹고 2000. 00. 일자불상경 고소인이 운행하던 소나타 (00가0000)에 고소인의 위치정보를 수집할 수 있는 위치추적기를 몰래 부착한 뒤 그때부터 2000. 00. 00.경까지 위 위치추적기로 수집한 고소인의 개인위치정보를 수집 및 이용하였다.

이로써 피고소인은 개인위치정보주체인 고소인의 동의를 받지 아니하고 고소인의 개인 위치정보를 수집하였다.

나. 피고소인은 고소인의 집에 미리 설치하여둔 CCTV로 고소인의 휴대전화 잠금패턴을 알아낸 뒤 고소인의 휴대전화에 설정된 잠금패턴을 해제하고, 위의 방법으로

고소 외 000, 000 등 고소인의 친구들 전화번호를 알아내 2000. 00. 00. 00:00경 전화를 하였고, 고소인의 휴대전화에 저장되어 있는 문자와 메모 및 개인정보를 사진으로 찍어 노트북에 저장하였다.

이로써 피고소인은 고소인의 비밀장치한 휴대전화 패턴을 해제하여 고소인의 비밀을 침해하였다.

다. 피고소인은 2000. 00. 00. 00:00경 고소인이 피고소인의 아이패드를 가져간 사실을 알고 "네가 아이패드를 가져가서 지운다고 나한테 원본이 없는 줄 아느냐" 고 말하며 고소인의 휴대폰으로 피고소인의 아이패드 영상 중 일부를 전송하여 고소인으로 당장 집으로 집에 오지 않으면 고소인 지인들에게 고소인의 외도사실을 폭로하겠다고 협박하였다.

5. 이 사건의 경위
가. 당사자들의 관계
고소인과 피고소인은 혼인신고를 마친 법률상의 부부입니다.

나. 피고소인의 위치추적기 부착
피고소인은 2000. 00. 00. 고소인과 다투고 집을 나와 고소 외 000로부터 차량을 빌려 운행하고 있었습니다. 그런데 2000. 00. 00. 피고소인은 고소인의 가족들에게 전화하여 자신이 고소인의 차량 이동경로를 모두 알고 있다고 하였고, 2000. 00. 00. 고소인이 운행하던 차량의 타이어를 누군가 고의로 스크래치를 내 사실도 있었습니다.

이에 고소인은 자신이 운행하는 차량에 위치추적기가 부착된 것은 아닌지 의심스러워 인터넷을 검색하여 보았고, 차량에 위치추적기를 부착하기 위해서는 위치추적기용 양면테이프와 자석이 필요함을 알게 되었습니다. 그리고 2000. 00.초경 고소인은 피고소인의 신발장 서랍에서 위치추적기용 양면테이프, 자석, 위치추적기 관련 안내문을 발견하였습니다(증 제1호증 고소인이 발견한 양면테이프와 자석, 위치추적기 관련 안내문 사진, 증 제2호증 위치추적기 사용 방법에 대한 유튜브 영상 캡처 사진).

이후 고소인은 2000. 00. 00. 고소인이 운행하던 차량에서 위 양면테이프가 붙은 자석과 위치추적기를 발견하였습니다(증 제4호증 고소인이 발견한 위치추적기 사진, 증 제5호증 차량 내부에서 위치추적기를 발견한 자리).

다. 피고소인이 고소인의 휴대전화 잠금 패턴을 해제함

2000. 00. 00. 고소인은 피고소인과 다툼이 있었고, 2000. 00. 00. 피고소인이 고소인의 휴대전화를 빼앗아 가 버렸습니다. 그런데 2000. 00. 00. 00:00경 고소인은 고소인의 지인인 고소 외 OOO, OOO으로부터 피고소인이 고소 외 OOO, OOO에게 전화하였다는 사실을 듣게 되었습니다.

또한 피고소인은 고소 외 OOO, OOO뿐 아니라 고소인이 가입되어 있는 'OOO밴드' 밴드장과 'OOO밴드' 밴드장에게도 전화하여 고소인이 밴드 회원과 외도를 하고 있으며 밴드에 그 사실을 알린다고 협박하였고 고소인을 탈퇴시키라고 는 이야기를 하기도 하였습니다. 피고소인은 고소 외 OOO, OOO, OOO밴드장, OOO밴드장의 전화번호를 알지 못하기에, 고소인은 피고소인이 고소인의 휴대전화 잠금 패턴을 해제한 후 고소 외 OOO를 포함한 고소인의 지인들 전화번호를 알아내 전화한 것이라고 짐작하였습니다.

라. 피고소인의 협박

2000. 00. 00. 고소인이 자신의 아이패드를 가져갔다는 사실을 알게 된 피고소인은 고소인에게 당장 아이패드를 가져올 것을 요구하였습니다. 그리고 고소인에게 "네가 아이패드에 있는 자료를 지운다고 나한테 원본이 없는 줄 아느냐"고 말하며 고소인의 휴대폰으로 피고소인의 아이패드 영상 중 일부를 전송하여 고소인에게 당장 집으로 들어오지 않으면 고소인의 지인들과 고소인이 가입된 밴드에 고소인이 외도 사실을 다 폭로하겠다고 협박하였습니다(증 제11호증 2000. 00. 00. 피고소인이 고소인에게 보낸 메시지).

6. 적용법조 – 위치정보의보호및이용등에관한법률위반(위치정보법 제15조 제1항, 제40조 제4호), 비밀침해죄(형법 제316조 제2항), 협박죄(형법 제283조)

피고소인은 고소인의 의사에 반하여 고소인이 운행하는 차량에 위치추적기를 부착하여 고소인의 위치정보를 수집하였고, 고소인 몰래 고소인의 휴대전화 잠금 패턴을 해제하여 고소인의 휴대전화에 저장되어 있는 고소인의 지인들에게 전화를 하였습니다. 또한 피고소인은 고소인의 휴대전화로 원본 영상을 전송하며, "네가 아이패드를 가져가서 지운다고 나한테 원본이 없는 줄 아느냐"라고 하며 지금 당장 집에 오지 않으면 고소인이 지인들과 밴드에 고소인이 외도사실을 다 폭로하겠다고 고소인의 명예에 위협을 가할 것처럼 협박하여 고소인으로 하여금 공포심을 느끼게 하였습니다.

위와 같은 사실에 의하면, 피고소인은 위치정보의보호및이용등에관한법률위반(위치정보법 제15조 제1항, 제40조 제4호), 비밀침해죄(형법 제316조 제2항), 협박죄(형법 제283조)를 범하였다고 봄이 상당합니다.

7. 결론

이상의 사정을 종합하면, 피고소인의 행위가 위치정보의보호및이용등에관한법률위반(위치정보법 제15조 제1항, 제40조 제4호), 비밀침해죄(형법 제316조 제2항), 협박죄(형법 제283조)에 해당하는 범죄사실임은 분명하다고 할 것입니다. 고소인으로서는 더 이상의 피해를 감당할 수 없어 이 사건 고소에 이르게 되었으니, 피고소인의 잘못을 가려내어 법에 따라 엄중하게 처벌하여 주시기 바랍니다.

또한 피고소인을 주거지에서 퇴거하고, 고소인의 직장, 가족들의 집으로부터 접근을 불허하는 내용의 피해자보호명령을 발하여 주시기 바랍니다.

8. 증거 자료

□ 고소인은 고소인의 진술 외에 제출할 증거가 없습니다.

■ 고소인은 고소인의 진술 외에 제출할 증거가 있습니다.

　　　　→ 별지로 첨부합니다.

9. 관련 사건의 수사 및 재판 여부

① 중복 고소 여부	본 고소장과 같은 내용의 고소장을 다른 검찰청 또는 경찰서에 제출하거나 제출하였던 사실이 있습니다 □ / 없습니다 ■
② 관련 형사사건 수사 유무	본 고소장에 기재된 범죄사실과 관련된 사건 또는 공범에 대하여 검찰청이나 경찰서에서 수사 중에 있습니다 □ / 수사 중에 있지 않습니다 ■
③ 관련 민사소송 유무	본 고소장에 기재된 범죄사실과 관련된 사건에 대하여 법원에서 민사소송 중에 있습니다 □ / 민사소송 중에 있지 않습니다 ■

10. 기타

(고소내용에 대한 진실확약)

본 고소장에 기재한 내용은 고소인들이 알고 있는 지식과 경험을 바탕으로 모두 사실대로 작성하였으며, 만일 허위사실을 고소하였을 때에는 형법 제156조 무고죄로 처벌받을 것임을 서약합니다.

2000. 00. 00.

고소인   전 0 0   (인)

서울00경찰서   귀중

제출기관	범죄지, 피의자의 주소, 거소 또는 현재지의 경찰서, 검찰청	공소시효	5년
고소권자	피해자(형사소송법 223조) (※ 아래(1)참조)	소추요건	
제출부수	고소장 1부	관련법규	형법 140조의 2
범죄성립 요 건	강제집행으로 명도 또는 인도된 부동산에 침입하거나 기타 방법으로 강제집행의 효용을 해한 때		
형 량	• 5년 이하의 징역 • 700만원 이하의 벌금		
불기소 처분 등에 대한 불복절차 및 기간	(항고) • 근거 : 검찰청법 10조 • 기간 : 처분결과의 통지를 받은 날부터 30일(검찰청법 10조4항) (재정신청) • 근거 : 형사소송법 제260조 • 기간 : 항고기각 결정을 통지받은 날 또는 동법 제260조 제2항 각 호의 사유가 발생한 날부터 10일(형사소송법 제260조 제3항) (헌법소원) • 근거 : 헌법재판소법 68조 • 기간 : 그 사유가 있음을 안 날로부터 90일 이내에, 그 사유가 있은 날로부터 1년 이내에 청구하여야 한다. 다만, 다른 법률에 의한 구제절차를 거친 헌법소원의 심판은 그 최종결정을 통지받은 날로부터 30일 이내에 청구(헌법재판소법 69조)		

고　　소　　장

고 소 인　　○　○　　○ (000000-0000000)
　　　　　　　○○시 ○○구 ○○로 ○○(○○동)
　　　　　　　(전화번호 : 000-0000)

피고소인　　○　○　　○ (000000-0000000)
　　　　　　　○○시 ○○구 ○○로 ○○(○○동)
　　　　　　　(전화번호 : 000-0000)

고　소　취　지

피고소인에 대하여 비밀침해죄로 고소하오니 처벌하여 주시기 바랍니다.

고　소　사　실

1. 고소인은 ○○시 ○○로 ○○(○○동) 소재 피고소인의 2층에 세들어 살고 있는데, 피고소인은 20○○. ○. ○. 00:00경 고소인에게 배달되어 온 편지 1통을 고소인을 대신하여 받았습니다.

2. 그런데 위 편지가 여자로부터 배달되어 온 것이라 고소인에게 전해주기 전에 호기심으로 그 편지의 위쪽 봉한 부분을 물에 적셔서 뜯어보고는 원상태로 다시 붙여 놓았습니다.

3. 물론 위 편지에 중요한 내용이 담겨 있지 않아 다른 사람이 보더라도 문제가 될 것은 없겠지만, 피고소인의 행위는 임차인의 사생활을 침해하는 것 같으므로 귀서에 고소하오니 철저히 조사하시어 엄벌하여 주시기 바랍니다.

입 증 방 법

1. 우편물   1통

20○○.   ○.   ○.

위 고소인 ○   ○   ○ (인)

○○경찰서장   귀하

17. 사기죄

제347조(사기) ① 사람을 기망하여 재물의 교부를 받거나 재산상의 이익을 취득한 자는 10년 이하의 징역 또는 2천만원 이하의 벌금에 처한다.

② 전항의 방법으로 제삼자로 하여금 재물의 교부를 받게 하거나 재산상의 이익을 취득하게 한 때에도 전항의 형과 같다.

제347조의2(컴퓨터등 사용사기) 컴퓨터등 정보처리장치에 허위의 정보 또는 부정한 명령을 입력하거나 권한 없이 정보를 입력·변경하여 정보처리를 하게 함으로써 재산상의 이익을 취득하거나 제3자로 하여금 취득하게 한 자는 10년 이하의 징역 또는 2천만원 이하의 벌금에 처한다.

제348조(준사기) ① 미성년자의 사리분별력 부족 또는 사람의 심신장애를 이용하여 재물을 교부받거나 재산상 이익을 취득한 자는 10년 이하의 징역 또는 2천만원 이하의 벌금에 처한다.

② 제1항의 방법으로 제3자로 하여금 재물을 교부받게 하거나 재산상 이익을 취득하게 한 경우에도 제1항의 형에 처한다.

제348조의2(편의시설부정이용)

부정한 방법으로 대가를 지급하지 아니하고 자동판매기, 공중전화 기타 유료자동설비를 이용하여 재물 또는 재산상의 이익을 취득한 자는 3년 이하의 징역, 500만원 이하의 벌금, 구류 또는 과료에 처한다.

제351조(상습범) 상습으로 제347조 내지 전조의 죄를 범한 자는 그 죄에 정한 형의 2분의 1까지 가중한다.

제352조(미수범) 제347조 내지 제348조의2, 제350조, 제350조의2와 제351조의 미수범은 처벌한다.

제353조(자격정지의 병과) 본장의 죄에는 10년 이하의 자격정지를 병과할 수 있다.

제354조(친족간의 범행, 동력) 제328조와 제346조의 규정은 본장의 죄에 준용한다.

가. 개념

사람을 기망하여 재물의 교부를 받거나 재산상의 이익을 취득하거나 또는 제삼자로 하여금 재물의 교부를 받게 하거나 재산상의 이익을 취득하게 함으로써 성립하는 범죄이며, 본죄가 성립할 경우 10년 이하의 징역 또는 2천만원 이하의 벌금에 처해질 수 있으며, 본죄의 공소시효는 10년이다.

사기죄의 착수시기는 기망행위를 개시한 때이며, 이는 미수범 처벌규정을 둔 사기죄에 있어서 미수범 판단의 중요한 요소가 된다.

나. 구성요건

> ▶ 기망행위 사실에 대한 인식과 판단의 착오를 불러일으키는 행위
> ▶ 처분행위 착오에 빠진 피해자가 실제 재물을 교부하는 행위
> ▶ 재산상 이득 재물이나 채무 변제 등 재산적 이득 여부
> ▶ 고의성 피해자에게 거짓말을 해 재물을 가로챈다는 인식 및 의사 여부
> ▶ 불법영득의사

(1) 객체 - 재물 또는 재산상 이익

사기죄의 객체는 재물 또는 재산상의 이익이다. 재물은 타인점유의 재물을 말하며 동산, 부동산을 불문한다. 그 외 재산상의 이익은 노무제공, 담보제공 등과 같은 적극적 이익, 채무면제, 채무변제 유예[67] 등과 같은 소극적 이익, 일시적 이익, 영속적 이익을 불문한다. 또한 그 재산상의 이익을 법률상 유효하게 취득함을 필요로 하지 아니하고 그 이익 취득이 법률상 무효라 하여도 외형상 취득한 것이면 족한다.[68]

(2) 기망행위

(가) 기망행위

기망행위는 명시적 기망, 묵시적 기망[69] 불문하며, 허위의 의사표시에 의하여 타인을

---

67) 사기죄에 있어서 채무이행을 연기 받는 것도 재산상의 이익이 되므로, 채무자가 채권자에 대하여 소정기일까지 지급할 의사와 능력이 없음에도 종전 채무의 변제기를 늦출 목적에서 어음을 발행 교부한 경우에는 사기죄가 성립한다(대법원 1997. 7. 25. 선고 97도1095 판결).
68) 대법원 1975. 5. 27. 선고 75도760 판결.
69) 절취한 은행예금통장을 이용하여 은행원을 기망해서 진실한 명의인이 예금을 찾는 것으로

착오에 빠뜨리는 일체의 행위, 그리고 이미 착오에 빠져 있는 상태를 이용하는 행위 등을 말한다. 기망행위의 대상은 사실이며 장래의 사실도 과거 현재의 사실과 관련되어 있는 것이면 포함되고 작위 부작위 불문한다. 다만, 순수한 가치판단이나 단순한 의견의 진술은 객관적 확정이 불가능하므로 기망행위의 대상에서 제외된다는 것이 다수설이다.

(나) 기망행위의 상대방

기망행위의 상대방은 재산적 처분능력이 있는 자연인(타인)이며 특정인 불특정인 불문한다. 따라서 미성년자나 심신미약자 상대방에 포함되지만 유아나 심신상실자는 제외되며, 광고회사와 같은 불특정인도 상대방이 될 수 있다. 또한, 피해자와 상대방이 반드시 동일인일 필요는 없지만 그 상대방은 피해자의 재산에 대한 처분행위를 할 수 있는 지위에 있는 자임을 요한다.

(3) 착오발생

착오란 행위자의 기망행위로 인하여 피기망자에게 착오가 야기되어야 하는데, 여기서 착오란 인식과 현실의 불일치를 의미한다. 또한 반드시 법률행위의 중요 부분에 관한 허위표시임을 요하지 아니하고 상대방을 착오에 빠지게 하여 행위자가 희망하는 재산적 처분행위를 하도록 하기 위한 판단의 기초가 되는 사실에 관한 것이면 족한 것이므로, 용도를 속이고 돈을 빌린 경우에 있어서 만일 진정한 용도를 고지하였더라면 상대방이 돈을 빌려 주지 않았을 것이라는 관계에 있는 때에는 사기죄의 실행행위인 기망은 있는 것으로 보아야 한다.[70]

오신시켜 예금을 편취한 것이라면 새로운 법익의 침해로 절도죄 외에 따로 사기죄가 성립한다(대법원 1974. 11. 26. 선고 74도2817 판결).
70) 대법원 1996. 2. 27. 선고 95도2828 판결.

(4) 처분행위

처분행위란 직접 재산상의 손해를 초래하는 작위 또는 부작위를 말하며, 이는 자유의사에 의해 이루어져야 하며 처분행위로 인하여 직접적인 손해가 발생하여야 한다. 나아가 자신의 행위로 재물의 점유 또는 재산상의 이익이 타인에게 이전된다는 인식 즉 처분의사도 있어야 할 뿐만 아니라 착오와 처분행위 사이에는 인과관계가 있어야 한다. 그 외 피기망자와 재산상의 피해자가 같은 사람이 아닌 경우에는 피기망자가 피해자를 위하여 그 재산을 처분할 수 있는 권능을 갖거나 그 지위에 있어야 하지만, 여기에서 피해자를 위하여 재산을 처분할 수 있는 권능이나 지위라 함은 반드시 사법상의 위임이나 대리권의 범위와 일치하여야 하는 것은 아니고 피해자의 의사에 기하여 재산을 처분할 수 있는 서류 등이 교부된 경우에는 피기망자의 처분행위가 설사 피해자의 진정한 의도와 어긋나는 경우라고 할지라도 위와 같은 권능을 갖거나 그 지위에 있는 것으로 보아야 한다.[71]

(5) 재산상의 손해 및 불법영득의사

(가) 재산상의 손해발생 불요

기망으로 인한 재물의 교부가 있으면, 그 자체로서 곧 사기죄는 성립하고, 상당한 대가가 지급되었다거나 피해자의 전체 재산상에 손해가 없다고 하여도 사기죄의 성립에는 영향이 없다.[72]

(나) 불법영득의사

고의와 불법영득·이득의사 있어야 한다. 따라서 변제의 의사가 없거나 약속한 변제기일내에 변제할 능력이 없음에도 불구하고 변제할 것처럼 가장하여 금원을 차용하거나 물품을 구입한 경우에는 편취의 범의를 인정할 수 있다.[73]

---

71) 대법원 1994. 10. 11. 선고 94도1575 판결.
72) 대법원 1999. 7. 9. 선고 99도1040 판결.
73) 대법원 1986. 9. 9. 선고 86도1227 판결.

다. 처벌

본죄가 성립할 경우 10년 이하의 징역 또는 2천만원 이하의 벌금에 처해질 수 있다.

[서식(고소장)] 사기죄 (대여금사기)

고 소 장

1. 고소인

0 0 0(000000-0000000)
00도 00시 00동 000-00
(휴대폰) 010-0000-0000

2. 피고소인

0 0 0(000000-0000000)
00시 00구 00동 000-00
(휴대폰) 010-0000-0000

3. 고소취지

고소인은 피고소인을 사기죄로 고소하오니 처벌하여 주시기 바랍니다.

4. 고소범죄사실

피고소인은 변제의사 및 변제능력도 없이 고소인에게 "금전을 빌려주면 1달 안에 월00%의 이자와 함께 반드시 변제하겠다"라고 말하는 등 고소인을 기망하여, 이에 속은 고소인으로 하여금 별지 범죄일람표의 기재와 같이 총17회에 걸쳐 총 00,000,000원의 금전을 송금하게 하여 이를 고소인으로부터 편취하였다.

5. 고소이유

가. 고소인은 2000. 00.에 00대학교를 졸업하고 현재 구직 중인 자로서, 00대학교 재학 시절인 2000.경에는 00문화센터에서 수영강사를 하였습니다.

고소인은 2000.~2000.경 00시 소재 00스포츠센터에서 트레이너로 일한 적이 있는데, 2000. 00.경 전(前) 00 스포츠센터의 관장인 고소 외 박00의 소개로 박OO의 동업자인 고소 외 김OO을 알게 되었고, 2000. 00.경 김OO의 소개로 피고소인을 처음 만나게 되었습니다.

피고소인은 2000. 00.경 변제의사와 변제능력도 없이 ① 자신은 기업 M&A를 전문으로 하는 사업가이고, ② 자신이 이미 00억원을 투자하여 상당한 지분을 가지고 있는 '0000' 등의 회사가 조만간 유상증자 할 예정이며, ③ '0000' 등의 회사가 유상증자만 하면 자신은 00억원 이상의 순수익을 받게 되고, ④ 한편 지금 확실한 수익이 보장된 우수한 투자처가 나왔는데 투자금과 경비 등 현금이 부족하고, ⑤ 자신에게 금전을 빌려주면 1달 안에 월00%의 이자와 함께 반드시 변제하겠다고 거짓말하였습니다. 피고소인은 이에 속은 고소인으로 하여금 별지 범죄일람표 기재와 같이 총13회에 걸쳐 총00,000,000원을 송금하게 함으로써 위 금원을 편취하였습니다(증제1,4,5,6,7,9,10호증).

나. 피고소인은 변제기를 도과한 후 현재까지 그 대여금을 한 푼도 변제하지 않았고, 고소인으로부터 편취한 금전으로 00시 00구 00동 소재 불법카지노를 하는 비용으로 이를 사용하였습니다(증제10호증).

고소인이 대여금의 상환을 독촉하자 피고소인은 2000. 00.00.경 변제의사와 변제능력도 없이 ① 자신이 주식회사 000의 지분 50%를 가지고 있고, ② 강00 회장과 함께 위 지분을 처분할 예정이며, ③ 위 지분을 처분하기 위해 00에 가야 하는데 비행기 값 등 경비가 부족하고, ④ 자신에게 경비를 빌려주면 위 지분을 처분하여 모든 대여금을 그 이자와 함께 전액 상환해 주겠다고 거짓말하여 이에 속은 고소인으로 하여금 별지 범죄일람표 같이 000,000원을 추가로 편취하였습니다(증제2,5,6,7,9,10호증).

피고소인은 현재까지 그 경비를 한 푼도 변제하지 않았고, 애초에 주식회사 00 지분을 보유한 사실도 없으며, 그 지분을 처분하기 위해 00에 간 사실도 없습니다.

다. 피고소인은 2000. 00.경 변제의사와 변제능력도 없이 ① 자신이 모시는 000 점장님이 000 등 000 상장회사를 인수할 예정이고, ② 점장님이 회사를 인수하면 자신에게 00억원이 들어오게 되어 있으며, ③ 현재 회사인수 막바지인데 경비가 부족하고, ④ 자신에게 경비를 빌려주면 00억원을 받아 고소인의 대여금을 최우선적으로 그 이자와 함께 전액 상환해 주겠다고 거짓말하여 이에 속은 고소인으로 하여금 별지 범죄일람표 15번~17번 기재와 같이 총3회에 걸쳐 총0,000,0000원을 추가로 편취하였습니다(증제3,4,5,6,7,9,10호증).

피고소인은 현재까지 그 경비를 한 푼도 변제하지 않았고, 애초에 00 등 코스닥 상장회사를 인수 작업을 한 사실도 없으며, 그 누가 회사를 인수하더라도 피고소인에게 00억원을 주기로 되어 있는 것도 아니었습니다.

라. 피고소인은 고소인이 변제·반환을 독촉하자 고소인에게 자신이 모시는 000이 최근에 코스닥 상장회사인 00을 인수하였는데 그 회사에 고소인의 일자리를 마련해 줄 테니 다음 주부터 출근해서 일하면서 조금만 더 기다려달라고 말하자, 고소인은 이를 믿고 00센터 강사를 그만두었고, 출근일로 약속된 당일 출근준비를 하였지만, 피고소인이 갑자기 연락을 끊고 행방불명이 되어 고소인으로 하여금 애꿎게 직장만 잃도록 만들었습니다.
피고소인은 결국 고소인으로부터 총17회에 걸쳐 총00,000,000원을 편취하였고, 현재까지 고소인의 대여금을 한 푼도 변제하지 않았으며, 승용차도 반환하지 않으면서 이제는 고소인의 연락조차 의도적으로 회피하고 있는 바, 고소인은 더 이상 피고소인으로부터 변제·반환 받을 길이 없어 이에 고소에 이르렀습니다.

6. 증거자료
▫ 고소인은 고소인의 진술 외에 제출할 증거가 있습니다.
☞ 증거자료의 세부내역은 별지를 작성하여 첨부합니다.

7. 관련사건의 수사 및 재판 여부

① 중복 고소 여부	본 고소장과 같은 내용의 고소장을 다른 검찰청 또는 경찰서에 제출하거나 제출하였던 사실이 있습니다 ▫ / 없습니다 ■☑
② 관련 형사사건 수사 유무	본 고소장에 기재된 범죄사실과 관련된 사건 또는 공범에 대하여 검찰청이나 경찰서에서 수사 중에 있습니다 ▫ / 수사 중에 있지 않습니다 ■
③ 관련 민사소송 유무	본 고소장에 기재된 범죄사실과 관련된 사건에 대하여 법원에서 민사소송 중에 있습니다 ▫ / 민사소송 중에 있지 않습니다 ■☑

본 고소장에 기재한 내용은 고소인이 알고 있는 지식과 경험을 바탕으로 모두 사실대로 작성하였으며, 만일 허위사실을 고소하였을 때에는 형법 제156조 무고죄로 처벌받을 것임을 서약합니다.

2000.　00.　　.

고소인　　０ ０ ０ (인)

서울 00경찰서장　귀중

순번	증거	작성자	제출 유무
1	입출금거래내역 (사본)	00 (고소인계좌)	☑■ 접수시 제출 □ 수사 중 제출
2	입출금거래내역 (사본)	00 (고소인계좌)	■ 접수시 제출 □ 수사 중 제출
3	거래내역조회 (사본)	00은행 (고소인계좌)	☑■ 접수시 제출 □ 수사 중 제출

별지 : 증거자료 세부 목록

제출기관	범죄지, 피의자의 주소, 거소 또는 현재지의 경찰서, 검찰청	공소시효	10년
고소권자	피해자(형사소송법 223조)	소추요건	(형법 354조, 328조)
제출부수	고소장 1부	관련법규	형법 347조
범죄성립 요 건	• 사람을 기망하여 재물의 교부를 받거나 재산상의 이익을 취득한 때 • 사람을 기망하여 제3자로 하여금 재물의 교부를 받거나 재산상의 이익을 취득하게 한 때		
형 량	• 10년 이하의 징역 • 2,000만원 이하의 벌금 (10년 이하의 자격정지를 병과할 수 있음 : 형법 353조)		
불기소 처분 등에 대한 불복절차 및 기간	(항고) • 근거 : 검찰청법 10조 • 기간 : 처분결과의 통지를 받은 날부터 30일(검찰청법 10조4항) (재정신청) • 근거 : 형사소송법 제260조 • 기간 : 항고기각 결정을 통지받은 날 또는 동법 제260조 제2항 각 호의 사유가 발생한 날부터 10일(형사소송법 제260조 제3항) (헌법소원) • 근거 : 헌법재판소법 68조 • 기간 : 그 사유가 있음을 안 날로부터 90일 이내에, 그 사유가 있은 날로부터 1년 이내에 청구하여야 한다. 다만, 다른 법률에 의한 구제절차를 거친 헌법소원의 심판은 그 최종결정을 통지받은 날로부터 30일 이내에 청구(헌법재판소법 69조)		

고 소 장

고 소 인   ㅇ ㅇ ㅇ(000000-0000000)
            ㅇㅇ시 ㅇㅇ구 ㅇㅇ동 000-00
            (전화 : 010-0000-0000)

피고소인   ㅇ ㅇ ㅇ(000000-0000000)
            ㅇㅇ시 ㅇㅇ구 ㅇㅇ동 000-00
            (전화 : 010-0000-0000)

고 소 취 지

고소인은 피고소인을 <u>사기죄</u>로 고소를 하오니, 철저히 조사하시어 법에 따라 엄벌하여 주시기를 바랍니다.

고 소 이 유

1. 고소인과 피고소인의 지위

피고소인(<u>피고소인은 건설면허가 없어 정상적인 건설업의 영위가 불가능한 자로서, 공사의 수주 후 관련 업체로부터 면허를 대여받아 직접 건축공사를 하는 자입니다</u>)은 000 종합건설의 대리인(<u>도급계약서에는 형식상 대리인이라고만 표시되어 있을 뿐, 실제로는 위 공사도 피고소인이 독립적으로 수주한 후 000 종합건설에 면허대여비만 지급하였을 뿐입니다</u>)으로서 2000. 00. 0. 고소 외 000과 00시 00구 00동 000-00 지상 도시형 생활주택 신축공사에 관한 도급계약을 체결한 자이고(증 제1호증 : 민간건설공사 표준도급계약서 참조), 고소인은 그 후 2000. 00. 00. 위 000으로부터 공사도급계약상의 지위를 포함하여 위 신축건물에 관한 일체의 권리를 양수받은 자입니다(증 제2호증 : 인증서 참조).

참고로 고소 외 000은 피고소인과의 계약에 따라 2000. 00. 00.경 피고소인에게 계약금 00억 원을 지급하였지만, 그 후 공사의 진척이 전혀 없자(<u>심지어 철거 및 터파기공사와 관련하여서도 고소인은 제3의 업체와 별도의 도급계약을 체결한 후 추가적인 금원을 지급하</u>

면서 각각 공사를 진행하였을 정도입니다. 이러한 이유로 고소인은 피고소인에게 공사를 독촉하는 과정에서, 피고소인이 건설면허를 대여하여 공사를 하는 업자라는 사실 및 위 계약금 전부를 자신의 부채를 변제하는 등으로 사용하였다는 사실을 000 종합건설의 이사 000으로부터 직접 확인하였습니다), 결국 고소인은 2000. 00. 00.경 피고소인과의 도급계약을 해지하였고, 현재는 00건설과 도급계약을 체결하여 위 주택을 신축하고 있는 상황입니다.

덧붙여 말씀 드리면, 애초 000은 피고소인이 면허를 대여하여 건설업을 영위하는 자라는 사실을 알았다고 한다면, 피고소인을 믿고 자신의 전 재산이나 다름없는 건축공사를 피고소인에게 맡기는 일은 없었을 것입니다.

2. 피고소인의 범죄사실 – 사기죄
앞서 말씀드린 바와 같이 피고소인은 건설면허가 없어 정상적인 공사수주나, 건설시공능력 등이 전혀 없는 자이고, 특히 000으로부터 지급받은 계약금을 자신의 부채변제 등 개인적인 용도로 모두 유용하였을 만큼 이 사건 도급계약체결 당시 경제적인 능력상 정상적인 공사추진이 불가능하였던 자입니다.

따라서 사실은 000과 도급계약을 체결한 후 동인으로부터 공사대금을 지급받더라도 자신의 경제적인 형편상 이를 공사대금으로 사용할 의사나 능력이 전혀 없었고 단지 자신의 부채를 변제하는 등의 개인적인 용도로 유용할 목적이었음에도 불구하고,

2000. 00. 00. 정순옥과 도급계약을 체결하면서 마치 정순옥이 위 계약에 따른 공사대금만 지급하면 도급계약에 따른 건축공사가 순조롭게 진행될 것인 양 동인을 기망한 후 이에 속은 000으로부터 계약금 00억 원을 지급받아 이를 편취하였고, 동인에게는 그 금액상당의 손해를 입게 하였습니다.

실제 피고소인은 000으로부터 계약금을 교부받은 후 신축공사의 기초라 할 수 있는 철거공사조차 착공치 아니하는 등 아무런 공사도 진행치 아니하였습니다. 이 때문에 수개월째 신축공사 착공조차 개시되지 아니한 상태에 이르자, 고소인은 다시 타 업체(주식회사 000 개발)와 철거 및 터파기공사 등에 관한 별도의 도급계약을 체결하는 등으로(증 제3호 증 : 민간건설공사철거계약서 참조) 약 00억 원에 가까운 금원을 손해를 보는 등 지금까지 공기 물론 금전적으로도 막대한 손실(공사지연으로 인한 은행대출이자, 2000. 0.경을 준공시점으로 예상한 임대수익분 등 포함)을 입고 있는 상황입니다.

3. 결론

이처럼 피고소인은 자신의 경제적 사정으로 인하여 처음부터 OOO과 도급계약을 체결하고 동인으로부터 그에 따른 대금을 지급받더라도 정상적인 공사가 불가능한 상황이었음에도 그러한 상황을 속인 채, OOO과 도급계약을 체결한 후 계약금 상당을 교부받아 편취한 것입니다.

더구나 OOO은 피고소인과 도급계약을 체결할 당시 피고소인이 OOO 종합건설을 대리한 대리인으로 철석같이 믿고 OOO 종합건설과 도급계약을 체결하였던 것입니다. 만일 처음부터 피고소인이 OOO 종합건설로부터 건설면허만을 대여 받아 직접 공사를 진행하는 것이라는 사실을 알았거나, 그러한 사실을 고지하였다고 한다면 애초 피고소인과 도급계약을 체결하는 일은 없었을 것입니다.

결국 피고소인은 OOO과 도급계약체결 당시 자신의 경제적 능력, 시공능력 등의 계약체결상의 중대한 사실을 기망한 후 동인과의 계약을 체결하였던 것으로서, 이는 사기사건의 전형적인 모습입니다.

따라서 고소인은 피고소인을 사기죄로 고소를 하오니, 다시는 피고소인의 사기행각이 반복되지 아니하도록 이 사건을 철저히 수사하시어 피고소인을 엄벌하여 주시기를 바라옵니다.

증 거 서 류

1. 증 제1호증   도급계약서
1. 증 제2호증   인증서
1. 증 제3호증   민간건설공사철거계약서

2013. 8. .
위 고소인 OOO(인)

수원OO검찰청 OO지청   귀중

고 소 장

고 소 인   박 0 0
             00시 00구 00로 00길 000-00
             010-0000-0000

피고소인   1. 최 0 0 (700404-1******)
             00시 00구 00로 00길 000-00
             010-0000-0000

             2. 최 0 0
             위 피고소인 최00의 주소와 같음

고 소 취 지

고소인은 피고소인들을 형법 제347조 소정의 사기죄로 고소하오니, 귀청이 위법사실을 철저히 수사하여 법에 따라 엄중히 처벌하여 주시기 바랍니다.

고 소 원 인

1. 당사자들의 관계

고소인 박00은 00시 00구 00동 000-00 00호 부동산[이하 '이 사건 부동산'이라 합니다]에 관하여 매매계약을 체결한 매수인이고, 피고소인 최00은 이 사건 부동산의 매도인이며, 피고소인 최00은 최00과 형제로서 이 사건 부동산 매매계약에 있어 위 최00을 대리한 사람입니다.

한편, 위 부동산매매계약 전과정에서 피고소인 최00, 최00은 함께 모든 과정을 진행하였습니다.

2. 이 사건의 경위

가. 고소인은 2000. 00. 00. 피고소인들로부터 이 사건 부동산을 00억원에 매수하기로 하는 부동산 매매계약을 체결하였고, (증 1호증 부동산매매계약서 참고)

위 매매계약의 내용에 따라 고소인은 2000. 00. 00. 계약금으로 00천만 원을, 같은 해 00. 00. 중도금으로 0억 원을, 같은 해 00. 00. 잔금으로 0억원을 각 지급하여 매매대금 합계 0억원을 모두 지급하였습니다.(증제2호증의1내지3 각 영수증 참고)

한편, 위 매매계약의 대금 납부시 앞에서 설명드린 바와 같이 피고소인 최00은 본인이, 대리인인 형제 최00이 각 지급받은 사실이 있습니다.

나. 그런데, 고소인이 잔금을 지급하기 약 보름 전인 2000. 00. 00. 경 이미 이 사건 부동산에 관하여 피고소인의 일반채권자인 신청 외 주식회사 00개발에 의한 청구금액 00,000,000원의 가압류등기가 집행되어 있었음에도 불구하고 피고소인들은 이러한 사정을 알리지 않은 채 고소인으로부터 2000. 00. 00. 잔금을 전액 수령하였습니다. (증 2호증의1내지3 각 영수증, 증 3호증 부동산등기부등본 각 참고)

다. 고소인이 뒤늦게 이 사건 부동산에 대한 가압류등기가 경료 된 사실을 알고 항의하자 피고소인은 한두 달 이내에 말소시킬 것이라며 무작정 기다리라고만 하거나, 오히려 돌려줄 수는 없으니 소송을 통해 반환 받아가라며 그 반환을 거부하고 있는 상황입니다.

2. 피고소인의 사기 범죄

가. 부동산 거래에 있어 거래 상대방이 일정한 사정에 관하여 고지를 받았더라면 그 거래를 하지 않았을 것임이 경험칙상 명백한 경우에는 신의성실의 원칙상 사전에 상대방에게 그와 같은 사정을 고지할 의무가 있으며, 그와 같은 고지의무의 대상이 되는 것은 직접적인 법령의 규정뿐 아니라 널리 계약상, 관습상 또는 조리상의 일반원칙에 의하여도 인정될 수 있을 것입니다.

그리하여 대법원은 아파트 단지 인근에 쓰레기 매립장이 건설예정인 사실이 신의 칙상 분양계약자들에게 고지하여야할 대상이라고 보고, 위 사실이 주택공급에 관한 규칙 제8조 에서 규정하고 있는 모집공시 고지하여야 할 사항에 포함되지 않으므로 고지의무가 없다는 상고이유를 배척한 바가 있습니다(대법원 2006. 10. 12. 2004다48515 판결 참고)

나. 또한 부동산을 매매함에 있어서 매도인이 매수인에게 매매와 관련된 구체적사정을 고지하지 아니함으로써, 매수인이 매매목적물에 대한 권리를 확보하지 못할 위험 이 생길 수 있음을 알면서도, 매수인에게 그와 같은 사정을 고지하지 아니한 채 매매계약을 체결하고 매매대금을 교부받는 한편, 매수인은 그와같은 사정을 고지 받았더라면 매매계약을 체결하지 아니하거나 매매대금을 지급하지 아니하였을 것임이 경험칙상 명백한 경우에는, 신의성실의 원칙상 매도인에게 그와 같은 사정 에 관한 고지의무가 있다고 할 것이므로, 매도인이 매수인에게 그와 같은 사정을 고지하지 아니함은 사기죄의 구성요건인 기망에 해당한다 할 것입니다(대법원 1991. 12. 24. 91도2698 판결)

다. 나아가 사기죄의 요건으로서 기망은 널리 재산상의 거래관계에 있어 서로 지켜야 할 신의와 성실의 의무를 저버리는 모든 적극적 또는 소극적 행위를 말하는 것이 고, 이러한 소극적 행위로서의 부작위에 의한 기망은 법률상 고지의무 있는 자가 일정한 사실에 관하여 상대방이 착오에 빠져 있음을 알면서도 이를 고지하지 아니 함을 말하는 것으로서, 일반거래의 경험칙상 상대방이 그 사실을 알았더라면 당해 법률행위를 하지 않았을 것이 명백한 경우에는 신의칙에 비추어 그 사실을 고지할 법률상 의무가 인정되는 것 으로 임대인이 임대차 계약을 체결하면서 임차인에게 임대목적물이 경매진행중인 사실을 알리지 아니한 경우 임차인이 <u>등기부를 확인</u> <u>또는 열람하는 것이 가능하더라도 사기죄가 성립한다고 판시</u>한 바가 있습니다. (대 법원 1998.12.8. 선고 98도3263 판결 참조)

라. 이 사건의 경우
매매 목적 부동산에 가압류가 경료되는 경우 매수인의 소유권 행사에 현저한 제약이 발생하므로 이는 재산상 거래관계에서 매우 중요한 사실입니다. 그러므로 매도인은 가압류 등기 사실을 매수인에게 반드시 고지해야 할 법률상의 의무가 있습니다.

피고소인은 이 사건 부동산의 신축에 관하여 주식회사 신정산업개발와 도급계약을 체결하여 공사를 발주하고 이 사건 부동산에 관하여 소유권보존등기를 경료한 자로서 이 사건 부동산 건물을 신축한 사람입니다.

그리하여 이 사건 부동산에 관하여 매매계약을 체결할 당시에도 주변 공인 중개사들 물론 피고소인들은 자신들을 사장님, 회장님으로 호칭하기도 하여왔습니다.

고소인이 이 사건 부동산에 관하여 매매계약을 체결할 당시 이미 피고소인과 수급인인 주식회사 00개발간 미지급 공사대금 등에 관하여 분쟁의 소지가 존재하였는데, 이를 염려하여 혹시 (추가)공사대금 미지급 등을 이유로 부동산의 소유권을 확보함에 있어 문제가 있는 것은 아닌지 염려하자 오히려 자신들이 주식회사 신정산업개발로부터 금전을 받을 것을 것이 있다는 등으로 고소인을 안심시키기도 하였습니다.

사정이 이러함에도 불구하고, 피고소인은 고소인으로부터 잔금 0억원을 지급 받던 2000. 00. 00. 전인 00. 00. 이미 이 사건 부동산에 가압류등기가 경료되어 있음에도 불구하고(증제3호증 등기사항전부증명서 참고) 이러한 사실을 고지하지 아니한 채, 고소인으로부터 잔금을 전액 수령하였음은 물론 잔금 지급을 완료한 고소인이 후에 이러한 사실을 알고 매매대금 반환을 요구하자 그 반환을 거부하고 있는 것입니다.

또한 부동산 매매계약서 상의 잔금 지급일 2000. 00. 00.인데, 고소인은 그 보다 더 빠른 2000. 00. 00. 잔금을 지급하며, 소유권이전등기절차에 관하여 문의하고, 등기이전에 필요한 서류 등을 요구하였음에도 불구하고, 피고소인은 가압류등기가 경료된 사실을 고소인이 알게 되면 고소인이 잔금을 지급하지 아니하고, 매매계약을 해제, 파기할 것을 우려하여 걱정마시라, 소유권이전등기절차는 자신의 법무사들이 알아서 진행할 것이다라는 등의 이야기를 하며 고소인을 기망하였던 것입니다.

이러한 사실은 향후 가압류 등기가 경료된 사실을 알고, 고소인이 피고소인을 찾아가 항의할 당시 피고소인이 이에 관하여 이야기 하고 있는 부분에 서도 명백히 확인이 될 수 있습니다.(증제4호증 녹취록 참고)

그렇다면, 피고소인들에게는 사기죄가 성립함이 명백하다 할 것입니다.

3. 결론

고소인은 장기간 해외에서 체류하여 국내 사정에 관하여 밝지 못합니다.
더구나, 고소인은 이 사건 부동산을 혼인을 하며 거주할 목적으로 매수를 한 것입니다.
이처럼 고소인이 국내사정에 밝지 못한 점, 기존에 거주하였던 전세집이의 전세기간이
만료되어 혼인을 함에 있어 부동산을 거주하기 위한 것임을 이용하여 사기 범행을
한 것으로 그 죄질이 매우 좋지 못하다할 것인바, 법이 허용하는 한도 내에서, 피고소
인을 엄중히 처벌하여 주실 것을 간곡히 요청합니다.

증 거 자 료

1. 증 제1호증   부동산매매계약서
생략

2000. 00. 00. .
위 고소인
0 0 0 (인)

서울00지방검찰청   귀중

고 소 장

고 소 인　　　최00(000000-0000000)

　　　　　　　00시 00구 00동 000-00

　　　　　　　연락처 : 010-0000-0000

피고소인　　　박00(000000-0000000)

　　　　　　　00시 00구 00동 000-00

　　　　　　　연락처 : 010-0000-0000

고 소 취 지

고소인은 피고소인을 형법 제347조 소정의 사기죄로 고소하오니, 귀청이 위법사실을 철저히 수사하여 법에 따라 엄중히 처벌하여 주시기 바랍니다.

고 소 원 인

1. 당사자 지위

피고소인은, 돈을 편취하기 위하여 고소인의 친누님인 고소 외 최00 이외에도 같은 고00, 같은 송00 등 수 명을 동시에 접근하여 동일한 수법으로 돈을 편취해온 자로서, 고소인으로부터 금000,000,000원을 편취한 이 사건의 가해자입니다.

고소인은 이 사건의 피해자입니다.

2. 피고소인의 사기행각

2000. 00. 경 피고소인은 사실은 변제할 의사나 능력이 없음에도 불구하고, 고소인 최00에게는 "보험 영업 업무상 외제차가 필요하니 외제차를 구매할 돈을 빌려달라. 빌려주면 0개월 후 받을 돈이 있으니 꼭 변제하겠다."고 하면서 변제의사나 능력이 있는 것으로 고소인을 기망하여, 착오에 빠진 고소인 최00로부터 2000. 00. 00. 금 00,000,000원을 받아 편취하고,

2000. 00.경 피고소인은 사실은 지인이 00판매지점을 오픈하고, 자신은 직원으로 참여할 계획임에도 불구하고, 고소인에게는 "보험 일을 같이하던 사람들과 별도로 지점을 오픈할 계획인데, 투자금이 필요하다. 그러니 00개월만 빌려달라."고 거짓말을 하며 00판매지점을 오픈함에 있어서 자신이 지분을 가지고 투자하는 것처럼 고소인을 기망하여, 착오에 빠진 고소인으로부터 2000. 00. 00. 금 00,000,000만원을 받아 편취하고,

2000. 00.경 피고소인은 사실은 펀드 투자를 할 의사나 능력이 없음에도 불구하고, 당시 00시 00동 소재 00 주식회사 사무실에서 근무 중이던 고소인에게 전화를 걸어 "펀드 투자를 하면 돈을 많이 벌 수 있으니 00개월만 사용 후 변제하겠다."고 거짓말을 하여 마치 펀드 투자를 할 의사나 능력이 있는 것처럼 고소인을 기망하여, 착오에 빠진 고소인으로부터 2000. 00. 00. 금 00,000,000원을 받아 편취하고,

2000. 00.경 피고소인은 사실은 그러한 사실이 전혀 없음에도 불구하고, 고소인에게는 고소 외 소00, 같은 정00, 같은 권00과 함께 자동차보험사무실을 오픈하기 하였다고 한적이 있는데, 피고소인은 사실은 위와 같이 위 소00 외 2인과 함께 00사무실을 오픈하기로 한 사실이 전혀 없을 뿐만 아니라 사업동업자 소00이 사업자금을 모두 가지고 도주한 사실 또한 더더욱 없음에도 불구하고, 2000. 00.경 당시 00시 00구 소재 00 주식회사 사무실에서 근무 중이던 고소인에게 전화를 걸어 "사업동업자 소00이 사업자금을 모두 가지고 도주해서 찾으러 다니다가 000에서 찾았는데, 다투던 중 소00을 폭행하여 구속을 당할 처지에 처했다. 폭행합의금 00,000,000원이 필요하다. 구속당하지 않아야 돈을 받으러 다닐 수 있지 않겠느냐?"고 거짓말을 하며 고소인을 기망하여, 착오에 빠진 고소인으로부터 2000. 00. 00. 계좌이체로 금 00,000,000원을 받아 편취하였습니다.

3. 결어

피고소인은 2000. 00.경부터 현재까지 고소인에게 "천00이라는 자와 함께 00으로부터 00를 수입하여 00시에 운영사업을 할 계획이다. 이 사업이 진행되면 모든 채무를 변제할 수 있으니 조금만 기다려달라. 사업진행을 위해서 투자유치를 위해 다니고 있고 현재 투자유치가 잘 되고 있으니 곧 채무를 변제할 수 있다."고 하면서 고소인을 피하고 있습니다. 그래서 고소인이 부산시청과 포항시청 그리고 네덜란드대사관에 확인해보니 그러한 사업계획이 전혀 없다는 답변이었습니다.

피고소인은 2000.경부터 고소인의 친누나인 고소 외 OOO에게 접근하여 누님으로부터도 금 OOO,OOO,OOO원을 편취하고 그 외에도 많은 피해를 입히기도 하였습니다. 최근 피고소인에 대한 모든 정황이 의심스러워서 2000. OO. OO. 피고소인이 사용중인 누님 명의의 핸드폰의 OO개월간 통화목록을 조회해보니, 누님 이외에도 누님과 같은 수법으로 많은 돈을 편취당한 여자들이 한 두 명이 아니었습니다.

존경하는 검사님 그리고 경찰관님! 피고소인의 위 소위는 사기죄 등을 구성할 것임에 의문이 없을 것이므로, 고소인들이 처해 있는 위와 같은 사정과 고통을 감안하시어서 피고소인의 위 소위를 철저히 수사하여 엄벌에 처해 주시기 바랍니다.

증 거 자 료

증거는 추후 제출하겠습니다.

2000. OO. OO.

위 고소인 O O O (인)

OO지방검찰청   OO지청 귀중

고 소 장

고 소 인   ○   ○   ○ (000000-0000000)

○○시 ○○구 ○○로 ○○(○○동)

(전화번호 : 000-0000)

피고소인   ○   ○   ○ (000000-0000000)

○○시 ○○구 ○○로 ○○(○○동)

(전화번호 : 000-0000)

고 소 취 지

피고소인에 대하여 사기죄로 고소하오니 처벌하여 주시기 바랍니다.

고 소 사 실

1. 피고소인은 일정한 직업이 없는 자인바, 20○○. ○. ○. 15:00경 ○○시 ○○구 ○○동에 있는 ○○○호텔 커피숍에서 사실은 고소인을 ○○주식회사에 취직시켜 줄 의사와 능력이 없음에도 불구하고 고소인에게 "○○주식회사의 인사과장을 잘 알고 있는데 그 과장에게 부탁하여 위 회사 사원으로 취직시켜주겠다"고 거짓말하 여 이에 속은 고소인으로부터 즉석에서 교제비 명목으로 ○○만원, 다음날 10:00 경 같은 장소에서 "일이 잘 되어간다"고 거짓말하여 사례비 명목으로 ○○만원 합계 ○○만원을 각 교부받아 이를 편취한 자입니다.

2. 따라서 피고소인을 귀서에 고소하오니 엄중히 조사하시어 처벌하여 주시기 바랍니다.

첨 부 서 류

조사시 자세히 진술하겠습니다.

20○○.   ○.   ○

위 고소인 ○   ○   ○ (인)

○○**경찰서장   귀하**

고 소 장

고 소 인   ○   ○   ○ (000000-0000000)
　　　　　　　○○시 ○○구 ○○로 ○○(○○동)
　　　　　　　(전화번호 : 000-0000)

피고소인   ○   ○   ○ (000000-0000000)
　　　　　　　○○시 ○○구 ○○로 ○○(○○동)
　　　　　　　(전화번호 : 000-0000)

고 소 취 지

피고소인에 대하여 사기죄로 고소하오니 처벌하여 주시기 바랍니다.

고 소 사 실

1. 피고소인은 ○○시 ○○구 ○○로 ○○(○○동) 건물의 소유자로서, 20○○. ○.
　○. 피고소인 소유의 위 건물 지하 1층 ○○PC방에서, 위 건물은 여러 건의 가압류
　와 근저당권설정이 되어 있어 위 PC방에 대해 임대차계약을 할 경우 기간이 만료되
　어도 임대보증금을 돌려줄 의사와 능력이 없으면서 고소인에게 "임차기간이 만료
　하면 틀림없이 임대보증금을 돌려주겠다."고 거짓말하여, 이를 믿는 고소인과 '임
　대보증금 5,0000만원에 월 200만원, 권리금 200만원, 임대기간 20○○. ○. ○.
　부터 20○○. ○. ○.까지(24개월)'로 한 부동산 임대차계약을 체결하고 계약금
　명목으로 현장에서 500만원, 20○○. ○. ○. 중도금으로 2,500만원, 20○○.
　○. ○. 잔금으로 4,000만원 등 총 7,000만원을 교부받아 이를 편취한 자입니다.

2. 따라서 피고소인을 귀서에 고소하오니 철저히 조사하시어 처벌하여 주시기 바랍니다.

첨　부　서　류

조사시 자세히 진술하겠습니다.

20○○.　　○.　　○
위 고소인　○　　○　　○　(인)

○○경찰서장　귀하

고 　 소 　 장

고 소 인 　　ㅇ 　 ㅇ 　 ㅇ (000000-0000000)

　　　　　　　ㅇㅇ시 ㅇㅇ구 ㅇㅇ로 ㅇㅇ(ㅇㅇ동)

　　　　　　　(전화번호 : 000-0000)

피고소인 　　ㅇ 　 ㅇ 　 ㅇ (000000-0000000)

　　　　　　　ㅇㅇ시 ㅇㅇ구 ㅇㅇ로 ㅇㅇ(ㅇㅇ동)

　　　　　　　(전화번호 : 000-0000)

고 　 소 　 취 　 지

피고소인에 대하여 사기죄로 고소하오니 처벌하여 주시기 바랍니다.

고 　 소 　 사 　 실

1. 피고소인은 일정한 직업이 없는 자인바, 20ㅇㅇ. ㅇ. ㅇ. ㅇㅇ시 ㅇㅇ구 ㅇㅇ로 ㅇㅇ(ㅇㅇ동) 소재 ㅇㅇ은행 ㅇㅇ지점에서 카드사용대금을 입금할 의사나 능력이 없으면서도 동 지점에 카드사용대금을 매월 25일 지정된 은행계좌{(ㅇㅇ은행, 계좌번호(000-00-000)}로 입금한다는 카드발급신청서를 제출하여 20ㅇㅇ. ㅇ. ㅇ. 동 은행으로부터 ㅇㅇ은행 ㅇㅇ신용카드(카드번호 : 000-00-000)를 교부받아 소지하고 있음을 기화로,

   20ㅇㅇ. ㅇ. ㅇ. ㅇㅇ시 ㅇㅇ구 ㅇㅇ동 ㅇㅇ백화점에서 물품구입비로 ㅇㅇ만원을 사용한 것을 비롯하여 20ㅇㅇ. ㅇ. ㅇ.까지 사이에 현금인출 및 물품구입 등으로 별지 범죄일람표의 내용과 같이 각 가맹점에서 총 40회에 걸쳐 ㅇㅇㅇ만원 상당을

교부받아 이를 편취한 자입니다.

2. 따라서 피고소인을 귀서에 고소하오니 철저히 조사하시어 처벌하여 주시기 바랍니
다.

첨 부 서 류

조사시 자세히 진술하겠습니다.

20○○.   ○.   ○
위 고소인 ○   ○   ○ (인)

○○경찰서장   귀하

고 소 장

고 소 인   ○   ○   ○ (000000-0000000)
            ○○시 ○○구 ○○로 ○○(○○동)
            (전화번호 : 000-0000)

피고소인   ○   ○   ○ (000000-0000000)
            ○○시 ○○구 ○○로 ○○(○○동)
            (전화번호 : 000-0000)

고 소 취 지

피고소인에 대하여 사기죄로 고소하오니 처벌하여 주시기 바랍니다.

고 소 사 실

1. 피고소인은 1년 전까지 ○○시 ○○구 ○○로 ○○(○○동) 소재 ○○유흥주점 종업원이었던 자인바, 200○. ○. ○.경 ○○시 ○○구 ○○로 ○○(○○동) 소재 고소인이 운영하고 있는 ○○유흥주점에서 위 주점 종업원으로 일할 의사가 없음에도 "먼저 일하던 업소에 선불금 1,000만원이 있는데 이 돈을 갚으려고 하니 선불금을 지급하여 달라"고 말하여 다음날 위 유흥음식점에서 위 돈을 받아 이를 편취한 것이다.

2. 따라서 피고소인을 귀서에 고소하오니 철저히 조사하시어 처벌하여 주시기 바랍니

다.

<h2 align="center">첨 부 서 류</h2>

조사시 자세히 진술하겠습니다.

20○○.   ○.   ○

위 고소인 ○   ○   ○ (인)

○○경찰서장 귀하

고　　소　　장

고 소 인　　ㅇ　ㅇ　ㅇ (000000-0000000)
　　　　　　ㅇㅇ시 ㅇㅇ구 ㅇㅇ로 ㅇㅇ(ㅇㅇ동)
　　　　　　(전화번호 : 000-0000)

피고소인　　ㅇ　ㅇ　ㅇ (000000-0000000)
　　　　　　ㅇㅇ시 ㅇㅇ구 ㅇㅇ로 ㅇㅇ(ㅇㅇ동)
　　　　　　(전화번호 : 000-0000)

고　소　취　지

피고소인에 대하여 사기죄로 고소하오니 처벌하여 주시기 바랍니다.

고　소　사　실

1. 피고소인은 건축업자인바, 20ㅇㅇ. ㅇ. ㅇ.경 고소인에게 ㅇㅇ시 ㅇㅇ로 ㅇㅇ(ㅇㅇ동) 모텔의 공사를 도급 주더라도 그 대금을 지급할 의사나 능력이 없음에도 불구하고 "공사를 완공하면 1개월 안에 모텔을 담보로 대출을 받거나 매도하여 공사대금 3억원을 주겠다."고 거짓말하여 이에 속은 고소인으로 하여금 20ㅇㅇ. ㅇ.경 공사를 완공하도록 한 뒤 공사대금을 지급하지 아니하므로 위 금액 상당의 재산상 이익을 취득한 것이다.

2. 따라서 피고소인을 귀서에 고소하오니 철저히 조사하시어 처벌하여 주시기 바랍니다.

첨　부　서　류

조사시 자세히 진술하겠습니다.

　　　　　　　　　20○○.　　○.　　○
　　　　　　　위 고소인　○　　○　　○　　(인)

○○경찰서장　귀하

고　　소　　장

고 소 인　　○　○　○ (000000-0000000)
　　　　　　○○시 ○○구 ○○로 ○○(○○동)
　　　　　　(전화번호 : 000-0000)

피고소인　　○　○　○ (000000-0000000)
　　　　　　○○시 ○○구 ○○로 ○○(○○동)
　　　　　　(전화번호 : 000-0000)

고　소　취　지

피고소인에 대하여 사기죄로 고소하오니 처벌하여 주시기 바랍니다.

고　소　사　실

1. 피고소인은 일정한 직업이 없이 놀고 있는 자로서, 20○○. ○. ○. 23:00경부터 같은 날 02:00경까지 ○○시 ○○구 ○○로 ○○(○○동) 소재 퐁퐁식당에서 고소인에게 식대지급의 의사나 능력이 없으면서 음식을 주문하여 고소인으로 하여금 그 대금을 받을 수 있는 것처럼 믿게 하고 그 곳에서 갈비 2대 24,000원, 밥 1그릇 1,500원, 소주 2홉들이 1병 3,000원 등의 음식을 교부받아 먹음으로서 그 대금 도합 28,500원 상당을 면하여 재산상 이익을 취득한 것입니다.

2. 따라서 피고소인을 귀서에 고소하오니 엄중히 조사하시어 처벌하여 주시기 바랍니다.

첨　부　서　류

조사시 자세히 진술하겠습니다.

20○○.　　○.　　○

위 고소인　○　　○　　○　(인)

○○경찰서장　귀하

고　　소　　장

고 소 인　　　○　　○　　○ (000000-0000000)
　　　　　　　○○시 ○○구 ○○로 ○○(○○동)
　　　　　　　(전화번호 : 000-0000)

피고소인　　　○　　○　　○ (000000-0000000)
　　　　　　　○○시 ○○구 ○○로 ○○(○○동)
　　　　　　　(전화번호 : 000-0000)

고　소　취　지

고소인은 피고소인에 대하여 사기죄로 고소하오니 처벌하여 주시기 바랍니다.

고　소　사　실

1. 고소인은 가정주부이고 피고소인은 고소인이 가입한 번호계 계주로서 고소인과는 아무런 친·인척관계가 아닙니다.

2. 고소인이 20○○. ○. ○.경 피고소인이 계주인 20명으로 구성된 번호계에 가입하여 월불입금 150만원을 불입하면 매월 말일에 순서대로 합계금 3,000만원을 수령하는 번호계에 20번째로 가입하여 매월 150만원씩 총 20회에 걸쳐 3,000만원을 불입한 사실이 있습니다.

3. 그리고 또 다른 한 구좌는 20○○. ○. ○.경 역시 20명으로 구성된 월불입금 150만원은 20번 끝 번호에 100만원과 17번에 50만원을 불입하는 번호계에 가입을 하여 20○○. ○.말경 계주가 일방적으로 파계를 하고 일자 불상경 행방을 감춰버렸습니다.

4. 그러니까 고소인이 위 앞전 계돈 3,000만원을 수령한 날자가 20○○. ○월말경인데 그 계돈 3,000만원을 지불하지 아니하고 미뤄오므로 20○○. ○. ○. 16:30경 ○○시 ○○동 소재 ○○백화점 앞에서 피고소인을 만나 독촉을 하니 다시 20○○. ○. ○.까지는 틀림없이 지불하겠다라는 내용의 차용증을 작성해주고 역시 이행을 하지 않고 있습니다.

5. 그래서 고소인은 없는 돈에 딸아이의 월급을 모아 거기에 모두 투자했는데 계속 미뤄오기에 강력히 독촉을 하니 두 번째 결성된 계금 3,000만원을 수령할 날자가 20○○. ○. ○.인데 20○○. ○. ○. 14:00경 ○○시 ○○동 소재 ○○상가 커피숍에서 그동안 불입한 2,250만원을 피고소인이 차용하는 양하면서 차용증을 작성해주면서 더 이상 계를 끌어갈 수 없다면서 20○. ○. ○.까지는 틀림없이 갚겠다고 해 놓고는 20○○. ○. ○.말경 행방을 감춰버렸습니다.

6. 이러한 점으로 미뤄볼 때 피고소인은 위와 같이 매달 1인당 150만원씩 불입하는 20명으로 구성된 2,000만원짜리 번호계를 끝까지 정상적으로 운영하여 갈 의사나 능력이 없었을 뿐만 아니라 고소인이 수령할 5,250만원을 피고소인이 차용하는 형식으로 현금보관증이나 차용증을 작성교부해 주었지만 그 금원을 변제할 의사나 능력이 없었음이 명백하다 할 것입니다.

7. 따라서 피고소인을 귀서에 고소하오니 엄중히 조사하시어 처벌하여 주시기 바랍니다.

첨 부 서 류

1. 차용증 사본   2통
조사시 자세히 진술하겠습니다.

20○○.   ○.   ○

위 고소인   ○   ○   ○   (인)

○○경찰서장   귀하

고　　소　　장

고 소 인　　○　　○　　○ (000000-0000000)

　　　　　　　○○시 ○○구 ○○로 ○○(○○동)

　　　　　　　(전화번호 : 000-0000)

피고소인　　○　　○　　○ (000000-0000000)

　　　　　　　○○시 ○○구 ○○로 ○○(○○동)

　　　　　　　(전화번호 : 000-0000)

고　소　취　지

고소인은 피고소인에 대하여 사기죄로 고소하오니 처벌하여 주시기 바랍니다.

고　소　사　실

1. 고소인과 피고소인의 관계

고소인과 피고소인은 친구의 소개로 만난 사이로서 사업관계로 자주 만나게 되었습니다.

2. 피고소인의 금전차용

피고소인은 20○○. ○. ○. 15:30경 고소인에게 사업자금으로 급히 필요하다는 명목으로 금 ○○○만 빌려 달라고 하면서 2개월 후에 틀림없이 갚아 주겠다고 하였습니다. 고소인은 피고소인이 "틀림없이 갚는다"라는 말을 믿고 돈을 빌려주었습니다.

3. 피고소인의 사기행위

그러나 약속한 날이 되도 피고소인은 돈을 갚지 않고 다시 기일만 연기하였습니다. 그래서 할 수 없이 고소인은 피고소인에게 가서 사정을 얘기하고 빠른 시일 내에 돈을 갚아 달라고 하였습니다. 그러나 아직까지 피고소인은 돈을 갚지 않고 있습니다.

고소인은 이후 사정을 알아보니 피고소인은 사업자금을 핑계로 주위의 여러 이웃에게서 돈을 빌려 피고소인이 아는 것만 금 ○○○원이나 됩니다. 피고소인은 빌린 돈들을 무절제한 생활로 낭비하여 고소인을 포함한 채권자 누구에게도 한 푼도 갚지 않고 있습니다.

4. 고소사실의 요지

피고소인 사기꾼은 사실은 특별한 사업을 운영하지 않고, 개인적인 부채도 ○○○원에 이르러 타인으로부터 돈을 차용하더라도 이를 변제할 의사나 능력이 없음에도 불구하고, 20○○. ○. ○. 15:30경 ○○시 ○○구 ○○로 ○○(○○동)에 있는 고소인의 집에서 동인에게 금 ○○○원만 빌려 주면 2개월 후에 틀림없이 갚겠다는 취지의 거짓말을 하여 이에 속은 동인으로부터 금 ○○○원을 교부받아 이를 편취한 것입니다.

5. 따라서 피고소인의 위와 같은 행위로 보아 처음에 돈을 갚을 의도가 없이 돈을 빌려 간 것이 분명하므로 귀서에 고소하오니 엄중히 조사하시어 처벌하여 주시기 바랍니다.

첨 부 서 류

1. 차용증	1부
1. 채권자 진술서	1부

조사시 자세히 진술하겠습니다.

20○○.   ○.   ○

위 고소인 ○ ○ ○ (인)

○○경찰서장 귀하

18. 사문서부정행사죄

> **제236조(사문서의 부정행사)** 권리·의무 또는 사실증명에 관한 타인의 문서 또는 도화를 부정행사한 자는 1년 이하의 징역이나 금고 또는 300만원 이하의 벌금에 처한다.

가. 개념

사문서부정행사죄는 권리·의무 또는 사실증명에 관한 타인의 문서 또는 도화를 부정행사함으로써 성립하는 범죄이며, 본죄가 성립할 경우 1년 이하의 징역이나 금고 또는 300만원 이하의 벌금에 처해질 수 있다. 본죄의 공소시효는 5년이다.

나. 구성요건

(1) 객체

권리·의무 또는 사실증명에 관한 타인의 진정한 사문서, 도화이다. 이 점에서 허위성이 있는 문서를 객체로 하는 위조사문서행사죄와 구별된다.

(2) 부정사용

사문서부정행사죄에 있어서 부정행사란 사용할 권한없는 자가 문서명의자로 가장 행세하여 이를 사용하거나(타인의 학생증을 도서관출입용으로 사용) 또는 사용할 권한이 있더라도 그 문서를 본래의 작성목적 이외의 다른 사실을 직접 증명하는 용도에 이를 사용하는 것을 말하므로 실효된 문서를 증거로 제출하는 행위는 부정행사에 해당하지 아니한다.[74]

또한, 사용권한자와 용도가 특정되어 작성된 권리의무 또는 사실증명에 관한 타인의 사문서 또는 사도화를 사용권한 없는 자가 사용권한이 있는 것처럼 가장하여 부정한 목적으로 행사하거나 또는 권한 있는 자라도 정당한 용법에 반하여 부정하게 행사하는 경우에 성립한다. 그러나 실질적인 채권채무관계 없이 당사자 간의 합의로 작성한 '차용

---

74) 대법원 1978. 2. 14. 선고 77도2645 판결.

증 및 이행각서'는 그 작성명의인들이 자유의사로 작성한 문서로 그 사용권한자가 특정되어 있다고 할 수 없고 또 그 용도도 다양하므로, 설령 피고인이 그 작성명의인들의 의사에 의하지 아니하고 위 '차용증 및 이행각서'상의 채권이 실제로 존재하는 것처럼 그 지급을 구하는 민사소송을 제기하면서 소지하고 있던 위 '차용증 및 이행각서'를 법원에 제출하였다고 하더라도 그것이 사문서부정행사죄에 해당하지 않는다.[75]

다. 처벌

본죄가 성립할 경우 1년 이하의 징역이나 금고 또는 300만원 이하의 벌금에 처해질 수 있다.

[서식(고소장)] 사문서부정행사죄 등 (카드습득 부정사용)

고　　소　　장

고 소 인　　○　　○　　○ (000000-0000000)
　　　　　　○○시 ○○구 ○○로 ○○(○○동)
　　　　　　(전화번호 : 000-0000)
피고소인　　○　　○　　○ (000000-0000000)
　　　　　　○○시 ○○구 ○○로 ○○(○○동)
　　　　　　(전화번호 : 000-0000)

고　소　취　지

---

75) 대법원 2007. 3. 30. 선고 2007도629 판결.

피고소인에 대하여 사문서부정행사 등의 죄로 고소하오니 처벌하여 주시기 바랍니다.

고 소 사 실

1. 고소인은 고소 외 휴양콘도미니엄업을 주업으로 하는 ○○회사에 금 ○○○원을 주고 회원으로 가입하여 콘도미니엄 이용시에 필요한 회원카드를 발급받아 소지하고 있었습니다.

2. 20○○. ○.경 고소인이 ○○동 소재 고소인의 사무실에서 지갑을 정리하고 있던 중 사업관계로 알고 지내던 피고소인이 방문하여 책상 위에 놓여있던 위 카드를 습득하여 콘도미니엄 이용시에 부정하게 행사함으로써 피해를 입어 고소하오니 철저히 조사하시어 엄벌에 처해 주시기 바랍니다.

입 증 방 법

조사시 자세히 진술하겠습니다.

20○○.　　○.　　○.
위 고소인　○　○　○　(인)

○○경찰서장　귀하

제출기관	범죄지, 피의자의 주소, 거소 또는 현재지의 경찰서, 검찰청	공소시효	5년
고소권자	피해자(형사소송법 223조)	소추요건	
제출부수	고소장 1부	·관련법규	형법 236조
범죄성립 요 건	• 권리 · 의무 또는 사실증명에 관한 타인의 문서 또는 도화를 부정행사한 때		
형 량	• 1년 이하의 징역 • 300만원 이하의 벌금		
불기소 처분 등에 대한 불복절차 및 기간	(항고) • 근거 : 검찰청법 10조 • 기간 : 처분결과의 통지를 받은 날부터 30일(검찰청법 10조4항) (재정신청) • 근거 : 형사소송법 제260조 • 기간 : 항고기각 결정을 통지받은 날 또는 동법 제260조 제2항 각 호의 사유가 발생한 날부터 10일(형사소송법 제260조 제3항) (헌법소원) • 근거 : 헌법재판소법 68조 • 기간 : 그 사유가 있음을 안 날로부터 90일 이내에, 그 사유가 있은 날로부터 1년 이내에 청구하여야 한다. 다만, 다른 법률에 의한 구제절차를 거친 헌법소원의 심판은 그 최종결정을 통지받은 날로부터 30일 이내에 청구(헌법재판소법 69조)		

19. 사문서위조죄

> 제231조(사문서등의 위조·변조) 행사할 목적으로 권리·의무 또는 사실증명에 관한 타인의 문서 또는 도화를 위조 또는 변조한 자는 5년 이하의 징역 또는 1천만원 이하의 벌금에 처한다.
>
> 제235조(미수범) 제225조 내지 제234조의 미수범은 처벌한다.

가. 개념

사문서 위조죄는 행사할 목적으로 권리·의무 또는 사실증명에 관한 타인의 문서 또는 도화를 위조 또는 변조함으로써 성립하는 범죄이며, 본죄가 성립할 경우 5년 이하의 징역 또는 1천만원 이하의 벌금에 처해질 수 있다. 본죄의 공소시효는 7년이며, 미수범 처벌 규정이 있다.

나. 구성요건

(1) 객체 – 권리의무 또는 사실증명에 관한 타인의 서류

(가) 타인의 문서

공무소, 공무원이 아닌 범인 또는 공범자 이외의 자가 작성명의인인 문서를 말하고, 우리가 일상생활에서 작성하는 매매계약서나 확인서 등이 사문서에 해당하며 타인은 자연인, 법인, 법인격없는 단체를 불문한다.

(나) 위조 또는 변조

1) 위조

사문서위조죄에서 위조란 작성권한 없는 자가 타인명의를 모용[76]하여 문서를 작성하

---

76) 혼인신고 당시에는 피해자가 피고인과의 동거관계를 청산하고 피고인을 만나주지 아니하는 등으로 피하여 왔다면 당초에는 피해자와 사실혼 관계에 있었고 또 피해자에게 혼인의 의사가 있었다 하더라도 위 혼인신고 당시에는 그 혼인의사가 철회되었다고 보아야 할 것이므로 피고인이 일방적으로 혼인신고서를 작성하여 혼인신고를 한 소위는 설사 혼인신고서 용지에 피해자 도장이 미리 찍혀 있었다 하더라도 사문서 위조 기타 관계법조의

는 행위를 말한다. 따라서 타인으로부터 자신의 명의로 문서를 작성할 권한을 위임을 받은 경우에는 사문서위조죄에 해당이 되지 않지만, 타인으로부터 위임 받은 범위를 초과하여 임의로 문서를 작성하는 것은 위조에 해당하고, 전자복사기로 복사한 문서의 사본도 문서위조죄 및 동 행사죄의 객체인 문서에 해당하고, 위조된 문서원본을 단순히 전자복사기로 복사하여 그 사본을 만드는 행위도 공공의 신용을 해할 우려가 있는 별개의 문서사본을 창출하는 행위로서 문서위조행위에 해당한다.[77] 그 외 무효가 된 문서를 가공하여 새로운 문서를 작출하는 행위도 문서위조행위에 해당한다.

또한, 일정금액의 차용권한을 위임받으면서 명의인으로부터 작성해 받은 대출신청서 및 영수증의 백지로 된 금액란에 위임받은 금액보다 많은 금액을 기재한 소위가 사문서 위조죄에 해당하지만,[78] 가령, 고소인의 제3자에 대한 채권의 변제책임을 부담하는 대신 그 채권에 관하여 설정한 가등기에 의한 담보권을 양수한 피고인이 위 가등기를 말소함에 있어서 고소인명의의 가등기말소신청서 등을 임의로 작성하였다 하더라도 이는 결국 고소인으로부터의 포괄적 위임 내지 승락에 기한 것이어서 피고인이 위 가등 기말소신청서 등을 위조하였다고 할 수 없다.[79]

2) 변조

변조란 권한 없는 자가 이미 진정하게 성립된 타인명의의 문서 내용에 그 동일성을 해하지 않을 정도로 변경을 가하는 것을 말하며, 위조문서나 허위문서는 그 대상이 아니다.[80] 또한 자기명의의 문서에 변경을 가하는 행위는 문서손괴죄가 성립할 뿐 변조

범죄에 해당한다 할 것이다(대법원 1987. 4. 11. 선고 87도399 판결).
77) 대법원 1996. 5. 14. 선고 96도785 판결.
78) 대법원 1982. 10. 12. 선고 82도2023 판결.
79) 대법원 1984. 2. 14. 선고 83도2650 판결.
80) 공문서변조라 함은 권한없이 이미 진정하게 성립된 공무원 또는 공무소명의의 문서내용에 대하여 그 동일성을 해하지 아니할 정도로 변경을 가하는 것을 말한다 할 것이므로 이미 허위로 작성된 공문서는 형법제225조 소정의 공문서변조죄의 객체가 되지 아니한다(대법원 1986. 11. 11. 선고 86도1984 판결).

는 아니다.[81] 한편, 본서의 본질적 부분 또는 중요부분에 변경을 가하여 새로운 증명력을 가지는 별개의 문서를 작성하는 경우에는 위조가 되며,[82] 문서의 내용이 아닌 단순한 자구의 수정이나 문서내용에 영향이 없는 사실을 기재하는 것은 변조가 아니다. 따라서 인낙조서에 첨부되어 있는 도면 및 그 사본에 임의로 그은 점선은 인낙조서 본문이나 도면에서 그에 대한 설명이 없는 이상 특정한 의미 내용을 갖지 아니한 단순한 도형에 불과하여 그 자체로서 새로운 증명력이 작출케 된다고 할 수 없다는 이유로 그와 같은 점선을 그은 행위가 문서의 손괴에 해당할 수 있음은 별론으로 하고, 공도화로서의 공공적 신용을 해할 위험이 있는 공도화변조죄에 해당한다고 할 수 없다.[83]

다. 처벌

본죄가 성립할 경우 자는 5년 이하의 징역 또는 1천만원 이하의 벌금에 처해질 수 있다.

---

81) 비록 자기명의의 문서라 할지라도 이미 타인(타기관)에 접수되어 있는 문서에 대하여 함부로 이를 무효화시켜 그 용도에 사용하지 못하게 하였다면 일응 형법상의 문서손괴죄를 구성한다 할 것이므로 그러한 내용의 범죄될 사실을 허위로 기재하여 수사기관에 고소한 이상 무고죄의 죄책을 면할 수 없다(대법원 1987. 4. 14. 선고 87도177 판결).
82) 피고인이 행사할 목적으로 타인의 주민등록증에 붙어있는 사진을 떼어내고 그 자리에 피고인의 사진을 붙였다면 이는 기존 공문서의 본질적 또는 중요 부분에 변경을 가하여 새로운 증명력을 가지는 별개의 공문서를 작성한 경우에 해당하므로 공문서위조죄를 구성한다(대법원 1991. 9. 10. 선고 91도1610 판결).
83) 대법원 2000. 11. 10. 선고 2000도3033 판결.

고　소　장

고 소 인　　○　○　○ (000000-0000000)

　　　　　　○○시 ○○구 ○○로 ○○(○○동)

　　　　　　(전화번호 : 000-0000)

피고소인　　○　○　○ (000000-0000000)

　　　　　　○○시 ○○구 ○○로 ○○(○○동)

　　　　　　(전화번호 : 000-0000)

고　소　취　지

피고소인에 대하여 사문서위조 및 동 행사죄로 고소하오니 처벌하여 주시기 바랍니다.

고　소　사　실

1. 피고소인은 일정한 직업이 없는 자인바, 행사할 목적으로 20○○. ○. ○. 13:00경 ○○시 ○○동 소재 ○○새마을금고 사무실에서, 백지에 검정색 볼펜을 사용하여 "차용증서, 금 2천만원정, 위 금액을 정히 차용하오며, 20○○. ○. ○.까지 틀림없이 변제할 것을 확약함. 20○○. ○. ○. 채무자 김○○, ○○새마을금고 이사장 귀하"라고 기재한 후 김○○의 인장을 날인하여 권리의무에 관한 사문서인 김○○ 명의의 차용증서 1매를 위조하고,

2. 즉석에서 그 정을 모르는 성명불상의 위 금고직원에게 위조된 차용증서가 마치

진정한 것인 양 교부하여 이를 행사한 것입니다.

3. 따라서 위와 같은 사실로 피고소인을 고소하오니 철저히 조사하시어 처벌하여
주시기 바랍니다.

입 증 방 법

조사시 자세히 진술하겠습니다.

20○○. ○. ○.

위 고소인 ○ ○ ○ (인)

○○경찰서장 귀하

제출기관	범죄지, 피의자의 주소, 거소 또는 현재지의 경찰서, 검찰청	공소시효	7년(☞공소시효일람표)
고소권자	피해자(형사소송법 223조)	소추요건	
제출부수	고소장 1부	관련법규	형법 231조, 234조
범죄성립 요 건	행사할 목적으로 권리•의무 또는 사실증명에 관한 타인의 문서 또는 도화를 위조 또는 변조한 때		
형 량	• 5년 이하의 징역 • 1,000만원 이하의 벌금		
불기소 처분 등에 대한 불복절차 및 기간	(항고) • 근거 : 검찰청법 10조 • 기간 : 처분결과의 통지를 받은 날부터 30일(검찰청법 10조4항) (재정신청) • 근거 : 형사소송법 제260조 • 기간 : 항고기각 결정을 통지받은 날 또는 동법 제260조 제2항 각 호의 사유가 　발생한 날부터 10일(형사소송법 제260조 제3항) (헌법소원) • 근거 : 헌법재판소법 68조 • 기간 : 그 사유가 있음을 안 날로부터 90일 이내에, 그 사유가 있은 날로부터 　1년 이내에 청구하여야 한다. 다만, 다른 법률에 의한 구제절차를 거친 헌법 　소원의 심판은 그 최종결정을 통지받은 날로부터 30일 이내에 청구(헌법재 　판소법 69조)		

고　　소　　장

고 소 인　　ㅇ　ㅇ　ㅇ (000000-0000000)
　　　　　　　ㅇㅇ시 ㅇㅇ구 ㅇㅇ로 ㅇㅇ(ㅇㅇ동)
　　　　　　　(전화번호 : 000-0000)

피고소인　　ㅇ　ㅇ　ㅇ (000000-0000000)
　　　　　　　ㅇㅇ시 ㅇㅇ구 ㅇㅇ로 ㅇㅇ(ㅇㅇ동)
　　　　　　　(전화번호 : 000-0000)

고　소　취　지

피고소인에 대하여 사문서위조 등의 죄로 고소하오니 처벌하여 주시기 바랍니다.

고　소　사　실

1. 피고소인은 고소 외 주식회사 ㅇㅇ상호신용금고에서 대부알선, 신용조사, 수금을 담당하는 자입니다.

2. 20ㅇㅇ. ㅇ. ㅇ. 회사공금을 편취할 것을 마음먹고 피고소인과 평소 친하게 지내는 인장업자 ㅇㅇㅇ에게 ㅇㅇ에 사는 ㅇㅇㅇ의 인장과 ㅇㅇ에 사는 ㅇㅇㅇ의 인장조각을 부탁하여 피고소인은 이들 인장들을 이용하여 행사할 목적으로 고소 외 ㅇㅇㅇ가 차용인, ㅇㅇㅇ가 연대보증인인 것처럼 문서를 작성하여 이 대출신청자는 신용이 매우 좋다는 조사의견서를 첨부하여 위 회사로부터 금 ㅇㅇㅇ원의 돈을 편취한 자입니다.

3. 따라서 위와 같은 사실로 피고소인을 고소하오니 철저히 조사하시어 처벌하여
   주시기 바랍니다.

입 증 방 법

추후 제출하겠습니다.

20○○.   ○.   ○.
위 고소인   ○   ○   ○   (인)

○○경찰서장   귀하

20. 상해죄

> **제257조(상해, 존속상해)** ① 사람의 신체를 상해한 자는 7년 이하의 징역, 10년 이하의 자격정지 또는 1천만원 이하의 벌금에 처한다.
>
> ② 자기 또는 배우자의 직계존속에 대하여 제1항의 죄를 범한 때에는 10년 이하의 징역 또는 1천500만원 이하의 벌금에 처한다.
>
> ③ 전2항의 미수범은 처벌한다.
>
> **제258조(중상해, 존속중상해)** ① 사람의 신체를 상해하여 생명에 대한 위험을 발생하게 한 자는 1년 이상 10년 이하의 징역에 처한다.
>
> ② 신체의 상해로 인하여 불구 또는 불치나 난치의 질병에 이르게 한 자도 전항의 형과 같다.
>
> ③ 자기 또는 배우자의 직계존속에 대하여 전2항의 죄를 범한 때에는 2년 이상 15년 이하의 징역에 처한다.
>
> **제258조의2(특수상해)** ① 단체 또는 다중의 위력을 보이거나 위험한 물건을 휴대하여 제257조제1항 또는 제2항의 죄를 범한 때에는 1년 이상 10년 이하의 징역에 처한다.
>
> ② 단체 또는 다중의 위력을 보이거나 위험한 물건을 휴대하여 제258조의 죄를 범한 때에는 2년 이상 20년 이하의 징역에 처한다.
>
> ③ 제1항의 미수범은 처벌한다.
>
> **제259조(상해치사)** ① 사람의 신체를 상해하여 사망에 이르게 한 자는 3년 이상의 유기징역에 처한다.
>
> ② 자기 또는 배우자의 직계존속에 대하여 전항의 죄를 범한 때에는 무기 또는 5년 이상의 징역에 처한다.

가. 개념

상해죄는 고의로 사람의 신체를 상해함으로써 성립하는 범죄이며, 본죄가 성립할 시 10년 이하의 징역 또는 1천500만원 이하의 벌금에 처해질 수 있으며, 미수범 처벌규정이 있다. 본죄의 공소시효는 7년이다.

나. 구성요건

> ▶ 상해죄의 대상은 '생존한 사람'이어야 함
> ▶ 타인의 육체적·신체적 건강을 침해한 경우여야 함
> ▶ 유형적 방법 외에 간접적 행위도 상해에 해당함
> ▶ 상해의 고의가 있었어야 함

(1) 객체

행위자 이외의 타인으로서 생존하는 사람의 신체여야 한다. 다만 자상의 경우에는 본죄의 구성요건해당성이 없지만 가용이나 기망에 의한 경우에는 상해죄의 간접정범이 될 수 있다. 따라서 피고인이 피해자를 협박하여 그로 하여금 자상케 한 경우에 피고인에게 상해의 결과에 대한 인식이 있고 또 그 협박의 정도가 피해자의 의사결정의 자유를 상실케 함에 족한 것인 이상 피고인에 대하여 상해죄를 구성한다.[84]

본죄의 객체인 사람은 생존한 사람을 의미하므로 태아는 본죄의 객체가 될 수 없고, 만일 생존한 사람이 아닌 사망한 사람의 신체를 상해할 경우에는 사체오욕죄(제159조) 또는 사체손괴죄(제161조)에 해당한다.

(2) 상해행위

본죄에서 상해란 생리적 기능의 훼손 즉 건강침해로서 육체적 정신적 병적 상태의 야기와 증가를 의미한다. 이에는 피하출혈, 찰과상등과 같은 신체상처, 치아탈락과 같은 일부박리, 성병 등 질병감염, 보행·수면자행 등과 같은 기능장해, 일시적이 아닌 인사불성 등이 포함된다. 다만 임신은 생리적 현상이지 생리적 기능을 훼손한 것이 아니므로 상해는 아니고, 신체외관의 변경은 폭행에 해당한다.

따라서 오랜 시간 동안의 협박과 폭행을 이기지 못하고 실신하여 범인들이 불러온 구급차 안에서야 정신을 차리게 되었다면, 외부적으로 어떤 상처가 발생하지 않았다고 하더

---

84) 대법원 1970. 9. 22. 선고 70도1638 판결.

라도 생리적 기능에 훼손을 입어 신체에 대한 상해가 있었다고 보지만[85] 가령, 피고인이 피해자와 연행문제로 시비하는 과정에서 치료도 필요 없는 가벼운 상처를 입었으나, 그 정도의 상처는 일상생활에서 얼마든지 생길 수 있는 극히 경미한 상처이므로 굳이 따로 치료할 필요도 없는 것이어서 그로 인하여 인체의 완전성을 해하거나 건강상태를 불량하게 변경하였다고 보기 어려우므로, 피해자가 약 1주간의 치료를 요하는 좌측팔 부분의 동전크기의 멍이 든 것이 상해죄에서 말하는 상해에 해당되지 않는다.[86]

(3) 고의

상해죄의 성립에는 상해의 원인인 폭행에 대한 인식이 있으면 충분하고 상해를 가할 의사의 존재까지는 필요하지 않다.[87]

다. 처벌

본죄가 성립할 시 10년 이하의 징역 또는 1천500만원 이하의 벌금에 처해질 수 있다. 다만 피해자의 승낙에 의한 상해, 치료행위에 의한 상해, 운동경기 중의 상해행위 등은 위법성이 조각된다.

[서식(고소장)] 폭행 및 상해죄 (부부관계)

고 소 장

고소인   박 ○ ○ ○(000000-000000)
            서울 00구 00로 00길 000-00
            전화번호 : 010-0000-0000

---

85) 대법원 1996. 12. 10. 선고 96도2529 판결.
86) 대법원 1996. 12. 23. 선고 96도2673 판결.
87) 대법원 2000. 7. 4. 선고 99도4341 판결.

피고소인   조 ○ ○(000000-0000000)
            서울 00구 00로 00길 000-00
            전화번호 : 010-0000-0000

<h1 align="center">고 소 취 지</h1>

고소인은 피고소인을 <u>폭행 및 상해죄로 고소</u>하오니, 철저히 조사하시어 법에 따라 엄벌하여 주시기를 바랍니다.

<h1 align="center">고 소 이 유</h1>

1. 당사자의 지위
고소인은 2000. 00. 00. 피고소인과 혼인신고를 한 법률상 부부로 약 00년에 가까운 기간 동안 혼인생활을 유지하여 왔습니다(증 제1호증 가족관계증명서 참조).

2. 피고소인의 범죄사실(폭행 및 상해죄)
피고소인은 결혼 직후부터 고소인에게 지속적으로 폭력을 행사하여 왔습니다. 피고소인이 처음으로 자녀를 출산한 직후에도 단순히 문을 빨리 열어주지 않는다는 이유로 현관 유리문을 깨뜨리고 놀라 달려온 피고에게 "씨발년" "개 같은 년"등 욕설을 퍼부으며 주먹으로 폭행하였고, 이후 장기간에 걸쳐 수차례 폭행이 이루어졌습니다. 고소인은 이로 인해 안면부에 피멍이 드는 등 신체적으로 고통받아왔던 상황입니다.

가. 피고소인의 폭행 범죄사실
(1) 피고소인은 2000. 여름 경 ① 만취 상태로 귀가하여 고소인이 "아줌마들 불러 집구석에서 밥을 먹었다"는 것을 구실삼아 "씨발년이 팔자 좋아"라고 욕을 하며 주먹으로 피고의 뺨, 눈, 머리 등을 무차별적으로 때렸습니다.
　　② 이로 인해 피고는 다음날 출근을 하지 못할 정도로 눈, 얼굴에 멍이 들었습니다.
(2) 피고소인은 2000. 여름경에도 ① 안방에서 주먹으로 고소인의 얼굴을 가격하였고 ② 고소인이 화장실로 도망하자 뒤따라와 "너 같은 년은 죽어야 해"라는 욕설과 함께 10여 차례에 걸쳐 계속해서 주먹으로 얼굴을 때리고 가슴을 발로 걷어찼습니다.
(3) 피고소인은 2000. 00.경 고소인을 폭행하였습니다.
　　① 당시 고소인은 피고소인과의 다툼 끝에 화해를 위해 술을 한 잔 하고 있었습니다. 대화 중 고소인은 피고소인에게 돈을 달라고 하였고, 피고소인은 이를 거부하

였습니다.

② 그러자 피고소인은 "씨발년", "개 같은 년" 등의 욕설을 하며 i) 고소인의 목을 때리고 ii) 5~10분에 걸쳐 피고의 양 쪽 뺨을 번갈아 때렸으며 iii)피고소인의 폭력을 피해 도망치는 피고를 현관문까지 쫓아와 발로 걷어찼습니다.

나. 피고소인의 상해 범죄사실

피고소인은 2000. 00. 00. 고소인을 폭행하여 상해의 결과를 야기하였습니다.

① 피고소인은 위 일시 귀가한 고소인에게 귀가 시간이 늦다는 이유로 "돌아이", "너 같은 년은 정신병원에 보내야 해" 등 욕설을 하며 i) 피고소인의 머리와 팔, 손목, 손, 발목 등을 주먹으로 때리고 ii) 넘어진 피고의 가슴을 발로 차는 등 폭행하였습니다.

② 이로 인하여 피고소인은 i) 흉곽의 염좌 및 긴장과 ii) 머리, 어깨 및 위팔, 손목 손의 표재성 손상, 발목 및 발의 표재성손상 , 손목 및 손부위의 관절 및 인대의 염좌 및 긴장 등 iii) 머리, 우측 어깨, 가슴, 양쪽 손과 손목, 발등에 피멍이 드는 치료기간 3주의 상해를 입게 되었습니다(증 제2호증 상해진단서, 증 제2-1호증 환부 사진 참조)

③ 피고소인은 위 상해로 인하여 식사와 통상활동에 일부 제한을 겪는 등 일상생활을 유지하는 데 어려움을 겪었습니다.

3. 결론

피고소인이 위와 같이 폭행 및 상해의 범죄를 저지른바 다시는 이와 같은 범죄행위가 발생하지 않도록 조사하시어 엄벌하여 주시기 바랍니다.

증 거 서 류

1. 증 제1호증   가족관계증명서
1. 증 제2호증   상해진단서
1. 증 제2-1호증   환부 사진

2000.   00. 00.
고소인 0 0 0 (인)

서울00경찰서 귀중

제출기관	범죄지, 피의자의 주소, 거소 또는 현재지의 경찰서, 검찰청	공소시효	7년
고소권자	피해자(형사소송법 223조)	소추요건	
제출부수	고소장 1부	관련법규	형법 257조
범죄성립 요 건	고의로 사람의 신체를 상해한 때		
형 량	• 10년 이하의 징역 • 1,500만원 이하의 벌금		
불기소 처분 등에 대한 불복절차 및 기간	(항고) • 근거 : 검찰청법 10조 • 기간 : 처분결과의 통지를 받은 날부터 30일(검찰청법 10조4항) (재정신청) • 근거 : 형사소송법 제260조 • 기간 : 항고기각 결정을 통지받은 날 또는 동법 제260조 제2항 각 호의 사유가 발생한 날부터 10일(형사소송법 제260조 제3항) (헌법소원) • 근거 : 헌법재판소법 68조 • 기간 : 그 사유가 있음을 안 날로부터 90일 이내에, 그 사유가 있은 날로부터 1년 이내에 청구하여야 한다. 다만, 다른 법률에 의한 구제절차를 거친 헌법소원의 심판은 그 최종결정을 통지받은 날로부터 30일 이내에 청구(헌법재판소법 69조)		

고 소 장

고 소 인   김 0 0(000000-000000)

00시 00구 00로 000-00

(전화 : 010-0000-0000)

피고소인   박 0 0(000000-000000)

00시 00구 00로 000-00

(전화 : 010-0000-0000)

고 소 취 지

고소인은 피고소인을, ① 상해 및 재물손괴죄, ② 아동복지법위반(제71조 제1항 제2호) 죄로 각 고소하오니, 철저히 조사하시어 법에 따라 엄벌해주시기를 바랍니다.

고 소 이 유

1. 당사자들의 관계
고소인은 피고소인 0000. 00. 00. 혼인신고를 마친 부부이며, 슬하에 미성년자인 자 김00을 두고 있습니다.

2. 이 사건의 경위
가. 피고소인의 고소인에 대한 상해 및 재물손괴죄
1) 2012. 2. 6.자 상해 및 재물손괴
피고소인은 2000. 00. 00. 00:00경 서울————————— 소재 집에서 고소인이 출근을 하면서 피고소인에게 세탁물을 찾아달라는 부탁을 하자, 고소인에게 "시발년아"라며 차마 입에 담지 못할 욕설을 하면서, "싸가지 없게 말을 빙빙 돌려서 한다"고 중얼거리기 시작하였습니다.
결국 그 일로 서로 실랑이가 일자, 피고소인은 갑자기 고소인에게 "이 개같은년 죽여버리겠다"고 소리를 지르며 고소인의 좌측 뺨과 턱을 폭행함은 물론 계속해서 고소인의 왼쪽 팔뚝과 복부를 수차례 걷어찼고, 그로 인해 고소인에게 3주간의 가료를 요하는 상해들 입게 하였습니다(증 제1호증 : 진단서).

또한 당시 고소인은 피고소인의 폭행행위로 쓰고 있던 안경이 부러져 동액상당의 손해를 입기도 하였습니다.

2) 2000. 00. 00.자 상해

피고소인은 2000. 00. 00. 위 같은 장소에서 아이의 교육문제로 언쟁을 벌이던 중 고소인이 그러한 피고소인을 피해 집밖으로 나가려 하자, 자신의 화를 참지 못하고 고소인에게 "이 개같은년 어디서 피해"라고 소리를 지르며 근처에 자동차 열쇠뭉치를 집어든 후 이를 고소인에게 세차게 집어 던져 고소인의 머리 윗부분을 가격하였고, 계속해서 자신이 쓰고 있던 모자를 오른손으로 벗어 들더니 그것으로 고소인의 얼굴을 수차례 가격하기도 하였으며, 또한, 당시 피고소인이 손에 쥐고 고소인을 폭행하였던 모자 뒤 크기조절 부위의 쇠뭉치에 고소인의 왼쪽 뺨을 수차례 가격당하기도 하였습니다.

이에 고소인은 더 이상 피고소인을 어떻게 제어할 방법이 없어 부득이 112에 신고를 하게 되었고, 신고 후 피고소인은 다시 112에 전화를 걸어 "부부싸움 중에 제가 남편을 몇 대 때렸는데, 바쁘실텐데 뭐 그런 것을 가지고 여기까지 오시느냐?" 라며 통화하며 자신의 폭행사실을 스스로 자인을 하기도 하였습니다. 고소인은 당시 피고소인이 112에 전화를 하여 통화를 하였던 내용을 담은 녹취록도 확보하고 있습니다(증 제2호증 녹취록 참조).

나. 미성년자인 자에 대한 아동학대- 아동복지법위반

피고소인은 자신의 자인 김00(당시 00세)을 평소 집에서 상습적으로 폭행하거나 학대를 자행하였던 자입니다. 2000. 00.초경에도 김00의 몸과 얼굴에 상처가 빈번하게 목격되자, 고소인이 걱정이 되어 피고소인에게 그 원인을 물어보자 피고소인은 그에 대한 대답을 꺼렸습니다. 이에 고소인은 조심스럽게 김00에게 그 원인을 묻고 그에 대한 아이의 진술을 통하여 그것이 피고소인의 폭행으로 인하여 발생한 상처라는 것을 알게 되었습니다.

너무나 충격이 큰 나머지 고소인은 더 이상 피고소인의 아동학대 행위를 그대로 방치할 수만은 없어 아이의 진술을 바탕으로 피고소인에게 수차례 경고를 하기도 하였습니다. 하지만, 피고소인은 고소인의 경고는 안중에도 없는 듯 날이 갈수록 김00에 대한 폭행의 강도가 더 심해져만 갔습니다. 심지어 김00의 뺨을 때려 그 충격으로 밀쳐진 김OO의 머리가 벽 모서리에 부딪혀 반대편 이마에 상처가 나는 등 온 몸이 멍투성이가 되었던 적도 있을 정도였습니다.

그러던 2000. 00. 00. 피고소인은 또 다시 위 장소에서, 몽둥이로 김OO의 몸 여러 부위를 무차별 적으로 폭행을 하여 동인의 엉덩이, 허벅지, 등 부분이 피멍이 들 만큼의 상해를 가였습니다.

고소인은 그러한 사실을 같은 달 00.경 아이의 진술을 통해 알게 되었고(증 제3호증 김OO의 진술내용), 급하게 아이의 몸에 있던 상해부위를 촬영하게 되었던 것입니다(증 제4호증 사진). 그 촬영이 실제 피고소인의 김OO에 대한 폭행이 있은 후 1~2일 지나 촬영한 사진임을 감안할 때 폭행당시 피고소인의 폭행이 어느 정도 잔혹하였는지를 미루어 짐작할 수 있습니다.

증 거 자 료

1. 증 제1호증   진단서(3주)
생략

2000. 00. 00.
고소인 O O O (인)

00경찰서　귀중

고 소 장

고 소 인　　1. 고00(000000-0000000)
　　　　　　　 00시 00구 00로 000-00
　　　　　　　 (전화 : 010-0000-0000)

　　　　　　　 2. 전00(700902-1051213)
　　　　　　　 00시 00구 00로 000-00
　　　　　　　 (전화 : 010-0000-0000)

피고소인　　 최00(000000-0000000)
　　　　　　　 주소불상
　　　　　　　 (전화 : 010-0000-0000)

고 소 취 지

고소인들은 피고소인을 상해죄로 각 고소하오니, 철저히 조사하시어 법에 따라 엄벌하여 주시기를 바랍니다.

고 소 이 유

1. 고소인들과 피고소인의 지위

피고소인은 2000. 00. 00. 경 고소 외 000과 이혼을 하였는데, 위 000은 고소인 고00의 아들이고, 고소인 전00의 처남되는 자입니다. 즉, 고소인들과 피고소인은 과거 친인척관계에 있었던 사이입니다.

2. 이 사건의 배경사실

이 사건은 위 000과 피고소인이 2000. 00. 00. 서울가정법원 2000드합000) 이혼 등 사건에 관하여 조정을 이룬 후 그 이행과정에서 발생한 사건입니다.

다시 말해, 000은 위 조정에 따라 피고소인에게 아이방 침대 1개, 아이방 전신거울 1개, TV, 냉장고, 세탁기, 컴퓨터 모니터 각 1대, 행남자기 그릇 00피스를 2000. 00. 00.까지 인도하기로 하였고, 이때 피고소인은 000에게 아파트 열쇠 및 결혼반지 다이아몬드 보증서를 반환키로 하였습니다. 그런데 피고소인이 위 각 물품을 인도받으러 오면서, 자신이 당일 OOO에게 반환키로 하였던 물품 중 다이아몬드 보증서를 고의로 가져오지 아니하였고, 그 반환을 둘러싸고 발생한 사건입니다.

3. 피고소인의 범죄사실(고소인들 고OO, 전OO에 대한 상해)

피고소인은 2000. 00. 00. 00:00경 위 OOO이 살고 있는 전북 고창군 소재 OO아파트 OOO동 OOO호에서 고소인들과 위 2.항의 합의에 따라 OOO에게 반환키로 한 결혼반지 다이아몬드 보증서의 반환문제로 말다툼을 하던 중, 고소인 전OO이 피고소인의 다이아몬드 보증서 반환을 촉구하기 위한 목적으로 당시 아파트현관입구 쪽에 쌓아놓았던 피고소인 소유의 박스 하나를 고소인 고OO 옆자리에 올려놓자, 피고소인은 화를 내며 고소인들에게 "니 네가 뭔데! 니까짓것들이 감히"라고 반말을 하면서, 고소인 고OO이 들고 있던 박스를 빼앗기 위하여 고소인 고OO을 밀치고, 왼쪽 엄지손가락을 꺾어 폭행을 가하여 2주의 치료를 요하는 염좌, 좌측 제1수지부, 근위지절의 상해를 가하였습니다(증제1호증).

그리고 피고소인은 이를 말리는 고소인 전OO의 옆구리와 팔 등을 잡아당기거나 밀치는 등의 폭행을 행사하여 2주간의 안정가료를 요하는 다발성 좌상 및 찰과상, 늑골의 염좌 및 긴장, 요추의 염좌 및 긴장 등의 상해를 가하였습니다(증제2호증).

3. 결론

이상과 같은 사유로 고소인들은 피고소인을 상해죄로 고소를 하오니, 다시는 피고소인의 상해행위가 반복되지 아니하도록 이 사건을 철저히 수사하시어 피고소인을 엄벌하여 주시기를 바라옵니다.

증 거 서 류

1. 증 제1호증	상해진단서(고OO)
1. 증 제2호증	상해진단서(전OO)

2000. 00. 00.

위 고소인 1. 고OO (인)

2. 전OO (인)

00경찰서   귀중

고 소 장

고 소 인   O O O(000000-0000000)
00도 00시 00로 000-00
(전화 : 010-0000-0000)

피고소인   O O O(000000-000000)
              고소인과 같습니다
              (전화 : 010-0000-0000)

고 소 취 지

고소인은 피고소인을 <u>폭력행위등처벌에관한법률위반죄(흉기휴대 협박·상해미수·폭행)</u>로 고소를 하오니, 철저히 조사하시어 법에 따라 엄벌하여 주시기를 바랍니다.

고 소 이 유

1. 고소인과 피고소인의 지위
고소인과 피고소인은 2000. 00. 00. 혼인신고를 마친 법률상의 부부입니다(증 제1호증 : 혼인관계증명서 참조).

2. 피고소인의 범죄사실 − 폭력행위등처벌에관한법률위반(흉기휴대 협박·상해미수·폭행)

가. 폭행
피고소인은 2000. 00. 00. 00:00경 전일 당직을 하여 늦잠을 자고 일어난 고소인이 피고소인에게 밥을 차려 달라고 하자 고소인에게 "힘들어, 네가 알아서 먹어"라며 아주 퉁명스럽게 말을 하였습니다. 이에 고소인은 평소 이런저런 일들로 불평이 많았던 피고소인과 불필요한 말싸움을 피하고자 어쩔 수 없이 홀로 음식을 만들어 거실에서 식사를 하게 되었습니다.

그럼에도 불구하고 피고소인은 그마저도 못마땅했는지 밥을 먹고 있던 고소인의 옆으로 다가와서는 "내가 어머니께 들었는데, 너희 이모 말이야, 예전에 우리처럼 돈 관리때문에 많이 싸웠고, 지금은 이모님께서 돈 관리 하시잖아, 너희 집은 앞뒤가 맞지 않아, 참." 이라는 등 별다른 이유도 없이 고소인의 집안 일을 들먹이면서 고소인을 자극하였습니다. 이에 고소인은 피고소인에게 "그 집이라 우리랑 다르다고 몇 번을 이야기 했으니 이젠 그만하자, 난 지금 네가(피고소인) 버는 돈으로 생활비로 쓰자고 한적도 없고 대체 또 왜 그 말이냐, 나 밥 먹는 중이다, 이젠 제발 그만했으면 좋겠다" 라는 말로 피고소인과의 말다툼을 피하려고 하였습니다.

그러나 피고소인은 여느 때와 마찬가지로 계속해서 잔소리를 늘어 놓았고, 심지어는 고소인의 부모님에 관한 이야기까지 꺼내며 비아냥 거리기도 하였습니다. 이렇게 말싸움이 시작되면서 서로 큰소리가 오고 가자, 피고소인은 일방적으로 고소인에게 "조용히 해라, 조용히 해라"라고 고성을 지르더니 갑자기 앉아있는 고소인의 머리에 자신이 마시고 있던 커피를 들어 부어버렸습니다.

나. 흉기휴대 협박
고소인은 너무나 순간적으로 일어난 일이라 무척이나 당황스러웠고, 할말을 잃은 나머지 멍하니 앉아 있다가 이내 피고소인에게 "네가 부었으니 걸레를 가지고 와서 네가 바닥을 닦아라"라고 하였습니다. 하지만 피고소인은 고소인을 말을 듣는 둥 마는 둥하면서, 부엌으로 가서는 다시 커피잔에 커피를 따라 마시면서 고소인을 비웃듯 웃으면서 쳐다 볼 뿐이었습니다.

이에 고소인은 주방으로 걸어가 그러한 피고소인에게 직접 걸레를 집어서 건네주면서 "네가 부은 것이니까, 빨리 가서 네가 바닥을 닦아라"라고 큰 소리로 말하게 되었고, 언쟁이 오가게 되었습니다. 그러던 중, 피고소인이 또 다시 자기의 분을 이기지 못하고는 갑자기 주방 싱크대 옆에 있던 흉기인 부엌칼(싱크대 옆에 있던 나무 칼꽂이 안에 있던 칼 중의 하나)을 들고 와서는 고소인의 목에 대고 "너 같은 새끼는 그냥 죽어야 돼"라고 소란을 피우는 등 고소인의 신체에 어떠한 위해를 가할 듯한 태도로 고소인에게 협박을 가하였습니다. 고소인은 피고소인이 칼끝을 고소인의 목에 직접 닿도록 대고 여차하면 흥분한 상태에서 목을 찌를 수도 있는 상황에까지 놓이자 너무나 큰 충격을 받고 아무 말도 하지 못한 채 멍하니 앞만 보고 서 있었습니다.

다. 상해미수

그러자 피고소인은 뒤로 몇 걸음 물러 서는 듯 하더니 이내 고소인에게 "야 개새끼야, 죽어 버려라"라고 소리를 지르면서, 손에 쥐고 있던 위험한 물건인 부엌칼을 고소인을 향해 집어 던져 고소인 뒤의 상단부 그릇장에 칼이 부딪히게 하는 등 고소인에게 상해미수 범행을 가하였습니다. 당시 고소인은 다행히 피고소인이 던지는 칼을 피해서 큰 부상을 당하지는 아니하였지만, 지금도 당시의 당황을 생각하면 오금이 저릴 정도입니다.

3. 결론
위와 같은 사유 등으로 고소인은 피고소인을 폭력행위등처벌에관한법률위반(흉기휴대 협박·상해미수·폭행)죄로 고소를 하오니, 다시는 피고소인의 위험한 폭력행위가 반복되지 아니하도록 이 사건을 철저히 수사시어 피고소인을 엄벌하여 주시기를 바라옵니다.

증 거 서 류

1. 증 제1호증	혼인관계증명서
1. 증 제1호증	주방사진
1. 증 제3호증	칼과 칼자국 사진

2000. 00. .
위 고소인 0 0 0 (인)

00경찰서   귀중

고　　소　　장

고 소 인　　ㅇ　ㅇ　ㅇ (전화 : 000-0000)
ㅇㅇ시 ㅇㅇ구 ㅇㅇ로 ㅇㅇ(ㅇㅇ동)

피고소인　　ㅇ　ㅇ　ㅇ (전화 : 000-0000)
ㅇㅇ시 ㅇㅇ구 ㅇㅇ로 ㅇㅇ(ㅇㅇ동)

고　소　취　지

피고소인에 대하여 상해죄로 고소하오니 처벌하여 주시기 바랍니다.

고　소　사　실

1. 피고소인은 20ㅇㅇ. ㅇ. ㅇ. 12:30경 ㅇㅇ시 ㅇㅇ동 ㅇㅇ은행 앞길에서 고소인과 피고소인이 20ㅇㅇ. ㅇ.경 구입한 컴퓨터의 외상대금 불입영수증 문제로 시비하던 중 고소인이 "ㅇㅇㅇ야"라고 하였다는 이유로 들고 있던 핸드백으로 고소인의 얼굴을 때리고, 머리채를 잡아 흔들며 손톱으로 얼굴을 할퀴어 고소인에게 약 3주간의 치료를 요하는 얼굴개갠상처 등의 상해를 가한 자입니다.

2. 따라서 피고소인을 귀서에 고소하오니 철저히 조사하시어 처벌하여 주시기 바랍니다.

첨 부 서 류

1. 상해진단서1통
조사시 자세히 진술하겠습니다.

20○○.　　○.　　○.
위 고소인　○　　○　　○　　(인)

○○경찰서장　귀하

21. 재물손괴죄

제366조(재물손괴등) 타인의 재물, 문서 또는 전자기록등 특수매체기록을 손괴 또는 은닉 기타 방법으로 기 효용을 해한 자는 3년이하의 징역 또는 700만원 이하의 벌금에 처한다.

제367조(공익건조물파괴) 공익에 공하는 건조물을 파괴한 자는 10년 이하의 징역 또는 2천만원 이하의 벌금에 처한다.

제368조(중손괴) ① 전2조의 죄를 범하여 사람의 생명 또는 신체에 대하여 위험을 발생하게 한 때에는 1년 이상 10년 이하의 징역에 처한다.

② 제366조 또는 제367조의 죄를 범하여 사람을 상해에 이르게 한 때에는 1년 이상의 유기징역에 처한다. 사망에 이르게 한 때에는 3년 이상의 유기징역에 처한다.

제369조(특수손괴) ① 단체 또는 다중의 위력을 보이거나 위험한 물건을 휴대하여 제366조의 죄를 범한 때에는 5년 이하의 징역 또는 1천만원 이하의 벌금에 처한다.

② 제1항의 방법으로 제367조의 죄를 범한 때에는 1년 이상의 유기징역 또는 2천만원 이하의 벌금에 처한다.

가. 개념

타인의 재물, 문서 또는 전자기록등 특수매체기록을 손괴 또는 은닉 기타 방법으로 기 효용을 해함으로써 성립하는 범죄이며, 본죄가 성립할 경우 3년 이하의 징역 또는 700만원 이하의 벌금에 처해질 수 있으며, 본죄의 공소시효는 5년이다.

나. 구성요건

(1) 객체

본죄의 객체는 타인의 재물, 문서 또는 전자기록 등 특수매체기록이다. 재물은 유체물 및 관리할 수 있는 동력을 말하며, 동산 부동산, 경제적 교환가치의 유무는 불문하고 이용가치나 효용성이 전혀 없거나 소유자가 주관적 가치도 부여하지 않는 물건은 본죄의 객체가 아니다. 따라서 포도주 원액이 부패하여 포도주 원료로서의 효용가치는 상실되었으나, 그 산도가 1.8도 내지 6.2도에 이르고 있어 식초의 제조 등 다른 용도에 사용할 수 있는 경우에는 재물손괴죄의 객체가 될 수 있다.[88] 또한, 문서는 공용서류에 해당하지 아니하는 모든 문서를 말하며, 사문서, 공문서, 사문서의 경우에는 권리의무에 관한 것이든 사실에 관한 것이든 불문하고 편지나 도화, 유가증권도 포함된다. 또한 전자기록 등 특수매체기록이란 사람의 지각으로 인식할 수 없는 방식에 의하여 만들어진 기록물을 말하는데, 여기서 기록이란 매체물이 담고 있는 데이터의 기록자체를 말한다. 따라서 그 기록을 담고 있는 매체물이나 하드웨어는 재물에 해당하고, 마이크로필름은 문자를 축소한 것이므로 문서에 해당하고 영상기록은 재물에 해당한다. 그 외 재물 등은 타인의 소유에 속해야 하며, 타인소유이면 자기점유, 타인점유 불문하고, 공유물은 공유자 상호간에 타인의 소유로 취급한다. 다만, 자신소유물은 권리행사방해죄(제323조) 또는 공무상 보관물무효죄(제142조)의 객체가 될 수 있다.

(2) 행위

본죄는 타인소유의 재물 등을 손괴, 은닉 기타의 방법으로 그 효용을 해하는 것인데, 여기서 손괴는 재물 등에 직접 유형력을 행사하여 소유자의 이익에 반하는 물체의 상태변화를 가져오는 일체의 행위를 말하며, 물체 자체가 소멸될 것을 요하지 아니하고, 그 재물의 원래의 목적에 사용할 수 없게 하는 것이면 충분하며 반드시 영구적임을 요하지 않고 일시적이라도 충분한다.

또한 반드시 중요부분을 훼손할 필요는 없고 간단히 수리할 수 있는 경미한 경우도 포함되나[89] 물체의 상태변화 없이 단순히 재물의 기능을 방해(전파방해)한 것은 손괴가 아니다.

그 외 은닉이란 재물 등의 소재를 불명하게 하여 그 발견을 곤란 불가능하게 함으로써 그 효용을 해하는 것을 말하고, 이는 물체 자체의 상태변화를 가져오는 것은 아니라는 점에서 손괴와 구별된다.

---

88) 대법원 1979. 7. 24. 선고 78도2138 판결.
89) 우물에 연결하고 땅속에 묻어서 수도관적인 역할을 하고 있는 고무호오스 중 약 1.5미터를 발굴하여 우물가에 제쳐 놓음으로써 물이 통하지 못하게 한 행위는 호오스 자체를 물질적으로 손괴한 것은 아니라 할지라도 그 구체적인 역할을 하고 있는 고무호오스 효용을 해한 것이라고 볼 수 있다(대법원 1971. 1. 26. 선고 70도2378 판결).

그리고 기타 방법이라 함은 손괴 등 이외의 방법으로 재물 등의 이용가치나 효용을 해하는 일체의 행위를 말하며, 사실상 감정상 그 물건을 본래의 용법에 따라 사용할 수 없게 하는 일체의 행위(식기 방뇨, 컴퓨터 바이러스 감염, 보석을 강물에 던지는 행위 등)를 말한다. 또한 특수매체기록에 접근할 수 없도록 하는 프로그램을 입력하거나 정보의 추가, 삭제, 연결 등에 의하여 다른 내용으로 변경하는 행위도 기타 방법에 포함된다.

(3) 고의 및 불법영득의사

본죄 고의가 있어야 하지만 불법영득의사는 필요없다.

다. 처벌

본죄가 성립할 경우 3년 이하의 징역 또는 700만원 이하의 벌금에 처해질 수 있다.

[서식(고소장) 165] 손괴의 죄 (월세금 독촉하자 무선전화기 파손)

고　　소　　장

고 소 인　　○　　○　　○ (000000-0000000)
　　　　　　　○○시 ○○구 ○○로 ○○(○○동)
　　　　　　　(전화번호 : 000-0000)

피고소인　　○　　○　　○ (000000-0000000)
　　　　　　　○○시 ○○구 ○○로 ○○(○○동)
　　　　　　　(전화번호 : 000-0000)

고 소 취 지

피고소인을 손괴의 죄로 고소하오니 처벌하여 주시기 바랍니다.

고 소 사 실

1. 피고소인은 부동산 임대업에 종사하는 자인바, 20○○. ○. ○. 10:00경 ○○시 ○○로 ○○(○○동)에 있는 고소인 경영의 ○○다방에서 고소인에게 밀린 다방 월세금을 달라고 요구하였는데 동인이 장사가 제대로 되지 아니하여 연기하여 달하는 말을 듣고 이에 화가 난 나머지 그곳 계산대 위에 놓여있는 고소인 소유의 ○○무선전화기 1개 시가 15만원 상당을 바닥에 던져 깨뜨려 그 효용을 해한 자입니다.

2. 따라서 피고소인은 귀서에 고소하오니 철저히 조사하시어 처벌하여 주시기 바랍니다.

20○○.   ○.   ○.

위 고소인 ○   ○   ○   (인)

○○경찰서장 귀하

제출기관	범죄지, 피의자의 주소, 거소 또는 현재지의 경찰서, 검찰청	공소시효	5년
고소권자	피해자(형사소송법 제223조)	소추요건	
제출부수	고소장 1부	관련법규	형법 제366조
범죄성립 요 건	타인의 재물, 문서 또는 전자기록등 특수매체기록을 손괴 또는 은닉 기타 방법으로 그 효용을 해한 때		
형 량	• 3년 이하의 징역 • 700만원 이하의 벌금		
불기소 처분 등에 대한 불복절차 및 기간	(항고) • 근거 : 검찰청법 제10조 • 기간 : 처분결과의 통지를 받은 날부터 30일(검찰청법 제10조4항) (재정신청) • 근거 : 형사소송법 제260조 • 기간 : 항고기각 결정을 통지받은 날 또는 동법 제260조 제2항 각 호의 사유가 발생한 날부터 10일(형사소송법 제260조 제3항) (헌법소원) • 근거 : 헌법재판소법 제68조 • 기간 : 그 사유가 있음을 안 날로부터 90일 이내에, 그 사유가 있은 날로부터 1년 이내에 청구하여야 한다. 다만, 다른 법률에 의한 구제절차를 거친 헌법소원의 심판은 그 최종결정을 통지받은 날로부터 30일 이내에 청구(헌법재판소법 제69조)		

고　　소　　장

고 소 인　　ㅇ　ㅇ　ㅇ (000000-0000000)
　　　　　　ㅇㅇ시 ㅇㅇ구 ㅇㅇ로 ㅇㅇ(ㅇㅇ동)
　　　　　　(전화번호 : 000-0000)

피고소인　　ㅇ　ㅇ　ㅇ (000000-0000000)
　　　　　　ㅇㅇ시 ㅇㅇ구 ㅇㅇ로 ㅇㅇ(ㅇㅇ동)
　　　　　　(전화번호 : 000-0000)

고　소　취　지

피고소인을 손괴의 죄로 고소하오니 처벌하여 주시기 바랍니다.

고　소　사　실

피고소인은 고소인과 이웃에 사는 사람으로 20ㅇㅇ. ㅇ. ㅇ. 14:20경 고소인과 주위
토지 통행문제로 시비가 되어 이에 화가 나 마침 그 주위에 있던 기왓장을 고소인
소유의 승용차에 집어 던져 위 승용차의 앞 유리 부분 금 450,000원 상당을 손괴하여
그 효용을 해한 자이므로 엄벌에 처해 주시기 바랍니다.

　　　　　　　　　20ㅇㅇ.　　ㅇ.　　ㅇ.
　　　　　　　　위 고소인　ㅇ　ㅇ　ㅇ　(인)

ㅇㅇ**경찰서장　귀하**

22. 신용훼손죄

> **제313조(신용훼손)** 허위의 사실을 유포하거나 기타 위계로써 사람의 신용을 훼손한 자는 5년 이하의 징역 또는 1천500만원 이하의 벌금에 처한다.

가. 개념

본죄는 허위의 사실을 유포하거나 기타 위계로써 사람의 신용을 훼손함으로써 성립하는 범죄이며, 본죄가 성립할 경우 5년 이하의 징역 또는 1천500만원 이하의 벌금에 처해질 수 있다. 명예훼손죄가 사람의 인격적 가치에 대한 사회적 평가를 보호하는 반면 신용훼손죄는 경제적 가치에 대한 사회적 평가를 보호한다.

나. 구성요건

(1) 객체

사람의 신용이다. 여기서 신용은 사람의 경제적 지위에 대한 사회적 평가, 즉 사람의 지불능력과 지불의사에 대한 사회적 신뢰를 말한다.[90]

(2) 행위

(가) 허위사실 유포

신용훼손죄는 허위의 사실을 유포하거나 기타 위계로써 사람의 신용을 저하시킬 염려가 있는 상태를 발생시키는 경우에 성립하는 것으로서, 여기서 '허위사실의 유포'라 함은 객관적으로 보아 진실과 부합하지 않는 과거 또는 현재의 사실을 불특정 또는 다수인에게 전파시키는 것을 말하고, '위계'라 함은 행위자의 행위목적을 달성하기 위하여 상대방에게 오인·착각 또는 부지를 일으키게 하여 이를 이용하는 것을 말한다. 그리고 신용훼손죄에 있어서의 범의는 반드시 확정적인 고의를 요하는 것은 아니고,

---

90) 대법원 1969. 1. 21. 선고 68도1660 판결, 대법원 2008. 7. 10. 선고 2006도6264 판결 등 참조.

허위사실을 유포하거나 기타 위계를 사용한다는 점과 그 결과 다른 사람의 신용을 저하시킬 염려가 있는 상태가 발생한다는 점에 대한 미필적 인식으로도 족하다 할 것이다.[91] 또한, 반드시 기본적 사실이 허위여야 하는 것은 아니고, 비록 기본적 사실은 진실이더라도 이에 허위사실을 상당 정도 부가시킴으로써 타인의 업무를 방해할 위험이 있는 경우도 포함되지만, 그 내용 전체의 취지를 살펴볼 때 중요한 부분이 객관적 사실과 합치되고 단지 세부에 있어 약간의 차이가 있거나 다소 과장된 표현이 있는 정도에 불과하여 타인의 업무를 방해할 위험이 없는 경우는 이에 해당하지 않는다.[92] 다만 단순한 의견이나 가치판단을 표시하는 것은 이에 해당하지 아니하지만,[93] 미래의 사실이라도 증거에 의한 입증이 가능할 때에는 여기의 사실에 포함된다.[94]

(나) 위계

위계는 상대방의 착오 부지를 이용하거나 기망 유혹의 방법으로 판단을 그르치게 하는 일체의 행위를 말하는데, 이는 비밀로 행하여지든 공공연히 행하여지는 불문하고 위계의 상대방과 피해자가 동일인일 것도 요하지 않는다.

(다) 고의

본죄는 허위사실유포 또는 위계로서 특정인의 신용을 훼손한다는 점에 대한 인식과 의사가 필요하다. 이는 전설한 바와 같이 미필적 고의로도 충분하다.

다. 처벌

본죄가 성립할 경우 5년 이하의 징역 또는 1천500만원 이하의 벌금에 처해질 수 있다.

---

91) 대법원 2006. 12. 7. 선고 2006도3400 판결.
92) 대법원 2006. 9. 8. 선고 2006도1580 판결.
93) 대법원 1983. 2. 8. 선고 82도2486 판결.
94) 대법원 1983. 2. 8. 선고 82도2486 판결.

고　　소　　장

고 소 인　　○　○　　○ (000000-0000000)

○○시 ○○구 ○○로 ○○(○○동)

(전화번호 : 000-0000)

피고소인　　○　○　　○ (000000-0000000)

○○시 ○○구 ○○로 ○○(○○동)

(전화번호 : 000-0000)

고　소　취　지

피고소인에 대하여 신용훼손죄로 고소하오니 처벌하여 주시기 바랍니다.

고　소　사　실

피고소인은 고소인과 같은 남성의류 제조업을 하는 자로서, 평소에 고소인이 지역 내 의류제조 주문을 많이 받아서 납품수익을 올리는 것을 시기하던 중 20○○. ○. ○. 20:00경 피고소인이 사는 아파트 단지 내의 반상회에 참석하여 고소인이 주식투자를 잘못하여 고소인이 운영하는 의류제조공장과 원단에 사채업자들이 가압류를 하여 아마 더 이상은 영업을 하기 힘들 거라고 말하는 등 고소인의 지불능력에 대한 사회적 신뢰를 저하시킬 우려가 있는 허위의 발언을 한 사실이 있어 고소하오니 철저히 조사하시어 처벌하여 주시기 바랍니다.

첨　부　서　류

추후 제출하도록 하겠습니다.

20○○.　　○.　　○.

위 고소인　○　　○　　○　(인)

○○경찰서장　귀하

제출기관	범죄지, 피의자의 주소, 거소 또는 현재지의 경찰서, 검찰청	공소시효	7년
고소권자	피해자(형사소송법 223조)	소추요건	
제출부수	고소장 1부	관련법규	형법 313조
범죄성립 요 건	허위의 사실을 유포하거나 기타 위계로써 사람의 신용을 훼손한 때		
형 량	• 5년 이하의 징역 또는 1,500만원 이하의 벌금		
불기소 처분 등에 대한 불복절차 및 기간	(항고) • 근거 : 검찰청법 10조 • 기간 : 처분결과의 통지를 받은 날부터 30일(검찰청법 10조4항) (재정신청) • 근거 : 형사소송법 제260조 • 기간 : 항고기각 결정을 통지받은 날 또는 동법 제260조 제2항 각 호의 사유가 발생한 날부터 10일(형사소송법 제260조 제3항) (헌법소원) • 근거 : 헌법재판소법 68조 • 기간 : 그 사유가 있음을 안 날로부터 90일 이내에, 그 사유가 있은 날로부터 1년 이내에 청구하여야 한다. 다만, 다른 법률에 의한 구제절차를 거친 헌법소원의 심판은 그 최종결정을 통지받은 날로부터 30일 이내에 청구(헌법재판소법 69조)		

23. 알선수뢰죄

> 제132조(알선수뢰) 공무원이 그 지위를 이용하여 다른 공무원의 직무에 속한 사항의 알선에 관하여 뇌물을 수수, 요구 또는 약속한 때에는 3년 이하의 징역 또는 7년 이하의 자격정지에 처한다.

가. 개념

알선수뢰죄는 공무원이 그 지위를 이용하여 다른 공무원의 직무에 속한 사항의 알선에 관하여 뇌물을 수수, 요구 또는 약속한 때 성립하는 범죄이며, 본죄가 성립할 경우 3년 이하의 징역 또는 7년 이하의 자격정지에 처해질 수 있다. 본죄의 공소시효는 5년이다.

> 특정범죄 가중처벌등에 관한 법률 제2조(뇌물죄의 가중처벌)
> ① 「형법」 제129조·제130조 또는 제132조에 규정된 죄를 범한 사람은 그 수수(收受)·요구 또는 약속한 뇌물의 가액(價額)(이하 이 조에서 "수뢰액"이라 한다)에 따라 다음 각 호와 같이 가중처벌한다.
> 　1. 수뢰액이 1억원 이상인 경우에는 무기 또는 10년 이상의 징역에 처한다.
> 　2. 수뢰액이 5천만원 이상 1억원 미만인 경우에는 7년 이상의 유기징역에 처한다.
> 　3. 수뢰액이 3천만원 이상 5천만원 미만인 경우에는 5년 이상의 유기징역에 처한다.
> ② 「형법」 제129조·제130조 또는 제132조에 규정된 죄를 범한 사람은 그 죄에 대하여 정한 형(제1항의 경우를 포함한다)에 수뢰액의 2배 이상 5배 이하의 벌금을 병과(併科)한다.

나. 구성요건

(1) 주체

본죄의 주체는 공무원이며, 중재인, 사인은 본죄의 주체가 아니다. 여기서 공무원은 직무를 처리하는 공무원과 직간접의 연관관계를 가지고 법률상 사실상 영향을 미칠 수 있는 공무원이라야 하고 그 지위고하는 불문하며, 다른 공무원에 대한 임면권이나 압력을 가할 수 있는 법적 근거도 요하지 않는다.

(2) 객체

본죄의 객체는 뇌물이다.

(3) 행위

(가) 지위이용

알선수뢰죄는 공무원이 그 지위를 이용하여 다른 공무원의 직무에 속한 사항의 알선에 관하여 뇌물을 수수, 요구 또는 약속하는 것을 그 성립요건으로 하고 있고, 여기서 '공무원이 그 지위를 이용하여'라 함은 친구, 친족관계 등 사적인 관계를 이용하는 경우에는 이에 해당한다고 할 수 없으나, 다른 공무원이 취급하는 사무의 처리에 법률상이거나 사실상으로 영향을 줄 수 있는 관계에 있는 공무원이 그 지위를 이용하는 경우에는 이에 해당하고 그 사이에 상하관계, 협동관계, 감독권한 등의 특수한 관계가 있음을 요하지 않는다.[95]

(나) 알선

알선이란 일정한 사항을 중개하여 당사자 사이의 교섭이 성립하도록 편의를 제공하는 것을 말하며 알선의 시점, 청탁의 유무 불문하고 정당한 직무행위를 알선한 경우에도 본죄가 성립한다.

한편, 특정범죄가중처벌등에관한법률 제3조에서 말하는 공무원의 직무에 속하는 사항의 알선에 관하여 금품이나 이익을 수수한다 함은 공무원의 직무에 속한 사항을 알선한다는 명목으로 금품 등을 수수하는 행위로서 반드시 알선의 상대방인 공무원이나 그 직무내용이 구체적으로 특정될 필요는 없다.[96]

(다) 고의

고의가 있어야 한다.

---

95) 대법원 2001. 10. 12. 선고 99도5294 판결.
96) 대법원 2001. 10. 26. 선고 2000도2968 판결.

다. 처벌

본죄가 성립할 경우 3년 이하의 징역 또는 7년 이하의 자격정지에 처해질 수 있다.

[서식(고소장) 168] 알선수뢰죄 (토지거래허가계약 청탁)

고　　소　　장

고 소 인　　ㅇ　　ㅇ　　ㅇ (000000-0000000)
　　　　　　ㅇㅇ시 ㅇㅇ구 ㅇㅇ로 ㅇㅇ(ㅇㅇ동)
　　　　　　(전화번호 : 000-0000)

피고소인　　ㅇ　　ㅇ　　ㅇ (000000-0000000)
　　　　　　ㅇㅇ시 ㅇㅇ구 ㅇㅇ로 ㅇㅇ(ㅇㅇ동)
　　　　　　(전화번호 : 000-0000)

고　소　취　지

피고소인에 대하여 알선수뢰죄로 고소하오니 처벌하여 주시기 바랍니다.

고　소　사　실

1. ㅇㅇ시 ㅇㅇ구청 ㅇㅇ과 계장으로 있는 피고소인은 이전에 지적과에서 지정계장의
　 자리에 있었다. 이를 알고 있는 고소 외 ㅇㅇㅇ가 '전에 ㅇ선생이 근무했던 지적과
　 직원들에게 토지거래계약허가에 대해서 청탁 좀 해달라'며 부탁하자 피의자는 이
　 ㅇㅇ에게 지적과 지정계장을 소개해 주었고, 지정계장이 이ㅇㅇ로부터 뇌물을 받
　 은 후 이ㅇㅇ로부터 뇌물을 받은 후 이ㅇㅇ가 원하는 대로 거래허가가 나자 이를

알선해준 피고소인은 알선해준 데 대한 사례비로 금 ○○○원을 받아 챙겼습니다.

2. 따라서 피고소인을 귀서에 고소하오니 철저히 조사하시어 처벌하여 주시기 바랍니다.

20○○.　　○.　　○.

위 고소인　○　　○　　○　(인)

○○경찰서장　　귀하

제출기관	범죄지, 피의자의 주소, 거소 또는 현재지의 경찰서, 검찰청	공소시효	5년
고소권자	피해자(형사소송법 223조)	소추요건	
제출부수	고소장 1부	관련법규	형법 132조
범죄성립 요 건	공무원이 그 지위를 이용하여 다른 공무원의 직무에 속한 사항의 알선에 관하여 뇌물을 수수, 요구 또는 약속한 때		
형 량	• 3년 이하의 징역 또는 7년 이하의 자격정지		
불기소 처분 등에 대한 불복절차 및 기간	(항고) • 근거 : 검찰청법 10조 • 기간 : 처분결과의 통지를 받은 날부터 30일(검찰청법 10조4항) (재정신청) • 근거 : 형사소송법 제260조 • 기간 : 항고기각 결정을 통지받은 날 또는 동법 제260조 제2항 각 호의 사유가 발생한 날부터 10일(형사소송법 제260조 제3항) (헌법소원) • 근거 : 헌법재판소법 68조 • 기간 : 그 사유가 있음을 안 날로부터 90일 이내에, 그 사유가 있은 날로부터 1년 이내에 청구하여야 한다. 다만, 다른 법률에 의한 구제절차를 거친 헌법소원의 심판은 그 최종결정을 통지받은 날로부터 30일 이내에 청구(헌법재판소법 69조)		

24. 야간주거침입절도죄

> 제330조(야간주거침입절도) 야간에 사람의 주거, 관리하는 건조물, 선박, 항공기 또는 점유하는 방실(房室)에 침입하여 타인의 재물을 절취(竊取)한 자는 10년 이하의 징역에 처한다.
>
> 제342조(미수범) 제329조 내지 제341조의 미수범은 처벌한다.
>
> 제345조(자격정지의 병과) 본장의 죄를 범하여 유기징역에 처할 경우에는 10년 이하의 자격정지를 병과할 수 있다.

가. 개념

야간주거침입절도죄는 야간에 사람의 주거, 관리하는 건조물, 선박, 항공기 또는 점유하는 방실(房室)에 침입하여 타인의 재물을 절취(竊取)함으로써 성립하는 범죄이며, 본죄의 성립 시 10년 이하의 징역에 처해질 수 있고 미수범처벌 규정이 있으며, 공소시효는 10년이다.

나. 구성요건

(1) 행위상황

행위상황은 야간이며, 행위지의 일몰 후 일출 전까지를 의미한다.

(2) 행위

야간에 주거 등에 침입하여 타인의 재물을 절취하는 것이다. 착수시기는 절취의사로 사람의 주거 등에 침입한 때이며, 주거에 침입한 이상 절취행위에 착수하지 못한 경우에도 본죄의 미수범이 성립하고, 기수시기는 재물취득 시이다.

따라서 피고인이 피해자 경영의 카페에서 야간에 아무도 없는 그 곳 내실에 침입하여 장식장 안에 들어 있던 정기적금통장 등을 꺼내 들고 카페로 나오던 중 발각되어 돌려준 경우 피고인은 피해자의 재물에 대한 소지(점유)를 침해하고, 일단 피고인 자신의 지배 내에 옮겼다고 볼 수 있으니 절도의 미수에 그친 것이 아니라 야간주거침입절도의

기수라고 할 것이다.[97]

다. 처벌

본죄의 성립 시 10년 이하의 징역에 처해질 수 있다.

[서식(고소장) 169] 야간주거침입절도 (현금 및 약속어음 절취)

고   소   장

고 소 인   ○   ○   ○ (000000-0000000)

○○시 ○○구 ○○로 ○○(○○동)

(전화번호 : 000-0000)

피고소인   ○   ○   ○ (000000-0000000)

○○시 ○○구 ○○로 ○○(○○동)

(전화번호 : 000-0000)

고   소   취   지

피고소인에 대하여 야간주거침입절도죄로 고소하오니 처벌하여 주시기 바랍니다.

고   소   사   실

---

97) 대법원 1991. 4. 23. 선고 91도476 판결.

1. 피고소인은 일정한 직업이 없는 자로서, 20○○. ○. ○. 00:30경 ○○시 ○○로 ○○(○○동)에 있는 고소인의 집에서 동인의 가족들이 자고 있는 틈을 이용하여 고소인의 집 담을 넘어 침입한 다음 안방 문갑 속에 넣어둔 고소인 소유의 현금 ○○만원과 액면금 ○○만원 짜리 약속어음 ○장이 들어 있는 지갑 1개, 합계 ○○ 만원 상당을 들고 나와 이를 절취한 것입니다.

2. 따라서 피고소인을 귀서에 고소하오니 철저히 조사하시어 처벌하여 주시기 바랍니다.

20○○.   ○.   ○.

위 고소인 ○ ○ ○ (인)

○○**경찰서장 귀하**

제출기관	범죄지, 피의자의 주소, 거소 또는 현재지의 경찰서, 검찰청	공소시효	10년
고소권자	피해자(형사소송법 223조)	소추요건	
제출부수	고소장 1부	관련법규	형법 330조
범죄성립 요 건	야간에 사람의 주거, 관리하는 건조물, 선박, 항공기 또는 점유하는 방실(房室)에 침입하여 타인의 재물을 절취(竊取)한 때		
형 량	• 10년 이하의 징역		
불기소 처분 등에 대한 불복절차 및 기간	(항고) • 근거 : 검찰청법 10조 • 기간 : 처분결과의 통지를 받은 날부터 30일(검찰청법 10조4항) (재정신청) • 근거 : 형사소송법 제260조 • 기간 : 항고기각 결정을 통지받은 날 또는 동법 제260조 제2항 각 호의 사유가 발생한 날부터 10일(형사소송법 제260조 제3항) (헌법소원) • 근거 : 헌법재판소법 68조 • 기간 : 그 사유가 있음을 안 날로부터 90일 이내에, 그 사유가 있은 날로부터 1년 이내에 청구하여야 한다. 다만, 다른 법률에 의한 구제절차를 거친 헌법소원의 심판은 그 최종결정을 통지받은 날로부터 30일 이내에 청구(헌법재판소법 69조)		

25. 업무방해죄

> **제314조(업무방해)** ① 제313조의 방법 또는 위력으로써 사람의 업무를 방해한 자는 5년 이하의 징역 또는 1천500만원 이하의 벌금에 처한다.
> ② 컴퓨터 등 정보처리장치 또는 전자기록 등 특수매체기록을 손괴하거나 정보처리장치에 허위의 정보 또는 부정한 명령을 입력하거나 기타 방법으로 정보처리에 장애를 발생하게 하여 사람의 업무를 방해한 자도 제1항의 형과 같다.

가. 개념

업무방해죄는 허위의 사실을 유포하거나 위계 또는 위력으로써 사람의 업무를 방해함으로써 성립하는 범죄로서, 본죄가 성립할 경우 5년 이하의 징역 또는 1천500만원 이하의 벌금에 처해질 수 있으며, 공소시효는 7년이다.

한편, 업무방해죄의 성립에는 업무방해의 결과가 실제로 초래될 것을 요하지 아니하며 그 결과가 초래될 위험이 발생하면 족하다. 또한 업무수행 자체가 아닌 업무의 적정성 내지 공정성이 방해된 경우에도 업무방해죄가 성립할 수 있다.

나. 구성요건

(1) 객체

사람의 업무이다. 여기서 사람은 자연인 이외 법인, 법인격 없는 단체도 포함한다.

(2) 업무

사람이 그 사회생활상이 지위에 기하여 계속적으로 종사하는 사무나 사업을 말하며, 계속하여 행하는 사무가 아닌 공장의 이전과 같은 일회적인 사무는 업무방해죄의 객체가 되는 업무에 해당하지 아니한다.[98] 다만, 경비원은 상사의 명령에 의하여 주로 경비업무 등 노무를 제공하는 직분을 가지고 있는 것이므로 상사의 명에 의하여 그 직장의

---

98) 대법원 1989. 9. 12. 선고 88도1752 판결.

업무를 수행한다면 설사 그 업무가 본조의 계속적인 직무권한에 속하지 아니한 일시적인 것이라 할지라도 본죄의 업무에 해당한다.[99]

업무는 반드시 경제적인 사무에 제한되지 않고 보수유무도 불문하며, 주된 업무나 부수적 업무인지도 불문한다. 또한 그 업무의 기초가 된 계약이나 행정행위 등이 반드시 적법해야 하는 것도 아니고 형법상 보호가치 있는 업무인지의 여부는 그 사무가 실제 평온상태에서 일정기간 계속적으로 운영됨으로써 사회적 생활기반을 이루고 있느냐에 따라 결정된다.

다만, 형법상 업무방해죄의 보호대상이 되는 '업무'라고 함은 직업 또는 계속적으로 종사하는 사무나 사업으로서 타인의 위법한 침해로부터 형법상 보호할 가치가 있는 것이어야 하므로 어떤 사무나 활동 자체가 위법의 정도가 중하여 사회생활상 도저히 용인될 수 없는 정도로 반사회성을 띠는 경우에는 업무방해죄의 보호대상이 되는 '업무'에 해당한다고 볼 수 없다.[100]

(3) 행위

(가) 허위의 사실 유포 또는 위계

위계에 의한 업무방해죄에 있어서 위계라 함은 행위자의 행위목적을 달성하기 위하여 상대방에게 오인, 착각 또는 부지를 일으키게 하여 이를 이용하는 것을 말하며, 상대방이 이에 따라 그릇된 행위나 처분을 하였다면 위계에 의한 업무방해죄가 성립된다.[101]

(나) 위력

업무방해죄에 있어서의 '위력'이란 사람의 자유의사를 제압·혼란케 할 만한 일체의 세력을 말하고, 유형적이든 무형적이든 묻지 아니하며, 폭행·협박은 물론 사회적,

---

99) 대법원 1971. 5. 24. 선고 71도399 판결.
100) 대법원 2001. 11. 30. 선고 2001도2015 판결.
101) 대법원 1992. 6. 9. 선고 91도2221 판결.

경제적, 정치적 지위와 권세에 의한 압박 등을 포함한다고 할 것이고, 위력에 의해 현실적으로 피해자의 자유의사가 제압되는 것을 요하는 것은 아니다.[102] 위력은 제3자를 통해 간접적으로 행사할 수도 있다.[103]

(다) 업무방해

특정한 업무 그 자체를 방해하는 것뿐만 아니라 널리 업무수행의 원활한 진행을 저해하는 것도 포함된다.[104] 본죄는 업무를 방해할 우려가 있는 상태가 발생한 때 기수가 되며, 방해결과의 현실적 발생은 요하지 아니한다.

다. 처벌

본죄가 성립할 경우 5년 이하의 징역 또는 1천500만원 이하의 벌금에 처해질 수 있다.

[서식(고소장)] 업무방해죄 (호프집에서 여종업원 동석요구에 불응하자 행패)

고　　소　　장

고 소 인　　ㅇ　　ㅇ　　ㅇ (000000-0000000)
　　　　　　ㅇㅇ시 ㅇㅇ구 ㅇㅇ로 ㅇㅇ(ㅇㅇ동)
　　　　　　(전화번호 : 000-0000)

피고소인　　ㅇ　　ㅇ　　ㅇ (000000-0000000)
　　　　　　ㅇㅇ시 ㅇㅇ구 ㅇㅇ로 ㅇㅇ(ㅇㅇ동)
　　　　　　(전화번호 : 000-0000)

---

102) 대법원 2005. 5. 27. 선고 2004도8447 판결.
103) 대법원 2013. 2. 28. 선고 2011도16718 판결.
104) 대법원 2012. 5. 24. 선고 2009도4141 판결.

고　소　취　지

피고소인에 대하여 업무방해죄로 고소하오니 처벌하여 주시기 바랍니다.

고　소　사　실

1. 피고소인은 일정한 직업이 없는 자인바, 20○○. ○. ○. 20:00경부터 같은 날 22:00경까지 사이에 ○○시 ○○구 ○○동에 있는 고소인 경영의 호프집에서 위 호프집 여종업원인 고소 외 ○○○를 피고소인의 옆자리에 동석시켜 달라고 요구 하였으나 들어주지 않는다는 이유로 테이블에 앉아서 큰소리로 떠들며 재떨이를 마룻바닥에 던지는 등 소란을 피워 그 호프집에 들어오려는 손님들이 들어오지 못하게 함으로써 위력으로 고소인의 일반음식점 영업업무를 방해한 것입니다.

2. 따라서 피고소인을 귀서에 고소하오니 철저히 조사하시어 처벌하여 주시기 바랍니다.

입　증　방　법

조사시 자세히 진술하겠습니다.

20○○.　　○.　　○.
위 고소인　○　　○　　○　(인)

○○경찰서장　귀하

제출기관	범죄지, 피의자의 주소, 거소 또는 현재지의 경찰서, 검찰청	공소시효	7년
고소권자	피해자(형사소송법 223조)	소추요건	
제출부수	고소장 1부	관련법규	형법 314조
범죄성립 요건	• 허위의 사실을 유포, 기타 위계 또는 위력으로써 사람의 업무를 방해한 때 • 컴퓨터 등 정보처리장치 또는 전자기록 등 특수매체기록을 손괴하거나 정보처리장치에 허위의 정보 또는 부정한 명령을 입력하거나 기타 방법으로 정보처리에 장애를 발생하게 하여 사람의 업무를 방해한 때		
형 량	• 5년 이하의 징역 또는 1,500만원 이하의 벌금		
불기소 처분 등에 대한 불복절차 및 기간	(항고) • 근거 : 검찰청법 10조 • 기간 : 처분결과의 통지를 받은 날부터 30일(검찰청법 10조4항) (재정신청) • 근거 : 형사소송법 제260조 • 기간 : 항고기각 결정을 통지받은 날 또는 동법 제260조 제2항 각 호의 사유가 발생한 날부터 10일(형사소송법 제260조 제3항) (헌법소원) • 근거 : 헌법재판소법 68조 • 기간 : 그 사유가 있음을 안 날로부터 90일 이내에, 그 사유가 있는 날로부터 1년 이내에 청구하여야 한다. 다만, 다른 법률에 의한 구제절차를 거친 헌법소원의 심판은 그 최종결정을 통지받은 날로부터 30일 이내에 청구 (헌법재판소법 69조)		

고 소 장

고 소 인　　○　○　　○ (000000-0000000)
　　　　　　○○시 ○○구 ○○로 ○○(○○동)
　　　　　　(전화번호 : 000-0000)
피고소인　　○　○　　○ (000000-0000000)
　　　　　　○○시 ○○구 ○○로 ○○(○○동)
　　　　　　(전화번호 : 000-0000)

고 소 취 지

피고소인에 대하여 업무방해죄로 고소하오니 처벌하여 주시기 바랍니다.

고 소 사 실

1. 고소인은 20○○. ○. 초순부터 피고소인 소유 부동산인 ○○시 ○○구 ○○로
　○○(○○동) 소재 ○○빌딩 ○층 점포 약 30㎡를 (보증금 1,000만원, 월차임
　150만원, 임차기간 2년) 임차하여, '○○○'라는 상호로 숙녀복 정장 판매대리점을
　개설하여 영업하던 중, 영업부진으로 20○○. ○월부터 ○개월간 차임을 연체하게
　되었는바, 피고소인은 20○○. ○. ○. 오후 ○시경 술을 마시고 가게에 찾아와
　차임을 내어놓으라며 고래고래 큰소리를 치며 행패를 부려 가게 안에서 옷을 고르
　던 여자 손님들이 놀라 도망가게 하였고, 그 이후에도 3차례나 술을 마시고 찾아와
　가게 안을 기웃거리며 고소인에게 욕을 하는 등 영업방해를 한 사실이 있습니다.

2. 따라서 피고소인을 귀서에 고소하오니 철저히 조사하시어 처벌하여 주시기 바랍니다.

입 증 방 법

조사시 자세히 진술하겠습니다.

20○○.　　○.　　○.

위 고소인　○　　○　　○　(인)

○○경찰서장　귀하

26. 업무상배임죄

> **제356조(업무상의 횡령과 배임)** 업무상의 임무에 위배하여 제355조의 죄를 범한 자는 10년 이하의 징역 또는 3천만원 이하의 벌금에 처한다.

가. 개념

업무상 타인의 사무를 처리하는 자가 그 임무에 위배하는 행위로써 재산상의 이익을 취득하거나 제3자로 하여금 이를 취득하게 하여 본인에게 손해를 가함으로써 성립하는 범죄이다. 본죄성립 시 10년 이하의 징역 또는 3천만원 이하의 벌금에 처해질 수 있으며, 공소시효는 10년이다.

나. 구성요건

(1) 업무

본죄의 '업무'란 직업 또는 직무와 같은 것으로 사회생활상의 지위에 기하여 반복 또는 계속적으로 행하는 사무를 의미하며, 법령, 계약에 의한 것뿐만 아니라 관례에 따르거나 사실상의 것이더라도 같은 행위를 반복할 지위에 따른 사무일 경우 업무에 해당할 수 있다.[105]

또한, 업무는 반드시 직무나 직업으로 행하여지는 것에 한하지 않고 생활수단일 필요도 없으며, 고유의 사무이건 겸하는 사무이건 불문하고, 사실상 행하는 사무라도 무방하므로 등기부상 대표이사를 사임한 후에도 계속하여 사실상 그 업무를 수행하여 왔다면, 업무상 배임죄 내지 업무상 횡령죄의 주체가 될 수 있다.

(2) 임무에 위배하는 행위

업무상 배임죄에서 임무에 위배하는 행위라 함은 처리하는 사무의 내용, 성질 등 구체적

---

[105] 대법원 2001. 7. 10. 선고 2000도5597 판결, 대법원 2015. 2. 26. 선고 2000더15182 판결 등.

상황에 비추어 법률의 규정, 계약의 내용 혹은 신의칙상 당연히 할 것으로 기대되는 행위를 하지 않거나 당연히 하지 않아야 할 것으로 기대하는 행위를 함으로써 그 타인, 즉, '본인'과 사이의 신임관계를 저버리는 일체의 행위를 포함하는 것이다. 행위자가 설령 본인을 위한다는 의사를 가지고 행위를 하였다고 하더라도 그 목적과 취지가 법령이나 사회상규에 위반된 위법한 행위로서 용인할 수 없는 경우에는 그 행위의 결과가 일부 본인을 위하는 측면이 있다고 하더라도 이는 본인과의 신임관계를 저버리는 행위로서 배임죄의 성립을 인정함에 영향이 없다.[106]

(3) 본인에게 손해를 가함

배임죄는 배임행위로 인하여 본인에게 손해를 가한 때에 성립하므로, 타인의 사무를 처리하는 자가 배임의 범의를 가지고 임무에 위배한 행위를 하더라도 그로 인해 본인에게 재산상 손해가 발생하지 않으면 배임죄의 기수는 되지 않는다.

여기서 '본인에게 재산상 손해를 가한 때'에는 현실적인 손해를 가한 경우뿐만 아니라 재산상 실해 발생의 위험을 초래한 경우도 포함되나, 재산상 손해가 발생하였다고 평가할 수 있는 재산상 실해 발생의 위험은 구체적·현실적인 위험이 야기된 정도에 이르러야 하고 단지 막연한 가능성이 있다는 정도로는 부족하다.[107] 그리고 배임 행위로 인해 본인에게 현실적인 손해가 발생하였다거나 본인의 재산에 대한 구체적·현실적 위험이 야기되었다는 점에 대한 증명책임은 검사에게 있다.

(4) 고의

업무상 배임죄의 고의는 업무상 타인의 사무를 처리하는 자가 본인에게 재산상의 손해를 가한다는 의사와 자기 또는 제3자의 재산상의 이득의 의사가 임무에 위배된다는 인식과 결합되어 성립된다. 따라서 피고인이 본인의 이익을 위한다는 의사도 가지고

---

106) 대법원 2002. 7. 22. 선고 2002도1696 판결.
107) 대법원 2015. 9. 10. 선고 2015도6745 판결, 대법원 2017. 7. 20. 선고 2000도1104 전원합의체 판결 등 참조.

있었다 하더라도 위와 같은 간접사실에 의하여 본인의 이익을 위한다는 의사는 부수적일 뿐이고 이득 또는 가해의 의사가 주된 것임이 판명되면 배임죄의 고의가 있었다고 판단된다.[108]

다. 처벌

본죄성립 시 10년 이하의 징역 또는 3천만원 이하의 벌금에 처해질 수 있다.

[서식(고소장) 172] 업무상 배임죄 (은행직원 부당대출)

고　　소　　장

고 소 인　　○○은행 (주)
　　　　　　대표이사 ○ ○ ○
　　　　　　○○시 ○○구 ○○로 ○○(○○동)
　　　　　　(전화번호 : 000-0000)

피고소인　　○　○　○ (000000-0000000)
　　　　　　○○시 ○○구 ○○로 ○○(○○동)
　　　　　　(전화번호 : 000-0000)

고　소　취　지

고소인은 피고소인을 상대로 아래와 같이 업무상 배임죄로 고소하오니 처벌하여 주시기 바랍니다.

---

108) 대법원 2002. 6. 28. 선고 2000도3716 판결.

<h1>고 소 사 실</h1>

1. 피고소인은 20○○. ○. ○.경부터 ○○시 ○○구 ○○로 ○○(○○동) 소재 당 은행 ○○지점의 대리로 근무하면서 대출담당 업무에 종사하여 오던 자입니다.

2. 피고소인은 20○○. ○. ○. 13:00경 위 은행지점에서 그 은행내규 상 ○○○원 이상은 무담보대출이 금지되어 있으므로 ○○○원 이상의 대출을 함에 있어서는 채무자로부터 반드시 담보를 제공받아야 할 업무상 의무가 있음에도 불구하고, 이에 위배하여 피고소인의 친구인 고소 외 ○○○의 편의를 보아주기 위하여 즉석 에서 그에게 무담보로 금 ○○○원을 대출하고 그 회수를 어렵게 하여 위 ○○○에 게 대출금 ○○○원 상당의 재산적 이익을 취득하게 하고, 위 은행에 동액 상당의 손해를 가하였기에 피고소인을 귀서에 고소하오니 처벌하여 주시기 바랍니다.

<h1>입 증 방 법</h1>

조사시 자세히 진술하겠습니다.

20○○.　　○.　　○.

위 고소인　○○은행(주)

대표이사　○　○　○　　(인)

○○경찰서장　귀하

제출기관	범죄지, 피의자의 주소, 거소 또는 현재지의 경찰서, 검찰청	공소시효	10년
고소권자	피해자(형사소송법 제223조)	소추요건	(형법 제361조, 제328조)
제출부수	고소장 1부	관련법규	형법 356조, 355조 2항
범죄성립 요 건	업무상의 임무에 위배하여 타인의 사무를 처리하는 자가 그 임무에 위배하는 행위로써 재산상의 이익을 취득하거나 제3자로 하여금 이를 취득하게 하여 본인에게 손해를 가한 때		
형 량	• 10년 이하의 징역 • 3,000만원 이하의 벌금 　(10년 이하의 자격정지를 병과할 수 있음 : 형법 358조)		
불기소 처분 등에 대한 불복절차 및 기간	(항고) • 근거 : 검찰청법 제10조 • 기간 : 처분결과의 통지를 받은 날부터 30일(검찰청법 제10조4항) (재정신청) • 근거 : 형사소송법 제260조 • 기간 : 항고기각 결정을 통지받은 날 또는 동법 제260조 제2항 각 호의 사유가 발생한 날부터 10일(형사소송법 제260조 제3항) (헌법소원) • 근거 : 헌법재판소법 제68조 • 기간 : 그 사유가 있음을 안 날로부터 90일 이내에, 그 사유가 있은 날로부터 1년 이내에 청구하여야 한다. 다만, 다른 법률에 의한 구제절차를 거친 헌법소원의 심판은 그 최종결정을 통지받은 날로부터 30일 이내에 청구(헌법재판소법 제69조)		

27. 업무상비밀누설죄

> 제317조(업무상비밀누설) ① 의사, 한의사, 치과의사, 약제사, 약종상, 조산사, 변호사, 변리사, 공인회계사, 공증인, 대서업자나 그 직무상 보조자 또는 차등의 직에 있던 자가 그 직무처리 중 지득한 타인의 비밀을 누설한 때에는 3년 이하의 징역이나 금고, 10년 이하의 자격정지 또는 700만원 이하의 벌금에 처한다.
> ② 종교의 직에 있는 자 또는 있던 자가 그 직무상 지득한 사람의 비밀을 누설한 때에도 전항의 형과 같다.

가. 개념

본죄는 의사, 한의사, 치과의사, 약제사, 약종상, 조산사, 변호사, 변리사, 공인회계사, 공증인, 대서업자나 그 직무상 보조자 또는 차등의 직에 있던 자 또는 종교의 직에 있는 자 또는 있던 자가 그 직무처리 중 지득한 타인의 비밀을 누설함으로써 성립하는 범죄이며, 본죄 성립 시 3년 이하의 징역이나 금고, 10년 이하의 자격정지 또는 700만원 이하의 벌금에 처해질 수 있다. 본죄의 공소시효는 5년이다.

나. 구성요건

(1) 주체

의사, 한의사, 치과의사, 약제사, 약종상, 조산사, 변호사, 변리사, 공인회계사, 공증인, 대서업자(법무사, 행정사 등을 말한다)나 그 직무상 보조자 또는 차등의 직에 있던 자 또는 종교의 직에 있는 자와 그 직에 있었던 자에 한하며, 수의사는 포함되지 아니한다. 다만, 공무원 또는 공무원이었던 자가 법령에 의한 직무상의 비밀을 누설한 경우 공무상 비밀누설죄(제127조)가 성립한다.

(2) 객체

(가) 비밀

'비밀'이란 특정인 또는 일정범위의 사람에게만 알려져 있는 사실로서 타인에게 알려지지 않음으로써 본인에게 이익이 있는 사실을 말한다. 따라서 공지의 사실은 비밀이 아니며 비밀이 되기 위해서는 본인이 비밀로 하기를 원하는 사실이어야 하고 객관적으로 비밀로서 보호해야 할 이익이 있어야 한다.

(나) 업무처리 중 또는 직무상 지득한 타인의 비밀

비밀은 본죄의 주체가 업무처리 중 또는 직무상 지득한 것임을 요한다. 따라서 업무처리나 직무와 관련 없이 알게 된 비밀은 본죄의 보호대상이 아니며, 이는 비밀주체의 고지에 의한 것이든, 행위자가 스스로 실험 판단에 의한 것이든 불문한다.

(3) 행위

비밀을 누설하는 것이다. 다만 비밀을 알고 있는 사람에게 누설은 불가벌이며, 공연성을 요하지 아니하므로 1인이건 다수이건 불문한다.

다. 처벌

본죄 성립 시 3년 이하의 징역이나 금고, 10년 이하의 자격정지 또는 700만원 이하의 벌금에 처해질 수 있다.

[서식(고소장) 173] 업무상 비밀누설죄 (의사가 환자 병명 누설)

고　　소　　장

고 소 인　　ㅇ　ㅇ　ㅇ (000000-0000000)
　　　　　ㅇㅇ시 ㅇㅇ구 ㅇㅇ로 ㅇㅇ(ㅇㅇ동)
　　　　　(전화번호 : 000-0000)

피고소인　　ㅇ　ㅇ　ㅇ (000000-0000000)
　　　　　ㅇㅇ시 ㅇㅇ구 ㅇㅇ로 ㅇㅇ(ㅇㅇ동)

(전화번호 : 000-0000)

고 소 취 지

피고소인에 대하여 업무상 비밀누설죄로 고소하오니 처벌하여 주시기 바랍니다.

고 소 사 실

1. 피고소인은 ○○시 ○○로 ○○(○○동)에서 "○○한의원"을 개업하고 있는 의원으로서 20○○. ○. ○. 14:00경 위 의원을 찾아와 진찰을 받고 약을 지어간 같은로 ○○(○○동)에 사는 환자인 고소인에게 몽유병이 있다는 사실을 알고 다음날 19:30경 피고소인의 집에서 동인의 친구인 고소 외 ○○○에게 "학교 선생이라는 ○○○가 어제 약을 지어갔는데, 몽유병이더라"라고 말하여 의사로서 그 업무 중에 알게 된 타인의 비밀을 누설한 것입니다.

2. 따라서 피고소인을 귀서에 고소하오니 철저히 조사하시어 처벌하여 주시기 바랍니다.

첨 부 서 류

1. 진단서   1통
1. 진술서   1통

20○○.   ○.   ○.
위 고소인 ○   ○   ○   (인)

○○경찰서장 귀하

제출기관	범죄지, 피의자의 주소, 거소 또는 현재지의 경찰서, 검찰청	공소시효	5년
고소권자	피해자(형사소송법 제223조)	소추요건	
제출부수	고소장 1부	관련법규	형법 317조
범죄성립 요건	의사, 한의사, 치과의사, 약제사, 약종상, 조산사, 변호사, 변리사, 공인회계사, 공증인, 대서업자나 그 직무상 보조자 또는 차등의 직에 있던 자 또는 종교의 직에 있는 자 또는 있던 자가 그 직무처리중 지득한 타인의 비밀을 누설함으로써 성립하는 범죄이며, 본죄 성립 시 3년 이하의 징역이나 금고, 10년 이하의 자격정지 또는 700만원 이하의 벌금에 처해질수 있으며, 공소시효는 5년이다.		
형량	• 3년 이하의 징역이나 금고 • 10년 이하의 자격정지 • 700만원 이하의 벌금		
불기소 처분 등에 대한 불복절차 및 기간	(항고) • 근거 : 검찰청법 제10조 • 기간 : 처분결과의 통지를 받은 날부터 30일(검찰청법 제10조4항) (재정신청) • 근거 : 형사소송법 제260조 • 기간 : 항고기각 결정을 통지받은 날 또는 동법 제260조 제2항 각 호의 사유가 발생한 날부터 10일(형사소송법 제260조 제3항) (헌법소원) • 근거 : 헌법재판소법 제68조 • 기간 : 그 사유가 있음을 안 날로부터 90일 이내에, 그 사유가 있은 날로부터 1년 이내에 청구하여야 한다. 다만, 다른 법률에 의한 구제절차를 거친 헌법소원의 심판은 그 최종결정을 통지받은 날로부터 30일 이내에 청구(헌법재판소법 제69조)		

28. 업무상위력등에 위한 간음죄

> 제303조(업무상위력등에 의한 간음) ① 업무, 고용 기타 관계로 인하여 자기의 보호 또는 감독을 받는 사람에 대하여 위계 또는 위력으로써 간음한 자는 7년 이하의 징역 또는 3천만원 이하의 벌금에 처한다.
> ② 법률에 의하여 구금된 사람을 감호하는 자가 그 사람을 간음한 때에는 10년 이하의 징역에 처한다.

가. 개념

업무, 고용 기타 관계로 인하여 자기의 보호 또는 감독을 받는 사람에 대하여 위계 또는 위력으로써 간음한 경우에 성립되는 범죄로서, 본죄성립 시 5년 이하의 징역 또는 1천 500만 원 이하의 벌금에 처해질 수 있으며, 추행한 자는 2년 이하의 징역 또는 500만 원 이하의 벌금에 처해진다(성폭법 10조 1항).

나. 구성요건

(1) 업무

여기서 '업무'라 함은 공적 업무는 물론 개인적 업무도 포함되며, '고용'이란 사용자와 피용자의 관계를 말한다. '기타 관계로 인하여 보호·감독을 받는 사람'이란 고용은 되지 않았으나 사실상 보호·감독을 받는 관계를 말하며 그 원인은 문제되지 않는다. 대법원 판례를 살펴보면 자신의 처가 경영하는 미장원에 고용된 부녀를 간음한 경우에 도 사실상의 보호·감독관계가 있다고 인정하여 이 죄가 성립된 사례가 있다.[109] 이는 본죄가 피보호·감독자의 성적 자유가 부당하게 침해되는 것을 보호하려는 데 그 목적 이 있기 때문에 사실상의 보호나 감독도 포함시키는 것이 당연하다. 또한 보통 업무적으 로 상하관계가 있는 경우에는 乙의 지위에 있는 사람은 甲의 지위에 있는 사람의 위세에 눌려 성적 자유가 침해될 가능성이 크기 때문에 사실상의 갑을관계도 광범위하게 인정

---

109) 대법원 1976. 2. 10. 선고 74도1519 판결.

하는 것이 마땅하다.

(2) 위력

여기서 '위력'이라 함은 사람의 의사를 제압할 수 있는 힘으로서 폭행·협박은 물론 지위·권세를 이용하여 상대방의 의사를 제압하는 일체의 행위를 말한다. 그러나 폭행·협박의 경우에는 강간죄 또는 강제추행죄의 폭행·협박에 이르지 않을 것을 요한다. 이는 폭행·협박이 상대방의 항거를 불능하게 하거나 현저히 곤란하게 할 정도에 이르면 이 죄가 아니라 더 무거운 강간죄 또는 강제추행죄로 의율되기 때문이다.

'위력'으로써 간음하였는지 여부는 행사한 유형력의 내용과 정도 내지 이용한 행위자의 지위나 권세의 종류, 피해자의 연령, 행위자와 피해자의 이전부터의 관계, 그 행위에 이르게 된 경위, 구체적인 행위 태양, 범행 당시의 정황 등 제반 사정을 종합적으로 고려하여 판단하여야 한다.[110]

다. 처벌

본죄성립 시 5년 이하의 징역 또는 1천 500만 원 이하의 벌금에 처해질 수 있다.

---

110) 대법원 2005. 7. 29. 선고 2004도5868 판결.

고 소 장

고 소 인   ○   ○   ○ (000000-0000000)
　　　　　　○○시 ○○구 ○○로 ○○(○○동)
　　　　　　(전화번호 : 000-0000)

피고소인   ○   ○   ○ (000000-0000000)
　　　　　　○○시 ○○구 ○○로 ○○(○○동)
　　　　　　(전화번호 : 000-0000)

고 소 취 지

피고소인에 대하여 업무상 위력 등에 의한 간음죄로 고소하오니 처벌하여 주시기
바랍니다.

고 소 사 실

1. 피고소인은 ○○산업 ○○공장의 공장장으로서, 20○○. ○. ○. 21:30경 야근을
   마치고 동료 여공들과 함께 귀가하려고 준비 중이던 중 피고소인의 감독 아래 있는
   여공인 고소인을 불러 근처 약국에 가서 소독약 좀 사다 줄 것을 요청하고, 그러나
   약을 사가지고 오자 그 공장 안에 다른 사람이 없는 기회를 이용하여 그녀를 간음하
   기로 마음먹고, 고소인을 숙직실로 불러들여 "내 말을 잘 들으면 잔업에서도 빼주
   고 감독으로 승진시키겠지만 만약 안 들으면 내일 당장 해고시켜버리겠다"고 위계
   와 협박을 하여 공장장의 위력으로써 그녀를 간음한 것입니다.

2. 따라서 피고소인을 귀서에 고소하오니 철저히 조사하시어 처벌하여 주시기 바랍니다.

<h1 style="text-align:center">입 증 방 법</h1>

1. 진단서   1부
조사시 자세히 진술하겠습니다.

20○○.   ○.   ○.
위 고소인 ○   ○   ○ (인)

○○경찰서장   귀하

제출기관	범죄지, 피의자의 주소, 거소 또는 현재지의 경찰서, 검찰청	공소시효	7년
고소권자	피해자(형사소송법 223조)	소추요건	
제출부수	고소장 1부	관련법규	형법 제303조
범죄성립 요 건	업무, 고용 기타 관계로 인하여 자기의 보호 또는 감독을 받는 사람에 대하여 위계 또는 위력으로써 간음한 때		
형 량	• 5년 이하의 징역 • 1,500만원 이하의 벌금		
불기소 처분 등에 대한 불복절차 및 기간	(항고) • 근거 : 검찰청법 10조 • 기간 : 처분결과의 통지를 받은 날부터 30일(검찰청법 10조4항) (재정신청) • 근거 : 형사소송법 제260조 • 기간 : 항고기각 결정을 통지받은 날 또는 동법 제260조 제2항 각 호의 사유가 발생한 날부터 10일(형사소송법 제260조 제3항) (헌법소원) • 근거 : 헌법재판소법 68조 • 기간 : 그 사유가 있음을 안 날로부터 90일 이내에, 그 사유가 있는 날로부터 1년 이내에 청구하여야 한다. 다만, 다른 법률에 의한 구제절차를 거친 헌법소원의 심판은 그 최종결정을 통지받은 날로부터 30일 이내에 청구 (헌법재판소법 69조)		

29. 업무상 횡령죄

> 제356조(업무상의 횡령과 배임) 업무상의 임무에 위배하여 제355조의 죄를 범한 자는 10년 이하의 징역 또는 3천만원 이하의 벌금에 처한다.

가. 개념

본죄는 업무상의 임무에 위배하여 자기가 보관하던 타인의 재물을 횡령하거나 반환을 거부함으로써 성립하는 범죄로서, 본죄성립 시 10년 이하의 징역 또는 3천만원 이하의 벌금에 처해질 수 있다. 본죄의 공소시효는 10년이다.

나. 횡령죄의 구성요건

(1) 행위의 주체

횡령죄의 주체는 위탁관계에 의하여 타인의 재물을 보관하는 자이며, 여기서 보관이라 함은 물건을 사실상 지배하는 것 이외에 법률상 지배하는 것도 포함된다. 또한 법률상의 지배라 함은 부동산의 등기명의를 가지고 있는 경우, 타인의 돈을 위탁받아 은행에 예금한 경우 등이 이에 해당한다.

한편, 부동산에 관한 횡령죄에 있어서 타인의 재물을 보관하는 자의 지위는 동산의 경우와는 달리 부동산에 대한 점유의 여부가 아니라 부동산을 제3자에게 유효하게 처분할 수 있는 권능의 유무에 따라 결정하여야 하므로, 부동산을 공동으로 상속한 자들 중 1인이 부동산을 혼자 점유하던 중 다른 공동상속인의 상속지분을 임의로 처분하여도 그에게는 그 처분권능이 없어 횡령죄가 성립하지 아니한다.[111]

(2) 행위의 객체

횡령죄의 객체는 자기가 점유하는 타인 소유의 재물이다. 행위자와 타인의 공동소유에 속하는 재물도 타인의 재물에 해당하며, 할부판매에 있어서는 대금을 완납할 때까지는

---

111) 대법원 2000. 4. 11. 선고 2000도565 판결.

소유권이 매도인에게 있으므로 매수인이 대금 완납을 하기 전에 물건을 처분할 경우 횡령죄가 성립한다.

(3) 행위

횡령죄의 행위는 횡령하거나 반환을 거부하는 것으로 불법영득의 의사를 표현하는 행위를 말하며, 이러한 횡령행위는 사실행위나 법률행위를 묻지 않으며 부작위에 의하여도 가능하다.

또한, 반환거부란 보관물에 대해서 소유자의 권리를 배제하는 의사표시로서 불법영득 의사를 표현하는 것을 말하는데, 반환거부의 이유 및 주관적인 의사 등을 종합하여 반환거부행위가 횡령행위와 같다고 볼 수 있을 정도이어야만 횡령죄가 성립한다.[112]

(4) 주관적 구성요건

횡령죄의 주관적 구성요건으로는 위의 객관적 요소들에 대한 고의가 있어야 하며, 불법 영득의 의사를 요한다.

다. 업무상횡령죄에 있어서의 업무

본죄의 업무는 위탁관계에 의한 타인의 재물보관을 내용으로 한다. 주된 업무 부수적 업무를 불문하며, 사람의 생명, 신체에 대한 위험을 수반하는 사무에 제한되지 않는다는 점에서 업무상 과실치사상죄의 업무와 다르다.

라. 처벌

본죄성립 시 10년 이하의 징역 또는 3천만원 이하의 벌금에 처해질 수 있다.

---

112) 명의신탁자가 구체적인 보수나 비용의 약정없이 신탁한 농지의 반환을 요구하면서 등기이 전에 따른 비용과 세금은 자신이 부담하고 수탁자인 피고인에게 손해가 없도록 하겠다고 했음에도 불구하고 피고인이 위 토지에 대해 재산세를 납부한 것이 해결되지 않았고 계속 2년 가량 더 농사를 짓고 넘겨 주겠다는 대답으로 위 반환요구에 불응한 소위는 타인의 재물을 보관하는 자가 그 위탁취지에 반하여 정당한 권한없이 반환을 거부한 것이므로 횡령죄를 구성한다(출처: 대법원 1983. 11. 8. 선고 82도800 판결).

고 소 장

고 소 인　　○　　○　　○ (000000-0000000)
　　　　　　　○○시 ○○구 ○○로 ○○(○○동)
　　　　　　　(전화번호 : 000-0000)

피고소인　　○　　○　　○ (000000-0000000)
　　　　　　　○○시 ○○구 ○○로 ○○(○○동)
　　　　　　　(전화번호 : 000-0000)

고 소 취 지

피고소인에 대하여 업무상 횡령죄로 고소하오니 처벌하여 주시기 바랍니다.

고 소 사 실

1. 피고소인은 가전제품판매회사인 고소인 회사에게 할부대금 수금사원으로 근무하면서 200○. ○. ○. ○○시 ○○로 ○○(○○동)에 거주하는 수요자인 고소 외 ○○○로부터 수금한 냉장고 할부대금 ○○○원을 비롯하여 수요자 ○명으로부터 금 ○○○원의 할부금을 수금하여 이를 회사에 입금하여야 할 업무상 의무가 있음에도 불구하고 입금하지 아니하고 횡령한 자입니다.

2. 따라서 피고소인을 귀서에 고소하오니 철저히 조사하시어 처벌하여 주시기 바랍니다.

200○.　　　○.　　○
위 고소인　○　　○　　○　(인)

○○경찰서장　귀하

제출기관	범죄지, 피의자의 주소, 거소 또는 현재지의 경찰서, 검찰청	공소시효	10년
고소권자	피해자(형사소송법 223조)	소추요건	
제출부수	고소장 1부	관련법규	형법 제356조
범죄성립 요건	업무상의 임무에 위배하여 자기가 보관하던 타인의 재물을 횡령하거나 반환을 거부한 때		
형 량	• 10년 이하의 징역 • 3,000만원 이하의 벌금		
불기소 처분 등에 대한 불복절차 및 기간	(항고) • 근거 : 검찰청법 10조 • 기간 : 처분결과의 통지를 받은 날부터 30일(검찰청법 10조4항) (재정신청) • 근거 : 형사소송법 제260조 • 기간 : 항고기각 결정을 통지받은 날 또는 동법 제260조 제2항 각 호의 사유가 발생한 날부터 10일(형사소송법 제260조 제3항) (헌법소원) • 근거 : 헌법재판소법 68조 • 기간 : 그 사유가 있음을 안 날로부터 90일 이내에, 그 사유가 있은 날로부터 1년 이내에 청구하여야 한다. 다만, 다른 법률에 의한 구제절차를 거친 헌법소원의 심판은 그 최종결정을 통지받은 날로부터 30일 이내에 청구(헌법재판소법 69조)		

고　　소　　장

고 소 인　　○　○　○ (000000-0000000)
　　　　　　○○시 ○○구 ○○로 ○○(○○동)
　　　　　　(전화번호 : 000-0000)

피고소인　　○　○　○ (000000-0000000)
　　　　　　○○시 ○○구 ○○로 ○○(○○동)
　　　　　　(전화번호 : 000-0000)

고　소　취　지

고소인은 피고소인에 대하여 업무상 횡령죄로 고소를 제기하오니 처벌하여 주시기
바랍니다.

고　소　사　실

1. 피고소인은 20○○. ○. ○.부터 현재까지 ○○시 ○○구 ○○로 ○○(○○동)에
   있는 ○○약품주식회사의 영업사원으로서 위 회사의 약품판매 및 수금업무에 종사
   하여 오던 자입니다.

2. 피고소인은 20○○. ○. ○. ○○시 ○○구 ○○로 ○○(○○동)에 있는 ○○○
   경영의 ○○약국에서 약품대금 1,500만원을 수금하여 위 회사를 위하여 보관하던
   중 그 무렵 이 중 1,000만원을 자신과 불륜관계를 맺어온 위 회사 경리사원 고소

외 ○○○에게 관계청산을 위한 위자료 명목으로 임의로 지급하여 이를 횡령하였습니다.

3. 따라서 피고소인을 귀서에 고소하오니 철저히 조사하시어 처벌하여 주시기 바랍니다.

입 증 방 법

추후 조사시에 제출하겠습니다.

20○○.   ○.   ○.

위 고소인   ○   ○   ○   (인)

○○경찰서장   귀하

30. 위증죄

> **제152조(위증, 모해위증)** ① 법률에 의하여 선서한 증인이 허위의 진술을 한 때에는 5년 이하의 징역 또는 1천만원 이하의 벌금에 처한다.
> ② 형사사건 또는 징계사건에 관하여 피고인, 피의자 또는 징계혐의자를 모해할 목적으로 전항의 죄를 범한 때에는 10년 이하의 징역에 처한다.

가. 개념

본죄는 법률에 의하여 선서한 증인이 허위의 진술을 함으로써 성립하는 범죄이며, 본죄 성립 시 5년 이하의 징역 또는 1천만원 이하의 벌금에 처해질 수 있으며, 공소시효는 7년이다.

나. 구성요건

(1) 주체

법률에 의하여 선서한 증인이다. 따라서 선서하지 않고 증언한 자는 본죄의 주체가 아니다. 법률에 의한 선서란 선서가 법률에 근거하여 그 절차나 방법에 따라 유효하게 행하여진 것을 말하며, 법률뿐만 아니라 그 위임에 의한 명령 기타의 하위입법도 포함한다.

한편, 본죄에서 증인이라 함은 법원 또는 법관에 대하여 자신의 과거의 경험사실을 진술하는 제3자를 말하는데, 형사피고인이나 민사소송의 당사자는 증인에게 요구되는 제3자성을 결여하여 본죄의 주체가 될 수 없으며, 공범죄 아닌 공동피고인은 증인적격이 있지만 공범자인 공동피고인은 증인적격이 없다.[113]

(2) 행위 - 허위의 진술

(가) 허위

---

[113] 피고인과 별개의 범죄사실로 기소되어 병합심리중인 공동피고인은 피고인의 범죄사실에 관하여는 증인의 지위에 있다 할 것이므로 선서없이 한 공동피고인의 법정진술이나 피고인이 증거로 함에 동의한 바 없는 공동피고인에 대한 피의자 신문조서는 피고인의 공소 범죄사실을 인정하는 증거로 할 수 없다(대법원 1982. 9. 14. 선고 82도1000 판결).

위증죄에 있어서의 허위의 공술이란 증인이 자기의 기억에 반하는 사실을 진술하는 것을 말하는 것으로서 그 내용이 객관적 사실과 부합한다고 하여도 위증죄의 성립에 장애가 되지 않는다.[114]

하지만 "증언이 증인의 기억에 반하는 것인지의 여부가 불분명한 경우에 증언이 객관적 사실과 부합되면 특단의 사정이 없는 한 기억에 반하는 진술을 하였다고 단정할 수 없고, 또한 증언의 전체적 취지가 객관적 사실과 일치하고 그것이 기억에 반하는 공술이 아니라면 극히 사소한 부분에 관하여 기억과 불일치하는 점이 있다 하더라도 그것이 신문취지의 몰이해 또는 착오로 인한 진술이라고 인정된다면 위증죄는 성립될 수 없다." [115]

또한, "증인의 증언이 기억에 반하는 허위진술인지 여부는 그 증언의 단편적인 구절에 구애될 것이 아니라 당해 신문절차에 있어서의 증언 전체를 일체로 파악하여 판단하여야 할 것이고, 증언의 전체적 취지가 객관적 사실과 일치되고 그것이 기억에 반하는 공술이 아니라면 사소한 부분에 관하여 기억과 불일치하더라도 그것이 신문취지의 몰이해 또는 착오에 인한 것이라면 위증이 될 수 없는 것이다."[116]

(나) 진술

진술의 상대방은 법원이나 법관이다. 그러나 직접 신문하는 주체가 누구인지는 불문한다. 진술의 방법에는 제한이 없어 구두, 거동, 표정, 작위, 부작위 불문하며 단순한 진술거부는 진술이 아니나, 진술거부에 의하여 전체로서의 진술내용이 허위로 되는 때에는 부작위에 의한 위증이 될 수 있다.

다. 처벌

본죄성립 시 5년 이하의 징역 또는 1천만원 이하의 벌금에 처해질 수 있으며, 기수시기는 신문절차가 종료하여 그 진술을 철회할 수 없는 단계에 이르렀을 때 기수가 된다.

---

114) 대법원 1989. 1. 17. 선고 88도580 판결.
115) 대법원 1982. 9. 14. 선고 81도105 판결.
116) 대법원 1994. 12. 22. 선고 94도1790 판결.

고　　소　　장

고 소 인　　　ㅇ　ㅇ　ㅇ (000000-0000000)
　　　　　　　ㅇㅇ시 ㅇㅇ구 ㅇㅇ로 ㅇㅇ(ㅇㅇ동)
　　　　　　　(전화번호 : 000-0000)

피고소인　　　ㅇ　ㅇ　ㅇ (000000-0000000)
　　　　　　　ㅇㅇ시 ㅇㅇ구 ㅇㅇ로 ㅇㅇ(ㅇㅇ동)
　　　　　　　(전화번호 : 000-0000)

고　　소　　취　　지

고소인은 피고소인들에 대하여 위증죄로 고소하오니 철저히 조사하시어 처벌하여 주시기 바랍니다.

고　　소　　사　　실

1. 피고소인은 일정한 직업이 없는 자로서,
　　20ㅇㅇ. ㅇ. ㅇ. 14:00경 ㅇㅇ시 ㅇㅇ구 ㅇㅇ동에 있는 ㅇㅇ지방법원 제ㅇ호 법정에서 위 법원 ㅇㅇㅇㅇ고단 ㅇㅇ호 고소 외 ㅇㅇㅇ에 대한 절도피고사건의 증인으로 출석하여 선서한 다음 증언함에 있어 사실은 고소 외 ㅇㅇㅇ이 20ㅇ. ㅇ. ㅇ. 19:00경 위 법원 앞길을 운행 중인 버스 안에서 소매치기하는 것을 직접 목격하였음에도 불구하고, 위 사건을 심리중인 위 법원 제ㅇ단독 판사 명 판결에 고소 외 ㅇㅇㅇ이 소매치기하는 것을 전혀 본 일이 없다고 기억에 반하는 허위의 진술을 하여 위증한 자입니다.

2. 따라서 피고소인을 귀서에 고소하오니 철저히 조사하시어 처벌하여 주시기 바랍니다.

20○○.　○.　○.

위 고소인　○　○　○　(인)

○○경찰서장　귀하

제출기관	범죄지, 피의자의 주소, 거소 또는 현재지의 경찰서, 검찰청	공소시효	7년
고소권자	피해자(형사소송법 223조)	소추요건	
제출부수	고소장 1부	관련법규	형법 152조
범죄성립 요 건	법률에 의하여 선서한 증인이 허위의 진술을 한 때		
형 량	• 5년 이하의 징역 • 1,000만원 이하의 벌금		
불기소 처분 등에 대한 불복절차 및 기간	(항고) • 근거 : 검찰청법 10조 • 기간 : 처분결과의 통지를 받은 날부터 30일(검찰청법 10조4항) (재정신청) • 근거 : 형사소송법 제260조 • 기간 : 항고기각 결정을 통지받은 날 또는 동법 제260조 제2항 각 호의 사유가 발생한 날부터 10일(형사소송법 제260조 제3항) (헌법소원) • 근거 : 헌법재판소법 68조 • 기간 : 그 사유가 있음을 안 날로부터 90일 이내에, 그 사유가 있은 날로부터 1년 이내에 청구하여야 한다. 다만, 다른 법률에 의한 구제절차를 거친 헌법소원의 심판은 그 최종결정을 통지받은 날로부터 30일 이내에 청구(헌법재판소법 69조)		

고　　소　　장

고 소 인　　○　　○　　○ (000000-0000000)

　　　　　　○○시 ○○구 ○○로 ○○(○○동)

　　　　　　(전화번호 : 000-0000)

피고소인　　○　　○　　○ (000000-0000000)

　　　　　　○○시 ○○구 ○○로 ○○(○○동)

　　　　　　(전화번호 : 000-0000)

고　　소　　취　　지

고소인은 피고소인들에 대하여 위증죄로 고소하오니 철저히 조사하시어 처벌하여 주시기 바랍니다.

고　　소　　사　　실

1. 피고소인은 20○○. ○.경부터 ○○시 ○○구 소재 ○○주식회사 구매담당과장으로 재직하다가 20○○. ○. ○. 퇴직한 자로, 20○○. ○. ○. 13:30경 ○○지방법원 제○호 법정에서 고소인이 위 회사 대표이사인 고소 외 ○○○를 상대로 부품납품대금 등 1억 5천만원 청구소송 사건과 관련사건 20○○가합 ○○○호 증인으로 출석하여 선서하고 증언함에 있어, 사실은 고소인으로부터 납품을 거부한 이유는 피고소인 측 회사에서 시기적으로 자동방제기를 생산·판매함에 따라 고소인이 납품하기로 한 자동방제기는 시기적으로 적절하지 않아 판매부진이 주원인이었으며 또한 고소인으로부터 부품납품을 받을 때 사전 샘플을 납품받아 아무 이상이

없었기 때문에 부품을 계속 받았음에도 "날짜는 정확하게 기억 못하지만 납품 받은 것을 거부한 이유는 샘플과 맞지 않는 부분이 있었기 때문이다"라고 기억에 어긋나는 허위의 진술을 하였습니다.

2. 따라서 피고소인을 귀서에 고소하오니 철저히 조사하시어 처벌하여 주시기 바랍니다.

20○○.　　○.　　○.

위 고소인 　○　　○　　○　(인)

○○경찰서장　귀하

31. 유가증권 변조죄

제214조(유가증권의 위조 등) ① 행사할 목적으로 대한민국 또는 외국의 공채증서 기타 유가증권을 위조 또는 변조한 자는 10년 이하의 징역에 처한다.
② 행사할 목적으로 유가증권의 권리의무에 관한 기재를 위조 또는 변조한 자도 전항의 형과 같다.
제220조(자격정지 또는 벌금의 병과) 제214조 내지 제219조의 죄를 범하여 징역에 처하는 경우에는 10년 이하의 자격정지 또는 2천만원 이하의 벌금을 병과할 수 있다.
제223조(미수범) 제214조 내지 제219조와 전조의 미수범은 처벌한다.

가. 개념

본죄는 행사할 목적으로 대한민국 또는 외국의 공채증서 기타 유가증권을 위조 또는 변조함으로써 성립하는 범죄이며, 본죄성립 시 10년 이하의 징역에 처하고, 미수범 또한 처벌된다. 공소시효는 10년이다.

나. 구성요건

(1) 객체

본죄의 객체는 대한민국 또는 외국의 공채증서 기타 유가증권이다. 이중 공채증권이란 국가 또는 지방자치단체가 발행하는 국공채 도는 지방채의 증권을 말하며 유가증권의 한 유형이다. 또한 유가증권이란 어음, 수표, 주권, 회사채, 선하증권, 창고증권, 영화관람권, 리프트 승선권 등 재산권을 표창하는 증권으로 증권상에 기재한 권리의 행사나 처분에 그 증권의 점유를 필요로 하는 것을 말한다. 그러나 신용카드업자가 발행한 신용카드는 유가증권이 아니며, 원본을 복사한 사본 또한 유가증권이 아니다.

이는 재산권이 표창되어 있어야 하며, 권리의 행사 처분에 증권의 점유를 필요로 하고, 그 형식이 민법 상법상 유효할 것을 요하지는 아니한다.

(2) 행위

본죄는 기본적 증권행위에 대하여 위조 또는 변조함으로써 성립한다. '위조'란 유가증권을 작성할 권한이 없는 자가 타인명의를 사칭하여 그 본인명의의 유가증권을 발행하는 것으로 행위자에게 유가증권의 작성권이 없어야 한다. 또한 본인명의를 사칭할 것을 요한다. 다만, 발행권자의 본명을 기재하지 않더라도 상호, 별명, 기타 거래상 본인을 가리키는 것으로 인식되는 칭호라면 명의사칭에 해당하지 아니한다.

따라서 피고인이 그 망부의 사망 후 그의 명의를 거래상 자기를 표시하는 명칭으로 사용하여 온 경우에는 피고인에 의한 망부 명의의 어음발행은 피고인 자신의 어음행위라고 볼 것이고 이를 가리켜 타인의 명의를 도용하여 어음을 위조한 것이라고 할 수 없다.[117]

'변조'란 이미 진정하게 성립된 타인명의의 유가증권의 내용에 권한 없이 증권이 동일성을 해하지 아니하는 범위에서 변경을 가하는 것(유가증권의 발행일자, 액면, 지급인의 주소 등 변경)을 말하며 그 내용의 진실여부는 불문한다.

따라서 신용카드를 제시받은 상점점원이 그 카드의 금액란을 정정기재하였다 하더라도 그것이 카드소지인이 위 점원에게 자신이 위 금액을 정정기재 할 수 있는 권리가 있는 양 기망하여 이루어졌다면 이는 간접정범에 의한 유가증권변조로 봄이 상당하다.[118]

다. 처벌

본죄성립 시 10년 이하의 징역에 처해질 수 있다.

---

117) 대법원 1982. 9. 28. 선고 82도296 판결.
118) 대법원 1984. 11. 27. 선고 84도1862 판결.

고 소 장

고 소 인   ○ ○   ○ (000000-0000000)
          ○○시 ○○구 ○○로 ○○(○○동)
          전화 : 000-0000-0000

피고소인   ○ ○   ○ (000000-0000000)
          ○○시 ○○구 ○○로 ○○(○○동)
          전화 : 000-0000-0000

고 소 취 지

피고소인에 대하여 유가증권변조 등의 죄로 고소하오니 처벌하여 주시기 바랍니다.

고 소 사 실

1. 피고소인은 20○○. ○. ○.경 고소 외 이○○로부터 물품대금의 견질용으로 고소
   외 최○○ 명의의 이 건 당좌수표(각 발행일자 20○○. ○. ○. 액면금 1억원과
   2억원)를 교부받아 보관하던 중 위 지급제시기일이 도과한 20○○년 ○월경 ○○석
   유가 ○○○석유와 합병되면서 인수인계 과정을 거치던 중 이 건 수표의 지급제시기
   간이 도과하여 형사상 무효인 이 건 수표를 제시하여 고발함으로써 발행인으로부터
   담보물 외 물품대금의 변제를 강요하는데 행사할 목적으로 기히 다른 어음의 개서를
   위하여 일시 보관한 발행인의 인장을 도용하기로 마음먹고 20○○. ○. ○.경 위
   회사 사무실에서 볼펜을 사용하여 이 건 당좌수표의 각 발행일자 "20○○. ○. ○."
   을 한 줄로 지우고 그 밑에 "20○○. ○. ○○."로 개서하고, 그 옆에 두 차례에

걸쳐 발행인의 인장을 압날하여 마치 진정하게 개서된 것처럼 변조하고, 20○○. ○. ○. ○○은행에 지급, 제시하여 이를 행사한 자입니다.

2. 따라서 피고소인을 귀서에 고소하오니 처벌하여 주시기 바랍니다.

20○○.　　○.　　○.

위 고소인　○　　○　　○　(인)

○○경찰서장　　귀하

제출기관	범죄지, 피의자의 주소, 거소 또는 현재지의 경찰서, 검찰청	공소시효	10년
고소권자	피해자(형사소송법 223조)	소추요건	
제출부수	고소장 1부	관련법규	형법 214조
범죄성립 요 건	행사할 목적으로 대한민국 또는 외국의 공채증서 기타 유가증권을 위조 또는 변조한 때		
형 량	• 10년 이하의 징역		
불기소 처분 등에 대한 불복절차 및 기간	(항고) • 근거 : 검찰청법 10조 • 기간 : 처분결과의 통지를 받은 날부터 30일(검찰청법 10조4항) (재정신청) • 근거 : 형사소송법 제260조 • 기간 : 항고기각 결정을 통지받은 날 또는 동법 제260조 제2항 각 호의 사유가 발생한 날부터 10일(형사소송법 제260조 제3항) (헌법소원) • 근거 : 헌법재판소법 68조 • 기간 : 그 사유가 있음을 안 날로부터 90일 이내에, 그 사유가 있은 날로부터 1년 이내에 청구하여야 한다. 다만, 다른 법률에 의한 구제절차를 거친 헌법소원의 심판은 그 최종결정을 통지받은 날로부터 30일 이내에 청구(헌법재판소법 69조)		

32. 장물보관죄

> **제362조(장물의 취득, 알선 등)** ① 장물을 취득, 양도, 운반 또는 보관한 자는 7년 이하의 징역 또는 1천500만원 이하의 벌금에 처한다.
> ② 전항의 행위를 알선한 자도 전항의 형과 같다.
> **제363조(상습범)** ① 상습으로 전조의 죄를 범한 자는 1년 이상 10년 이하의 징역에 처한다.
> ② 제1항의 경우에는 10년 이하의 자격정지 또는 1천500만원 이하의 벌금을 병과할 수 있다.

가. 개념

본죄는 장물을 취득, 양도, 운반 또는 보관함으로써 성립하는 범죄이다. 본죄성립 시 7년 이하의 징역 또는 1천500만원 이하의 벌금에 처해질 수 있으며, 공소시효는 7년이다.

나. 구성요건

(1) 주체

장물죄는 타인(본범)이 불법하게 영득한 재물의 처분에 관여하는 범죄이므로 자기의 범죄에 의하여 영득한 물건에 대하여는 성립하지 아니하고 이는 불가벌적 사후행위에 해당하나 여기에서 자기의 범죄라 함은 정범자(공동정범과 합동범을 포함한다)에 한정되는 것이므로 평소 본범과 공동하여 수차 상습으로 절도 등 범행을 자행함으로써 실질적인 범죄집단을 이루고 있었다 하더라도, 당해 범죄행위의 정범자(공동정범이나 합동범)로 되지 아니한 이상 이를 자기의 범죄라고 할 수 없고 따라서 그 장물의 취득을 불가벌적 사후행위라고 할 수 없다.[119]

(2) 객체

본죄의 객체는 장물이다.

---

119) 대법원 1986. 9. 9. 선고 86도1273 판결.

(3) 행위 - 장물의 취득, 양도, 운반, 보관, 알선 등

(가) 취득

'취득'이란 장물에 대한 점유를 이전받음으로써 사실상의 처분권을 획득(매수, 교환, 채무변제, 대물변제, 소비대차 등)하는 것을 말하며, 사실상의 처분권을 얻는 것이라는 점에서 보관, 운반과는 구별된다. 취득은 유상, 무상, 자기를 위한 취득, 제3자를 위한 취득을 불문한다.

한편, 장물이라 함은 재산범죄로 인하여 취득한 물건 그 자체를 말하고, 그 장물의 처분 대가는 장물성을 상실하는 것이지만, 금전은 고도의 대체성을 가지고 있어 다른 종류의 통화와 쉽게 교환할 수 있고, 그 금전 자체는 별다른 의미가 없고 금액에 의하여 표시되는 금전적 가치가 거래상 의미를 가지고 유통되고 있는 점에 비추어 볼 때, 장물인 현금을 금융기관에 예금의 형태로 보관하였다가 이를 반환받기 위하여 동일한 액수의 현금을 인출한 경우에 예금계약의 성질상 인출된 현금은 당초의 현금과 물리적인 동일성은 상실되었지만 액수에 의하여 표시되는 금전적 가치에는 아무런 변동이 없으므로 장물 로서의 성질은 그대로 유지된다고 봄이 상당하고, 자기앞수표도 그 액면금을 즉시 지급 받을 수 있는 등 현금에 대신하는 기능을 가지고 거래상 현금과 동일하게 취급되고 있는 점에서 금전의 경우와 동일하게 보아야 한다.[120)]

(나) 양도

'양도'란 장물인 정을 알지 못하고 취득한 후에 그 정을 알면서 제3자에게 수여하는 것을 말하며, 피해자의 반환청구권의 행사를 곤란하게 한다는 이유 처벌된다. 양도는 유상 무상을 불문하고, 양도자가 장물을 취득하게 된 경위, 양수인이 장물인 점을 알고 있는지 여부는 불문한다. 다만, 장물인 줄 알고 취득한 후 양도한 경우에는 장물양도죄 가 불가벌적 사후행위가 된다.

---

120) 대법원 2004. 3. 12. 선고 2004도134 판결.

(다) 운반

'운반'이란 장물의 소재를 장소적으로 이전하는 것을 말한다. 제3자가 본범과 공동하여 장물을 운반한 경우에는 제3자에 대하여 장물운반죄가 성립한다. 운반은 유상무상을 불문하고 사정을 모르는 제3자에게 운반케 하는 경우에는 간접정범이 된다. 다만, 피해자의 위탁을 받거나 피해자에게 반환하기 위한 운반은 위법재산상태를 유지시키는 것은 아니므로 운반죄가 성립하지는 않는다.

한편 운반과 관련하여 타인이 절취, 운전하는 승용차의 뒷자석에 편승한 것을 가리켜 장물운반행위의 실행을 분담하였다고는 할 수 없지만,[121] 본범자와 공동하여 장물을 운반한 경우에 본범자는 장물죄에 해당하지 않으나 그 외의 자의 행위는 장물운반죄를 구성하므로, 피고인이 본범이 절취한 차량이라는 정을 알면서도 본범 등으로부터 그들이 위 차량을 이용하여 강도를 하려 함에 있어 차량을 운전해 달라는 부탁을 받고 위 차량을 운전해 준 경우, 피고인은 강도예비와 아울러 장물운반의 고의를 가지고 위와 같은 행위를 하였다고 봄이 상당하다.[122]

(라) 보관

'보관'은 위탁을 받고 장물을 자기의 점유에 두는 것을 말한다. 이는 유상 무상을 불문하고 직무상의 보관, 임대차, 사용대차, 임치 또는 장물로서의 보관을 불문한다. 만일, 장물인 정을 모르고 보관하던 중 장물인 정을 알게 되었고, 위 장물을 반환하는 것이 불가능하지 않음에도 불구하고 계속 보관함으로써 피해자의 정당한 반환청구권 행사를 어렵게 하여 위법한 재산상태를 유지시킨 경우에는 장물보관죄에 해당한다.[123] 다만, 이러한 경우에도 점유할 권원이 있는 때에는 이를 계속하여 보관하더라도 장물보관죄가 성립하지 않는다.[124]

---

121) 대법원 1983. 9. 13. 선고 83도1146 판결.
122) 대법원 1999. 3. 26. 선고 98도3030 판결.
123) 대법원 1987. 10. 13. 선고 87도1633 판결.
124) 대법원 1986. 1. 21. 선고 85도2472 판결.

(마) 알선

'알선'이란 장물인 정을 알면서 장물의 취득, 양도, 운반, 보관을 매개하거나 주선하는 것을 말하고, 이는 유상무상을 불문하며 그 명의도 불문한다. 또한 직접이든 제3자를 개입시켜 간접적으로 하든 불문한다.

이처럼 장물알선죄에서 '알선'이란 장물을 취득·양도·운반·보관하려는 당사자 사이에 서서 이를 중개하거나 편의를 도모하는 것을 의미한다. 따라서 장물인 정을 알면서, 장물을 취득·양도·운반·보관하려는 당사자 사이에 서서 서로를 연결하여 장물의 취득·양도·운반·보관행위를 중개하거나 편의를 도모하였다면, 그 알선에 의하여 당사자 사이에 실제로 장물의 취득·양도·운반·보관에 관한 계약이 성립하지 아니하였거나 장물의 점유가 현실적으로 이전되지 아니한 경우라도 장물알선죄가 성립한다.125)

(바) 고의성

장물취득죄의 주관적 요건인 장물이라는 정의 인식은 장물성에 관한 미필적 인식이 있으면 충분하다.126)

다. 처벌

본죄성립 시 7년 이하의 징역 또는 1천500만원 이하의 벌금에 처해질 수 있다.

---

125) 대법원 2009. 4. 23. 선고 2009도1203 판결.
126) 대법원 1987. 4. 14. 선고 87도107 판결.

고 소 장

고 소 인   ○   ○   ○ (000000-0000000)
　　　　　　 ○○시 ○○구 ○○로 ○○(○○동)
　　　　　　 (전화번호 : 000-0000)

피고소인   ○   ○   ○ (000000-0000000)
　　　　　　 ○○시 ○○구 ○○로 ○○(○○동)
　　　　　　 (전화번호 : 000-0000)

고 소 취 지

피고소인을 장물보관죄로 고소하오니 처벌하여 주시기 바랍니다.

고 소 사 실

1. 피고소인은 ○○시 ○○구 ○○로 ○○(○○동)에서 ○○식당이라는 상호로 음식
   점을 경영하는 자인바, 20○○. ○. ○. 14:00경 위 ○○식당에서 고소 외 ○○○
   로부터 동인이 절취한 피고소인 소유의 금반지 1개 시가 80,000원 상당을 장물인
   정을 알면서 식사대금 15,000원의 담보로 받아두고 장물을 보관한 것입니다.

2. 따라서 위와 같은 사실로 피고소인을 고소하오니 철저히 조사하시어 처벌하여
   주시기 바랍니다.

입 증 서 류

조사시 자세히 진술하겠습니다.

200○.   ○.   ○.
위 고소인 ○   ○   ○ (인)

○○경찰서장 귀하

제출기관	범죄지, 피의자의 주소, 거소 또는 현재지의 경찰서, 검찰청	공소시효	7년
고소권자	피해자(형사소송법 223조)	소추요건	
제출부수	고소장 1부	관련법규	형법 362조
범죄성립 요 건	장물을 취득, 양도, 운반 또는 보관한 때		
형 량	• 7년 이하의 징역 . 1,500만원 이하의 벌금		
불기소 처분 등에 대한 불복절차 및 기간	(항고) • 근거 : 검찰청법 10조 • 기간 : 처분결과의 통지를 받은 날부터 30일(검찰청법 10조4항) (재정신청) • 근거 : 형사소송법 제260조 • 기간 : 항고기각 결정을 통지받은 날 또는 동법 제260조 제2항 각 호의 사유가 발생한 날부터 10일(형사소송법 제260조 제3항) (헌법소원) • 근거 : 헌법재판소법 68조 • 기간 : 그 사유가 있음을 안 날로부터 90일 이내에, 그 사유가 있은 날로부터 1년 이내에 청구하여야 한다. 다만, 다른 법률에 의한 구제절차를 거친 헌법소원의 심판은 그 최종결정을 통지받은 날로부터 30일 이내에 청구(헌법재판소법 69조)		

33. 장물알선죄

> **제362조(장물의 취득, 알선 등)** ① 장물을 취득, 양도, 운반 또는 보관한 자는 7년 이하의 징역 또는 1천500만원 이하의 벌금에 처한다.
> ② 전항의 행위를 알선한 자도 전항의 형과 같다.

가. 개념

본죄는 장물인 정을 말면서 장물을 알선함으로써 성립하는 범죄이며, 본죄성립 시 7년 이하의 징역 또는 1천500만원 이하의 벌금에 처해질 수 있고, 공소시효는 7년이다.

나. 행위 – 알선

'알선'이란 장물인 정을 알면서 장물의 취득, 양도, 운반, 보관을 매개하거나 주선하는 것을 말하고, 이는 유상무상을 불문하며 그 명의도 불문한다. 또한 직접이든 제3자를 개입시켜 간접적으로 하든 불문한다.

이처럼 장물알선죄에서 '알선'이란 장물을 취득 · 양도 · 운반 · 보관하려는 당사자 사이에 서서 이를 중개하거나 편의를 도모하는 것을 의미한다. 따라서 장물인 정을 알면서, 장물을 취득 · 양도 · 운반 · 보관하려는 당사자 사이에 서서 서로를 연결하여 장물의 취득 · 양도 · 운반 · 보관행위를 중개하거나 편의를 도모하였다면, 그 알선에 의하여 당사자 사이에 실제로 장물의 취득 · 양도 · 운반 · 보관에 관한 계약이 성립하지 아니하였거나 장물의 점유가 현실적으로 이전되지 아니한 경우라도 장물알선죄가 성립한다.[127]

다. 처벌

본죄성립 시 7년 이하의 징역 또는 1천500만원 이하의 벌금에 처해질 수 있다.

---

127) 대법원 2009. 4. 23. 선고 2009도1203 판결.

고　　소　　장

고 소 인　　ㅇ　ㅇ　ㅇ (000000-0000000)

　　　　　　ㅇㅇ시 ㅇㅇ구 ㅇㅇ로 ㅇㅇ(ㅇㅇ동)

　　　　　　(전화번호 : 000-0000)

피고소인　　ㅇ　ㅇ　ㅇ (000000-0000000)

　　　　　　ㅇㅇ시 ㅇㅇ구 ㅇㅇ로 ㅇㅇ(ㅇㅇ동)

　　　　　　(전화번호 : 000-0000)

고　소　취　지

피고소인을 장물알선죄로 고소하오니 처벌하여 주시기 바랍니다.

고　소　사　실

1. 피고소인은 20ㅇㅇ. ㅇ. ㅇ.경 ㅇㅇ시 ㅇㅇ구 ㅇㅇ로 ㅇㅇ(ㅇㅇ동) 소재 피고소인의 집에서 고소 외 ㅇㅇㅇ로부터 동인이 절취하여 온 ㅇㅇ손목시계 30개(시가 5,000만원 상당)를 매각하여 달라는 부탁을 받고 그 장물인 정을 알면서고 이를 승낙한 20ㅇㅇ. ㅇ. ㅇ.경 ㅇㅇ시 ㅇㅇ로 ㅇㅇ(ㅇㅇ동) 소재 ㅇㅇ주얼리에 800만원에 매각하여 주어 장물을 알선한 것입니다.

2. 따라서 위와 같은 사실로 피고소인을 고소하오니 철저히 조사하시어 처벌하여 주시기 바랍니다.

입 증 서 류

조사시 자세히 진술하겠습니다.

                          20○○.   ○.   ○.
                  위 고소인 ○   ○   ○   (인)

○○경찰서장   귀하

제출기관	범죄지, 피의자의 주소, 거소 또는 현재지의 경찰서, 검찰청	공소시효	7년
고소권자	피해자(형사소송법 223조)	소추요건	
제출부수	고소장 1부	관련법규	형법 362조
범죄성립 요 건	장물을 취득, 양도, 운반 또는 보관한 때		
형 량	• 7년 이하의 징역 • 1,500만원 이하의 벌금		
불기소 처분 등에 대한 불복절차 및 기간	(항고) • 근거 : 검찰청법 10조 • 기간 : 처분결과의 통지를 받은 날부터 30일(검찰청법 10조4항) (재정신청) • 근거 : 형사소송법 제260조 • 기간 : 항고기각 결정을 통지받은 날 또는 동법 제260조 제2항 각 호의 사유가 발생한 날부터 10일(형사소송법 제260조 제3항) (헌법소원) • 근거 : 헌법재판소법 68조 • 기간 : 그 사유가 있음을 안 날로부터 90일 이내에, 그 사유가 있은 날로부터 1년 이내에 청구하여야 한다. 다만, 다른 법률에 의한 구제절차를 거친 헌법소원의 심판은 그 최종결정을 통지받은 날로부터 30일 이내에 청구(헌법재판소법 69조)		

34. 장물운반죄

제362조(장물의 취득, 알선 등) ① 장물을 취득, 양도, 운반 또는 보관한 자는 7년 이하의 징역 또는 1천500만원 이하의 벌금에 처한다.
② 전항의 행위를 알선한 자도 전항의 형과 같다.

가. 개념

본죄는 장물을 운반함으로써 성립하는 범죄이다. 본죄성립 시 7년 이하의 징역 또는 1천500만원 이하의 벌금에 처해질 수 있으며, 공소시효는 7년이다.

나. 행위 – 운반

'운반'이란 장물의 소재를 장소적으로 이전하는 것을 말한다. 제3자가 본범과 공동하여 장물을 운반한 경우에는 제3자에 대하여 장물운반죄가 성립한다. 운반은 유상무상을 불문하고 그 사정을 모르는 제3자에게 운반케 하는 경우에는 간접정범이 된다. 다만, 피해자의 위탁을 받거나 피해자에게 반환하기 위한 운반은 위법재산상태를 유지시키는 것은 아니므로 운반죄가 성립하지는 않는다.

한편 운반과 관련하여 타인이 절취, 운전하는 승용차의 뒷자석에 편승한 것을 가리켜 장물운반행위의 실행을 분담하였다고는 할 수 없지만,[128] 본범자와 공동하여 장물을 운반한 경우에 본범자는 장물죄에 해당하지 않으나 그 외의 자의 행위는 장물운반죄를 구성하므로, 피고인이 본범이 절취한 차량이라는 정을 알면서도 본범 등으로부터 그들이 위 차량을 이용하여 강도를 하려 함에 있어 차량을 운전해 달라는 부탁을 받고 위 차량을 운전해 준 경우, 피고인은 강도예비와 아울러 장물운반의 고의를 가지고 위와 같은 행위를 하였다고 봄이 상당하다.[129]

---

128) 대법원 1983. 9. 13. 선고 83도1146 판결.
129) 대법원 1999. 3. 26. 선고 98도3030 판결.

다. 처벌

본죄성립 시 7년 이하의 징역 또는 1천500만원 이하의 벌금에 처해질 수 있다.

[서식(고소장)] 장물운반죄 (절취한 TV 운반)

고　　　소　　　장

고 소 인 　　○　○　○ (000000-0000000)
　　　　　　　○○시 ○○구 ○○로 ○○(○○동)
　　　　　　　(전화번호 : 000-0000)

피고소인 　　○　○　○ (000000-0000000)
　　　　　　　○○시 ○○구 ○○로 ○○(○○동)
　　　　　　　(전화번호 : 000-0000)

고　　소　　취　　지

피고소인을 장물운반죄로 고소하오니 처벌하여 주시기 바랍니다.

고　　소　　사　　실

1. 피고소인은 20○○. ○. ○.경 ○○시 ○○구 ○○로 ○○(○○동) 소재 피고소인의
집에서 고소 외 ○○○로부터 동인이 절취하여 온 ○○전자 42인치 TV 1대(시가
150만원 상당)를 강취한 장물이라는 정을 알면서도 ○○시 ○○구 ○○로 ○○(○

○동)까지 피고소인 소유의 ○○로 ○○○호 1통 화물트럭에 이를 싣고 가 장물을 운반한 것입니다.

2. 따라서 위와 같은 사실로 피고소인을 고소하오니 철저히 조사하시어 처벌하여 주시기 바랍니다.

입 증 서 류

조사시 자세히 진술하겠습니다.

20○○.   ○.   ○.
위 고소인 ○   ○   ○ (인)

○○경찰서장   귀하

제출기관	범죄지, 피의자의 주소, 거소 또는 현재지의 경찰서, 검찰청	공소시효	7년
고소권자	피해자(형사소송법 223조)	소추요건	
제출부수	고소장 1부	관련법규	형법 362조
범죄성립 요건	장물을 취득, 양도, 운반 또는 보관한 때		
형량	• 7년 이하의 징역 . 1,500만원 이하의 벌금		
불기소 처분 등에 대한 불복절차 및 기간	(항고) • 근거 : 검찰청법 10조 • 기간 : 처분결과의 통지를 받은 날부터 30일(검찰청법 10조4항) (재정신청) • 근거 : 형사소송법 제260조 • 기간 : 항고기각 결정을 통지받은 날 또는 동법 제260조 제2항 각 호의 사유가 발생한 날부터 10일(형사소송법 제260조 제3항) (헌법소원) • 근거 : 헌법재판소법 68조 • 기간 : 그 사유가 있음을 안 날로부터 90일 이내에, 그 사유가 있은 날로부터 1년 이내에 청구하여야 한다. 다만, 다른 법률에 의한 구제절차를 거친 헌법소원의 심판은 그 최종결정을 통지받은 날로부터 30일 이내에 청구(헌법재판소법 69조)		

35. 장물취득죄

> 제362조(장물의 취득, 알선 등) ① 장물을 취득, 양도, 운반 또는 보관한 자는 7년 이하의 징역 또는 1천500만원 이하의 벌금에 처한다.
> ② 전항의 행위를 알선한 자도 전항의 형과 같다.

가. 개념

본죄는 장물을 취득함으로써 성립하는 범죄이며, 본죄성립 시 7년 이하의 징역 또는 1천500만원 이하의 벌금에 처해질 수 있고, 공소시효는 7년이다.

나. 행위 – 취득

'취득'이란 장물에 대한 점유를 이전받음으로써 사실상의 처분권을 획득(매수, 교환, 채무변제, 대물변제, 소비대차 등)하는 것을 말하며, 사실상의 처분권을 얻는 것이라는 점에서 보관, 운반과는 구별된다. 취득은 유상, 무상, 자기를 위한 취득, 제3자를 위한 취득을 불문한다.

한편, '장물'이라 함은 재산범죄로 인하여 취득한 물건 그 자체를 말하고, 그 장물의 처분 대가는 장물성을 상실하는 것이지만, 금전은 고도의 대체성을 가지고 있어 다른 종류의 통화와 쉽게 교환할 수 있고, 그 금전 자체는 별다른 의미가 없고 금액에 의하여 표시되는 금전적 가치가 거래상 의미를 가지고 유통되고 있는 점에 비추어 볼 때, 장물인 현금을 금융기관에 예금의 형태로 보관하였다가 이를 반환받기 위하여 동일한 액수의 현금을 인출한 경우에 예금계약의 성질상 인출된 현금은 당초의 현금과 물리적인 동일성은 상실되었지만 액수에 의하여 표시되는 금전적 가치에는 아무런 변동이 없으므로 장물로서의 성질은 그대로 유지된다고 봄이 상당하고, 자기앞수표도 그 액면금을 즉시 지급받을 수 있는 등 현금에 대신하는 기능을 가지고 거래상 현금과 동일하게 취급되고 있는 점에서 금전의 경우와 동일하게 보아야 한다.[130]

---

130) 대법원 2004. 3. 12. 선고 2004도134 판결.

다. 처벌

본죄성립 시 7년 이하의 징역 또는 1천500만원 이하의 벌금에 처해질 수 있다.

[서식(고소장)] 장물취득죄 (절취한 금반지 취득)

고　　소　　장

고 소 인　　ㅇ　ㅇ　ㅇ (000000-0000000)
　　　　　　ㅇㅇ시 ㅇㅇ구 ㅇㅇ로 ㅇㅇ(ㅇㅇ동)
　　　　　　(전화번호 : 000-0000)

피고소인　　ㅇ　ㅇ　ㅇ (000000-0000000)
　　　　　　ㅇㅇ시 ㅇㅇ구 ㅇㅇ로 ㅇㅇ(ㅇㅇ동)
　　　　　　(전화번호 : 000-0000)

고　소　취　지

피고소인을 장물취득죄로 고소하오니 처벌하여 주시기 바랍니다.

고　소　사　실

1. 피고소인은 ㅇㅇ시 ㅇㅇ구 ㅇㅇ로 ㅇㅇ(ㅇㅇ동)에서 황금당이라는 상호로 금은방을 경영하는 자인바, 200ㅇ. ㅇ. ㅇ. 16:00경 위 황금장에서 고소 외 ㅇㅇㅇ로부터 고소인 소유의 금반지 1개, 시가 100,000원 상당을 장물인 정을 알면서 대금

30,000원에 매수하여 장물을 취득한 것입니다.

2. 따라서 위와 같은 사실로 피고소인을 고소하오니 철저히 조사하시어 처벌하여
   주시기 바랍니다.

입 증 서 류

조사시 자세히 진술하겠습니다.

20○○.　　○.　　○.

위 고소인　○　　○　　○　(인)

○○경찰서장　귀하

제출기관	범죄지, 피의자의 주소, 거소 또는 현재지의 경찰서, 검찰청	공소시효	7년
고소권자	피해자(형사소송법 223조)	소추요건	
제출부수	고소장 1부	관련법규	형법 362조
범죄성립 요 건	장물을 취득, 양도, 운반 또는 보관한 때		
형 량	• 7년 이하의 징역 • 1,500만원 이하의 벌금		
불기소 처분 등에 대한 불복절차 및 기간	(항고) • 근거 : 검찰청법 10조 • 기간 : 처분결과의 통지를 받은 날부터 30일(검찰청법 10조4항) (재정신청) • 근거 : 형사소송법 제260조 • 기간 : 항고기각 결정을 통지받은 날 또는 동법 제260조 제2항 각 호의 사유가 발생한 날부터 10일(형사소송법 제260조 제3항) (헌법소원) • 근거 : 헌법재판소법 68조 • 기간 : 그 사유가 있음을 안 날로부터 90일 이내에, 그 사유가 있는 날로부터 1년 이내에 청구하여야 한다. 다만, 다른 법률에 의한 구제절차를 거친 헌법소원의 심판은 그 최종결정을 통지받은 날로부터 30일 이내에 청구(헌법재판소법 69조)		

36. 점유강취죄

> 제325조(점유강취, 준점유강취) ① 폭행 또는 협박으로 타인의 점유에 속하는 자기의 물건을 강취(强取)한 자는 7년 이하의 징역 또는 10년 이하의 자격정지에 처한다.
> ② 타인의 점유에 속하는 자기의 물건을 취거(取去)하는 과정에서 그 물건의 탈환에 항거하거나 체포를 면탈하거나 범죄의 흔적을 인멸할 목적으로 폭행 또는 협박한 때에도 제1항의 형에 처한다.
> ③ 제1항과 제2항의 미수범은 처벌한다.

가. 개념

본죄는 폭행 또는 협박으로 타인의 점유에 속하는 자기의 물건을 강취(强取)함으로써 성립하는 범죄이며, 본죄성립 시 7년 이하의 징역 또는 10년 이하의 자격정지에 처해질 수 있다. 미수범 처벌규정이 있고, 공소시효는 7년이다.

나. 구성요건

(1) 객체

본죄의 객체는 타인이 점유하고 있는 자기의 물건이다. 여기서 타인은 자기 이외의 자를 말하는 것으로 자연인, 법인, 법인격 없는 단체도 포함되지만, 자기와 타인이 공동으로 소유하는 타인의 물건은 타인의 물건이 되어 본죄의 객체에서 제외된다. 다만, 공무소의 명에 의하여 타인이 간수하고 있는 자기의 물건은 형법 제142조 공무상 보관물 무효죄가 성립하는데, 이 경우에도 폭행 또는 협박을 수단으로 한 경우에는 공무상 보관물 무효죄가 아니라 점유강취죄가 성립한다. 이는 공무상 보관물 무효죄가 폭행이나 협박을 수단으로 하지 않기 때문이다.

(2) 객체

강도죄와 같은 폭행·협박으로 강취하거나, 폭행·협박을 하였으나 강취하지 못한 경우, 폭행·협박을 하였고 재물도 취득하였으나 상대방의 의사가 억압되지 아니한 경우에는 본죄의 미수범이 성립한다.

다. 처벌

본죄성립 시 7년 이하의 징역 또는 10년 이하의 자격정지에 처해질 수 있다.

[서식(고소장)] 점유강취죄 (승용차 강취)

고　　소　　장

고 소 인　　ㅇ　ㅇ　ㅇ (000000-0000000)

　　　　　　ㅇㅇ시 ㅇㅇ구 ㅇㅇ로 ㅇㅇ(ㅇㅇ동)

　　　　　　(전화번호 : 000-0000)

피고소인　　ㅇ　ㅇ　ㅇ (000000-0000000)

　　　　　　ㅇㅇ시 ㅇㅇ구 ㅇㅇ로 ㅇㅇ(ㅇㅇ동)

　　　　　　(전화번호 : 000-0000)

고　소　취　지

피고소인을 점유강취죄로 고소하오니 처벌하여 주시기 바랍니다.

고　소　사　실

1. 고소인과 피고소인은 동네 친구사이인바, 피고소인은 20ㅇㅇ. ㅇ.경 금 5,000,000
원을 이자 월 2%로 정하여 고소인으로부터 차용하면서, 위 대여금의 지급을 담보하기 위하여 피고소인 소유의 소나타 승용차를 고소인이 사용할 수 있도록 점유를 이전하고 그 용법에 따라 사용하도록 허락한 사실이 있습니다. 이와 같은 사실을 증명하기 위하여 피고소인은 고소인에게 이와 같은 사실을 기재한 차용증을 작성하여 주었습니다.

2. 그런데 피고소인은 20○○. ○. ○. 밤 00:00경 부인과 딸과 함께 평온하게 잠을 자고 있는 고소인의 집에 찾아와 "내가 이번에 딸기다방에 티코맨(배달원)으로 취직되었는데, 네가 가지고 있는 내 차가 급히 필요하다. 그러니 그 차를 나에게 돌려다오" 라고 하며 고소인에게 협박을 하였는데, 고소인은 지금까지 원금은커녕 이자 한 푼도 지급치 아니한 피고소인에게 돌려줄 수 없다고 거절하자, 이에 격분한 피고소인은 주머니 속의 칼을 들여대며 고소인을 항거불능의 상태에 빠뜨려 고소인의 집 책상 위에 놓인 위 승용차 열쇠를 빼앗아 승용차를 몰고 가 아직까지 돌려주지 않고 있습니다.

3. 따라서 위와 같은 사실로 피고소인을 고소하오니 철저히 조사하시어 처벌하여 주시기 바랍니다.

입 증 서 류

1. 계약서	1부
1. 사실확인서	1부

20○○. ○. ○.

위 고소인 ○ ○ ○ (인)

○○경찰서장 귀하

제출기관	범죄지, 피의자의 주소, 거소 또는 현재지의 경찰서, 검찰청	공소시효	7년
고소권자	피해자(형사소송법 223조)	소추요건	
제출부수	고소장 1부	관련법규	형법 325조
범죄성립 요건	• 폭행 또는 협박으로 타인의 점유에 속하는 자기의 물건을 강취한 때 • 타인의 점유에 속하는 자기의 물건을 취거함에 당하여 그 탈환을 항거하거나 체포를 면탈하거나 죄적을 인멸할 목적으로 폭행 또는 협박을 가한 때		
형 량	• 7년 이하의 징역 • 10년 이하의 자격정지		
불기소 처분 등에 대한 불복절차 및 기간	(항고) • 근거 : 검찰청법 10조 • 기간 : 처분결과의 통지를 받은 날부터 30일(검찰청법 10조4항) (재정신청) • 근거 : 형사소송법 제260조 • 기간 : 항고기각 결정을 통지받은 날 또는 동법 제260조 제2항 각 호의 사유가 발생한 날부터 10일(형사소송법 제260조 제3항) (헌법소원) • 근거 : 헌법재판소법 68조 • 기간 : 그 사유가 있음을 안 날로부터 90일 이내에, 그 사유가 있은 날로부터 1년 이내에 청구하여야 한다. 다만, 다른 법률에 의한 구제절차를 거친 헌법소원의 심판은 그 최종결정을 통지받은 날로부터 30일 이내에 청구(헌법재판소법 69조)		

37. 점유이탈물 횡령죄

> **제360조(점유이탈물횡령)** ① 유실물, 표류물 또는 타인의 점유를 이탈한 재물을 횡령한 자는 1년 이하의 징역이나 300만원 이하의 벌금 또는 과료에 처한다.
> ② 매장물을 횡령한 자도 전항의 형과 같다.

가. 개념

본죄는 유실물, 표류물 또는 타인의 점유를 이탈한 재물을 횡령함으로써 성립하는 범죄이며, 본죄성립 시 1년 이하의 징역이나 300만원 이하의 벌금 또는 과료에 처해질 수 있고, 공소시효는 5년이다.

나. 구성요건

(1) 객체 - 유실물, 표류물, 매장물 기타 점유이탈물

점유이탈물은 점유자의 의사에 의하지 않고 그 점유를 떠난 타인소유의 재물 즉, 손님이 잊고 간 물건, 유류품, 잃어버린 가축, 잘못 배달된 우유 등을 말한다. 타인의 점유를 이탈한 것이면 행위자 자신의 점유는 불문하고 무주물은 타인소유물이 아니므로 본죄의 객체가 아니다. 또한 타인의 실력적 지배가 미치는 장소 내에 있는 물건은 그 장소의 관리자의 점유에 속하므로 점유이탈물이 아니다. 따라서 어떤 물건을 잃어버린 장소가 당구장과 같이 타인의 관리 아래 있을 때에는 그 물건은 일응 그 관리자의 점유에 속한다 할 것이고, 이를 그 관리자 아닌 제3자가 취거하는 것은 유실물횡령이 아니라 절도죄에 해당한다.[131]

그 외 유실물이란 잃어버린 물건 또는 분실물을 말하며, 유류물은 점유를 이탈하여 바다, 하처에 떠서 흐르고 있는 물건으로 말하고, 매장물이란 토지, 해저 또는 건조물 등에 포함된 물건으로서 점유이탈물에 준하는 것을 말한다.

---

131) 대법원 1988. 4. 25. 선고 88도409 판결.

(2) 행위 - 횡령

본죄는 불법영득의사를 가지고 점유이탈물을 자기의 사실상의 지배에 두는 것을 말한다. 따라서 가령 자전거를 습득하여 소유자가 나타날 때까지 보관을 선언하고 수일간 보관한 경우에는 영득의 의사가 없었다고 보는 것이 타당하다.[132]

[서식(고소장)] 점유이탈물횡령죄 (거스름돈 반환거절)

고　　소　　장

고 소 인　　ㅇ　ㅇ　ㅇ (000000-0000000)
　　　　　　ㅇㅇ시 ㅇㅇ구 ㅇㅇ로 ㅇㅇ(ㅇㅇ동)
　　　　　　(전화번호 : 000-0000)

피고소인　　ㅇ　ㅇ　ㅇ (000000-0000000)
　　　　　　ㅇㅇ시 ㅇㅇ구 ㅇㅇ로 ㅇㅇ(ㅇㅇ동)
　　　　　　(전화번호 : 000-0000)

고　소　취　지

피고소인을 점유이탈물횡령죄로 고소를 제기하오니 처벌하여 주시기 바랍니다.

고　소　사　실

1. 고소인은 ㅇㅇ시 ㅇㅇ로 ㅇㅇ(ㅇㅇ동) 소재 ㅇㅇㅇ식당이라는 한식점을 경영하는 자로서 20ㅇㅇ. ㅇ. ㅇ. 저녁 00:00경 근처 ㅇㅇ회사에 다니는 피고소인이 친구 5명과 함께 술과 음식을 먹은 사실이 있습니다.

---

132) 대법원 1957. 7. 12. 선고 4290형상104 판결.

2. 위 같은 날 고소인이 운영하는 ○○식당은 저녁손님이 많아 무척 바쁜 상황이었습니다. 이에 피고소인이 당일 저녁 00:00경 식사를 마치고 식사비계산을 할 때 고소인의 종업원인 ○○○가 계산서와 함께 식대 280,000원을 지급 청구하였는데 피고소인은 ○○은행 발행의 자기앞수표 10만원권 3장을 지급하여 위 종업원이 거스름돈 20,000원을 주어야 하는데 그만 실수로 80,000원을 지급하였습니다. 이에 피고소인이 가고 난 후 고소인이 거스름돈 지급이 잘못된 것을 알았으나 이미 피고소인은 가고 없어 부득이 그 다음날 피고소인이 근무하는 ○○회사에 전화를 하여 양해의 말씀을 드리고 계산서를 맞추어 본 결과 거스름돈 60,000원이 더 지급되었다는 것을 통지하였습니다.

이에 피고소인은 저녁 퇴근 후 돌려주겠다고 말을 하였습니다. 그런데 며칠이 지나도 연락이 없어 다시 ○○회사에 전화를 했더니 피고소인은 오히려 화를 내면서 당신들이 계산을 잘못한 것이니 당신들이 책임져야 한다며 그 반환을 거부하여 거듭 사과의 말씀을 드렸으나 이제는 법대로 하라면서 막무가내였습니다. 심지어 "식당 문을 닫고 싶으냐."라고까지 하면서 거스름돈의 반환을 거부하였습니다.

3. 따라서 더 지급된 거스름돈의 반환의무가 있음에도 고의적으로 이를 거부하므로 피고소인을 고소하오니 철저히 조사하시어 처벌하여 주시기 바랍니다.

<h2 style="text-align:center">소 명 방 법</h2>

1. 계산서 및 영수증   1통
1. 수표사본 1   통

20○○.　　○.　　○.

위 고소인 　○　○　○　(인)

○○경찰서장　귀하

제출기관	범죄지, 피의자의 주소, 거소 또는 현재지의 경찰서, 검찰청	공소시효	5년
고소권자	피해자(형사소송법 제223조)	소추요건	(형법 제361조, 제328조)
제출부수	고소장 1부	관련법규	형법 제360조
범죄성립 요 건	1. 유실, 표류물 또는 타인의 점유를 이탈한 재물을 횡령한 때 2. 매장물을 횡령한 때		
형 량	• 1년 이하의 징역 • 300만원 이하의 벌금 또는 과료		
불기소 처분 등에 대한 불복절차 및 기간	(항고) • 근거 : 검찰청법 제10조 • 기간 : 처분결과의 통지를 받은 날부터 30일(검찰청법 10조4항) (재정신청) • 근거 : 형사소송법 제260조 • 기간 : 항고기각 결정을 통지받은 날 또는 동법 제260조 제2항 각 호의 사유가 발생한 날부터 10일(형사소송법 제260조 제3항) (헌법소원) • 근거 : 헌법재판소법 제68조 • 기간 : 그 사유가 있음을 안 날로부터 90일 이내에, 그 사유가 있은 날로부터 1년 이내에 청구하여야 한다. 다만, 다른 법률에 의한 구제절차를 거친 헌법소원의 심판은 그 최종결정을 통지받은 날로부터 30일 이내에 청구(헌법재판소법 제69조)		

38. 절도죄

> 제329조(절도) 타인의 재물을 절취한 자는 6년 이하의 징역 또는 1천만원 이하의 벌금에 처한다.
> 제331조(특수절도) ① 야간에 문이나 담 그 밖의 건조물의 일부를 손괴하고 제330조의 장소에 침입하여 타인의 재물을 절취한 자는 1년 이상 10년 이하의 징역에 처한다.
> ② 흉기를 휴대하거나 2명 이상이 합동하여 타인의 재물을 절취한 자도 제1항의 형에 처한다.
> 제342조(미수범) 제329조 내지 제341조의 미수범은 처벌한다.

가. 개념

본죄는 타인의 재물을 절취함으로써 성립하는 범죄이며, 본죄성립 시 6년 이하의 징역 또는 1천만원 이하의 벌금에 처해질 수 있고, 미수범처벌 규정이 있다. 공소시효는 7년이나, 특수절도의 경우에는 10년이다.

나. 구성요건

(1) 객체

타인이 점유하는 타인의 재물로서, 점유의 타인성이란, 타인의 단독점유, 행위자와 타인의 공동점유의 경우에 점유의 타인성이 인정되며, 타인소유 자기점유물의 재물에 대해서는 횡령죄가 성립한다. 또한 소유의 타인성이란 타인의 단독소유, 행위자와 타인의 공동소유의 경우에 소유의 타인성이 인정되고, 자기소유, 타인점유의 재물에 대해서는 권리행사방해죄가 성립한다.

따라서, 피고인이 피고인과 피해자의 동업자금으로 구입하여 피해자가 관리하고 있던 다이야포크레인 1대를 그의 허락 없이 공소 외인으로 하여금 운전하여 가도록 한 행위는 절도죄를 구성한다.[133]

---

133) 대법원 1990. 9. 11. 선고 90도1021 판결.

(2) 행위 - 절취

(가) 절취

'절취'란 타인이 점유하고 있는 재물을 점유자의 의사에 반하여 그 점유를 배제하고 자기 또는 제3자의 점유로 옮기는 것을 말하고, 어떤 물건이 타인의 점유하에 있는지 여부는, 객관적인 요소로서의 관리범위 내지 사실적 관리가능성 외에 주관적 요소로서의 지배의사를 참작하여 결정하되 궁극적으로는 당해 물건의 형상과 그 밖의 구체적인 사정에 따라 사회통념에 비추어 규범적 관점에서 판단하여야 한다.[134]

한편 점유의 배제라 함은 점유자의 의사에 반하여 재물에 대한 사실상의 지배를 제거하는 것을 말하며, 묵시적 동의가 있는 경우에는 절취에 해당하지 않으나[135] 기망에 의한 동의가 있는 경우에는 절취에 해당한다. 이는 은밀히 행해질 필요는 없고 공연히 점유를 침해하는 것도 가능하고, 기망을 점유이탈의 수단으로 한 절도도 가능하다.

(나) 점유의 취득

'점유의 취득'이란 행위자 또는 제3자가 재물에 대하여 방해받지 않은 사실상의 지배를 갖는 것을 말하나 종국적이고 확실한 점유를 가질 것을 요하지 않는다.

다. 처벌

본죄성립 시 6년 이하의 징역 또는 1천만원 이하의 벌금에 처해질 수 있다.

---

134) 대법원 2008. 7. 10. 선고 2008도3252 판결.
135) 대법원 1985. 11. 26. 선고 85도1487 판결.

고 소 장

고 소 인 　 ○ 　 ○ 　 ○ (000000-0000000)
　　　　　　 ○○시 ○○구 ○○로 ○○(○○동)
　　　　　　 (전화번호 : 000-0000)

피고소인 　 ○ 　 ○ 　 ○ (000000-0000000)
　　　　　　 ○○시 ○○구 ○○로 ○○(○○동)
　　　　　　 (전화번호 : 000-0000)

고 소 취 지

고소인은 피고소인에 대하여 절도죄로 고소하오니 처벌하여 주시기 바랍니다.

고 소 사 실

1. 피고소인은 일정한 직업이 없는 자로서, 20○○. ○. ○. 14:00경 ○○시 ○○구 ○○로 ○○(○○동)에 있는 ○○통합상가 5층 신발진열장에서 물건을 사는 척하다가 점원 몰래 고소인 소유의 고가신발 약 ○켤레, 시가 ○○만원 상당을 피고소인 가방 속에 넣어 이를 절취한 것입니다.

2. 따라서 피고소인을 귀서에 고소하오니 철저히 조사하시어 처벌하여 주시기 바랍니다.

20○○. 　 ○. 　 ○.
위 고소인 　 ○ 　 ○ 　 ○ (인)

○○경찰서장　 귀하

제출기관	범죄지, 피의자의 주소, 거소 또는 현재지의 경찰서, 검찰청	공소시효	7년(단, 특수절도 10년)
고소권자	피해자(형사소송법 223조)	소추요건	(형법 344조, 328조)
제출부수	고소장 1부	관련법규	형법 329조
범죄성립 요 건	타인의 재물을 절취한 때		
형 량	• 6년 이하의 징역(유기징역에 처할 경우 10년 이하의 자격정지를 병과할 수 있음 : 형법 345조) • 1,000만원 이하의 벌금		
불기소 처분 등에 대한 불복절차 및 기간	(항고) • 근거 : 검찰청법 10조 • 기간 : 처분결과의 통지를 받은 날부터 30일(검찰청법 10조4항) (재정신청) • 근거 : 형사소송법 제260조 • 기간 : 항고기각 결정을 통지받은 날 또는 동법 제260조 제2항 각 호의 사유가 발생한 날부터 10일(형사소송법 제260조 제3항) (헌법소원) • 근거 : 헌법재판소법 68조 • 기간 : 그 사유가 있음을 안 날로부터 90일 이내에, 그 사유가 있는 날로부터 1년 이내에 청구하여야 한다. 다만, 다른 법률에 의한 구제절차를 거친 헌법소원의 심판은 그 최종결정을 통지받은 날로부터 30일 이내에 청구(헌법재판소법 69조)		

고 소 장

고 소 인   ○○건설 주식회사 (전화번호 : 000-0000)

　　　　　　　○○시 ○○구 ○○로 ○○(○○동)

　　　　　　　대표이사 ○ ○ ○

피고소인   ○　○　○ (000000-0000000)

　　　　　　　○○시 ○○구 ○○로 ○○(○○동)

　　　　　　　(전화번호 : 000-0000)

고 소 취 지

피고소인에 대하여 절도죄(형법 제329조)로 고소하오니 처벌하여 주시기 바랍니다.

고 소 사 실

1. 고소인은 종합건설업 등을 주 업무로 하는 주식회사이며, 피고소인은 ○○시 ○○구 ○○로 ○○(○○동) 소재 건물 ○○동 ○○○호에 거주하는 자입니다.

2. 고소인은 위 건물의 건축공사를 담당한 시공사로서 공사 후 위 건물 지하1층 상가에 고소인 소유의 의자 3개, 공구함 1개, 근무복 2벌, 자재몰딩, 페인트, 드라이비트용 스톤, 석재, 리어카, 산소호스, 용접기 등 기타 집기(시가 약 ○○○원 상당)의 물품을 보관하고 있었습니다.

3. 그런데 피고소인은 20○○. ○. ○.경 위 건물 지하1층 상가의 소유자도 아님에도 불구하고 무단 침입하여 고소인 소유의 위 물품을 절취하여 처분함으로써 고소인에게 약 ○○○원 상당의 재산상의 손해를 입힌 자입니다.

4. 따라서 피고소인을 절도죄(형법 제329조)로 고소하오니 철저히 조사하시어 처벌하여 주시기 바랍니다.

첨 부 서 류

1. 법인등기부등본   1통
조사시 자세히 진술하겠습니다.

20○○.   ○.   ○.
위 고소인 ○○건설 주식회사
대표이사 ○ ○ ○ (인)

○○경찰서장 귀하

고　　소　　장

고 소 인　　ㅇ　ㅇ　ㅇ (000000-0000000)
　　　　　　ㅇㅇ시 ㅇㅇ구 ㅇㅇ로 ㅇㅇ(ㅇㅇ동)
　　　　　　(전화번호 : 000-0000)

피고소인　　ㅇ　ㅇ　ㅇ (000000-0000000)
　　　　　　ㅇㅇ시 ㅇㅇ구 ㅇㅇ로 ㅇㅇ(ㅇㅇ동)
　　　　　　(전화번호 : 000-0000)

고　소　취　지

피고소인에 대하여 절도 및 업무방해죄로 고소하오니 처벌하여 주시기 바랍니다.

고　소　사　실

1. 고소인은 "ㅇㅇㅇ무용단"을 창립하여 무용수의 4명과 가수 1명, 운전기사 1명 등으로 운영 중인 자입니다.

2. 피고소인은 고소인의 무용단 무용수로 2년간의 고용계약을 하고 공증까지 한 사실이 있사온데 고소인은 위 4명의 무용수들을 약 3개월간에 걸쳐 단체 연습을 하여 그중 한 사람이라도 빠지면 무용단을 운영할 수 없는 업무상 중요한 위치에 있는데도 불구하고 고소인은 피고소인이 어린 나이로 평소 담배를 피우는 등 단정하지 못하므

로 모든 행동을 바로 잡아 줄 생각으로 20○○. ○. ○.경 피고소인에게 준엄한 훈계를 하였던바, 피고소인이 이에 앙심을 품고 같은 해 ○. ○. 오후 2시경 고소인의 숙소에서 무용복(은빛색) 3벌 시가 90,000원과 치마(검정색) 2벌 시가 40,000원 등 합계 130,000원 상당의 물품을 절취 도주함으로써 위 130,000원의 손해는 물론 피고소인이 빠짐으로써 등 무용단을 운영하지 못하도록 고소인의 업무를 방해한 자이오니 철저히 조사하시어 엄벌에 처해 주시기 바랍니다.

첨 부 서 류

1. 각서(공정증서) 사본   1부
조사시 자세히 진술하겠습니다.

20○○.   ○.   ○.
위 고소인 ○   ○   ○ (인)

○○경찰서장 귀하

39. 주거침입죄

제319조(주거침입, 퇴거불응) ① 사람의 주거, 관리하는 건조물, 선박이나 항공기 또는 점유하는 방실에 침입한 자는 3년 이하의 징역 또는 500만원 이하의 벌금에 처한다. ② 전항의 장소에서 퇴거요구를 받고 응하지 아니한 자도 전항의 형과 같다.

제320조(특수주거침입) 단체 또는 다중의 위력을 보이거나 위험한 물건을 휴대하여 전조의 죄를 범한 때에는 5년 이하의 징역에 처한다.

가. 개념

본죄는 사람의 주거, 관리하는 건조물, 선박이나 항공기 또는 점유하는 방실에 침입함으로써 성립하는 범죄이다. 본죄성립 시 3년 이하의 징역 또는 500만원 이하의 벌금에 처해질 수 있고, 미수범처벌 규정이 있으며 공소시효 5년이다. 단 특수주거침입의 경우 공소시효는 7년이다.

나. 구성요건

(1) 객체

사람의 주거, 관리하는 방실, 건조물, 선박, 항공기 또는 점유하는 방실이다. 사람의 주거란 별장 등과 같이 일정기간만 사용되는 것도 포함하고 주거의 설비 구조여하는 불문하며 주거 자체를 위한 건물 이외에 그 부속물도 주거에 포함되고 사람의 현존여부, 소유관계 등도 불문한다. 또한 주거는 단순히 사람이 거주하는 가옥 등을 의미하는 것이 아니라 그 위요지를 포함하므로, 다가구용 단독주택이나 다세대주택, 연립주택, 아파트 등의 엘리베이터, 계단, 복도 등도 사실상의 주거의 평온을 보호할 필요가 있는 부분으로서 주거침입죄 성립요건인 "주거" 공간에 해당한다.

여기서 위요지라고 함은 건조물에 인접한 그 주변의 토지로서 외부와의 경계에 담 등이 설치되어 그 토지가 건조물의 이용에 제공되고 또 외부인이 함부로 출입할 수 없다는 점이 객관적으로 명확하게 드러나야 한다. 따라서 건조물의 이용에 기여하는 인접의 부속 토지라고 하더라도 인적 또는 물적 설비 등에 의한 구획 내지 통제가 없어 통상의 보행으로 그 경계를 쉽사리 넘을 수 있는 정도라고 한다면 일반적으로 외부인의 출입이 제한된다는 사정이 객관적으로 명확하게 드러났다고 보기 어려우므로, 이는 다른 특별한 사정이 없는 한 주거침입죄의 객체에 속하지 아니한다고 봄이 상당하다.136)

그 외 건조물이라 함은 주거를 제외한 일체의 건물 및 그 위요지로서 지붕이 있고 담 기둥으로 지지되고 있는 토지에 정착하고 사람이 출입할 수 있는 공장, 창고, 극장, 관공서의 청서 등을 말하고 점유하는 방실이라 함은 검물 내에서 사실상 지배 관리하는 일구획 즉 점포, 사무실 연구실, 투숙중인 객실, 하숙방 등을 말한다.

(2) 행위 - 침입

'침입'은 주거자 또는 관리자의 의사 또는 추정적 의사에 반하여 '신체'가 주거에 들어가는 것을 의미하는데, 반드시 행위자의 신체의 전부가 범행의 목적인 타인의 주거 안으로 들어가야만 성립하는 것이 아니라 신체의 일부만 타인의 주거 안으로 들어갔다고 하더라도 거주자가 누리는 사실상의 주거의 평온을 해할 수 있는 정도에 이르렀다면 범죄구성요건을 충족하는 것이라고 보아야 하고, 따라서 주거침입죄의 범의는 반드시 신체의 전부가 타인의 주거 안으로 들어간다는 인식이 있어야만 하는 것이 아니라 신체의 일부라도 타인의 주거 안으로 들어간다는 인식이 있으면 족하다.137)

결국, 신체가 들어가지 않으면 침입이라 볼 수 없기 때문에 창문으로 들여다보면서 소리를 지르고나 전화를 거는 행위 등은 주거침입죄로 처벌할 수 없다.

또한, 다방, 당구장, 독서실 등의 영업소가 들어서 있는 건물 중 공용으로 사용되는 계단과 복도는 주야간을 막론하고 관리자의 명시적 승낙이 없어도 누구나 자유롭게 통행할 수 있는 곳이라 할 것이므로 관리자가 1층 출입문을 특별히 시정하지 않는 한 범죄의 목적으로 위 건물에 들어가는 경우 이외에는 그 출입에 관하여 관리자나 소유자의 묵시적

---

136) 대법원 2010. 4. 29. 선고 2009도14643 판결.
137) 대법원 1995. 9. 15. 선고 94도2561 판결.

승낙이 있다고 봄이 상당하여 그 출입행위는 주거침입죄를 구성하지 않는다.[138]

다. 실행의 착수

주거침입죄의 실행의 착수는 주거자, 관리자, 점유자 등의 의사에 반하여 주거나 관리하는 건조물 등에 들어가는 행위 즉, 구성요건의 일부를 실현하는 행위까지 요구하는 것은 아니고, 범죄구성요건의 실현에 이르는 현실적 위험성을 포함하는 행위를 개시하는 것으로 족하다.[139]

라. 처벌

본죄성립 시 3년 이하의 징역 또는 500만원 이하의 벌금에 처해질 수 있다.

---

138) 대법원 1985. 2. 8. 선고 84도2917 판결.
139) 대법원 2003. 10. 24. 선고 2003도4417 판결.

고 소 장

고 소 인   ○   ○   ○ (000000-0000000)
　　　　　○○시 ○○구 ○○로 ○○(○○동)
　　　　　(전화번호 : 000-0000)

피고소인   ○   ○   ○ (000000-0000000)
　　　　　○○시 ○○구 ○○로 ○○(○○동)
　　　　　(전화번호 : 000-0000)

고 소 취 지

고소인은 피고소인에 대하여 주거침입죄로 고소하오니 처벌하여 주시기를 바랍니다.

고 소 사 실

1. 피고소인은 일정한 직업이 없는 자로서, 20○○. ○. ○. 15:00경 ○○시 ○○로 ○○(○○동)의 고소인 ○○○의 집 앞을 지나가다 동인의 집이 10㎝쯤 열려있는 것을 보고, 그 자리에서 절도를 하기로 마음먹고 주위를 살피며 위 대문을 열고 고소인의 집 거실까지 들어가 동인의 주거에 침입한 자입니다.

2. 따라서 위과 같은 사실로 피고소인을 고소하오니 피고소인을 철저하게 조사하시어 엄벌하여 주시기 바랍니다.

입 증 방 법

조사시 자세히 진술하겠습니다.

20○○.　　○.　　○.
위 고소인 ○　　○　　○　 (인)

○○경찰서장　귀하

제출기관	범죄지, 피의자의 주소, 거소 또는 현재지의 경찰서, 검찰청	공소시효	5년 (☞단, 특수주거침입 7년)
고소권자	피해자(형사소송법 223조)	소추요건	
제출부수	고소장 1부	관련법규	형법 319조 1항
범죄성립 요 건	사람의 주거, 관리하는 건조물, 선박이나 항공기 또는 점유하는 방실에 침입한 때		
형 량	• 3년 이하의 징역 또는 500만원 이하의 벌금		
불기소 처분 등에 대한 불복절차 및 기간	(항고) • 근거 : 검찰청법 10조 • 기간 : 처분결과의 통지를 받은 날부터 30일(검찰청법 10조4항) (재정신청) • 근거 : 형사소송법 제260조 • 기간 : 항고기각 결정을 통지받은 날 또는 동법 제260조 제2항 각 호의 사유가 발생한 날부터 10일(형사소송법 제260조 제3항) (헌법소원) • 근거 : 헌법재판소법 68조 • 기간 : 그 사유가 있음을 안 날로부터 90일 이내에, 그 사유가 있은 날로부터 1년 이내에 청구하여야 한다. 다만, 다른 법률에 의한 구제절차를 거친 헌법소원의 심판은 그 최종결정을 통지받은 날로부터 30일 이내에 청구(헌법재판소법 69조)		

40. 준강간죄

제299조(준강간, 준강제추행)
사람의 심신상실 또는 항거불능의 상태를 이용하여 간음 또는 추행을 한 자는 제297
조, 제297조의2 및 제298조의 예에 의한다.
제300조(미수범) 제297조, 제297조의2, 제298조 및 제299조의 미수범은 처벌한다.

가. 개념

본죄는 사람의 심신상실 또는 항거불능의 상태를 이용하여 간음 또는 추행을 함으로써
성립하는 범죄이며, 본죄성립 시 3년 이상의 유기징역에 처해질 수 있으며, 미수범
처벌규정이 있고, 공소시효는 10년이다.

나. 구성요건

(1) 객체

심신상실 또는 항거불능의 상태에 있는 사람이다. 심신상실의 상태라 함은 정신기능의
장애로 인하여 정상적인 판단능력이 없는 상태를 말하고, 항거불능의 상태라 함은 심신
상실이외의 사유로 인하여 심리적 육체적으로 반항이 불가능하거나 현저히 곤란한 경
우를 말한다.

(2) 행위

심신상의 상태를 이용하여 간음이나 추행을 하는 것이다. 여기서 간음이나 추행은 강간
죄, 강제추행죄와 동일하다(제2장 1. 강간죄 참조).

[판시사항]

[1] 형법 제299조에서 규정한 준강제추행죄의 보호법익(=소극적인 성적 자기결정권)

[2] 준강간죄 및 준강제추행죄에서 말하는 '심신상실', '항거불능' 상태의 의미 / 피해자가 깊은 잠에 빠져 있거나 술·약물 등에 의해 일시적으로 의식을 잃은 상태 또는 완전히 의식을 잃지는 않았더라도 그와 같은 사유로 정상적인 판단능력과 대응·조절능력을 행사할 수 없는 상태에 있는 경우, 준강간죄 및 준강제추행죄에서의 심신상실 또는 항거불능 상태에 해당하는지 여부(적극)

[3] '알코올 블랙아웃(black out)'의 의미 및 의식상실(passing out)과의 구별 / 음주로 심신상실 상태에 있는 피해자에 대하여 준강간 또는 준강제추행을 하였음을 이유로 기소된 피고인이 '피해자가 범행 당시 의식상실 상태가 아니었고 그후 기억하지 못할 뿐이다.'라는 취지에서 알코올 블랙아웃을 주장하는 경우, 범행 당시 피해자가 심신상실 또는 항거불능 상태에 있었는지 판단하는 기준 / 피해사실 전후의 객관적 정황상 피해자가 심신상실 등이 의심될 정도로 비정상적인 상태에 있었음이 밝혀진 경우 혹은 피해자와 피고인의 관계 등에 비추어 피해자가 정상적인 상태하에서라면 피고인과 성적 관계를 맺거나 이에 수동적으로나마 동의하리라고 도저히 기대하기 어려운 사정이 인정되는 경우, 피해자의 단편적인 모습만으로 피해자가 단순히 '알코올 블랙아웃'에 해당하여 심신상실 상태에 있지 않았다고 단정할 수 있는지 여부(소극)대법원 2021. 2. 4. 선고 2018도9781 판결 [준강제추행]

[판결요지]

[1] 형법 제299조는 '사람의 심신상실 또는 항거불능의 상태를 이용하여 추행을 한자'를 처벌하도록 규정한다. 이러한 준강제추행죄는 정신적·신체적 사정으로 인하여 성적인 자기방어를 할 수 없는 사람의 성적 자기결정권을 보호해 주는 것을 보호법익으로 하며, 그 성적 자기결정권은 원치 않는 성적 관계를 거부할 권리라는 소극적 측면을 말한다.

[2] 준강간죄에서 '심신상실'이란 정신기능의 장애로 인하여 성적 행위에 대한 정상적인 판단능력이 없는 상태를 의미하고, '항거불능'의 상태란 심신상실 이외의 원인으로 심리적 또는 물리적으로 반항이 절대적으로 불가능하거나 현저히 곤란한 경우를 의미한다. 이는 준강제추행죄의 경우에도 마찬가지이다. 피해자가 깊은 잠에 빠져 있거나 술·약물 등에 의해 일시적으로 의식을 잃은 상태 또는 완전히 의식을 잃지는 않았더라도 그와 같은 사유로 정상적인 판단능력과 대응·조절능력을 행사할 수 없는 상태에 있었다면 준강간죄 또는 준강제추행죄에서의 심신상실 또는 항거불능 상태에 해당한다.

[3] (가) 의학적 개념으로서의 '알코올 블랙아웃(black out)'은 중증도 이상의 알코올 혈중농도, 특히 단기간 폭음으로 알코올 혈중농도가 급격히 올라간 경우 그 알코올 성분이 외부 자극에 대하여 기록하고 해석하는 인코딩 과정(기억 형성에 관여하는 뇌의 특정 기능)에 영향을 미침으로써 행위자가 일정한 시점에 진행되었던 사실에 대한 기억을 상실하는 것을 말한다.

알코올 블랙아웃은 인코딩 손상의 정도에 따라 단편적인 블랙아웃과 전면적인 블랙아웃이 모두 포함한다. 그러나 알코올의 심각한 독성화와 전형적으로 결부된 형태로서의 의식상실의 상태, 즉 알코올의 최면진정작용으로 인하여 수면에 빠지는 의식상실(passing out)과 구별되는 개념이다.

(나) 따라서 음주 후 준강간 또는 준강제추행을 당하였음을 호소한 피해자의 경우, 범행 당시 알코올이 위의 기억형성의 실패만을 야기한 알코올 블랙아웃 상태였다면 피해자는 기억장애 외에 인지기능이나 의식 상태의 장애에 이르렀다고 인정하기 어렵지만, 이에 비하여 피해자가 술에 취해 수면상태에 빠지는 등 의식을 상실한 패싱아웃 상태였다면 심신상실의 상태에 있었음을 인정할 수 있다.

또한 '준강간죄 또는 준강제추행죄에서의 심신상실·항거불능'의 개념에 비추어, 피해자가 의식상실 상태에 빠져 있지는 않지만 알코올의 영향으로 의사를 형성할 능력이나 성적 자기결정권 침해행위에 맞서려는 저항력이 현저하게 저하된 상태였다면 '항거불능'에 해당하여, 이러한 피해자에 대한 성적 행위 역시 준강간죄 또는 준강제추행죄를 구성할 수 있다.

(다) 그런데 법의학 분야에서는 알코올 블랙아웃이 '술을 마시는 동안에 일어난 중요한 사건에 대한 기억상실'로 정의되기도 하며, 일반인 입장에서는 '음주 후 발생한 광범위한 인지기능 장애 또는 의식상실'까지 통칭하기도 한다.

(라) 따라서 음주로 심신상실 상태에 있는 피해자에 대하여 준강간 또는 준강제추행을 하였음을 이유로 기소된 피고인이 '피해자가 범행 당시 의식상실 상태가 아니었고 그 후 기억하지 못할 뿐이다.'라는 취지에서 알코올 블랙아웃을 주장하는 경우, 법원은 피해자의 범행 당시 음주량과 음주 속도, 경과한 시간, 피해자의 평소 주량, 피해자가 평소 음주 후 기억장애를 경험하였는지 여부 등 피해자의 신체 및 의식 상태가 범행 당시 알코올 블랙아웃인지 아니면 패싱아웃 또는 행위통제능력이 현저히 저하된 상태였는지를 구분할 수 있는 사정들과 더불어 CCTV나 목격자를 통하여 확인되는 당시 피해자의 상태, 언동, 피고인과의 평소 관계, 만나게 된 경위, 성적 접촉이 이루어진 장소와 방식, 그 계기와 정황, 피해자의 연령 · 경험 등 특성, 성에 대한 인식 정도, 심리적 · 정서적 상태, 피해자와 성적 관계를 맺게 된 경위에 대한 피고인의 진술 내용의 합리성, 사건 이후 피고인과 피해자의 반응을 비롯한 제반 사정을 면밀하게 살펴 범행 당시 피해자가 심신상실 또는 항거불능 상태에 있었는지 여부를 판단해야 한다.

또한 피해사실 전후의 객관적 정황상 피해자가 심신상실 등이 의심될 정도로 비정상적인 상태에 있었음이 밝혀진 경우 혹은 피해자와 피고인의 관계 등에 비추어 피해자가 정상적인 상태하에서라면 피고인과 성적 관계를 맺거나 이에 수동적으로나마 동의하리라고 도저히 기대하기 어려운 사정이 인정되는데도, 피해자의 단편적인 모습만으로 피해자가 단순히 '알코올 블랙아웃'에 해당하여 심신상실 상태에 있지 않았다고 단정하여서는 안 된다.

고 소 장

고 소 인　　　○ ○ ○(000000-0000000)
　　　　　　　　00시 00구 00로 000-00
　　　　　　　　연락처 : 010-0000-0000

피고소인　　　000(000000-0000000)
　　　　　　　　00시 00구 00동 000-00
　　　　　　　　연락처 : 010-0000-0000

고 소 취 지

고소인은 피고소인을 ①형법 제297조 소정의 강간죄 및 ②성폭력범죄의처벌등에관한
특례법위반(동법 제13조 소정의 카메라 등을 이용한 촬영), ③폭력행위등처벌에관한
법률위반(동법 제2조 소정의 상습상해), ④형법 제307조 소정의 명예훼손죄 등으로
고소하오니, 귀청이 위법사실을 철저히 수사하여 법에 따라 엄중히 처벌하여 주시기
바랍니다.

고 소 원 인

1. 당사자 지위
피고소인은 카메라장치를 이용하여 고소인의 나체를 고소인의 의사에 반하여 촬영하
고, 그 촬영된 동영상을 고소인의 남편에게 보이겠다는 등의 해악을 고지하는 방법으
로 고소인을 협박하여 강간하고, 그 협박에 항의하는 고소인을 상습적으로 폭행하여
고소인의 신체를 상해하고, 고소인의 직장에 찾아가 직장상사에게 고소인과의 성관계
사실을 적시하여 고소인의 명예를 훼손한 이 사건의 가해자이고, 고소인은 이 사건의
피해자입니다.

2. 피고소인의 범죄행각에 관하여
가. 고소인과 피고소인의 상간경위

고소인은 00시 00동 000-00 소재 ㈜ 00에 재직하고 있는 영업직 직원으로, 2000. 00.경 직장 동료의 소개로 피고소인을 알게 되었습니다.

피고소인은 00자동차 영업직 사원으로 00구 소재 매장에 근무하고 있었는데, 간혹 자신의 고객을 고소인에게 소개시켜주면서, 그 고객에게 고소인과의 영업상 계약체결을 권유해주었기 때문에, 고소인은 업무상의 필요에 따라 피고소인과의 만남을 몇 번 가지게 되었고, 그런 과정에서 피고소인과 깊은 관계로까지 발전하였습니다.

그러는 와중 2000. 00.경 00소재 모텔에서 피고소인은 고소인과의 성관계시 "뭐 하는 거냐?" 소리치며 거부하는 고소인의 의사에 반하여 곧 삭제하겠다면서 핸드폰으로 고소인과의 정사신을 촬영하였고, 곧 삭제하는 시늉까지 하였습니다. 그리고 때로는 고소인이 직접 삭제여부를 확인해보기도 하였는데, 확인해보아도 실제로 삭제된 것으로 판단되었습니다. 그래서 고소인은 그 모든 사진이 삭제된 줄로만 알았습니다.

한편 피고소인은 고소인과 주고받았던 문자메시지를 2000. 00.경 및 2000. 00.경 00회에 걸쳐 자신의 처에게 발각되어, 고소인이 피고소인의 처로부터 난처함을 당하도록 하였고, 고소인의 남편도 2000. 00.경부터는 고소인과 피고소인과의 관계를 의심하기 시작하였습니다.

나. 고소인의 관계정리요구 및 피고소인으로부터 벌거벗겨진 신체를 촬영 당한 경위 [성폭력범죄의처벌등에관한특례법 위반]

그래서 고소인은 피고소인과의 상간행위가 잘못된 행위임을 깊이 자각하고 반성하면서, 2000. 초경부터 피고소인에게 관계의 정리를 요구하였고, 2000. 00.경 피고소인이 자신의 처에게 고소인과의 관계가 발각된 이후에는 더더욱이나 관계정리를 요구하였습니다. 그러자 피고소인은 스토커처럼 고소인을 따라다니며 계속해서 성관계를 요구하였습니다. 고소인이 피고소인의 전화를 받지 않고 카톡도 수신거부를 설정해놓는 등 피고소인을 피하였더니, 피고소인은 고소인에게는 삭제하였다고 해놓고 몰래 저장해 두었던 성관계 사진을 문자와 카톡으로 보내면서(증제1호증의 1~10) '사진을 남편에게 보여주겠다. 우리의 관계를 고소인의 직장에까지 직접 찾아가 공개하겠다. 큰 딸한테 사진을 보내주면 딸이 어떻게 생각할까? 사진을 등기로 보내겠다.'고 협박하면서 고소인에게 만남과 성관계를 줄기차게 요구하였습니다.

그리고 피고소인은 2000. 00. 00.에는 000에서 성관계를 거부하는 고소인의 목을 조르고 뺨을 때려 목이 아프고 뺨이 부어 오르는 상해를 가하였고, 같은 해 00. 00.에는 협박에 항의하는 고소인을 때리고 밀치더니 000에 주차되어 있는 본인의 승용차에서 술을 많이 먹어 의식을 잃은 고소인의 하의를 벗기고 상의는 가슴까지 올린 상태에서 동영상까지 촬영하였습니다.

다. 고소인이 피고소인으로부터 강간당한 경위

피고소인은 그 후에도 고소인에게 전화하거나 혹은 문자, 카톡을 보내는 방법으로 '고소인과 피고소인이 부정하게 성관계 맺은 사실을 남편에게 알리고, 직장에도 직접 찾아가서 알리겠다. 그리고 2000. 00. 00. 동영상을 촬영했는데 그 동영상과 옛날에 성관계장면을 찍은 사진도 남편에게 보이겠다. 아들 학교까지 찾아가서 사진과 동영상을 보여주며 네 엄마가 이런 사람이다라고 알리겠다'고 협박하면서, 고소인과의 만남과 성관계를 요구하였습니다(증제2,7호증).

고소인은 영업하는 과정에서 피고소인과의 부정한 성관계가 있었다는 사실이 직장에 알려지면, 가정의 생계를 위해서 약 00년 동안 재직해온 직장에 더 이상 다닐 수 없게 될 것이고, 또한 남편에게까지 알려진다면 이혼당하는 것은 물론이고 앞으로 불어 닥칠 가정풍파가 두려워 어쩔 수 없이 피고소인의 성관계에 응할 수 밖에 없었습니다. 그렇게 하여,

라. 고소인이 피고소인으로부터 상습적으로 상해를 당한 경위

그리고 그 과정에서 피고소인은 협박 및 성관계 요구에 항의하는 고소인에게 상습적으로 상해를 가하기까지 하였습니다.

마. 고소인이 피고소인으로부터 명예훼손 당한 경위

또한 2000. 00. 초순경에는 피고소인의 계속되는 협박에도 불구하고 고소인이 만남과 성관계를 거부하자, 피고소인은 고소인의 직장인 000에 소재하는 회사까지 찾아와 지점장인 고소 외 000에게 고소인과의 성관계사진도 있다면서 고소인과 주고받은 문자까지 보여주며, 고소인과의 성관계사실을 말하기까지 하였습니다.

3. 결어

고소인이 남편 있음에도 불구하고 처를 둔 피고소인과 한 때 부정한 관계를 가졌다는 사실이 큰 잘못임을 깨닫고 반성하고 있습니다.

그러나 피고소인의 계속되는 협박 그리고 이제는 이 모든 사실이 고소인의 가족 모두

에게 알려져 고소인의 가정이 파탄지경에 이르고, 피고소인의 계속되는 협박과 상해 그리고 강간에 의해 그 당한 육체적, 정신적 상처는 이루 말할 수 없습니다.

그리고 고소인의 남편까지도 이제 모든 사실을 알게 된 지금까지도 피고소인은 고소인에게 만나줄 것을 요구하는 문자를 보내고 있어, 고소인은 더 이상 살 수가 없습니다. 그리고 불안한 마음에 밤잠조차 이루지 못하고 있습니다.

존경하는 검사님 그리고 조사관님!

①형법 제297조 소정의 강간죄 및 ②성폭력범죄의처벌등에관한특례법위반(제13조 소정의 카메라 등을 이용한 촬영), ③폭력행위등처벌에관한법률위반(제2조 소정의 상습상해), ④형법 제307조 소정의 명예훼손죄에 해당하는 피고소인의 위 소위를 철저히 수사하여 엄벌에 처해 주시기 바랍니다.

증 거 자 료

1. 증제1호증의 1~10   각 사진
생략

2000. 00. .
위 고소인 000 (인)

서울 00경찰서 귀중

제출기관	범죄지, 피의자의 주소, 거소 또는 현재지의 경찰서, 검찰청	공소시효	10년(☞공소시효일람표)
고소권자	피해자(형사소송법 223조)	소추요건	
제출부수	고소장 1부	관련법규	형법 299조
범죄성립 요 건	사람의 심신상실 또는 항거불능의 상태를 이용하여 간음한 때		
형 량	• 3년 이상의 유기징역		
불기소 처분 등에 대한 불복절차 및 기간	(항고) • 근거 : 검찰청법 10조 • 기간 : 처분결과의 통지를 받은 날부터 30일(검찰청법 10조4항) (재정신청) • 근거 : 형사소송법 제260조 • 기간 : 항고기각 결정을 통지받은 날 또는 동법 제260조 제2항 각 호의 사유가 발생한 날부터 10일(형사소송법 제260조 제3항) (헌법소원) • 근거 : 헌법재판소법 68조 • 기간 : 그 사유가 있음을 안 날로부터 90일 이내에, 그 사유가 있은 날로부터 1년 이내에 청구하여야 한다. 다만, 다른 법률에 의한 구제절차를 거친 헌법소원의 심판은 그 최종결정을 통지받은 날로부터 30일 이내에 청구(헌법재판소법 69조)		

고 소 장

고 소 인   ○   ○   ○ (000000-0000000)
              ○○시 ○○구 ○○로 ○○(○○동)
              (전화번호 : 000-0000)

피고소인   ○   ○   ○ (000000-0000000)
              ○○시 ○○구 ○○로 ○○(○○동)
              (전화번호 : 000-0000)

고 소 취 지

고소인은 피고소인에 대하여 준강간죄로 고소하오니 처벌하여 주시기를 바랍니다.

고 소 사 실

1. 피고소인은 ○○대학교 2학년에 재학 중인 학생으로서 20○○. ○. ○. 23:00경 ○○시 ○○구 ○○동 소재 고소 외 ○○○이 경영하는 음식점 명월관 3호실에서 고소인과 술을 마시다가 동인이 술에 취하여 의식불명이 되자 이와 같은 고소인의 항거불능상태를 이용하여 동인을 간음하였습니다.

2. 따라서, 위과 같은 사실로 피고소인을 고소하오니 철저히 조사하시어 엄벌하여 주시기 바랍니다.

입 증 방 법

    1. 진단서   1통
    조사시 자세히 진술하겠습니다.

               20○○.   ○.   ○.
             위 고소인   ○   ○   ○ (인)

○○경찰서장   귀하

고 소 장

고 소 인　　ㅇ　ㅇ　ㅇ (000000-0000000)
　　　　　　ㅇㅇ시 ㅇㅇ구 ㅇㅇ로 ㅇㅇ(ㅇㅇ동)
　　　　　　(전화번호 : 000-0000)

피고소인　　ㅇ　ㅇ　ㅇ (000000-0000000)
　　　　　　ㅇㅇ시 ㅇㅇ구 ㅇㅇ로 ㅇㅇ(ㅇㅇ동)
　　　　　　(전화번호 : 000-0000)

고 소 취 지

고소인은 피고소인에 대하여 준강간 등의 혐의로 고소하오니 처벌하여 주시기를 바랍니다.

고 소 사 실

1. 피고소인은 고소인의 이웃에 거주하는 자인바, 20ㅇㅇ. ㅇ. ㅇ. 고소인은 직장의 근무를 마치고 ㅇㅇ시 ㅇㅇ구 ㅇㅇ로 ㅇㅇ(ㅇㅇ동) 소재 고소인의 집에서 격무에 세상모르고 자고 있었는데, 피고소인이 잠을 자고 있는 고소인의 옷을 벗기고 자신의 바지를 내린 상태에서 고소인의 음부 등을 만지다가 ㅇ회 간음을 하였습니다.

2. 이 사건으로 인하여 고소인은 정신적으로 크나 큰 충격을 입어 아직도 정신병원에서 치료 중에 있는바, 피고소인을 철저히 조사하시어 처벌하여 주시기 바랍니다.

입 증 방 법

1. 진단서   1통
1. 목격자진술서   1통
조사시 자세히 진술하겠습니다.

20○○.   ○.   ○.
위 고소인   ○   ○   ○   (인)

○○경찰서장   귀하

41. 준강제추행죄

> 제299조(준강간, 준강제추행)
> 사람의 심신상실 또는 항거불능의 상태를 이용하여 간음 또는 추행을 한 자는 제297
> 조, 제297조의2 및 제298조의 예에 의한다.
> 제300조(미수범) 제297조, 제297조의2, 제298조 및 제299조의 미수범은 처벌한다.

가. 개념

본죄는 사람의 심신상실 또는 항거불능의 상태를 이용하여 추행을 함으로써 성립하는
범죄로서, 본죄성립 시 3년 이상의 유기징역에 처해질 수 있으며, 미수범 처벌규정이
있고, 공소시효 10년이다.

나. 구성요건

위 40. 준강간죄 내용참조.

다. 처벌

본죄성립 시 3년 이상의 유기징역에 처해질 수 있다.

고 소 장

고 소 인   ○   ○   ○ (000000-0000000)

　　　　　○○시 ○○구 ○○로 ○○(○○동)

　　　　　(전화번호 : 000-0000)

피고소인   ○   ○   ○ (000000-0000000)

　　　　　○○시 ○○구 ○○로 ○○(○○동)

　　　　　(전화번호 : 000-0000)

고 소 취 지

피고소인에 대하여 준강제추행죄로 고소하오니 처벌하여 주시기를 바랍니다.

고 소 사 실

1. 피고소인은 ○○건강관리라는 상호로 소위 기치료를 하는 자로서, 20○○. ○. ○.경
   ○○시 ○○구 ○○로 ○○(○○동)에 있는 고소 외 ○○○의 집에 찾아가서 동인의
   처인 고소인에게 "당신이 임신되지 않는다고 당신 남편이 좀 봐달라고 해서 기 치료를
   해주려고 왔다"고 거짓말하고 고소인에게 피고소인이 시키는 대로 기 모으는 자세를
   취하고 5분 동안 있게 하여 피고소인의 말을 믿게 한 다음 고소인으로 하여금 옷을
   벗고 그 자리에 누워 두 다리를 벌리게 하고 고소인의 음부에 손가락을 넣는 등
   강제로 추행한 것입니다.

2. 따라서 위와 같은 사실로 피고소인을 고소하오니 철저히 조사하시어 엄벌하여
   주시기 바랍니다.

입 증 방 법

조사시 자세히 진술하겠습니다.

20○○.　　○.　　○.
위 고소인　○　　○　　○　(인)

○○경찰서장　귀하

제출기관	범죄지, 피의자의 주소, 거소 또는 현재지의 경찰서, 검찰청	공소시효	10년
고소권자	피해자(형사소송법 223조)	소추요건	
제출부수	고소장 1부	관련법규	형법 299조
범죄성립 요 건	사람의 심신상실 또는 항거불능의 상태를 이용하여 추행한 때		
형 량	• 10년 이하의 징역 • 1,500만원 이하의 벌금		
불기소 처분 등에 대한 불복절차 및 기간	(항고) • 근거 : 검찰청법 10조 • 기간 : 처분결과의 통지를 받은 날부터 30일(검찰청법 10조4항) (재정신청) • 근거 : 형사소송법 제260조 • 기간 : 항고기각 결정을 통지받은 날 또는 동법 제260조 제2항 각 호의 사유가 발생한 날부터 10일(형사소송법 제260조 제3항) (헌법소원) • 근거 : 헌법재판소법 68조 • 기간 : 그 사유가 있음을 안 날로부터 90일 이내에, 그 사유가 있은 날로부터 1년 이내에 청구하여야 한다. 다만, 다른 법률에 의한 구제절차를 거친 헌법소원의 심판은 그 최종결정을 통지받은 날로부터 30일 이내에 청구(헌법재판소법 69조)		

고 소 장

고 소 인   ○   ○   ○ (000000-0000000)
　　　　　　○○시 ○○구 ○○로 ○○(○○동)
　　　　　　(전화번호 : 000-0000)

피고소인   ○   ○   ○ (000000-0000000)
　　　　　　○○시 ○○구 ○○로 ○○(○○동)
　　　　　　(전화번호 : 000-0000)

고 소 취 지

고소인은 피고소인에 대하여 준강제추행죄로 고소하오니 처벌하여 주시기 바랍니다.

고 소 사 실

1. 피고소인은 20○○. ○. ○. 00:00경 ○○시 ○○구 ○○로 ○○(○○동) 소재 고소인이 경영하는 술집에서 고소인이 피고소인의 억지로 권하는 술에 취하여 쓰러져 잠이 들어 항거할 수 없게 되자 피고소인은 고소인이 술에 취해 인사불성이 되어 항거불능상태에 있던 사실을 이용하여 고소인의 의사에 반하여 유방을 만지고 손가락을 질내에 삽입하는 등 추행한 사실이 있습니다.

2. 따라서 위와 같은 사실로 피고소인을 고소하오니 철저히 조사하시어 처벌하여 주시기 바랍니다.

20○○.　　○.　　○.

위 고소인 ○　　○　　○　　(인)

○○경찰서장　귀하

42. 준사기죄

제348조(준사기) ① 미성년자의 사리분별력 부족 또는 사람의 심신장애를 이용하여 재물을 교부받거나 재산상 이익을 취득한 자는 10년 이하의 징역 또는 2천만원 이하의 벌금에 처한다.

② 제1항의 방법으로 제3자로 하여금 재물을 교부받게 하거나 재산상 이익을 취득하게 한 경우에도 제1항의 형에 처한다.

제352조(미수범) 제347조 내지 제348조의2, 제350조, 제350조의2와 제351조의 미수범은 처벌한다.

제353조(자격정지의 병과) 본장의 죄에는 10년 이하의 자격정지를 병과할 수 있다.

가. 개념

미성년자의 사리분별력 부족 또는 사람의 심신장애를 이용하여 재물을 교부받거나 재산상 이익을 취득함으로써 성립하는 범죄이다. 본죄성립 시 10년 이하의 징역 또는 2천만원 이하의 벌금에 처해질 수 있고, 미수범 또한 처벌되며, 공소시효는 10년이다.

나. 구성요건

(1) 객체

재물 또는 재산상의 이익이다.

(2) 행위

미성년자의 사리분별력 부족 또는 사람의 심신장애를 이용하여 재물을 교부받거나 재산상 이익을 취득하는 것이다. 여기서 미성년자란 민법상의 미성년자 즉 19세 미만의 자를 말하며, 모든 미성년자가 본죄의 객체가 되는 것이 아니라 사리분별력이 부족한 즉 지려천박한 미성년자에 한한다.

또한 사람의 심신장애란 재산상의 거래에 있어서 정신적 결함으로 인하여 일반인의 지능 판단능력이 없는 상태를 말하며, 심신미약 이외에 심신상실도 포함된다. 그러나 심신상실자 중에서 의사능력이 없어 사실상의 점유 및 점유이전능력이 없는 자는 제외된다. 그러한 자에 대해서는 절도죄가 성립할 뿐이다.

다. 처벌

본죄성립 시 10년 이하의 징역 또는 2천만원 이하의 벌금에 처해질 수 있다.

[서식(고소장)] 준사기죄 (의사능력 없는 미성년자에게 접근 부동산 착취)

고 소 장

고 소 인 　○　　○　　○ (000000-0000000)
　　　　　　○○시 ○○구 ○○로 ○○(○○동)
　　　　　　(전화번호 : 000-0000)

피고소인 　○　　○　　○ (000000-0000000)
　　　　　　○○시 ○○구 ○○로 ○○(○○동)
　　　　　　(전화번호 : 000-0000)

고 소 취 지

피고소인에 대하여 준사기죄로 고소하오니 처벌하여 주시기 바랍니다.

고 소 사 실

1. 피고소인은 이웃에 살면서 친분이 있는 고소인이 20○○. ○. ○.경 동인의 아버지인 ○○○의 사망으로 친하여 망부의 재산을 상속하여, 고소인에게는 적당한 감독자나 후견인이 없으며 지능에 분별력이 없다는 것을 알고 고소인의 재산을 편취할

마음으로,

2. 위 같은 해 ○. ○. ○○시 ○○구 ○○로 ○○(○○동)에 있는 고소인의 집에서 동인에게 사실을 육영재단에 알선할 의사나 능력이 전연 없으면서도 "이 재산을 네 앞으로 상속하면 상속세가 너무 많이 나오고 또 네가 미성년자이여서 매각처분 도 할 수 없는데 내가 아는 ○○재단에 기부하면 그곳에서 네가 대학을 나올 때까지 일체의 학비와 생활비를 대주고 유학까지 보내준다"라고 고소인을 유혹하여 동인 으로부터 동인의 아버지가 생전에 발급받아 놓은 고소인 명의의 인감증명서 1통과 도장 1개 및 대지 ○○㎡의 아파트에 대한 고소인 명의의 등기권리증 2통을 건네받 아 즉시 같은 번지에 있는 피고소인 집에서 행사할 목적으로 망 ○○○의 성명을 쓰고 그 이름 밑에 피고소인의 도장을 찍어 고소인 명의의 위임장과 위 대지 및 건물의 매매계약서를 각 위조하고, ○○시 ○○동에 있는 법무사 ○○○의 사무소 에 의뢰하여 ○○지방법원 ○○등기소에 제출하게 하여서 피고소인의 그 소유권이 전등기를 마쳐서 고소인의 지려천박을 이용하여 재산상 이익을 취득한 것입니다.

3. 따라서 피고소인을 귀서에 고소하오니 엄중히 조사하시어 처벌하여 주시기 바랍니다.

첨 부 서 류

조사시 자세히 진술하겠습니다.

20○○.   ○.   ○.
위 고소인   ○ ○ ○
위 ○○○는 미성년자이므로
법정대리인 친권자 부 ○ ○ ○ (인)
모 ○ ○ ○ (인)

○○경찰서장   귀하

제출기관	범죄지, 피의자의 주소, 거소 또는 현재지의 경찰서, 검찰청	공소시효	10년
고소권자	피해자(형사소송법 223조)	소추요건	(형법 354조, 328조)
제출부수	고소장 1부	관련법규	형법 348조
범죄성립 요 건	• 미성년자의 지려천박 또는 사람의 심신장애를 이용하여 재물의 교부를 받거나 재산상의 이익을 취득한 때 • 미성년자의 지려천박 또는 사람의 심신장애를 이용하여 제3자로 하여금 재물의 교부를 받거나 재산상의 이득을 취득하게 한 때		
형 량	• 10년 이하의 징역 • 2,000만원 이하의 벌금(10년 이하의 자격정지를 병과할 수 있음 : 형법 353조)		
불기소 처분 등에 대한 불복절차 및 기간	(항고) • 근거 : 검찰청법 10조 • 기간 : 처분결과의 통지를 받은 날부터 30일(검찰청법 10조4항) (재정신청) • 근거 : 형사소송법 제260조 • 기간 : 항고기각 결정을 통지받은 날 또는 동법 제260조 제2항 각 호의 사유가 발생한 날부터 10일(형사소송법 제260조 제3항) (헌법소원) • 근거 : 헌법재판소법 68조 • 기간 : 그 사유가 있음을 안 날로부터 90일 이내에, 그 사유가 있은 날로부터 1년 이내에 청구하여야 한다. 다만, 다른 법률에 의한 구제절차를 거친 헌법소원의 심판은 그 최종결정을 통지받은 날로부터 30일 이내에 청구(헌법재판소법 69조)		

고 소 장

고 소 인　　ㅇ　ㅇ　ㅇ (000000-0000000)

　　　　　　ㅇㅇ시 ㅇㅇ구 ㅇㅇ로 ㅇㅇ(ㅇㅇ동)

　　　　　　(전화번호 : 000-0000)

피고소인　　ㅇ　ㅇ　ㅇ (000000-0000000)

　　　　　　ㅇㅇ시 ㅇㅇ구 ㅇㅇ로 ㅇㅇ(ㅇㅇ동)

　　　　　　(전화번호 : 000-0000)

고 소 사 실

피고소인에 대하여 준사기죄로 고소하오니 처벌하여 주시기 바랍니다.

고 소 사 실

1. 피고소인은 ㅇㅇ시 ㅇㅇ구 ㅇㅇ로 ㅇㅇ(ㅇㅇ동) 소재 ㅇㅇ부동산을 운영하는 자인 바, 200ㅇ. ㅇ.경 사고로 판단능력이 극히 낮은 정신지체 장애자인 고소인을 식당 종업원으로 취직시켜 급료를 편취할 것을 마음먹고, 사실은 고소인에게 급료를 교부하지 아니하고 피고소인이 가로챌 생각이었음에도 불구하고, 고소인에게 "식당의 종업원으로 취직시켜 줄 테니 급료를 나에게 맡기면 은행에 저금하여 목돈을 만들어 주겠다"라고 거짓말하고, 이에 속은 고소인을 200ㅇ. ㅇ. ㅇ.경부터 200ㅇ. ㅇ. ㅇ.경까지 사이에 ㅇㅇ시 ㅇㅇ구 ㅇㅇ로 ㅇㅇ(ㅇㅇ동) 소재 고소 외 최ㅇㅇ 운영의 ㅇㅇ식당에 종업원으로 취직시킨 후 고소인이 받을 급료 도합 1,200만원을 고소 외 최ㅇㅇ으로부터 대신 교부받아 이를 편취한 것입니다.

2. 따라서 피고소인을 귀서에 고소하오니 엄중히 조사하시어 처벌하여 주시기 바랍니다.

첨　부　서　류

조사시 자세히 진술하겠습니다.

20○○.　　○.　　○

위 고소인 ○　　○　　○　(인)

○○경찰서장　귀하

43. 증거인멸죄

> **제155조(증거인멸등과 친족 간의 특례)** ① 타인의 형사사건 또는 징계사건에 관한 증거를 인멸, 은닉, 위조 또는 변조하거나 위조 또는 변조한 증거를 사용한 자는 5년 이하의 징역 또는 700만원 이하의 벌금에 처한다.
> ② 타인의 형사사건 또는 징계사건에 관한 증인을 은닉 또는 도피하게 한 자도 제1항의 형과 같다.
> ③ 피고인, 피의자 또는 징계혐의자를 모해할 목적으로 전2항의 죄를 범한 자는 10년 이하의 징역에 처한다.
> ④ 친족 또는 동거의 가족이 본인을 위하여 본조의 죄를 범한 때에는 처벌하지 아니한다.

가. 개념

본죄는 타인의 형사사건 또는 징계사건에 관한 증거를 인멸, 은닉, 위조 또는 변조하거나 위조 또는 변조한 증거를 사용함으로써 성립하는 범죄이며, 본죄성립 시 5년 이하의 징역 또는 700만원 이하의 벌금에 처해질 수 있고, 공소시효는 7년이다.

나. 구성요건

(1) 객체

타인의 형사사건 또는 징계사건에 대한 증거이며, 민사사건, 행정사건, 조세사건, 가사사건 등에 대한 증거는 본죄의 객체가 아니고,[140] 수사절차가 개시되기 전이라도 형사사건이 될 수 있는 것은 포함된다. 또한, 공범자와 자기의 형사사건에 관한 공통증거를 인멸한 경우 증거인멸죄가 성립하지 않으며, 타공범에게 공통증거인멸을 교사한 경우에 교사범도 성립하지 않는다.[141]

---

140) 대법원 1982. 4. 27. 선고 82도274 판결.
141) 증거인멸죄는 타인의 형사사건 또는 징계사건에 관한 증거를 인멸하는 경우에 성립하는 것으로서, 피고인 자신이 직접 형사처분이나 징계처분을 받게 될 것을 두려워한 나머지 자기의 이익을 위하여 그 증거가 될 자료를 인멸하였다면, 그 행위가 동시에 다른 공범자의 형사사건이나 징계사건에 관한 증거를 인멸한 결과가 된다고 하더라도 이를 증거인멸죄로

본죄에서 증거라 함은 범죄의 성부, 경중, 양태(기수, 미수, 공범), 형의 가중·감면, 정상참작 등을 인정하는데 사용되는 일체의 자료를 말하고, 증거위조죄의 증거는 구체적으로 범죄 또는 징계혐의사실의 성립여부에 관한 것뿐만 아니라 정상을 결정하는데 도움이 되는 자료도 포함하며 증거능력의 유무나[142] 피의자 또는 피고인, 징계혐의자에게 유리한 것인가 불리한 것인가의 여부를 묻지 않는다.

증거위조죄에서 말하는 증거란 원칙적으로 증거방법(증인, 증거물, 증거서류)을 의미하며, 이에 따라 허위진술 자체는 증거자료이므로 증거위조죄의 객체가 되지 않지만, 진술증거가 서면으로 기재되어 유형의 자료가 되면 증거위조죄의 객체가 될 수 있다. 그 외 위조라 함은 물리적 수단으로 새로운 증거, 부진정한 증거(증거방법: 인증, 물증, 서증)를 만들어 내는 것을 말한다.

다. 처벌

본죄성립 시 5년 이하의 징역 또는 700만원 이하의 벌금에 처해질 수 있다.

다스릴 수 없고, 이러한 법리는 그 행위가 피고인의 공범자가 아닌 자의 형사사건이나 징계사건에 관한 증거를 인멸한 결과가 된다고 하더라도 마찬가지이다.
(대법원 1995. 9. 29. 선고 94도2608 판결, 대법원 2013. 11. 28. 선고 2011도5329 판결).
142) 대법원 2007. 6. 28. 선고 2002도3600 판결, 대법원 2013. 11. 28. 선고 2011도5329 판결.

고　소　장

고 소 인　　ㅇ　ㅇ　ㅇ (000000-0000000)

　　　　　　ㅇㅇ시 ㅇㅇ구 ㅇㅇ로 ㅇㅇ(ㅇㅇ동)

　　　　　　(전화번호 : 000-0000)

피고소인　　ㅇ　ㅇ　ㅇ (000000-0000000)

　　　　　　ㅇㅇ시 ㅇㅇ구 ㅇㅇ로 ㅇㅇ(ㅇㅇ동)

　　　　　　(전화번호 : 000-0000)

고　소　취　지

피고소인에 대하여 증거인멸의 죄로 고소하오니 처벌하여 주시기 바랍니다.

고　소　사　실

1. 피고소인은 ㅇㅇ시 ㅇㅇ구청 건축과 주사로 근무하는 자로서, 직장동료인 고소 외 ㅇㅇㅇ이 ㅇㅇ시 ㅇㅇ경찰서 형사계에서 뇌물수수 사건 피의자로 조사를 받고 있는 사실을 알고 그에게 불리한 증거를 없애기로 마음먹고, 20ㅇㅇ. ㅇ. ㅇ. 15:00경 ㅇㅇ시 ㅇㅇ구 ㅇㅇ동에 있는 ㅇㅇ구청 건축과 사무실에서 고소 외 ㅇㅇㅇ의 부탁을 받아 보관 중이던 그의 금전출납에 관한 메모수첩 1권을 태워버려 타인의 형사사건에 관한 증거를 인멸한 자입니다.

2. 따라서 위와 같은 사실로 피고소인을 고소하오니 철저히 조사하시어 처벌하여 주시기 바랍니다.

20ㅇㅇ.　　ㅇ.　　ㅇ.

위 고소인　ㅇ　ㅇ　ㅇ　(인)

ㅇㅇ경찰서장　귀하

제출기관	범죄지, 피의자의 주소, 거소 또는 현재지의 경찰서, 검찰청	공소시효	7년
고소권자	피해자(형사소송법 223조)	소추요건	(형법 155조)
제출부수	고소장 1부	관련법규	형법 348조
범죄성립 요 건	타인의 형사사건 또는 징계사건에 관한 증거를 인멸, 은닉, 위조 또는 변조하거나 위조 또는 변조한 증거를 사용한 때		
형 량	• 5년 이하의 징역 • 700만원 이하의 벌금		
불기소 처분 등에 대한 불복절차 및 기간	(항고) • 근거 : 검찰청법 10조 • 기간 : 처분결과의 통지를 받은 날부터 30일(검찰청법 10조4항) (재정신청) • 근거 : 형사소송법 제260조 • 기간 : 항고기각 결정을 통지받은 날 또는 동법 제260조 제2항 각 호의 사유가 발생한 날부터 10일(형사소송법 제260조 제3항) (헌법소원) • 근거 : 헌법재판소법 68조 • 기간 : 그 사유가 있음을 안 날로부터 90일 이내에, 그 사유가 있은 날로부터 1년 이내에 청구하여야 한다. 다만, 다른 법률에 의한 구제절차를 거친 헌법소원의 심판은 그 최종결정을 통지받은 날로부터 30일 이내에 청구(헌법재판소법 69조)		

44. 직권남용죄

> **제123조(직권남용)** 공무원이 직권을 남용하여 사람으로 하여금 의무 없는 일을 하게 하거나 사람의 권리행사를 방해한 때에는 5년 이하의 징역, 10년 이하의 자격정지 또는 1천만원 이하의 벌금에 처한다.

가. 개념

본죄는 공무원이 직권을 남용하여 사람으로 하여금 의무없는 일을 하게 하거나 사람의 권리행사를 방해함으로써 성립하는 범죄이다. 본죄성립 시 5년 이하의 징역, 10년 이하의 자격정지 또는 1천만원 이하의 벌금에 처해질 수 있고, 공소시효는 7년이다.

나. 구성요건

(1) 주체

본죄의 주체는 공무원이다. 본죄의 성질상 일정한 행위를 명하고 필요하면 이를 강제할 수 있는 직무를 행할 수 있는 경찰이나 집행관 등의 공무원에 제한된다.

(2) 행위

직권을 남용하여 사람으로 하여금 의무 없는 일을 하게 하거나 권리행사를 방해하는 것이다. 이는 공무원이 그 일반적 직무권한에 속하는 사항에 관하여 직권의 행사에 가탁하여 실질적, 구체적으로 위법, 부당한 행위를 한 경우에 성립하고, 그 일반적 직무권한은 반드시 법률상의 강제력을 수반하는 것임을 요하지 아니하며, 그것이 남용될 경우 직권행사의 상대방으로 하여금 법률상 의무 없는 일을 하게 하거나 정당한 권리행사를 방해하기에 충분한 것이면 성립된다.[143]

또한 직권남용이라 함은 공무원이 일반적 직무권한에 속하는 사항을 불법하게 행사하는 것, 즉 형식적, 외형적으로 직무집행으로 보이나 실질은 정당한 권한 이외의 행위를

---

143) 대법원 2004. 5. 27. 선고 2002도6251 판결.

하는 경우를 의미하고, 직권남용에 해당하는가의 판단 기준은 구체적인 공무원의 직무행위가 그 목적, 그것이 행하여진 상황에서 볼 때의 필요성, 상당성 여부, 직권행사가 허용되는 법령상의 요건을 충족했는지 등 제반 요소를 고려하여 결정된다.[144]

그 외 의무 없는 일을 하게 함은 법령상 의무 없는 자에게 이를 강요하는 것을 말한다. 의무가 있더라도 그 의무내용을 변경하여 하게 하는 것도 포함된다. 이는 직권을 남용하였는지와 별도로 상대방이 그러한 일을 할 법령상 의무가 있는지를 살펴 개별적으로 판단하여야 한다.

그리고 권리행사를 방해한다 함은 법령상 행사할 수 있는 권리의 정당한 행사를 방해하는 것을 말한다고 할 것이므로 이에 해당하려면 구체화된 권리의 현실적인 행사가 방해된 경우여야 한다.[145]

다. 처벌

본죄성립 시 5년 이하의 징역, 10년 이하의 자격정지 또는 1천만원 이하의 벌금에 처해질 수 있다.

[서식(고소장)] 직권남용죄 (공무원이 마을사람들을 동원 청소 강요)

고   소   장

고 소 인   ○   ○   ○ (000000-0000000)
         ○○시 ○○구 ○○로 ○○(○○동)
         (전화번호 : 000-0000)

---

144) 대법원 2012. 1. 27. 선고 2010도11884 판결.
145) 대법원 2008. 12. 24. 선고 2007도9287 판결.

피고소인   ○   ○   ○ (000000-0000000)

            ○○시 ○○구 ○○로 ○○(○○동)

            (전화번호 : 000-0000)

고 소 취 지

피고소인에 대하여 직권남용죄로 고소하오니 처벌하여 주시기 바랍니다.

고 소 사 실

1. 피고소인은 ○○시 ○○구 ○○동사무소에 근무하고 있는 지방행정서기로서, 20○○. ○. ○. 위 사무소에서 동장인 고소 외 ○○○로부터 동사무소 주변일대 도로를 청소하라는 지시를 받고 이를 이행하기 위해 미화원을 찾았으나 찾지 못하자 동사무소 마을 방송을 통하여 "급히 전달할 사항이 있으니 동사무소로 빨리 나오시오"라고 하여 고소인 외 9인이 동사무소로 모이자 같은 날 15:00부터 16:30까지 고소인 외 9인으로 하여금 동사무소 주변도로를 청소하도록 강요하여 청소하게 함으로써 그들로 하여금 의무없는 일을 하게 하여 직권을 남용한 것입니다.

2. 따라서 위와 같은 사실로 피고소인을 고소하오니 철저히 조사하시어 처벌하여 주시기 바랍니다.

20○○.   ○.   ○.

위 고소인   ○   ○   ○   (인)

○○경찰서장   귀하

제출기관	범죄지, 피의자의 주소, 거소 또는 현재지의 경찰서, 검찰청	공소시효	7년
고소권자	피해자(형사소송법 223조)	소추요건	
제출부수	고소장 1부	관련법규	형법 123조
범죄성립요건	공무원이 직권을 남용하여 사람으로 하여금 의무없는 일을 하게 하거나 사람의 권리행사를 방해한 때		
형량	• 5년이하의 징역 • 10년이하의 자격정지 • 1천만원이하의 벌금		
불기소처분 등에 대한 불복절차 및 기간	(항고) • 근거 : 검찰청법 10조 • 기간 : 처분결과의 통지를 받은 날부터 30일(검찰청법 10조4항) (재정신청) • 근거 : 형사소송법 제260조 • 기간 : 항고기각 결정을 통지받은 날 또는 동법 제260조 제2항 각 호의 사유가 발생한 날부터 10일(형사소송법 제260조 제3항) (헌법소원) • 근거 : 헌법재판소법 68조 • 기간 : 그 사유가 있음을 안 날로부터 90일 이내에, 그 사유가 있은 날부터 1년 이내에 청구하여야 한다. 다만, 다른 법률에 의한 구제절차를 거친 헌법소원의 심판은 그 최종결정을 통지받은 날로부터 30일 이내에 청구(헌법재판소법 69조)		

고　　소　　장

고 소 인　　○　○　○ (000000-0000000)
　　　　　　○○시 ○○구 ○○로 ○○(○○동)
　　　　　　(전화번호 : 000-0000)

피고소인　　○　○　○ (000000-0000000)
　　　　　　○○시 ○○구 ○○로 ○○(○○동)
　　　　　　(전화번호 : 000-0000)

고　소　취　지

피고소인에 대하여 직권남용죄로 고소하오니 처벌하여 주시기 바랍니다.

고　소　사　실

1. 고소인은 택시운전을 하고 있고, 피고소인은 경찰서 수사과에 순경으로 재직하고 있는 자입니다.

2. 그런데 고소인은 고소 외 ○○○로부터 20○○. ○. ○. 한 달간만 사용하기로 하고 금 ○○○원을 차용한 적이 있고 고소인의 경제사정으로 변제기에 변제치 못한 사실이 있어 고소 외 ○○○로부터 계속적으로 심한 모욕과 협박을 당하여 오고 있었습니다.

3. 고소 외 ○○○은 자신의 절친한 친구인 피고소인을 통하여 고소인으로부터 금원을 변제 받기로 마음먹고, 피고소인에게 위와 같은 사실을 고지하고 금원을 받아줄 것을 부탁하였고, 고소인의 고소가 없음에도 피고소인은 20○○. ○. ○. 15:20경 전화상으로 고소인에게 "경찰서 수사과 형사인데 당신을 사기혐의로 입건하여 조사할 것이 있으니 주민등록등본과 재산관계서류 등을 가지고 내일 중으로 경찰서 수사과로 출두하라"는 출두통지를 받고 경찰서에 출두한 적이 있습니다.

4. 그러나 고소인이 경찰서에 출두하자 피고소인은 경찰서 조사실이 아닌 당직실로 데리고 가 주민등록등본과 재산관계서류를 잠깐 본 후 주머니에 넣더니 다짜고짜 "당신 우리 친구 돈을 갚지 않으면 즉시 구속하겠다"고 하면서 갑자기 고소인의 손목에 수갑을 채우면서 "언제까지 금원을 변제해줄 수 있느냐"고 하여 고소인은 "친척들로부터 급전을 하여 내일 중으로 변제하겠다"하였더니 수갑을 풀어주면서 "좋게 말할 때 들어"라고 하여 "알았습니다"라고 하자 귀가한 사실이 있습니다.

5. 귀가 후 알아보니 피고소인은 상사로부터 구체적인 사건을 특정하여 수사명령 받은 적이 없고 고소인이 입건되지 아니하였음에도 범죄수사를 빙자하여 고소인으로 하여금 의무 없는 서류를 제출게 하고 불법 체포하는 등 정식적인 절차를 따르지 않았다는 것을 인지하여 피고소인을 형법 제123조 소정의 직권남용죄로 고소하오니 철저히 조사하시어 엄벌에 처해 주시기 바랍니다.

20○○.　　○.　　○.

위 고소인　○　　○　　○　(인)

○○경찰서장　귀하

45. 직무유기죄

> **제122조(직무유기)** 공무원이 정당한 이유없이 그 직무수행을 거부하거나 그 직무를 유기한 때에는 1년 이하의 징역이나 금고 또는 3년 이하의 자격정지에 처한다.

가. 개념

본죄는 공무원이 정당한 이유 없이 그 직무수행을 거부하거나 그 직무를 유기한 때 성립하는 범죄로서, 본죄성립 시 1년 이하의 징역이나 금고 또는 3년 이하의 자격정지에 처해질 수 있으며, 공소시효는 5년이다.

나. 구성요건

(1) 주체

본죄의 주체는 공무원이다. 공무원의 범위는 널리 법령에 따라서 공무에 종사를 하는 사람을 포함하고, 여기엔 공무집행을 위탁받은 사인도 포함된다. 직무유기죄는 부진정 부작위범으로서 구체적으로 그 직무 수행을 해야 할 작위의무가 있는데도 불구하고 그 직무를 버린다는 인식하에 작위의무 수행을 하지 않음으로써 성립한다.[146)]

(2) 행위

본죄의 행위는 직무수행을 거부하거나 직무를 유기하는 것이다. 직무는 공무원이 공무원법에 따라 수행하여야 할 본래의 직무 또는 고유한 직무여야 한다. 따라서 공무원 신분으로 인한 부수적, 파생적 직무는 본죄의 직무가 아니다.

그러므로 통고처분이나 고발을 할 권한이 없는 세무공무원이 그 권한자에게 범칙사건 조사 결과에 따른 통고처분이나 고발조치를 건의하는 등의 조치를 취하지 않았다고 하더라도, 구체적 사정에 비추어 그것이 직무를 성실히 수행하지 못한 것이라고 할 수 있을지언정 그 직무를 의식적으로 방임 내지 포기하였다고 볼 수 없다. [147)]

---

146) 대법원 1983. 3. 22. 선고 82도3065 판결.

또한, 직무수행거부란 직무를 능동적으로 수행해야할 의무가 있는 자가 이를 행하지 않는 것을 말하고, 직무유기란 정당한 이유 없이 직무를 의식적으로 방임이나 포기하는 것을 말한다. 이는 직무에 대한 의식적 방임이나 포기, 거부가 이어야 하는 바, 직무집행이 있는 이상 법정절차를 준수하지 않았거나 내용이 부실하더라도 본죄는 성립하지 않는다.

따라서 공무원이 태만, 분망, 착각 등으로 인하여 직무를 성실히 수행하지 아니한 경우나 형식적으로 또는 소홀히 직무를 수행하였기 때문에 성실한 직무수행을 못한 것에 불과한 경우에는 직무유기죄는 성립하지 아니한다.[148]

다. 처벌

본죄성립 시 1년 이하의 징역이나 금고 또는 3년 이하의 자격정지에 처해질 수 있다.

---

147) 대법원 1997. 4. 11. 선고 96도2753 판결.
148) 대법원 1997. 8. 29. 선고 97도675 판결.

고　　소　　장

고 소 인　　ㅇ　ㅇ　ㅇ (000000-0000000)
　　　　　　　ㅇㅇ시 ㅇㅇ구 ㅇㅇ로 ㅇㅇ(ㅇㅇ동)
　　　　　　　(전화번호 : 000-0000)

피고소인　　ㅇ　ㅇ　ㅇ (000000-0000000)
　　　　　　　ㅇㅇ시 ㅇㅇ구 ㅇㅇ로 ㅇㅇ(ㅇㅇ동)
　　　　　　　(전화번호 : 000-0000)

고　소　취　지

피고소인에 대하여 직무유기죄로 고소하오니 처벌하여 주시기 바랍니다.

고　소　사　실

1. 피고소인은 ㅇㅇ시청 민원실에서 인감증명발급사무를 담당하는 공무원으로서, ㅇㅇㅇ의 청탁을 받고 인감증명서의 주소, 주민등록번호, 성명, 생년월일란에 아무런 기재를 하지 않고 인감란의 인영과 신고한 인감과의 상위여부도 확인하지 않는 채 발행일자 및 시장 명의의 고무인과 직인 및 계인을 찍어 고소 외 ㅇㅇㅇ에게 교부하였습니다.

2. 따라서 피고소인을 귀서에 고소하오니 철저히 조사하시어 처벌하여 주시기 바랍니다.

20ㅇㅇ.　　ㅇ.　　ㅇ.
위 고소인　ㅇ　ㅇ　ㅇ　(인)

ㅇㅇ경찰서장　귀하

제출기관	범죄지, 피의자의 주소, 거소 또는 현재지의 경찰서, 검찰청	공소시효	5년
고소권자	피해자(형사소송법 223조)	소추요건	
제출부수	고소장 1부	관련법규	형법 122조
범죄성립 요 건	공무원이 정당한 이유없이 그 직무수행을 거부하거나 그 직무를 유기한 때		
형 량	• 1년이하의 징역이나 금고 • 3년이하의 자격정지		
불기소 처분 등에 대한 불복절차 및 기간	(항고) • 근거 : 검찰청법 10조 • 기간 : 처분결과의 통지를 받은 날부터 30일(검찰청법 10조4항) (재정신청) • 근거 : 형사소송법 제260조 • 기간 : 항고기각 결정을 통지받은 날 또는 동법 제260조 제2항 각 호의 사유가 발생한 날부터 10일(형사소송법 제260조 제3항) (헌법소원) • 근거 : 헌법재판소법 68조 • 기간 : 그 사유가 있음을 안 날로부터 90일 이내에, 그 사유가 있은 날로부터 1년 이내에 청구하여야 한다. 다만, 다른 법률에 의한 구제절차를 거친 헌법소원의 심판은 그 최종결정을 통지받은 날로부터 30일 이내에 청구(헌법재판소법 69조)		

고   소   장

고 소 인   ○   ○   ○ (000000-0000000)
　　　　　　○○시 ○○구 ○○로 ○○(○○동)
　　　　　　(전화번호 : 000-0000)

피고소인   ○   ○   ○ (000000-0000000)
　　　　　　○○시 ○○구 ○○로 ○○(○○동)
　　　　　　(전화번호 : 000-0000)

고   소   취   지

피고소인에 대하여 직무유기죄로 고소하오니 처벌하여 주시기 바랍니다.

고   소   사   실

1. 고소인은 택시운전을 업으로 하고 있고, 피고소인은 이 건 사고발생지를 관할하는 경찰서 파출소 순경으로 재직하고 있는 자입니다.

2. 그런데 고소인은 20○○. ○. ○.경 ○○시 ○○동에서 택시승객인 고소 외 ○○○ 로부터 택시요금문제로 사소한 시비 끝에 폭행을 당하여 전치 4주의 상해를 입었습니다.

3. 이에 고소인은 고소 외 ○○○를 붙잡고 즉시 관할파출소에 신고를 하였고 피고소인이 출동하였으나 고소 외 ○○○와 이웃지간으로 평소 친분관계에 있던 피고소

인은 고소 외 ○○○의 계속된 폭력행사를 제지하기는커녕 "당신이 부당한 요금을 징수하여 발생한 문제이니 당신이 알아서 해라, 별 문제도 아닌데 귀찮게 112 신고를 한다. 바쁜 일이 있다"하면서 범죄현장을 일탈하였습니다.

4. 피고소인의 소위는 사회질서와 안정을 책임지는 막중한 임무를 부여받고 있는 경찰관으로서 범법자인 고소 외 ○○○를 적극 검거하여 정식 입건절차 및 상사에게 보고 등도 없이, 폭력현장을 일탈하여 무고한 고소인으로 하여금 정신적·육체적 고통을 당하게 하였습니다. 위와 같은 정황으로 보아 결국 피고소인은 주관적으로 직무를 버린다는 인식을 하면서, 객관적으로 직무를 벗어나는 행위를 하였음이 명백하므로 이는 형법 제122조 소정의 직무유기죄를 구성한다 하겠습니다.

5. 따라서 피고소인을 귀서에 고소하오니 철저히 조사하시어 처벌하여 주시기 바랍니다.

20○○.   ○.   ○.

위 고소인 ○ ○ ○ (인)

○○경찰서장   귀하

46. 출판물 등에 의한 명예훼손죄

> **제309조(출판물등에 의한 명예훼손)** ① 사람을 비방할 목적으로 신문, 잡지 또는 라디오 기타 출판물에 의하여 제307조제1항의 죄를 범한 자는 3년 이하의 징역이나 금고 또는 700만원 이하의 벌금에 처한다.
> ② 제1항의 방법으로 제307조제2항의 죄를 범한 자는 7년 이하의 징역, 10년 이하의 자격정지 또는 1천500만원 이하의 벌금에 처한다.
> **제312조(고소와 피해자의 의사)** ① 제308조와 제311조의 죄는 고소가 있어야 공소를 제기할 수 있다.
> ② 제307조와 제309조의 죄는 피해자의 명시한 의사에 반하여 공소를 제기할 수 없다.

가. 개념

본죄는 사람을 비방할 목적으로 신문, 잡지 또는 라디오 기타 출판물에 의하여 사실 또는 허위사실을 적시하여 사람의 명예를 훼손함으로써 성립하는 범죄이며, 본죄성립 시 3년 이하의 징역이나 금고 또는 700만원 이하의 벌금에 처해질 수 있으며, 공소시효는 5년이다.

나. 구성요건

(1) 사람을 비방할 목적

형법 제309조 제2항, 제1항에서 출판물에 의한 명예훼손죄의 구성요건으로 정하고 있는 '사람을 비방할 목적'이란 가해의 의사 내지 목적을 요하는 것으로서 공공의 이익을 위한 것과는 행위자의 주관적 의도의 방향에 있어 서로 상반되는 관계에 있다고 할 것이므로, 적시한 사실이 공공의 이익에 관한 것인 때에는 특별한 사정이 없는 한 비방의 목적은 부인된다고 봄이 상당하고, 이 경우 적시된 사실이 공공의 이익에 관한 것인지 여부는 당해 명예훼손적 표현으로 인한 피해자가 공무원 내지 공적 인물과 같은 공인(公人)인지 아니면 사인(私人)에 불과한지 여부, 그 표현이 객관적으로 국민이 알아야 할 공공성·사회성을 갖춘 공적 관심 사안에 관한 것으로 사회의 여론형성 내지 공개토론에 기여하는 것인지 아니면 순수한 사적인 영역에 속하는 것인지 여부, 피해자가 그와 같은 명예훼손적 표현의 위험을 자초한 것인지 여부, 그리고 그 표현에 의하여 훼손되는 명예의 성격과 그 침해의 정도, 그 표현의 방법과 동기 등 제반 사정을 고려하여 판단하여야 할 것이다.

(2) 신문, 잡지 또는 라디오 기타 출판물에 의하여

신문, 잡지 또는 라디오 기타 출판물은 출판물의 예시이다. 따라서 대중적 전파가 가능한 TV, 비디오, 영화 등의 영상매체도 출판물의 개념에 포함된다. '기타 출판물'에 해당한다고 하기 위하여는, 사실적시의 방법으로서 출판물 등을 이용하는 경우 그 성질상 다수인이 견문할 수 있는 높은 전파성과 신뢰성 및 장기간의 보존가능성 등 공소 외인에 대한 법익침해의 정도가 더욱 크다는 데 그 가중처벌의 이유가 있는 점에 비추어 보면, 그것이 등록·출판된 제본 인쇄물이나 제작물은 아니라고 할지라도 적어도 그와 같은 정도의 효용과 기능을 가지고 사실상 출판물로 유통·통용될 수 있는 외관을 가진 인쇄물로 볼 수 있어야 한다.149) 따라서 낱장의 인쇄물, 프린트, 손으로 쓴 것은 제외한다.

(3) 사실 또는 허위사실의 적시

허위사실 적시로 인한 출판물에 의한 명예훼손과 관련하여, 타인의 발언을 비판할 의도로 출판물에 그 타인의 발언을 그대로 소개한 후 그 중 일부분을 부각, 적시하면서 이에 대한 다소 과장되거나 편파적인 내용의 비판을 덧붙인 경우라 해도 위 소개된 타인의 발언과의 전체적, 객관적 해석에도 불구하고 위 비판적 내용의 사실적시가 허위라고 읽혀지지 않는 한 위 일부 사실적시 부분만을 따로 떼어 허위사실이라고 단정하여서는 안 된다.150)

한편, 타인을 비방할 목적으로 허위사실인 기사의 재료를 신문기자에게 제공한 경우에 기사를 신문지상에 게재하느냐의 여부는 신문 편집인의 권한에 속한다고 할 것이나

---

149) 대법원 1998. 10. 9. 선고 97도158 판결.
150) 대법원 2007. 1. 26. 선고 2004도1632 판결.

이를 편집인이 신문지상에 게재한 이상 기사의 게재는 기사재료를 제공한 자의 행위에 기인한 것이므로 기사재료의 제공행위는 형법 제309조 제2항 소정의 출판물에 의한 명예훼손죄의 죄책을 면할 수 없다.[151]

다. 처벌 및 위법성조각

본죄성립 시 3년 이하의 징역이나 금고 또는 700만원 이하의 벌금에 처해질 수 있다. 다만, 위법성 조각사유로서 형법 제310조의 '오로지 공공의 이익에 관한 때'라 함은 적시된 사실이 객관적으로 볼 때 공공의 이익에 관한 것으로서 행위자도 주관적으로 공공의 이익을 위하여 그 사실을 적시한 것이어야 하는 것인데, 여기의 공공의 이익에 관한 것에는 널리 국가·사회 기타 일반 다수인의 이익에 관한 것뿐만 아니라 특정한 사회집단이나 그 구성원 전체의 관심과 이익에 관한 것도 포함하는 것이고, 적시된 사실이 공공의 이익에 관한 것인지 여부는 당해 적시 사실의 내용과 성질, 당해 사실의 공표가 이루어진 상대방의 범위, 그 표현의 방법 등 그 표현 자체에 관한 제반 사정을 감안함과 동시에 그 표현에 의하여 훼손되거나 훼손될 수 있는 명예의 침해 정도 등을 비교·고려하여 결정하여야 하며, 행위자의 주요한 동기 내지 목적이 공공의 이익을 위한 것이라면 부수적으로 다른 사익적 목적이나 동기가 내포되어 있더라도 형법 제310조의 적용을 배제할 수 없다.[152]

---

151) 대법원 1994. 4. 12. 선고 93도3535 판결.
152) 대법원 1998. 10. 9. 선고 97도158 판결.

고　　소　　장

고 소 인　　○　○　　○ (000000-0000000)
○○시 ○○구 ○○로 ○○(○○동)
(전화번호 : 000-0000)

피고소인　　○　○　　○ (000000-0000000)
○○시 ○○구 ○○로 ○○(○○동)
(전화번호 : 000-0000)

고　소　취　지

　피고소인에 대하여 출판물 등에 의한 명예훼손죄로 고소하오니 처벌하여 주시기 바랍니다.

고　소　사　실

1. 피고소인은 ○○시 ○○동에 있는 월간지 "○○"호의 48면에 평소 감정이 좋지 않은 서울○○대학의 교수인 고소인을 비방할 목적으로 동인의 사진을 싣고 "대학 교수도 돈으로 된다?"라는 제목 아래 ○○○는 ○○대학 교수채용심사에서 돈 ○○만원을 주고 자리를 샀다는 허위의 기사를 게재한 월간지 약 ○○천부를 그 무렵 그 시내 및 주변지역 독자들에게 보급하여 공연히 허위 사실을 적시하여 고소인의 명예를 훼손한 자입니다.

2. 따라서 피소고인을 귀서에 고소하오니 철저히 조사하시어 처벌하여 주시기 바랍니다.

입 증 방 법

1. 신문일부발췌본 1부
조사시 자세히 진술하겠습니다.

20○○.   ○.   ○.
위 고소인 ○ ○ ○ (인)

○○경찰서장 귀하

제출기관	범죄지, 피의자의 주소, 거소 또는 현재지의 경찰서, 검찰청	공소시효	5년
고소권자	피해자(형사소송법 223조) (※ 아래(1)참조)	소추요건	반의사불벌죄 (형법 312조2항)
제출부수	고소장 1부	관련법규	형법 309조
범죄성립 요 건	1. 사람을 비방할 목적으로 신문, 잡지 또는 라디오 기타 출판물에 의하여 공연히 사실을 적시하여 사람의 명예를 훼손한 때(형법 309조1항) 2. 사람을 비방할 목적으로 신문, 잡지 또는 라디오 기타 출판물에 의하여 공연히 허위의 사실을 적시하여 사람의 명예를 훼손한 때(형법 309조2항)		
형 량	• 3년 이하의 징역이나 금고 또는 700만원 이하의 벌금(형법 309조1항) • 7년 이하의 징역, 10년 이하의 자격정지 또는 1,500만원 이하의 벌금(형법 309조2항)		
불기소 처분 등에 대한 불복절차 및 기간	(항고) • 근거 : 검찰청법 10조 • 기간 : 처분결과의 통지를 받은 날부터 30일(검찰청법 10조4항) (재정신청) • 근거 : 형사소송법 제260조 • 기간 : 항고기각 결정을 통지받은 날 또는 동법 제260조 제2항 각 호의 사유가 발생한 날부터 10일(형사소송법 제260조 제3항) (헌법소원) • 근거 : 헌법재판소법 68조 • 기간 : 그 사유가 있음을 안 날로부터 90일 이내에, 그 사유가 있은 날로부터 1년 이내에 청구하여야 한다. 다만, 다른 법률에 의한 구제절차를 거친 헌법 소원의 심판은 그 최종결정을 통지받은 날로부터 30일 이내에 청구(헌법재 판소법 69조)		

고 　 소 　 장

고 소 인 　　ㅇ　　ㅇ　　ㅇ (000000-0000000)
　　　　　　　ㅇㅇ시 ㅇㅇ구 ㅇㅇ로 ㅇㅇ(ㅇㅇ동)
　　　　　　　(전화번호 : 000-0000)

피고소인 　　ㅇ　　ㅇ　　ㅇ (000000-0000000)
　　　　　　　ㅇㅇ시 ㅇㅇ구 ㅇㅇ로 ㅇㅇ(ㅇㅇ동)
　　　　　　　(전화번호 : 000-0000)

고 　 소 　 취 　 지

피고소인에 대하여 출판물에 의한 명예훼손죄로 고소하오니 처벌하여 주시기 바랍니다.

고 　 소 　 사 　 실

1. 고소인은 K기업의 신기술개발 연구팀에서 근무하고 있는 자이며, 피고소인은 K기업과 경쟁사인 S기업의 다른 연구팀에 근무하는 자입니다.

2. 고소인이 소속된 연구팀에서 혁신적인 기술을 개발하여서 이를 발표하자, 피고소인은 자신들이 개발한 기술내용을 고소인이 빼돌려서 발표를 한 것이라며 "기업의 양심을 팔아먹은 자"라는 등의 내용을 주간잡지에 실은 적이 있습니다.

3. 그러나 고소인이 개발한 기술은 고소인이 ○년에 걸쳐서 연구원들과 머리를 맞대고
   개발한 기술로서 신생기업인 S기업이 쉽게 개발할 수 없는 기술임에도 불구하고
   단지 고소인을 비방할 목적으로 주간지에 기사화한 사실이 있으므로 철저히 조사
   하시어 엄벌하여 주시기 바랍니다.

첨 부 서 류

1. 주간지   1부

20○○.   ○.   ○.

위 고소인 ○ ○ ○ (인)

○○경찰서장 귀하

47. 컴퓨터 등 사용사기죄

제347조의2(컴퓨터등 사용사기) 컴퓨터 등 정보처리장치에 허위의 정보 또는 부정한 명령을 입력하거나 권한 없이 정보를 입력·변경하여 정보처리를 하게 함으로써 재산상의 이익을 취득하거나 제3자로 하여금 취득하게 한 자는 10년 이하의 징역 또는 2천만원 이하의 벌금에 처한다.
제352조(미수범) 제347조 내지 제348조의2, 제350조, 제350조의2와 제351조의 미수범은 처벌한다.
제353조(자격정지의 병과) 본장의 죄에는 10년 이하의 자격정지를 병과할 수 있다.

가. 개념

본죄는 컴퓨터등 정보처리장치에 허위의 정보 또는 부정한 명령을 입력하거나 권한 없이 정보를 입력·변경하여 정보처리를 하게 함으로써 재산상의 이익을 취득하거나 제3자로 하여금 취득하게 함으로써 성립하는 범죄이다. 본죄성립 시 10년 이하의 징역 또는 2천만원 이하의 벌금에 처해질 수 있고, 미수범 처벌규정이 있으며, 공소시효는 10년이다.

한편, 컴퓨터등 정보처리장기가 아닌 공중전화기, 자동판매기 등에 허위의 정보를 입력하여 재물 또는 재산상의 이익을 취득할 경우에는 본죄가 아닌 편의시설부정이용죄(제348조의2)가 성립할 수 있다.

나. 구성요건

(1) 개체

본죄는 재물을 제외한 재산상 이익을 객체로 하는 순수한 이득죄이다. 우리 형법은 재산범죄의 객체가 재물인지 재산상의 이익인지에 따라 이를 재물죄와 이득죄로 명시하여 규정하고 있는데, 형법 제347조가 일반 사기죄를 재물죄 겸 이득죄로 규정한 것과 달리 형법 제347조의2는 컴퓨터등사용사기죄의 객체를 재물이 아닌 재산상의 이익으로만 한정하여 규정하고 있으므로, 절취한 타인의 신용카드로 현금자동지급기에서 현금을 인출하는 행위가 재물에 관한 범죄임이 분명한 이상 이를 위 컴퓨터등사용사기죄로 처벌할 수는 없다고 할 것이고, 입법자의 의도가 이와 달리 이를 위 죄로 처벌하고자 하는 데 있었다거나 유사한 사례와 비교하여 처벌상의 불균형이 발생할 우려가 있다는 이유만으로 그와 달리 볼 수는 없다.[153]

(2) 행위

컴퓨터등 정보처리장치에 허위정보 또는 부정한 명령을 입력하거나 권한없이 정보를 입력 변경하여 정보처리를 하게 하는 것이다.

(가) 허위의 정보입력 또는 부정한 명령입력

허위의 정보입력은 진실에 반하는 내용의 정보를 입력하는 것을 말하며, '부정한 명령의 입력'은 당해 사무처리시스템에 예정되어 있는 사무처리의 목적에 비추어 지시해서는 안 될 명령을 입력하는 것을 의미한다. 따라서 설령 '허위의 정보'를 입력한 경우가 아니라고 하더라도, 당해 사무처리시스템의 프로그램을 구성하는 개개의 명령을 부정하게 변개·삭제하는 행위는 물론 프로그램 자체에서 발생하는 오류를 적극적으로 이용하여 그 사무처리의 목적에 비추어 정당하지 아니한 사무처리를 하게 하는 행위도 특별한 사정이 없는 한 위 '부정한 명령의 입력'에 해당한다고 보아야 한다.[154]

(나) 권한 없이 정보를 입력 변경

권한이 없는 자가 진정한 정보를 임의로 입력하거나 변경하는 말을 말한다.

(다) 정보처리

입력된 허위정보나 부정한 명령에 따라 계산처리과정을 실행하게 하여 진실에 반하는 기록을 만드는 것을 말한다.

---

153) 대법원 2003. 5. 13. 선고 2003도1178 판결.
154) 대법원 2013. 11. 14. 선고 2011도4440 판결.

(라) 재산상의 이득

본죄는 정보처리를 통해 행위자 또는 제3자로 하여금 재산상의 이익을 취해야 기수에
이르게 된다.

다. 처벌

본죄성립 시 10년 이하의 징역 또는 2천만원 이하의 벌금에 처해질 수 있다.

[서식(고소장)] 컴퓨터 등 사용사기죄 (인터넷을 이용 타인의 카드로 물품 거래)

고　　소　　장

고 소 인　　　ㅇ　　ㅇ　　ㅇ (000000-0000000)
　　　　　　　ㅇㅇ시 ㅇㅇ구 ㅇㅇ로 ㅇㅇ(ㅇㅇ동)
　　　　　　　(전화번호 : 000-0000)

피고소인　　　ㅇ　　ㅇ　　ㅇ (000000-0000000)
　　　　　　　ㅇㅇ시 ㅇㅇ구 ㅇㅇ로 ㅇㅇ(ㅇㅇ동)
　　　　　　　(전화번호 : 000-0000)

고　소　취　지

피고소인에 대하여 컴퓨터등 사용사기죄로 고소하오니 처벌하여 주시기 바랍니다.

고　소　사　실

1. 피고소인은 일정한 직업이 없는 자인바, 20○○. ○. ○. 22:00경 서울 이하 불상지에서 컴퓨터 등 정보처리장치인 인터넷사이트 고소인 ○○쇼핑몰 주식회사 최○○로 명의로 접속하여 동인의 이름으로 상품을 구입하면서 피고소인이 마치 최○○인 것처럼 자신이 부정발급 받은 최○○ 명의의 ○○카드의 카드번호와 비밀번호 등을 입력하고 그 물품대금 ○○만원을 지급하도록 부정한 명령을 입력하여 정보처리를 하게 함으로써 그 금액 상당의 재산상 이득을 취득한 자입니다.

2. 따라서 피고소인을 귀서에 고소하오니 엄중히 조사하시어 처벌하여 주시기 바랍니다.

첨　부　서　류

조사시 자세히 진술하겠습니다.

20○○.　　○.　　○
위 고소인　○　○　○　(인)

○○경찰서장　귀하

제출기관	범죄지, 피의자의 주소, 거소 또는 현재지의 경찰서, 검찰청	공소시효	10년
고소권자	피해자(형사소송법 223조)	소추요건	(형법 354조, 328조)
제출부수	고소장 1부	관련법규	형법 347조의 2
범죄성립 요 건	컴퓨터등 정보처리장치에 허위의 정보 또는 부정한 명령을 입력하여 정보처리를 하게 함으로써 재산상의 이익을 취득하거나 제3자로 하여금 취득하게 한 때		
형 량	• 10년 이하의 징역 • 2,000만원 이하의 벌금 (10년 이하의 자격정지를 병과할 수 있음 : 형법 353조)		
불기소 처분 등에 대한 불복절차 및 기간	(항고) • 근거 : 검찰청법 10조 • 기간 : 처분결과의 통지를 받은 날부터 30일(검찰청법 10조4항) (재정신청) • 근거 : 형사소송법 제260조 • 기간 : 항고기각 결정을 통지받은 날 또는 동법 제260조 제2항 각 호의 사유가 발생한 날부터 10일(형사소송법 제260조 제3항) (헌법소원) • 근거 : 헌법재판소법 68조 • 기간 : 그 사유가 있음을 안 날로부터 90일 이내에, 그 사유가 있는 날로부터 1년 이내에 청구하여야 한다. 다만, 다른 법률에 의한 구제절차를 거친 헌법소원의 심판은 그 최종결정을 통지받은 날로부터 30일 이내에 청구(헌법재판소법 69조)		

고　　소　　장

고 소 인　　ㅇ　ㅇ　ㅇ (000000-0000000)
　　　　　　　　ㅇㅇ시 ㅇㅇ구 ㅇㅇ로 ㅇㅇ(ㅇㅇ동)
　　　　　　　　(전화번호 : 000-0000)

피고소인　　ㅇ　ㅇ　ㅇ (000000-0000000)
　　　　　　　　ㅇㅇ시 ㅇㅇ구 ㅇㅇ로 ㅇㅇ(ㅇㅇ동)
　　　　　　　　(전화번호 : 000-0000)

고　소　취　지

　　피고소인에 대하여 컴퓨터 등 사기죄로 고소하오니 처벌하여 주시기 바랍니다.

고　소　사　실

1. 고소인은 피고소인과는 아무런 친·인척관계가 없습니다.
　　피고소인은 고소인이 운영하던 ㅇㅇ레스토랑의 종업원으로 일하던 사람인데 피고
　　소인은 평소 위 레스토랑의 운영에 바빠서 20ㅇㅇ. ㅇ. ㅇ.경부터는 고소인도 인터
　　넷으로 은행거래(인터넷 뱅킹)를 하고자 이러한 거래경험이 많던 피고소인의 도움
　　을 받아 처음 몇 차례 인터넷 뱅킹을 하였습니다.

2. 그런데 피고소인은 고소인의 인터넷 뱅킹을 도와주면서 고소인의 계좌번호와 비밀
　　번호를 알게 되었음을 기화로 인터넷 뱅킹을 이용하여 고소인 모르게 고소인의
　　ㅇㅇ은행 계좌로부터 20ㅇㅇ. ㅇ. ㅇ. 15:20경 금 900만원, 다음날 17:40경 600

만원 등 합계 금 1,500만원을 자신의 통장으로 계좌이체를 한 후 이를 인출하여 소비함으로써 고소인에게 위 금액만큼의 손해를 입힌 것입니다.

3. 그럼에도 불구하고 피고소인은 자신이 한 것이 아니라고 변명하면서 고소인의 변제독촉에도 차일피일 미루기만 하고 있는 자이므로, 철저히 조사하시어 처벌하여 주시기 바랍니다.

첨 부 서 류

1. 통장 사본   1통
1. 거래내역 사본   1통
조사시 자세히 진술하겠습니다.

20○○.   ○.   ○.
위 고소인   ○   ○   ○   (인)

○○경찰서장   귀하

48. 퇴거불응죄

> 제319조(주거침입, 퇴거불응)
> ① 사람의 주거, 관리하는 건조물, 선박이나 항공기 또는 점유하는 방실에 침입한
> 자는 3년 이하의 징역 또는 500만원 이하의 벌금에 처한다.
> ② 전항의 장소에서 퇴거요구를 받고 응하지 아니한 자도 전항의 형과 같다

가. 개념

본죄는 사람의 주거, 관리하는 건조물, 선박이나 항공기 또는 점유하는 방실에서 퇴거요구를 받고도 응하지 아니함으로써 성립하는 범죄이다. 본죄성립 시 3년 이하의 징역 또는 500만원 이하의 벌금에 처해질 수 있고, 공소시효는 5년이다.

본죄는 주거침입죄와는 별개의 구성요건이지만 주거침입죄에 대해서 보충관계에 있기 때문에 주거침입죄가 성립하는 경우에는 주거침입죄만 성립하고 퇴거불응죄는 성립하지 않는다. 즉 퇴거불응죄는 사람의 주거 등에 적법하게 또는 과실로 들어갔다가 퇴거요구를 받고도 이에 응하지 아니한 경우에 성립하고, 처음부터 고의로 위법하게 사람의 주거 등에 들어간 경우에는 주거침입죄가 성립할 뿐이므로 퇴거요구에 불응한 경우에도 퇴거불응죄는 성립하지 않는다.

나. 구성요건

(1) 주체

퇴거 요구의 주체는 주거자, 관리자, 점유자 또는 이러한 자의 위임을 받은 자이다. 즉, 사람의 주거 등에 적법하게 또는 과실로 들어간 자이다. 임대차의 경우에는 임대차계약 종료 이후에도 퇴거요구권자는 임대인이 아니라 임차인이며, 퇴거요구는 1회로도 충분하고, 묵시적으로도 가능하다.

(2) 행위 - 퇴거불응

불응이란 '퇴거할 수 있음에도 불구하고 퇴거하지 아니하는 것'이다. 퇴거불응죄의 퇴거는 행위자의 신체가 주거에서 나감을 의미하므로, 정당한 퇴거 요구를 받고 건물에서 나가면서 가재도구 등을 남겨둔 경우에는 퇴거불응이 아니다.[155]

판례가 퇴거불응죄의 성립을 인정한 사안으로는 ⅰ) 피고인이 예배의 목적이 아니라 교회의 예배를 방해하여 교회의 평온을 해할 목적으로 교회에 출입하는 것이 판명되어 위 교회 건물의 관리 주체라고 할 수 있는 교회당회에서 피고인에 대한 교회출입금지의 결을 하고, 이에 따라 위 교회의 관리인이 피고인에게 퇴거를 요구하였으나, 이에 불응하여 퇴거를 하지 아니한 경우,[156] ⅱ) 적법하게 직장폐쇄를 단행한 사용자로부터 퇴거 요구를 받고도 불응한 채 근로자들이 직장점거를 계속한 경우[157] 등이 있다.

다. 처벌

본죄성립 시 3년 이하의 징역 또는 500만원 이하의 벌금에 처해질 수 있다.

---

155) 대법원 2007. 11. 15. 선고 2007도6990 판결.
156) 대법원 1992. 4. 28. 선고 91도2309 판결.
157) 대법원 1991. 8. 13. 선고 91도1324 판결.

고   소   장

고 소 인   ○   ○   ○ (000000-0000000)
　　　　　　○○시 ○○구 ○○로 ○○(○○동)
　　　　　　(전화번호 : 000-0000)

피고소인   ○   ○   ○ (000000-0000000)
　　　　　　○○시 ○○구 ○○로 ○○(○○동)
　　　　　　(전화번호 : 000-0000)

고 소 취 지

고소인은 피고소인을 상대로 퇴거불응죄로 고소하오니 처벌하여 주시기 바랍니다.

고 소 사 실

1. 고소인은 ○○교회 당회장이며 피고소인은 속칭 ○○왕국회관(일명 여호와증인)의 신도입니다.

2. 피고소인은 20○○. ○. ○. 예배의 목적이 아니라 ○○교회의 예배를 방해하여 교회의 평온을 해할 목적으로 ○○교회에 출입하여 진정한 하느님의 자식은 자신들뿐이다는 고함을 지르며 ○○교회의 예배를 방해하여 위 교회 건물의 관리주체라고 할 수 있는 ○○교회 교회당회에서 피고소인에 대한 교회출입금지의결을 하고, 이에 따라 위 교회의 관리인인 위 고소인이 피고소인에게 퇴거를 요구하였으나 약 1시간 이상 위와 같은 고함을 지르며 퇴거 요구에 불응한 사실이 있습니다.

3. 위 사실과 같이 피고소인의 교회출입을 막으려는 위 ○○교회의 의사는 명백히 나타난 것이기 때문에 이에 기하여 퇴거요구를 한 것은 정당하고 이에 불응하여 퇴거를 하지 아니한 행위는 퇴거불응죄에 해당되며 교회는 교인들의 총유에 속하는 것으로서 교인들 모두가 사용수익권을 갖고 있고, 출입이 묵시적으로 승낙되어 있는 장소이나 이 같은 일반적으로 개방되어 있는 장소라도 필요한 때는 관리자가 그 출입을 금지 내지 제한할 수 있으므로 피고소인을 철저히 조사하시어 처벌하여 주시기 바랍니다.

첨 부 서 류

1. 주민확인서   1통
조사시 자세히 진술하겠습니다.

200○.   ○.   ○.
위 고소인   ○   ○   ○ (인)

○○경찰서장   귀하

제출기관	범죄지, 피의자의 주소, 거소 또는 현재지의 경찰서, 검찰청	공소시효	5년
고소권자	피해자(형사소송법 223조)	소추요건	
제출부수	고소장 1부	관련법규	형법 319조2항
범죄성립 요 건	사람의 주거, 관리하는 건조물, 선박이나 항공기 또는 점유하는 방실에 서 퇴거요구를 받고 응하지 아니한 때		
형 량	• 3년 이하의 징역 또는 500만원 이하의 벌금		
불기소 처분 등에 대한 불복절차 및 기간	(항고) • 근거 : 검찰청법 10조 • 기간 : 처분결과의 통지를 받은 날부터 30일(검찰청법 10조4항) (재정신청) • 근거 : 형사소송법 제260조 • 기간 : 항고기각 결정을 통지받은 날 또는 동법 제260조 제2항 각 호의 사유가 발생한 날부터 10일(형사소송법 제260조 제3항) (헌법소원) • 근거 : 헌법재판소법 68조 • 기간 : 그 사유가 있음을 안 날로부터 90일 이내에, 그 사유가 있는 날로부터 1년 이내에 청구하여야 한다. 다만, 다른 법률에 의한 구제절차를 거친 헌법 소원의 심판은 그 최종결정을 통지받은 날로부터 30일 이내에 청구(헌법재 판소법 69조)		

49. 특수절도죄

제331조(특수절도) ① 야간에 문이나 담 그 밖의 건조물의 일부를 손괴하고 제330조의 장소에 침입하여 타인의 재물을 절취한 자는 1년 이상 10년 이하의 징역에 처한다. ② 흉기를 휴대하거나 2명 이상이 합동하여 타인의 재물을 절취한 자도 제1항의 형에 처한다.
제342조(미수범) 제329조 내지 제341조의 미수범은 처벌한다.
제345조(자격정지의 병과) 본장의 죄를 범하여 유기징역에 처할 경우에는 10년 이하의 자격정지를 병과할 수 있다.

가. 개념

본죄는 야간에 문이나 담 그 밖의 건조물의 일부를 손괴하고 사람의 주거, 관리하는 건조물, 선박, 항공기 또는 점유하는 방실에 침입하여 타인의 재물을 절취하거나 흉기를 휴대하거나 2명이상이 합동하여 타인의 재물을 절취함으로써 성립하는 범죄이다. 본죄성립 시 1년 이상 10년 이하의 징역에 처해질 수 있으며, 미수범 처벌규정이 있고, 공소시효는 10년이다.

나. 구성요건

단순절도죄가 아닌 특수절도죄가 성립되기 위해서는 단순절도죄에서 추가한 세 가지 경우의 성립요건이 있습니다.

(1) 야간

야간에 타인의 건조물의 일부를 손괴하고 침입하여 타인의 재물을 절취하는 경우이다. 건조물을 손괴하지 않고 단순히 야간에 침입하여 절도 행위를 한 경우에는 특수절도죄가 아닌 야간주거침입절도죄에 해당될 수 있다.

(2) 흉기휴대

흉기를 휴대하여 절도를 한 경우이다. 여기서 흉기는 총, 칼뿐 아니라 송곳, 깨진 유리병 등 수사기관, 재판부에서 위험하다고 판단하는 물건이다.

(3) 합동절도

2인 이상이 합동하여 절도를 하는 경우이다. 2인 모두 직접적인 절취 행위를 하지 않고 그 중 1인은 망을 보는 행위를 했더라도 특수절도죄에 해당되며 망을 본 자는 특수절도죄의 공범으로 기소될 수 있다.

2인 이상이 합동하여 타인의 재물을 절취한 경우의 특수절도죄가 성립하기 위하여는 주관적 요건으로서의 공모와 객관적 요건으로서의 실행행위의 분담이 있어야 하고 그 실행행위에 있어서는 시간적으로나 장소적으로 협동관계에 있음을 요한다. 따라서 피고인이 피해자의 형과 범행을 모의하고 피해자의 형이 피해자의 집에서 절취행위를 하는 동안 피고인은 그 집 안의 가까운 곳에 대기하고 있다가 절취품을 가지고 같이 나온 경우 시간적, 장소적으로 협동관계가 있었다고 보아야 한다.[158]

다. 처벌

본죄성립 시 1년 이상 10년 이하의 징역에 처해질 수 있다.

---

158) 대법원 1996. 3. 22. 선고 96도313 판결.

고 소 장

고 소 인 　 ○ 　 ○ 　 ○ (000000-0000000)
　　　　　　 ○○시 ○○구 ○○로 ○○(○○동)
　　　　　　 (전화번호 : 000-0000)

피고소인 　 ○ 　 ○ 　 ○ (000000-0000000)
　　　　　　 ○○시 ○○구 ○○로 ○○(○○동)
　　　　　　 (전화번호 : 000-0000)

고 소 취 지

피고소인에 대하여 특수절도죄로 고소하오니 처벌하여 주시기 바랍니다.

고 소 사 실

1. 피고소인은 노동에 종사하는 자인바, 20○○. ○. ○. 20:00경 ○○시 ○○구 ○○로 ○○(○○동) 고소인의 집이 비어 있음을 알고 미리 준비하여 가지고 간 길이 20㎝ 직경 1㎝의 드라이버로 시정된 출입문 자물쇠를 강제로 뜯어 열고 들어가 내실 화장 서랍 속에서 현금 일만원권 22매(220,000원)와 가계수표(백지) 12장 등을 절취한 것입니다.

2. 따라서 피고소인을 귀서에 고소하오니 철저히 조사하시어 처벌하여 주시기 바랍니다.

20○○.　　○.　　○.

위 고소인 ○　○　○ (인)

○○경찰서장　귀하

제출기관	범죄지, 피의자의 주소, 거소 또는 현재지의 경찰서, 검찰청	공소시효	10년
고소권자	피해자(형사소송법 223조)	소추요건	
제출부수	고소장 1부	관련법규	형법 331조
범죄성립 요 건	야간에 문이나 담 그 밖의 건조물의 일부를 손괴하고 사람의 주거, 관리하는 건조물, 선박, 항공기 또는 점유하는 방실에 침입하여 타인의 재물을 절취하거나 흉기를 휴대하거나 2명이상이 합동하여 타인의 재물을 절취한 때		
형 량	• 1년 이상 10년 이하의 징역		
불기소 처분 등에 대한 불복절차 및 기간	(항고) • 근거 : 검찰청법 10조 • 기간 : 처분결과의 통지를 받은 날부터 30일(검찰청법 10조4항) (재정신청) • 근거 : 형사소송법 제260조 • 기간 : 항고기각 결정을 통지받은 날 또는 동법 제260조 제2항 각 호의 사유가 발생한 날부터 10일(형사소송법 제260조 제3항) (헌법소원) • 근거 : 헌법재판소법 68조 • 기간 : 그 사유가 있음을 안 날로부터 90일 이내에, 그 사유가 있은 날로부터 1년 이내에 청구하여야 한다. 다만, 다른 법률에 의한 구제절차를 거친 헌법소원의 심판은 그 최종결정을 통지받은 날로부터 30일 이내에 청구(헌법재판소법 69조)		

고　　소　　장

고 소 인　　○　○　○ (000000-0000000)

　　　　　　○○시 ○○구 ○○로 ○○(○○동)

　　　　　　(전화번호 : 000-0000)

피고소인　　○　○　○ (000000-0000000)

　　　　　　○○시 ○○구 ○○로 ○○(○○동)

　　　　　　(전화번호 : 000-0000)

고　소　취　지

고소인은 피고소인에 대하여 특수주거침입죄로 고소하오니 처벌하여 주시기를 바랍니다.

고　소　사　실

1. 피고소인은 일정한 직업이 없는 자로서, 20○○. ○. ○. 11:50경 ○○시 ○○로 ○○(○○동)에 있는 ○○주점에서 술을 마시다가, 고소인의 집 종업원인 고소외 ○○○가 폐점시간임을 알리며 나가달라고 요구하자 소지하고 있던 길이 약 14㎝의 주머니칼을 꺼내 보이며 "나는 내가 가고 싶을 때 간다. 다시 귀찮게 하면 혼날 줄 알아"라고 말하고 약 3시간 동안 그곳에 머물러, 퇴거요구를 받았음에도 위험한 물건을 휴대하고 그 요구에 응하지 않은 자입니다.

2. 따라서 위와 같은 사실로 피고소인을 고소하오니 철저히 조사하시어 엄벌하여
   주시기 바랍니다.

입 증 방 법

조사시 자세히 진술하겠습니다.

20○○.   ○.   ○.

위 고소인 ○   ○   ○ (인)

○○경찰서장 귀하

50. 특수협박죄

> 제284조(특수협박) 단체 또는 다중의 위력을 보이거나 위험한 물건을 휴대하여 전조 제1항, 제2항의 죄를 범한 때에는 7년 이하의 징역 또는 1천만원 이하의 벌금에 처한다.

가. 개념

본죄는 단체 또는 다중의 위력을 보이거나 위험한 물건을 휴대하여 협박죄 또는 존속협박죄를 범함으로써 성립하는 범죄이다. 본죄성립 시 7년 이하의 징역 또는 1천만원 이하의 벌금에 처해질 수 있고, 공소시효는 7년이다.

나. 행위

(1) 협박

협박죄가 성립하기 위해서는 피해자에게 통고한 해악이 실행 가능한 내용이어야 한다. 협박에 해당하는지 판단하는 기준은 해악에 대한 실현 가능성이며, 이때 고지하는 해악의 내용에는 제한이 없어 생명, 자유, 명예, 재산, 신용 등에 대한 일체의 해악이 모두 협박의 내용이 될 수 있다. 본인에 대한 해악뿐 아니라 본인과 밀접한 제3자에 대한 해악도 협박을 구성하는 내용이 될 수 있으며, 가해자가 실제로 해악을 실현할 의사가 없더라도 상대방에게 공포심을 느끼게 할 수준이 충족되었으면 협박죄가 성립한다.

협박죄는 상대가 해악의 고지를 인식한 순간 발생했다고 판단되며, 해악 고지의 방법도 언어, 문서, 거동, 묵시 등 다양하게 인정되고, 문서로 해악을 고지한 경우 가짜 명의를 사용하거나 익명이어도 협박의 죄가 인정된다.

(2) 특수협박

만일 협박을 하는 도중 가해자가 위험한 물건을 소지하고 있거나, 여러명의 가해자가 함께 위력을 행사하면 단순 협박죄를 넘어 특수협박죄로 가중처벌될 수 있는데, 다시말해 단체나 다중이 위력을 보이거나 위험한 물건을 휴대하고 있다면, 단순 협박죄가 아닌 특수협박죄의 성립요건에 충족되어 더욱 무겁게 처벌을 받게 된다.

다. 처벌
본죄성립 시 7년 이하의 징역 또는 1천만원 이하의 벌금에 처해질 수 있다.

[서식(고소장)] 특수협박죄 (흉기로 협박하며 채무 독촉)

고   소   장

고 소 인   ○   ○   ○ (000000-0000000)
              ○○시 ○○구 ○○로 ○○(○○동)
              (전화번호 : 000-0000)

피고소인   ○   ○   ○ (000000-0000000)
              ○○시 ○○구 ○○로 ○○(○○동)
              (전화번호 : 000-0000)

고   소   취   지

고소인은 피고소인에 대하여 특수협박죄로 고소하오니 처벌하여 주시기 바랍니다.

고   소   사   실

1. 피고소인은 일정한 직업이 없는 자로서, 20○○. ○. ○.경 평소 알고 지내는 고소 외 노○○가 고소인에게 빌려준 돈을 받아 달라고 부탁을 받고 같은 날 21:00경 ○○시 ○○로 ○○(○○동)에 있는 고소인의 집에 찾아가서 고소인을 근처 공원으로 데리고 가 고소인에게 "당신은 왜 노○○에게 빌린 돈을 갚지 않는가. 갚을 생각은 있는가, 갚겠다면 지금부터 돈을 돌려 내일 저녁 6시까지 우리 집으로 가지고 오라"고 말했으나 고소인이 아무 말도 하지 않자, 바지의 허리띠 뒤쪽에 가지고 있던 길이 10㎝ 되는 칼을 꺼내 이리저리 만지작거리면서 "이것을 사용하고 싶지는 않지만 당신이 계속 벙어리 행세를 하면 할 수 없다"라고 말하여, 고소인이 피고소인의 요구에 응하지 아니할 때에는 그의 생명 또는 신체의 대하여, 어떠한 위해를 가할 듯한 태도를 보여서 고소인을 협박하였습니다.

2. 따라서 피고소인을 귀서에 고소하오니 철저히 조사하시어 처벌하여 주시기 바랍니다.

첨 부 서 류

조사시 자세히 진술하겠습니다.

20○○.   ○.   ○.
위 고소인   ○   ○   ○   (인)

○○경찰서장   귀하

제출기관	범죄지, 피의자의 주소, 거소 또는 현재지의 경찰서, 검찰청	공소시효	7년
고소권자	피해자(형사소송법 223조)	소추요건	
제출부수	고소장 1부	관련법규	형법 284조
범죄성립 요 건	단체 도는 다중의 위력을 보이거나 위험한 물건을 휴대하여 협박죄 또는 존속 협박죄를 범한 때		
형 량	• 7년 이하의 징역 • 1,000만원 이하의 벌금		
불기소 처분 등에 대한 불복절차 및 기간	(항고) • 근거 : 검찰청법 10조 • 기간 : 처분결과의 통지를 받은 날부터 30일(검찰청법 10조4항) (재정신청) • 근거 : 형사소송법 제260조 • 기간 : 항고기각 결정을 통지받은 날 또는 동법 제260조 제2항 각 호의 사유가 발생한 날부터 10일(형사소송법 제260조 제3항) (헌법소원) • 근거 : 헌법재판소법 68조 • 기간 : 그 사유가 있음을 안 날로부터 90일 이내에, 그 사유가 있은 날로부터 1년 이내에 청구하여야 한다. 다만, 다른 법률에 의한 구제절차를 거친 헌법소원의 심판은 그 최종결정을 통지받은 날로부터 30일 이내에 청구(헌법재판소법 69조)		

51. 편의시설부정사용죄

> **제348조의2(편의시설부정이용)** 부정한 방법으로 대가를 지급하지 아니하고 자동판매기, 공중전화 기타 유료자동설비를 이용하여 재물 또는 재산상의 이익을 취득한 자는 3년 이하의 징역, 500만원 이하의 벌금, 구류 또는 과료에 처한다.
> **제352조(미수범)** 제347조 내지 제348조의2, 제350조, 제350조의2와 제351조의 미수범은 처벌한다.
> **제353조(자격정지의 병과)** 본장의 죄에는 10년 이하의 자격정지를 병과할 수 있다.

가. 개념

본죄는 부정한 방법으로 대가를 지급하지 아니하고 자동판매기, 공중전화 기타 유료자동설비를 이용하여 재물 또는 재산상의 이익을 취득함으로써 성립하는 범죄이다. 본죄 성립 시 3년 이하의 징역, 500만원 이하의 벌금, 구류 또는 과료에 처해질 수 있으며, 공소시효는 5년이다.

나. 구성요건

(1) 객체

본죄의 객체는 재물 또는 재산상의 이익이다. 구체적으로 자동판매기, 공중전화, 기타 유료자동설비(자동음주측정기, 컴퓨터게임기, 지하철승차권판매기, 주차요금정산기, 무인모텔의 유료자동화설비, 무인자동개찰구 등) 등이다.

다만, 현금자동지급기, 도서관출입용 무료자동설 등은 이에 포함되지 아니한다. 그리고 유료자동설비는 공중전화 등과 같이 불특정다수인이 사용하는 것에 국한되기 때문에 타인의 일반전화나 스마트폰 등을 개인적으로 이용하는 것은 배제된다.

(2) 행위

부정한 방법으로 대가를 지급하지 아니하고 자동판매기, 공중전화, 기타 유료자동설비를 이용하여 재물 또는 재산상의 이익들을 취득하는 것이다. 여기서 자동판매기라 함은 대가를 지불하면 기계, 전자장치에 의하여 자동적으로 일정한 물건이 제공되는 일체의 기계설비를 말하고, 유료자동설비란 대가를 지불하면 물건 이외의 편익을 제공하는 자동기계설비(공중전화, 무인보관함, 무인자동입장설비, 무인자동개찰구 등)를 말한다. 또한 부정한 이용이라 함은 대가를 지급하지 아니하고 자동설비의 메커니즘을 비정상적으로 조종하여 재물 또는 재산상의 이익을 취득하는 것을 말하는 것으로, 만일 부정한 방법으로라도 대가를 지급한 경우에는 본죄가 성립하지 않는다.[159]

다. 처벌

본죄성립 시 3년 이하의 징역, 500만원 이하의 벌금, 구류 또는 과료에 처해질 수 있다.

[서식(고소장)] 편의시설부정사용죄 (고객이 커피자판기 훼손)

고 소 장

고 소 인   ○   ○   ○ (000000-0000000)
　　　　　　○○시 ○○구 ○○로 ○○(○○동)
　　　　　　(전화번호 : 000-0000)

피고소인   ○   ○   ○ (000000-0000000)
　　　　　　○○시 ○○구 ○○로 ○○(○○동)
　　　　　　(전화번호 : 000-0000)

고 소 취 지

---

159) 대법원 2001. 9. 25. 선고 2001도3625 판결.

피고소인을 편의시설부정사용죄로 고소하오니 처벌하여 주시기 바랍니다.

고 소 사 실

1. 고소인은 ○○시 ○○로 ○○(○○동)에서 ○○식당이라는 상호로 음식판매업을 하고 있으며 고소인의 가게 앞에 커피자판기를 설치해 놓았습니다.

2. 위 자판기는 100원 및 500원짜리 동전과 1,000원권 지폐를 이용하여 사용할 수 있는데 20○○. ○. 초순경부터 커피자판기에서 500원짜리 동전과 비슷한 무게와 크기의 물체가 자주 나오고, 간혹 자판기 고장을 일으키곤 하여 커피자판기를 누군가 부정하게 사용하고 있다는 생각이 들었습니다.
   고소인은 자판기를 부정하게 사용하는 사람이 있는지를 유심히 살펴보았으나 범인을 잡지 못하고, 20○○. ○.부터는 동전이 아닌 물체가 상당히 많이 나와 자판기 영업을 하지 못할 지경이 되어 20○○. ○. ○.에 자판기 주변에 무인카메라를 설치하였는데 그날 밤 주위를 살피며 자판기를 이용하는 사람이 비디오 카메라에 잡혀 얼굴을 확인한 결과 ○○시 ○○로 ○○(○○동)에 사는 피고소인이었습니다.

3. 따라서 피고소인이 부정한 방법으로 커피자판기를 이용하는 바람에 고소인은 자판기영업에 막대한 손실을 보았으므로 피고소인을 철저히 조사하시어 형법 제348조의2에 따라 처벌하여 주시기 바랍니다.

20○○.　　○.　　○.

위 고소인　○　　○　　○　　(인)

○○경찰서장 귀하

제출기관	범죄지, 피의자의 주소, 거소 또는 현재지의 경찰서, 검찰청	공소시효	5년
고소권자	피해자(형사소송법 223조)	소추요건	(형법 354조, 328조)
제출부수	고소장 1부	관련법규	형법 348조의 2
범죄성립 요 건	부정한 방법으로 대가를 지급하지 아니하고 자동판매기, 공중전화 기타 유료 자동설비를 이용하여 재물 또는 재산상의 이익을 취득한 때		
형 량	• 3년 이하의 징역 • 500만원 이하의 벌금, 구류 또는 과료 (10년 이하의 자격정지를 병과할 수 있음 : 형법 353조)		
불기소 처분 등에 대한 불복절차 및 기간	(항고) • 근거 : 검찰청법 10조 • 기간 : 처분결과의 통지를 받은 날부터 30일(검찰청법 10조4항) (재정신청) • 근거 : 형사소송법 제260조 • 기간 : 항고기각 결정을 통지받은 날 또는 동법 제260조 제2항 각 호의 사유가 발생한 날부터 10일(형사소송법 제260조 제3항) (헌법소원) • 근거 : 헌법재판소법 68조 • 기간 : 그 사유가 있음을 안 날로부터 90일 이내에, 그 사유가 있은 날로부터 1년 이내에 청구하여야 한다. 다만, 다른 법률에 의한 구제절차를 거친 헌법소 원의 심판은 그 최종결정을 통지받은 날로부터 30일 이내에 청구(헌법재판소 법 69조)		

52. 폭행죄

제260조(폭행, 존속폭행) ① 사람의 신체에 대하여 폭행을 가한 자는 2년 이하의 징역, 500만원 이하의 벌금, 구류 또는 과료에 처한다.
② 자기 또는 배우자의 직계존속에 대하여 제1항의 죄를 범한 때에는 5년 이하의 징역 또는 700만원 이하의 벌금에 처한다.
③ 제1항 및 제2항의 죄는 피해자의 명시한 의사에 반하여 공소를 제기할 수 없다.
제261조(특수폭행) 단체 또는 다중의 위력을 보이거나 위험한 물건을 휴대하여 제260조제1항 또는 제2항의 죄를 범한 때에는 5년 이하의 징역 또는 1천만원 이하의 벌금에 처한다.
제262조(폭행치사상) 제260조와 제261조의 죄를 지어 사람을 사망이나 상해에 이르게 한 경우에는 제257조부터 제259조까지의 예에 따른다.

가. 개념

본죄는 사람의 신체에 대하여 폭행을 가함으로써 성립하는 범죄이다. 본죄성립 시 2년 이하의 징역, 500만원 이하의 벌금, 구류 또는 과료에 처해질 수 있고, 공소시효는 5년이며, 본죄는 반의사불벌죄에 해당되어 피해자의 명시적 의사에 반하여 공소를 제기할 수 없다. 이러한 이유로 실무에서는 합의로 사건이 종결되는 경우가 많다.

나. 구성요건

(1) 객체

사람의 신체이다. 사람은 자연인인 타인을 말한다.

(2) 행위

(가) 폭행

본죄의 폭행은 사람의 신체 대한 유형력의 행사를 의미한다. 여기서 유형력이라 함은 사람의 오관에 직접 간접으로 작용하여 육체적 정신적 고통을 줄 수 있는 광의의 물리력을 말하는데, 구타, 밀치는 행위, 손이나 옷을 세차게 잡아당기는 행위, 얼굴에 침을

뱉는 행위, 좁은 공간에서 칼이나 흉기를 휘두르는 행위, 돌을 던지는 행위, 모발의 절단, 일시적 자유의 구속 등이 유형력의 작용의 예에 속한다. 또한 심한 소음, 계속 전화를 걸을 벨을 울리게 하는 경우, 폭언을 수차례 반복, 고함을 질러 놀라게 하는 경우, 수면제나 술을 억지로 먹게 하는 행위 또한 폭행의 예에 속한다.

이렇듯 폭행죄는 사람의 신체에 대한 유형력의 행사를 가리키며, 그 유형력의 행사는 신체적 고통을 주는 물리력의 작용을 의미하므로 신체의 청각기관을 직접적으로 자극하는 음향도 경우에 따라서는 유형력에 포함될 수 있다.[160]

(3) 대상

폭행죄의 대상은 사람의 신체이다. 따라서 단순히 물건에 대한 유형력의 행사는 폭행이 아니다. 다만 반드시 사람의 신체에 직접적으로 접촉할 필요는 없어 가령 돌을 던졌으나 빗나간 경우도 폭행죄가 성립한다.

따라서 피해자에게 근접하여 욕설을 하면서 때릴 듯이 손발이나 물건을 휘두르거나 던지는 행위는 직접 피해자의 신체에 접촉하지 않았다고 하여도 피해자에 대한 불법한 유형력의 행사로서 폭행에 해당하나, 때릴 듯이 위세 또는 위력을 보인 구체적인 행위내용이 없다면 결국 욕설을 함으로써 위세 또는 위력을 보였다는 취지로 해석할 수밖에 없고 이와 같이 욕설을 한 것 외에 별다른 행위를 한 적이 없다면 이는 유형력의 행사라고 보기 어려울 것이다.[161]

다. 처벌

본죄성립 시 2년 이하의 징역, 500만원 이하의 벌금, 구류 또는 과료에 처해질 수 있으나, 일반적 위법성조각사유에 의하여 본죄의 위법성은 조각될 수 있다.

---

160) 대법원 2003. 1. 10. 선고 2000도5716 판결.
161) 대법원 1990. 2. 13. 선고 89도1406 판결.

고 소 장

고 소 인   고OO(000000-0000000)
　　　　　　00도 00시 00구 00로 000-00
　　　　　　연락처 : 010-0000-00000

피고소인   전OO(000000-0000000)
　　　　　　00도 00시 00구 00로 000-00
　　　　　　연락처 : 010-0000-00000

고 소 취 지

고소인은 피고소인을 ① 폭력행위등처벌에관한법률위반(상습폭행) 및 ② 형법 제261조 소정의 특수폭행죄 등으로 고소하오니, 귀청이 위법사실을 철저히 수사하여 법에 따라 엄중히 처벌하여 주시기 바랍니다.

고 소 원 인

1. 당사자 지위
고소인과 피고소인은 2000. 00. 00. 결혼식을 마치고, 같은 달 00. 혼인신고를 마친 법률상의 부부로서(증제 1,2호증의 각 1,2), 현재 피고소인의 폭행으로 인하여 이혼소송 중이며(고소인이 반소제기), 현재는 별거 중입니다(증제3호증).

1) 피고소인은 상습적으로 고소인에게 폭행과 특수폭행을 일삼았습니다.
<u>가. 고소인에 대한 피고소인의 막말과 폭언</u>
고소인에 대한 피고소인의 호칭은 무조건 "야!"였습니다. 예컨대, "야! 밥 좀 해봐! 야! 콜라 있냐? 야! 반찬이 이게 다야? 야! 엄마가 불러, 야! 회사에서 야유회가니까 돈 내놔. 야! 내 옷 어딨어! 야! 니네 엄마가 나한테 전화 왔었어. 야! 니가 할 줄 아는 게 뭐가 있냐? 야! 이게 다냐? 할 줄 아는 게 있어야지.." 등등, 고소인이 "이름을 불러주던가 아니면 '자기야 등으로 불러주면 좋겠다."고 요구해도, 피고소인은 고소인

에 대한 배려가 전혀 없이 그냥 언제나 "야!"였습니다.

그리고 너무나 비참한 일이지만, 피고소인은 언제부턴가 고소인에 대한 욕설을 입에 달고 살았습니다. 예컨대 "씨발년아 죽고 싶냐? 개 같은 년이 어디서 굴러들어 와가지고.. 씨발 꺼지라고! , 좆까 병신 같은 게, 꺼져 니가 해, 나가! 니네 집에 가! 없는 집에서 우리 집으로 시집 왔으면 아가리 닥치고 해. 너 재수 없어."등등 입에 담을 수 없는 욕설을 해대곤 하였습니다. 그럴 때면 고소인은 죽고만 싶었고, 이혼하고 싶었지만, 피고소인 성격이 워낙 남에게 싫은 소리를 하지 못하고 참고 받아 넘기는 성격인지라 바보같이 참고 살았습니다.

<u>나. 고소인에 대한 피고소인의 상습적인 폭행(폭행장소는 모두 '00도 00시 00길 000-00' 소재 집에서 있었습니다.)</u>
2000. 00. 중순경 고소인과 피고소인이 함께 신혼방 침대에서 맥주를 마시면서 피고소인의 친구에 대하여 이야기하다가, 고소인이 그 친구의 무례함에 대하여 이야기하자, 피고소인은 "그렇게 싫으면 네가 집을 나가."라고 소리를 지르면서, 술상을 뒤엎고, 신혼살림으로 장만한 장롱을 걷어차서 부수고, 신혼이불로 장만한 이불에 술을 쏟아 붓고, 고소인의 어깨와 등을 발과 주먹으로 마구 때리더니 또다시 코너로 고소인을 밀친 후 사람을 죽이기라도 할 심산으로 고소인을 위에서 발로 연신 밟듯이 때리는 방법으로 폭행을 하였습니다(증제4호증의 1,2).

2000. 00. 00. 밤에는 '전날 고소인이 다니는 회사사장님이 고소인이 부가세신고문제로 며칠 애썼다면서 회식을 하자고 해서 직원들과 회식을 하였는데, 피고소인은 고소인이 회사남자직원들 00명과 함께 밤늦도록 술을 과하게 마셨다는 이유를 들며', 피고소인은 방문을 잠그더니, 술상을 뒤엎은 뒤 TV를 앞으로 내던지고, 베개를 내던지고, 소주병을 잡아 고소인의 머리통을 내리치려고 하였습니다. 그래서 고소인이 겁을 먹고 "악!" 하고 소리를 지르자, 피고소인은 고소인에게 소리 지르지 말라고 협박을 하고, "니가 뭔데 내가 신경 쓰게 만들어. 니가 하는 짓 다 재수 없고 짜증나" 하면서, 고소인의 얼굴과 머리통, 허리를 발로 짓이기듯이 하면서 계속해서 때리더니, 고소인의 다리를 축구공 차듯이 발로 수회씩이나 걷어차는 것이었습니다. 그래서 이러다 죽겠다싶어 고소인이 경찰서에 신고를 하려고 하자, 피고소인은 고소인의 핸드폰을 빼앗아 벽을 향해 내던지더니, 한동안 고소인을 방에다 가두어두고 고소인에게 온갖 폭행을 행사하였습니다(증제5호증).

위와 같이 피고소인이 고소인을 때린 다음날인 2000. 00. 00. 오전 00:00경에는 고소인이 피고소인에 대하여 '전날의 폭행'에 대하여 항의하자, 피고소인은 고소인에게 욕설을 일삼으며, 고소인을 다시 방으로 들어오라며(피고소인은 고소인을 폭행할 때면 의례히 방에 가두어놓고 때린지라 '방으로 들어오라.'는 이야기는 또 폭행하겠다는 의미입니다.) 겁을 주는가하면, 방으로 끌려가지 않으려고 반항하자 발로 고소인을 걷어차는 방법으로 폭행하였습니다(증제6호증 대화 1 참조).

다. 고소인에 대한 피고소인의 특수폭행

그리고 2000. 00. 00. 오후 00:00경, 피고소인은 시어머니와 함께 나물을 다듬고 있는 고소인더러 집을 나가라며 부엌에 있던 '프라이팬'으로 들어 고소인의 머리를 때리는 방법으로 폭행하였습니다(증제6호증 대화 2 참조).

2) 결어

위의 경우를 제외하고도 피고소인의 폭행은 수도 없었습니다. 피고소인은 고소인에게 폭행을 행사하면서 사과를 하거나 반성하는 기미조차 보이지 않고, 고소인더러 집을 나가라는 말을 입에 달고 살았습니다.

고소인은 피고소인의 몰염치함에 치가 떨려 하루하루를 고통속에서 보내고 있는데, 이젠 피고소인의 폭행에 대하여 책임을 묻고자 합니다. 피고소인의 위 소위를 철저히 수사하여 폭력행위등처벌등에관한법률 및 형법 그리고 가정폭력범죄의처벌등에관한특례법 등에 따라 엄벌에 처해 주시기 바랍니다.

증 거 자 료

1. 증제1호증의 1,2   각 가족관계증명서
생략

2000. 00. 00.
위 고소인 0 0 0 (인)

00경찰서 귀중

제출기관	범죄지, 피의자의 주소, 거소 또는 현재지의 경찰서, 검찰청	공소시효	5년
고소권자	피해자(형사소송법 223조)	소추요건	반의사불벌죄
제출부수	고소장 1부	관련법규	형법 260조
범죄성립 요 건	사람의 신체에 대하여 폭행을 가한 때		
형 량	• 2년 이하의 징역 • 500만원 이하의 벌금, 구류, 과료		
불기소 처분 등에 대한 불복절차 및 기간	(항고) • 근거 : 검찰청법 10조 • 기간 : 처분결과의 통지를 받은 날부터 30일(검찰청법 10조4항) (재정신청) • 근거 : 형사소송법 제260조 • 기간 : 항고기각 결정을 통지받은 날 또는 동법 제260조 제2항 각 호의 사유가 발생한 날부터 10일(형사소송법 제260조 제3항) (헌법소원) • 근거 : 헌법재판소법 68조 • 기간 : 그 사유가 있음을 안 날로부터 90일 이내에, 그 사유가 있은 날로부터 1년 이내에 청구하여야 한다. 다만, 다른 법률에 의한 구제절차를 거친 헌법소원의 심판은 그 최종결정을 통지받은 날로부터 30일 이내에 청구(헌법재판소법 69조)		

고 소 장

고 소 인　　송00 (000000-00000000)
　　　　　　00시00구 00동 000-00
　　　　　　전화 : 010-0000-0000

피고소인　　1.　천00 (000000-0000000)
　　　　　　　　00시 00구 00동 010-0000-0000
　　　　　　2.　소00
　　　　　　　　00시 00구 00로 000-00
　　　　　　3.　송00
　　　　　　　　위 피고소인 소00 주소와 같음
　　　　　　4.　여00
　　　　　　　　주소불명

고 소 취 지

1.　　　　고소인은 피고소인 천00을 '가정폭력범죄의 처벌 등에 관한 특례법' 상의 상해죄 고소하오니, 귀청이 위법사실을 철저히 수사하시어 해당 사건을 가정보호사건으로 처리하여 관할 가정법원에 송치함으로써 '가정폭력범죄의 처벌 등에 관한 특례법'에 따라 엄정히 처벌하여 주시기 바랍니다.

2.　　　　고소인은 피고소인 소00, 송00, 여00을 폭력행위등처벌에관한법률(이하 '폭처법'이라 합니다) 제2조 제2항, 제319조 소정의 공동 주거침입 또는 퇴거불응죄로 고소하오니, 귀청이 위법사실을 철저히 수사하여 법에 따라 엄중히 처벌하여 주시기 바랍니다.

고 소 원 인

1. 피고소인 천00의 고소인에 대한 계속적인 가정폭력과 고소인의 상해 피해

가. 당사자의 지위 및 피고소인 천00의 이 사건 행위 전에 있었던 사실

고소인과 피고소인 천00은 부부관계인데 피고소인 천00은 2014. 7. 11. 18:10 고소인이 피고소인과 이혼을 해주지 않는다는 이유로 피고소인의 왼손으로 고소인의 오른손을 잡고, 피고소인의 오른손으로 고소인의 목 부위를 약 1분간 조르는 폭행을 하여 현행범인으로 체포되었습니다. (증제1호증 피고소인 천00에 대한 체포구속통지서 참고)

그에 따라 서울00지방검찰청은 피고소인을 가정폭력범죄의 처벌등에 관한특례법에 따라 상해죄로 의율하여 기소하였고, 법원은 피고소인에 대하여 접근금지 가처분결정을 하였으며, (증제2호증의1 서울00지방법원 2000저 임시조치결정문 참고) 나아가 피고소인은 알코올중독으로 고소인에게 계속적으로 가정폭력을 한 경우에 해당하므로 법원은 피고소인을 000병원에 치료위탁을 한 상태였습니다.

그리고 00가정법원은 피고소인의 고소인에 대한 위 2000. 00. 00. 상해혐의에 대하여 재판이 진행중인 상태입니다.

위 재판에서 00가정법원의 재판장님은 2000. 00. 00. 00:00 진행된 심리기일에서 피고소인은 현재 가정폭력으로 재판이 진행 중이고, 알코올 중독으로 인한 치료가 지속적으로 필요한 상태이므로 한번 만 더 음주를 하거나 고소인에게 위협적인 태도를 보일 경우 바로 입원 치료를 명할 것이라고 피고소인에게 말씀을 한 바가 있습니다.

나. 피고소인의 고소인에 대한 가정폭력 (상해)

사정이 이러함에도 불구하고 피고소인은 2000. 00. 00. 00:00 경 고소인이 피고소인을 가정폭력범죄로 고소하여 피고소인이 재판을 받고 있는 것에 대하여 앙금을 품고 또 다시 고소인의 가슴을 밀쳐 넘어뜨려 고소인에게 00일 간의 치료를 요하는 상세불명의 뇌진탕, 두개 내 열린 상처가 없는 경추의 염좌 및 긴장의 상해를 가하였습니다. (증제3호증 상해진단서 참고)

다. 소결

피고소인은 현재 고소인에 대한 가정폭력(상해)로 재판을 받고 있는 중입니다. 위 사건에서 피고소인은 고소인의 목을 졸라 현장에서 체포까지 된 경력이 있습니다.

그럼에도 불구하고 피고소인은 또 다시 고소인을 폭행하여 고소인으로 하여금 14일간의 치료를 요하는 상해를 가하여 죄질이 매우 좋지 아니한 바, 피고소인을 법이 허용하는 한도에서 엄하게 처벌하여 주시기 바랍니다.

2. 피고소인 소00, 송00, 여00의 공동주거침입 및 퇴거불응죄

가. 당사자의 지위

피고소인 송00은 피고소인 천00의 누이이고, 피고소인 소00은 송00의 남편이며, 피고소인 여00은 피고소인 천00의 형입니다.

나. 피고소인 소00, 송00, 여00의 공동주거침입 또는 퇴거불응죄

앞에서 설명드린 바와 같이 피고소인 천00이 고소인에게 상해를 가하여 가정폭력사건 (상해) 으로 00가정법원 2000버000호로 재판이 진행중인 것에 불만을 품고, 피고소인 천00과 함께

피고소인 천00의 누이(피고소인 송00), 형(천00), 송00의 남편(소00)은 2014. 12. 5. 01:00 경 고소인이 거주하고 있는 00시 00구 000에 여00의 차를 함께 타고 와 "남편이 아직 들어오지도 않았는데 문을 잠그고 잠을 자? 빨리 문을 열어!"라고 고함을 지르며 막무가내로 문을 부숴버릴 듯이 흔들고 고함을 지르며 고소인의 의사에 반하여 고소인의 주거로 침입하였습니다.

그리고 고소인에게 고함을 지르며 "시발년이 저렇게 드세니 남자가 발을 못 붙이지!" 등의 모욕적인 언행을 하며 마치 자신들의 집인 양 피고소인들은 거실의 쇼파에 겉옷을 벗고 쇼파에 앉아 계속적으로 고소인에게 욕설과 고함을 질렀습니다.

이에 고소인은 피고소인들의 협박에 두려움을 느껴 방으로 피신하며 경찰에 신고함과 동시에 아들인 000에게 연락을 하였습니다.

연락을 받고 도착한 고소인의 아들 000과 고소인은 계속 피고소인들이 고소인의 주거에서 퇴거할 것을 요구하였으나, 피고소인들은 이를 무시하고 "너랑(고소인의 아들 000) 니 애미(고소인)이 나가면 되겠네" 라는 등의 조롱을 하며 계속적으로 퇴거를 거부하였습니다.

그 후 경찰이 도착하였고 경찰은 물론 고소인, 고소인의 아들 000이 퇴거를 요구하였음에도 피고소인들은 이를 거부하였습니다.

다. 관련 법리

형법상 주거침입죄의 보호법익은 주거권이라는 법적 개념이 아니고 사적 생활관계에 있어서의 사실상 주거의 자유와 평온으로서 그 주거에서 공동생활을 하고 있는 전원이 평온을 누릴 권리가 있다 할 것이나 복주의 주거권자가 있는 경우 한 사람의 승낙이 다른 거주자의 의사에 직접, 간접으로 반하는 경우에는 그에 의한 주거에의 출입은 그 의사에 반한 사람의 주거의 평온 즉 주거의 지배, 관리의 평온을 해치는 결과가 되므로 주거침입죄가 성립한다 할 것이고, (대법원 1984. 6. 26. 83도685 판결 참고)

주거자나 관리자의 관계 등으로 평소 건조물에 출입이 허용된 사람이라도 주거에 들어간 행위가 주거자나 관리자의 명시적 또는 추정적 의사에 반함에도 불구하고 감행된 것이라면 주거침입죄가 성립한다 할 것이며(대법원 1995. 9. 15. 94도3336 판결 참고)

거주자의 퇴거요구를 받았음에도 불구하고 이에 응하지 아니한 경우 퇴거불응죄를 구성한다 할 것입니다.(형법 제319조 제2항)

라. 이 사건의 경우

피고소인들은 평소 고소인의 주거에 출입이 허용된 사람이 아닐 뿐만 아니라, 고소인의 의사에 반하여 고소인이 거주하고 있는 주거에 고소인의 의사에 반하여 침입을 하였다는 점, 그 범행 시간 역시 새벽 01:00시 경으로 야간에 감행된 것으로서 고소인의 사실상 주거의 자유와 평온을 명백히 해한 것이라는 점, 나아가 피고소인 천00의 경우 고소인에 대한 가정폭력 범죄(상해)로 인하여 재판이 진행 중인 상태였고, 피고소인들은 천00의 형제들로서 이에 대한 불만을 품고 고소인의 주거에 침입을 하였다는 점, 고소인이 수차례 퇴거할 것을 요구하였음에도 불구하고 즉시 퇴거하지 아니하고 이를 거부하였다는 점 등에 비추어 보면,

피고소인들의 행위는 폭처법 제제2조 제2항, 제319조 소정의 공동 주거침입 또는 퇴거불응죄를 구성한다 할 것입니다.

3. 결론

고소인은 피고소인 천00의 가정폭력 범죄(상해)로 생명의 위험을 느낄 정도 였고,

현재 피고인 천00의 행위는 서울가정법원 2014버1143 호 재판이 진행중인 상태입니다.(증제2호증의4 대법원 사건검색기록 참고)

그리고 위 재판진행 중 피고소인 천00에 대하여 접근금지, 치료위탁 등 수차례의 임시조치 결정까지 있었습니다.

그럼에도 불구하고 피고소인 천00은 고소인을 또 다시 폭행하여 고소인에게 상해를 가하였습니다.

나아가 피고소인 천00의 형제들은 천00이 재판 진행 중임에도 불구하고 이에 불만을 품고 야간에 고소인의 주거에 공동으로 침입하여 고소인에게 모욕적인 언사를 함을 물론 고소인이 퇴거를 수차례 요구 하였음에도 불구하고 이를 거절하였습니다.

고소인은 또 다시 상해를 입어 두려움과 공포로 몸서리 치고 있습니다.

이제는 피고소인 천00을 넘어 그 형제들까지 고소인에게 협박을 하고 있는 상태라 일상생활에 두려움이 있는 상태입니다.

사정이 이러한 바, 피고소인들을 법이 허용하는 한도에서 엄중히 처벌하여 주실 것을 간곡히 요청드립니다.

첨 부 서 류

증제1호증   피고소인 천00에 대한 체포구속통지서

생략

2000. 00. 00..
위 고소인 0 0 0 (인)

서울 00지방검찰청 귀중

고 소 장

고 소 인   고OO(000000-0000000)
　　　　　　주　소: OO시 OO구 OO로 OOO라길 OOO
　　　　　　연락서: 010-0000-00000

피고소인   전OO(0000000-0000000)
　　　　　　주　소: OO시　OO구 OO로 OOO라길 OOO

고 소 취 지

고소인은 피고소인을 '가정폭력범죄의 처벌 등에 관한 특례법'상의 가정폭력으로 고소하오니, 귀청이 위법사실을 철저히 수사하여 해당 사건을 가정보호사건으로 처리하여 관할 가정법원에 송치함으로써 '가정폭력범죄의 처벌 등에 관한 특례법'에 따라 엄중히 처벌하여 주시기 바랍니다.

고 소 원 인

1. 당사자의 관계

고소인과 피고소인은 2000. 00.에 결혼식을 올리고 동거하기 시작하였으며, 2000. 00. 00. 혼인신고를 마친 법률상 부부로서(증제1호증의 1 내지 9), 슬하에 딸 000를 두고 있습니다(증제2호증의 1 내지 2).

2. 피고소인소인의 계속되는 가정폭력

피고소인은 결혼 후 얼마 지나지 않아 이유 없이 폭력적으로 변하기 시작하더니, 딸까지 있는 자리에서 고소인에 대한 욕설은 다반사이고 심지어는 폭행까지 일삼았습니다.

가. 2000. 늦겨울 피고소인의 가정폭력

2000년 늦겨울 고소인이 출산하고 얼마 지나지 않았을 때 고소인과 피고소인은 부부싸움을 한 적이 있었습니다. 부부싸움과정에서 피고소인은 화가 난다며 온갖 쇳소리의 고함을 질러대며 신혼집의 방문과 현관문을 주먹으로 때리고 발로 걷어차며 부수는 것이었습니다. 고소인은 피고소인의 행동이 얼마나 무서웠던지 울면서 아기를 안고 인근의 친정 부모님 댁으로 피신하기까지 하였습니다.

그리고 피고소인의 그러한 난동은 아기가 있는 자리에서 이루어졌었는데, 고소인은 혹여나 아기가 놀라거나 해서 잘못될까 봐 그 이후 한동안 걱정을 많이 하였습니다.

나. 2000. 00.경 피고소인의 가정폭력

2000. 00.경 또 부부싸움이 있었는데, 부부싸움 후 감정이 나빠진 피고소인은 갑자기 자다가 깨어서는 불같이 화를 내며 미친사람처럼 날뛰며 고함을 질러대고 고소인에게 욕을 하며 고소인을 향해서 주먹을 휘두르며 때리려고 하고 발로 걷어 차려 하였습니다.

다. 2000. 00. 준순경 피고소인의 폭행

2000. 00. 중순경 피고소인은 고소인과 이혼문제를 이야기하던 중 피고소인이 요구하는 돈을 고소인이 들어줄 수 없다고 하자, 피고소인은 버럭 화를 내면서 주먹으로 고소인의 팔을 내리치는 방법으로 폭행하여 고소인의 오른손 약지와 소지 손톱을 부러뜨려 고소인으로 하여금 피까지 흘리게 하였습니다

라. 2000. 00. 00. 고소인에 대한 피고소인의 가정폭력

2000. 00. 00. 아침 00시 00분경 피고소인이 침대에서 자고 있는 고소인을 깨우더니 무턱대고 "내 돈(적금 절반)내놓으라."며 "씨발년아! 개 같은 년아!" 등의 욕설을 퍼붓길래, 고소인이 "애기 놀라니까 제발 나가자."면서 피고소인을 데리고 옷방으로 가자, 피고소인은 고소인의 왼팔을 꺾어 비틀어 고소인을 방바닥에 넘어지게 하여, 고소인으로 하여금 다발성 좌상 등의 상해를 당하게 하였습니다(증제4호증).

마. 2000. 00. 00. 고소인에 대한 피고소인의 가정폭력

2000. 00. 00. 00:00경 피고소인은 술을 마시고 들어와서는 아기도 있는데 온 동네가 떠나갈 정도로 고함을 질러대고 고소인에게 입에 담을 수 없는 욕설을 퍼부우면서, 안경집을 던져서 깨버리고, 고소인이 아기를 위해서 손수 만들어 전등에 매달아놓은 아기 그림책과 인형을 가위로 잘라버리는 것이었습니다. 그리고 피고소인이 질러대는 고함소리가 너무 커서 인근에 사시는 친정어머님까지 듣고 놀라서 지하1층 신혼집으로 내려와서 피고소인에게 "이게 도대체 뭐하는 짓이냐?"고 나무라시며 고소인과 사건 본인을 데리고 올라 갔습니다. 그런데 고소인이 인근에 있는 친정집으로 올라간 후에도 한참동안이나 피고소인이 집에서 소리지르고 소란 피우는 소리가 들렸습니다(증제 3호증의 5~7)

바. 2000. 00. 00. 고소인에 대한 피고소인의 가정폭력

피고소인의 폭언·폭행이 계속되어 무서운 마음에 고소인은 잠시 4층 친정집에서 아이와 함께 지내고 있었습니다. 그런데 2000. 00. 00. 새벽 2시경에 큰 공사장에서나 날 법한

"쿵쿵"하는 소리가 어디로부턴가 들려와서 처음에는 근처 공사장에서 나는 소린가보다 하다가 아무래도 같은 건물에서 나는 소리 같아서 지하1층 신혼집에 내려가 보았더니, 피고소인은 신혼집 살림을 모조리 부숴버린 상태였습니다(증제5호증의 1~13).

3. 결어

피고소인은 분노조절장애를 가지고 있는 사람 같습니다. 화가 나면 화를 참지 못하고 아이가 있건 없건 고함을 지르고 물건을 닥치는대로 부수며 심지어는 폭행까지 서슴치 않습니다. 그리고 피고소인은 가정폭력이 가족구성원에게 얼마나 정서상 감정상 그리고 육체상 큰 피해를 주는지 알지 못하고 있으며 더구나 자녀에게 얼마나 큰 상처를 주는지 미처 알지 못하고 있는 듯 합니다. 따라서 피고소인의 가정폭력이 가정폭력범죄의 처벌 등에 관한 특례법에 따라 의율됨으로써 피고소인에게 수강명령, 사회봉사명령 등의 보호처분을 함이 반드시 필요하다고 할 것입니다.

따라서 수사관님께서 사건을 엄정히 수사하여 가정폭력범죄의 처벌 등에 관한 특례법 제7조에 따라 해당 사건을 가정보호사건으로 처리하는 것이 적절하다는 의견을 제시하여 검찰에 송치하여 주실 것을 간청하옵니다.

존경하는 검사님! 위와 같은 피고소인의 가정폭력은 반드시 고쳐져야 할 행동입니다. 따라서 본 사건을 가정폭력범죄의 처벌 등에 관한 특례법 제9조 1항 및 같은 법 제11조 1항에 따라 본 사건을 관할 가정법원에 송치하여 주시어서 가정보호사건으로 처리될 수 있도록 처리하여 주십시오. 그럼으로써 피고소인이 수강과 사회봉사의 과정을 통해 다시 태어나는 계기가 될 수 있도록 하여 주실 것을 신청하옵니다.

증 거 자 료

1. 증제1호증의 1 내지 2   각 혼인관계증명서
생략

2000. 00. 00.
위 고소인 0 0 0 (인)

00경찰서   귀중

고 소 장

고 소 인   ○　○　　○ (000000-0000000)
　　　　　　○○시 ○○구 ○○로 ○○(○○동)
　　　　　　(전화번호 : 000-0000)

피고소인   ○　○　　○ (000000-0000000)
　　　　　　○○시 ○○구 ○○로 ○○(○○동)
　　　　　　(전화번호 : 000-0000)

고 소 취 지

피고소인에 대하여 폭행죄로 고소하오니 처벌하여 주시기 바랍니다.

고 소 사 실

1. 피고소인은 일정한 직업이 없는 자로서, 20○○. ○. ○. 22:30경 ○○시 ○○구 ○○로 ○○(○○동) 앞 노상에서 약 8개월간 사귀어온 고소인에게 다른 남자와 놀아난다는 이유로 오른 손바닥으로 고소인의 왼쪽 뺨을 1회 때리고, 오른발로 대퇴부를 1회 차는 등 폭행한 것입니다.

2. 따라서 피고소인을 귀서에 고소하오니 철저히 조사하시어 처벌하여 주시기 바랍니다.

첨 부 서 류

1. 진단서   1통
1. 목격자 진술서   1통

                              20○○.   ○.   ○.
                    위 고소인   ○   ○   ○   (인)

○○경찰서장 귀하

[서식(고소장)] 폭행죄 (음식점에서 손님이 종업원에게 행패)

고　소　장

고 소 인　　ㅇ　ㅇ　ㅇ (000000-0000000)
　　　　　　ㅇㅇ시 ㅇㅇ구 ㅇㅇ로 ㅇㅇ(ㅇㅇ동)
　　　　　　(전화번호 : 000-0000)

피고소인　　ㅇ　ㅇ　ㅇ (000000-0000000)
　　　　　　ㅇㅇ시 ㅇㅇ구 ㅇㅇ로 ㅇㅇ(ㅇㅇ동)
　　　　　　(전화번호 : 000-0000)

고　소　취　지

피고소인에 대하여 폭행죄로 고소하오니 처벌하여 주시기 바랍니다.

고　소　사　실

피고소인은 일정한 직업이 없는 자로서, 20ㅇㅇ. ㅇ. ㅇ. 00:00경 ㅇㅇ시 ㅇㅇ구 ㅇㅇ로 ㅇㅇ(ㅇㅇ동) 소재 고소인이 경영하는 'ㅇㅇ음식점'에 들어와서 공연히 종업원에게 시비를 걸어 욕설을 하면서 행패를 부리는 것을 고소인이 말리자 피고소인은 고소인에게 너도 똑같은 놈이라며 뺨을 때리고 머리채를 잡아 흔드는 등 폭행을 가한 사실이 있어 고소하오니 철저히 조사하시어 엄벌하여 주시기 바랍니다.

첨 부 서 류

1. 진단서   1통
1. 목격자 진술서   1통

20○○.   ○.   ○.

위 고소인   ○   ○   ○ (인)

○○경찰서장 귀하

고 소 장

고 소 인   ○ ○ ○ (000000-0000000)
          ○○시 ○○구 ○○로 ○○(○○동)
          (전화번호 : 000-0000)

피고소인   ○ ○ ○ (000000-0000000)
          ○○시 ○○구 ○○로 ○○(○○동)
          (전화번호 : 000-0000)

고 소 취 지

고소인은 피고소인에 대하여 폭행가혹행위죄로 고소하오니 처벌하여 주시기 바랍니다.

고 소 사 실

1. 피고소인은 경찰서 소속 사법경찰관인 자이고, 고소인은 경찰서 관할구역 내에서 야채장사를 하는 상인입니다.

2. 20○○. ○. ○. 오후 5시경 시장 내에서 고소인이 영업을 하고 있던 중 시장 내 주변 상인인 고소 외 ○○○와 시비가 붙어 몸싸움을 벌이고 있었는데, 마침 순찰중인 경찰서 소속 피고소인을 포함한 경찰관 2인에 의해 경찰서로 연행되었습니다.

3. 20○○. ○. ○. 오후 7:30시까지 조사를 받고, 유치장에 구금되었는데, 고소인이 빨리 풀어달라고 요구하자, 피고소인이 갑자기 유치장 안에 있던 고소인을 끌어내더니 복부와 허벅지를 구타하고 얼굴을 수십 차례 주먹으로 가격하는 등 폭행을 하였습니다.

4. 고소인은 다음날 풀려났지만 그 날의 폭행으로 육체적은 물론이고 정신적인 피해를 입었는바, 위 피고소인의 행위는 자신의 직위를 남용하여 힘없는 일반시민에 대해 가혹행위를 한 것이므로 피고소인을 폭행·가혹 행위죄로 고소하오니 철저히 조사하시어 처벌하여 주시기 바랍니다.

입 증 방 법

   1. 진술서   1부

   1. 진단서   1부

   조사시 자세히 진술하겠습니다.

20○○.　　○.　　○.

위 고소인　○　　○　　○　(인)

○○경찰서장　귀하

53. 폭행치상죄

> 제262조(폭행치사상) 제260조와 제261조의 죄를 지어 사람을 사망이나 상해에 이르게 한 경우에는 제257조부터 제259조까지의 예에 따른다.

가. 개념

본죄는 폭행죄, 존속폭행죄, 특수폭행죄를 범하여 사람을 사상에 이르게 함으로써 성립하는 범죄이며, 본죄성립 시 7년 이하의 징역 또는 10년 이하의 자격정지나 1,000만원 이하의 벌금형에 처해질 수 있고, 공소시효는 7년이다. 다만 폭행치사죄의 경우 공소시효는 10년이다.

나. 처벌

폭행치상죄는 발생한 결과에 따라 상해죄, 존속상해죄, 중상해죄, 존속중상해죄, 상해치사죄에 정한 형에 따라 처벌되며, 미수는 인정되지 않는다. 일반적으로 본죄성립 시 7년 이하의 징역 또는 10년 이하의 자격정지나 1,000만원 이하의 벌금형에 처해질 수 있다.

따라서 피고인들이 공동하여 피해자를 폭행하여 당구장 3층에 있는 화장실에 숨어 있던 피해자를 다시 폭행하려고 피고인 갑은 화장실을 지키고, 피고인 을은 당구치는 기구로 문을 내려쳐 부수자 위협을 느낀 피해자가 화장실 창문 밖으로 숨으려다가 실족하여 떨어짐으로써 사망한 경우에는 피고인들의 위 폭행행위와 피해자의 사망 사이에는 인과관계가 있다고 할 것이므로 폭행치사죄의 공동정범이 성립된다.[162]

---

162) 대법원 1990. 10. 16. 선고 90도1786 판결.

고　　소　　장

고 소 인　　○　　○　　○ (000000-0000000)
　　　　　　○○시 ○○구 ○○로 ○○(○○동)
　　　　　　(전화번호 : 000-0000)

피고소인　　○　　○　　○ (000000-0000000)
　　　　　　○○시 ○○구 ○○로 ○○(○○동)
　　　　　　(전화번호 : 000-0000)

고　소　취　지

피고소인에 대하여 폭행치상죄로 고소하오니 처벌하여 주시기 바랍니다.

고　소　사　실

1. 피고소인은 고소인이 고소 외 ○○○소유 주택을 경락으로 매수한 ○○시 ○○구 ○○로 ○○(○○동)의 주택을 임대하여 거주하고 있는 자입니다.

2. 고소인이 20○○. ○. ○. 오후 2시경 ○○동 소재 ○○다방에서 피고소인에게 위 주택에 대한 명도를 요구하자, "내 집인데 누구 마음대로 집을 샀느냐"며 갑자기 멱살을 잡고 팔을 비틀어 쓰러뜨린 후 안면, 목, 가슴 등을 가리지 않고 구두 신은 발로 짓밟아 피고소인은 고소인에게 전치 4주를 요하는 상해를 입힌 자입니다.

3. 따라서 피고소인을 귀서에 고소하오니 철저히 조사하시어 처벌하여 주시기 바랍니다.

첨 부 서 류

    1. 진단서   1통
    1. 목격자 진술서   1통

20○○.   ○.   ○.

위 고소인   ○   ○   ○ (인)

○○경찰서장 귀하

제출기관	범죄지, 피의자의 주소, 거소 또는 현재지의 경찰서, 검찰청	공소시효	7년, 다만 폭행치사죄의 경우 공소시효는 10년
고소권자	피해자(형사소송법 223조)	소추요건	
제출부수	고소장 1부	관련법규	형법 262조
범죄성립요건	폭행죄, 존속폭행죄, 특수폭행죄를 범하여 사람을 사상에 이르게 한때		
형 량	• 7년 이하의 징역 또는 10년 이하의 자격정지 • 1,000만원 이하의 벌금		
불기소 처분 등에 대한 불복절차 및 기간	(항고) • 근거 : 검찰청법 10조 • 기간 : 처분결과의 통지를 받은 날부터 30일(검찰청법 10조4항) (재정신청) • 근거 : 형사소송법 제260조 • 기간 : 항고기각 결정을 통지받은 날 또는 동법 제260조 제2항 각 호의 사유가 발생한 날부터 10일(형사소송법 제260조 제3항) (헌법소원) • 근거 : 헌법재판소법 68조 • 기간 : 그 사유가 있음을 안 날로부터 90일 이내에, 그 사유가 있은 날로부터 1년 이내에 청구하여야 한다. 다만, 다른 법률에 의한 구제절차를 거친 헌법소원의 심판은 그 최종결정을 통지받은 날로부터 30일 이내에 청구(헌법재판소법 69조)		

54. 피의사실공표죄

> **제126조(피의사실공표)** 검찰, 경찰 그 밖에 범죄수사에 관한 직무를 수행하는 자 또는 이를 감독하거나 보조하는 자가 그 직무를 수행하면서 알게 된 피의사실을 공소제기 전에 공표(公表)한 경우에는 3년 이하의 징역 또는 5년 이하의 자격정지에 처한다.

가. 개념

본죄는 검찰, 경찰 그 밖에 범죄수사에 관한 직무를 수행하는 자 또는 이를 감독하거나 보조하는 자가 그 직무를 수행하면서 알게 된 피의사실을 공소제기 전에 공표(公表)함으로써 성립하는 범죄이며, 본죄성립 시 3년 이하의 징역 또는 5년 이하의 자격정지에 처해질 수 있고, 공소시효는 5년이다.

본죄는 수사기관의 수사담당자 또는 관리자, 보조인이 피의자에 대한 수사를 하는 과정에서 알게 된 내용을 피의자가 재판 시작 전에 언론 등에 공표한 경우에 성립되는 범죄이다.

나. 구성요건

(1) 주체

본죄의 주체는 검찰이나 경찰 등 범죄수사에 관한 직무를 행하는 사람이나 관계자이다. 따라서 수사담당자가 아닌 일반인의 경우 본죄의 주체가 될 수 없다. 다만 법관의 경우에도 영장전담판사에 한하여 수사단계에서 구속심사를 담당하기 때문에 사안에 따라서는 본죄의 주체가 될 소지가 있다.

(2) 행위

직무 수행과정에서 알게 된 사실을 공표할 경우 공표내용의 진실여부와 무관하게 본죄가 인정될 수 있다. 즉 사전에 공표한 내용이 나중에 사실로 밝혀지더라도 공판 전에 이미 공표했다면 본죄가 성립하게 된다. 물론 직무와 무관하게 알게 된 사실을 알린 경우 원칙상 본죄가 성립하지 아니한다.

(3) 인정범위

본죄는 공판청구 전에 피의사실이 공표된 경우 성립된다. 여기서 공표란 불특정 다수인에게 그 내용이 알려지는 것을 의미하며, 공판청구 전의 의미는 바로 검찰이 공소제기를 하기 이전 시점을 의미한다. 따라서 피의자가 기소된 이우 피의사실을 공표한 경우라면 본죄가 성립하지 아니한다.

다. 처벌

본죄성립 시 3년 이하의 징역 또는 5년 이하의 자격정지에 처해질 수 있다. 다만 본죄는 일정한 요건을 구비할 경우 위법성이 조각될 수 있는데, 일반 국민들은 사회에서 발생하는 제반 범죄에 관한 알권리를 가지고 있고 수사기관이 피의사실에 관하여 발표를 하는 것은 국민들의 이러한 권리를 충족하기 위한 방법의 일환이라 할 것이나, 한편 헌법 제27조 제4항은 형사피고인에 대한 무죄추정의 원칙을 천명하고 있고, 형법 제126조는 검찰, 경찰 기타 범죄수사에 관한 직무를 행하는 자 또는 이를 감독하거나 보조하는 자가 그 직무를 행함에 당하여 지득한 피의사실을 공판청구 전에 공표하는 행위를 범죄로 규정하고 있으며, 형사소송법 제198조는 검사, 사법경찰관리 기타 직무상 수사에 관계 있는 자는 비밀을 엄수하며 피의자 또는 다른 사람의 인권을 존중하여야 한다고 규정하고 있는바, 수사기관의 피의사실 공표행위는 공권력에 의한 수사결과를 바탕으로 한 것으로 국민들에게 그 내용이 진실이라는 강한 신뢰를 부여함은 물론 그로 인하여 피의자나 피해자 나아가 그 주변 인물들에 대하여 치명적인 피해를 가할 수도 있다는 점을 고려할 때, 수사기관의 발표는 원칙적으로 일반 국민들의 정당한 관심의 대상이 되는 사항에 관하여 객관적이고도 충분한 증거나 자료를 바탕으로 한 사실 발표에 한정되어야 하고, 이를 발표함에 있어서도 정당한 목적하에 수사결과를 발표할 수 있는 권한을 가진 자에 의하여 공식의 절차에 따라 행하여져야 하며, 무죄추정의 원칙에 반하여 유죄를 속단하게 할 우려가 있는 표현이나 추측 또는 예단을 불러일으킬 우려가 있는 표현을 피하는 등 그 내용이나 표현 방법에 대하여도 유념하지 아니하면 아니 될 것이므로, 수사기관의 피의사실 공표행위가 위법성을 조각하는지의 여부를 판단함에 있어서는 공표 목적의 공익성과 공표 내용의 공공성, 공표의 필요성, 공표된 피의사실의 객관성 및 정확성, 공표의 절차와 형식, 그 표현 방법, 피의사실의 공표로 인하여 생기는 피침해이익의 성질, 내용 등을 종합적으로 참작하여야 한다. 그 결과 피해자의 진술 외에는 직접 증거가 없고 피의자가 피의사실을 강력히 부인하고 있어 보강수사가 필요한 상황이며, 피의사실의 내용이 국민들에게 급박히 알릴 현실적 필요성이 있다고 보기 어려움에도 불구하고, 검사가 마치 피의자의 범행이 확정된 듯한 표현을 사용하여 검찰청 내부절차를 밟지도 않고 각 언론사의 기자들을 상대로 언론에 의한 보도를 전제로 피의사실을 공표한 경우, 피의사실 공표행위의 위법성이 조각되지 않는다.[163]

---

163) 대법원 2001. 11. 30. 선고 2000다68474 판결.

고　소　장

고 소 인　　○　　○　　○ (000000-0000000)
　　　　　　　○○시 ○○구 ○○로 ○○(○○동)
　　　　　　　(전화번호 : 000-0000)

피고소인　　○　　○　　○ (000000-0000000)
　　　　　　　○○시 ○○구 ○○로 ○○(○○동)
　　　　　　　(전화번호 : 000-0000)

고　소　취　지

고소인은 피고소인을 상대로 피의사실공표죄로 고소하오니 처벌하여 주시기 바랍니다.

고　소　사　실

1. 고소인은 20○○. ○. ○. 고소인이 근무하였던 A주식회사의 대표이사 ○○○으로
   부터 A주식회사의 기밀서류로 전세계의 관심을 끌고 있던 신개발약품의 제조공정
   도면 및 사업계획서를 경쟁사인 B주식회사 기술기획실 실장인 ○○○에게 건네주
   는 등 회사의 기밀을 누설하였다는 이유로 고소를 당하여 관할 경찰서인 ○○경찰
   서에서 조사를 받은 사실이 있습니다.

2. 고소인이 관할 경찰서에서 조사를 받을 당시 범죄사실을 강력히 부인하며 고소인이
   A주식회사의 기밀서류를 넘겨주었다고 하는 시점을 전후하여 약 ○개월 동안을
   해외에 있었으므로 A주식회사의 신제품제조공정도면이나 사업계획서를 접할 수
   가 없었음을 진술하고, 해외에 있었다는 사실을 증명하기 위하여 출입국에 관한
   사실증명서까지 제출한 사실이 있습니다.

3. 그러나 관할경찰서의 수사담당과장인 ○○○는 20○○. ○. ○. A주식회사의 신개
발약품에 대하여 각 언론기관 등이 많은 관심을 가지고 있자 참고인들의 진술이
명백하지 않으며, 참고인들 간에도 진술이 일치하지 않고 있음에도 중간 수사결과
에 대한 보도자료를 작성하여 K일보의 ○○○ 등 각 언론사의 기자들에게 배포한
사실이 있는바, 동 보도자료에 의하면 고소인이 B회사에 스카우트되기 위하여
기밀서류를 유출하였음이 밝혀졌다고 발표하면서, 향후의 수사계획까지 발표한
사실이 있습니다.

4. 위와 같이 수사담당경찰관인 피고소인 ○○○는 고소인의 비밀누설혐의가 불확실
한 상태에서 공소제기 전에 고소인의 피의사실을 각 언론기관 등에 발표를 하였으
므로 이에 대하여 피고소인을 철저히 조사하시어 처벌하여 주시기 바랍니다.

첨 부 서 류

1. 보도자료 사본   1부
1. 신문기사 사본   5부
1. 출입국에 관한 사실증명   1부
조사시 자세히 진술하겠습니다.

20○○.   ○.   ○.
위 고소인 ○   ○   ○ (인)

○○경찰서장 귀하

제출기관	범죄지, 피의자의 주소, 거소 또는 현재지의 경찰서, 검찰청	공소시효	5년
고소권자	피해자(형사소송법 223조)	소추요건	
제출부수	고소장 1부	관련법규	형법 126조
범죄성립 요건	검찰, 경찰 기타 범죄수사에 관한 직무를 행하는 자 또는 이를 감독하거나 보조하는 자가 그 직무를 행함에 당하여 지득한 피의사실을 공판청구전에 공표한 때		
형 량	• 3년 이하의 징역 • 5년 이하의 자격정지		
불기소 처분 등에 대한 불복절차 및 기간	(항고) • 근거 : 검찰청법 10조 • 기간 : 처분결과의 통지를 받은 날부터 30일(검찰청법 10조4항) (재정신청) • 근거 : 형사소송법 제260조 • 기간 : 항고기각 결정을 통지받은 날 또는 동법 제260조 제2항 각 호의 사유가 발생한 날부터 10일(형사소송법 제260조 제3항) (헌법소원) • 근거 : 헌법재판소법 68조 • 기간 : 그 사유가 있음을 안 날로부터 90일 이내에, 그 사유가 있은 날로부터 1년 이내에 청구하여야 한다. 다만, 다른 법률에 의한 구제절차를 거친 헌법소원의 심판은 그 최종결정을 통지받은 날로부터 30일 이내에 청구(헌법재판소법 69조)		

55. 학대죄

> 제273조(학대, 존속학대) ① 자기의 보호 또는 감독을 받는 사람을 학대한 자는 2년 이하의 징역 또는 500만원 이하의 벌금에 처한다.
> ② 자기 또는 배우자의 직계존속에 대하여 전항의 죄를 범한 때에는 5년 이하의 징역 또는 700만원 이하의 벌금에 처한다.

가. 개념

본죄는 자기의 보호 또는 감독을 받는 사람을 학대함으로써 성립하는 범죄이며, 본죄성립 시 2년 이하의 징역 또는 500만원 이하의 벌금에 처해질 수 있고, 공소시효는 5년이다. 다만 존속학대죄의 경우 공소시효는 7년이다.

나. 구성요건

(1) 주체

본죄의 주체는 사람을 보호 감독하는 자이며, 유기죄와 달리 보호 감독의 근거에 대한법문에 아무런 제약이 없기 때문에 보호 감독의 근거는 법률, 계약에 제한되지 않고 사무관리, 관습, 조리에 의한 경우에도 포함된다.

(2) 객체

자기의 보호 감독을 받는 자이다. 다만, 18세 미만의 아동의 경우에는 아동복지법이 적용된다.

(3) 행위

형법 제273조 제1항에서 말하는 '학대'라 함은 육체적으로 고통을 주거나 정신적으로 차별대우를 하는 행위를 가리키고, 이러한 학대행위는 형법의 규정체제상 학대와 유기의 죄가 같은 장에 위치하고 있는 점 등에 비추어 단순히 상대방의 인격에 대한 반인륜적

침해만으로는 부족하고 적어도 유기에 준할 정도에 이르러야 한다.164)

다. 처벌

본죄성립 시 2년 이하의 징역 또는 500만원 이하의 벌금에 처해질 수 있다.

[서식(고소장)] 학대죄 (봉제공장 사장이 근로자를 폭행)

고 소 장

고 소 인   ㅇ ㅇ   ㅇ (000000-0000000)
            ㅇㅇ시 ㅇㅇ구 ㅇㅇ로 ㅇㅇ(ㅇㅇ동)
            (전화번호 : 000-0000)

피고소인   ㅇ ㅇ   ㅇ (000000-0000000)
            ㅇㅇ시 ㅇㅇ구 ㅇㅇ로 ㅇㅇ(ㅇㅇ동)
            (전화번호 : 000-0000)

고 소 취 지

피고소인에 대하여 학대죄로 고소하오니 처벌하여 주시기 바랍니다.

고 소 사 실

---

164) 대법원 2000. 4. 25. 선고 2000도223 판결.

1. 신분관계

피고소인은 ○○시 ○○구 ○○로 ○○(○○동)에서 봉제공장을 운영하는 자이고, 고소인은 피고소인에게 고용되어 그의 보호와 감독 하에 공장에서 기숙하며 근로를 제공하고 있는 근로자입니다.

2. 고소내용

고소인은 20○○. ○. ○.부터 피고소인의 ○○봉제공장에서 기숙하며 일을 하고 있는데, 고소인이 처음 해보는 일이라 잘하지 못하는 경우가 많았는데 이를 이유로 피고소인이 20○○. ○. ○. 00:00경부터 식사도 못하게 하고 동일 00:00경까지 무릎을 꿇려놓는 등의 징벌을 준 바 있고, 또한 같은 해 ○. ○.에도 저녁식사를 못하게 하고 징벌을 주는 등 그 후에도 비슷한 처벌을 여러 차례 준바 있고, 20○○. ○. ○.부터는 고소인의 가슴부위와 다리부위 등에 폭행을 행사하기도 하여 최근까지 계속 이루어져 왔습니다.

3. 결 론

위의 사실과 같이 피고소인은 자기의 보호, 감독을 받고 있는 고소인에게 식사를 자주 주지 않고, 필요한 휴식을 불허한 경우가 많으며, 또한 지나치게 빈번한 징계행위로 고소인에게 피해를 주었는바, 이에 피고소인을 법에 따라 철저히 조사하시어 엄벌에 처해 주시기 바랍니다.

20○○.　　○.　　○.

위 고소인　○　　○　　○　(인)

○○경찰서장　귀중

제출기관	범죄지, 피의자의 주소, 거소 또는 현재지의 경찰서, 검찰청	공소시효	5년
고소권자	피해자(형사소송법 223조)	소추요건	
제출부수	고소장 1부	관련법규	형법 273조
범죄성립 요 건	자기의 보호 또는 감독을 받는 사람을 학대한 때		
형 량	• 2년 이하의 징역 • 500만원 이하의 벌금		
불기소 처분 등에 대한 불복절차 및 기간	(항고) • 근거 : 검찰청법 10조 • 기간 : 처분결과의 통지를 받은 날부터 30일(검찰청법 10조4항) (재정신청) • 근거 : 형사소송법 제260조 • 기간 : 항고기각 결정을 통지받은 날 또는 동법 제260조 제2항 각 호의 사유가 발생한 날부터 10일(형사소송법 제260조 제3항) (헌법소원) • 근거 : 헌법재판소법 68조 • 기간 : 그 사유가 있음을 안 날로부터 90일 이내에, 그 사유가 있은 날로부터 1년 이내에 청구하여야 한다. 다만, 다른 법률에 의한 구제절차를 거친 헌법소원의 심판은 그 최종결정을 통지받은 날로부터 30일 이내에 청구(헌법재판소법 69조)		

56. 협박죄

> 제283조(협박, 존속협박) ① 사람을 협박한 자는 3년 이하의 징역, 500만원 이하의 벌금, 구류 또는 과료에 처한다.
> ② 자기 또는 배우자의 직계존속에 대하여 제1항의 죄를 범한 때에는 5년 이하의 징역 또는 700만원 이하의 벌금에 처한다.
> ③ 제1항 및 제2항의 죄는 피해자의 명시한 의사에 반하여 공소를 제기할 수 없다.
> 제284조(특수협박) 단체 또는 다중의 위력을 보이거나 위험한 물건을 휴대하여 전조제1항, 제2항의 죄를 범한 때에는 7년 이하의 징역 또는 1천만원 이하의 벌금에 처한다.

가. 개념

본죄는 사람을 협박함으로써 성립하는 범죄이다. 본죄성립 시 3년 이하의 징역, 500만원 이하의 벌금, 구류 또는 과료에 처해질 수 있으며, 공소시효는 5년이다. 또한 본죄는 반의사불벌죄로서 피해자가 처벌을 원치 아니할 경우 공소를 제기할 수 없다.

나. 구성요건

(1) 객체

본죄의 객체는 사람이다. 또한 사람은 해악의 고지에 의하여 공포심을 일으킬 만한 정신능력이 있어야 하기 때문에 영아, 정신병자 등은 본죄의 객체가 되지 아니한다. 이렇듯 협박죄는 사람의 의사결정의 자유를 보호법익으로 하는 범죄로서 형법규정의 체계상 개인적 법익, 특히 사람의 자유에 대한 죄 중 하나로 구성되어 있는바, 위와 같은 협박죄의 보호법익, 형법규정상 체계, 협박의 행위 개념 등에 비추어 볼 때, 협박죄는 자연인만을 그 대상으로 예정하고 있을 뿐 법인은 협박죄의 객체가 될 수 없다.[165]

---

165) 대법원 2010. 7. 15. 선고 2010도1017 판결.

(2) 협박

협박죄에서 협박이란 일반적으로 보아 사람으로 하여금 공포심을 일으킬 정도의 해악을 고지하는 것을 의미하며, 그 고지되는 해악의 내용, 즉 침해하겠다는 법익의 종류나 법익의 향유 주체 등에는 아무런 제한이 없다. 따라서 피해자 본인이나 그 친족뿐만 아니라 그 밖의 '제3자'에 대한 법익 침해를 내용으로 하는 해악을 고지하는 것이라고 하더라도 피해자 본인과 제3자가 밀접한 관계에 있어 그 해악의 내용이 피해자 본인에게 공포심을 일으킬 만한 정도의 것이라면 협박죄가 성립할 수 있다. 이 때 '제3자'에는 자연인뿐만 아니라 법인도 포함된다 할 것인데, 피해자 본인에게 법인에 대한 법익을 침해하겠다는 내용의 해악을 고지한 것이 피해자 본인에 대하여 공포심을 일으킬 만한 정도가 되는지 여부는 고지된 해악의 구체적 내용 및 그 표현방법, 피해자와 법인의 관계, 법인 내에서의 피해자의 지위와 역할, 해악의 고지에 이르게 된 경위, 당시 법인의 활동 및 경제적 상황 등 여러 사정을 종합하여 판단하여야 한다.[166]

(3) 고의

협박죄에 있어서의 협박이라 함은 일반적으로 보아 사람으로 하여금 공포심을 일으킬 수 있는 정도의 해악을 고지하는 것을 의미하므로 그 주관적 구성요건으로서의 고의는 행위자가 그러한 정도의 해악을 고지한다는 것을 인식, 인용하는 것을 그 내용으로 하고 고지한 해악을 실제로 실현할 의도나 욕구는 필요로 하지 아니하고, 다만 행위자의 언동이 단순한 감정적인 욕설 내지 일시적 분노의 표시에 불과하여 주위사정에 비추어 가해의 의사가 없음이 객관적으로 명백한 때에는 협박행위 내지 협박의 의사를 인정할 수 없으나 위와 같은 의미의 협박행위 내지 협박의사가 있었는지의 여부는 행위의 외형뿐만 아니라 그러한 행위에 이르게 된 경위, 피해자와의 관계 등 주위상황을 종합적으로 고려하여 판단해야 할 것이다.[167]

---

166) 대법원 2010. 7. 15. 선고 2010도1017 판결.
167) 대법원 1991. 5. 10. 선고 90도2102 판결.

다. 처벌

본죄성립 시 3년 이하의 징역, 500만원 이하의 벌금, 구류 또는 과료에 처해질 수 있다.

[서식(고소장)] 협박죄 (무전취식협의로 체포되자 원한으로 협박)

고　소　장

고　소　인　　ㅇ　ㅇ　ㅇ (000000-0000000)
　　　　　　　ㅇㅇ시 ㅇㅇ구 ㅇㅇ로 ㅇㅇ(ㅇㅇ동)
　　　　　　　(전화번호 : 000-0000)

피고소인　　ㅇ　ㅇ　ㅇ (000000-0000000)
　　　　　　　ㅇㅇ시 ㅇㅇ구 ㅇㅇ로 ㅇㅇ(ㅇㅇ동)
　　　　　　　(전화번호 : 000-0000)

고　소　취　지

피고소인에 대하여 협박죄로 고소하오니 처벌하여 주시기 바랍니다.

고　소　사　실

1. 피고소인은 일정한 직업이 없는 자로서, 20ㅇㅇ. ㅇ. ㅇ. 14:20경, 평소 함께
   다니던 형이 ㅇㅇ시 ㅇㅇ구 ㅇㅇ로 ㅇㅇ(ㅇㅇ동)에 있는 파라다이스 상호로 룸싸롱
   을 경영하는 고소인의 점포에서 무전취식한 혐의로 체포되었다는 말을 듣고, 위
   룸싸롱을 찾아가 고소인에게 "네가 뭔데 우리 형님한테 콩밥을 먹이냐, 밀고한

걸 곧 후회하게 될 것이다. 형님이 풀려나오면 가만 두지 않겠다"고 떠들면서 고소인의 신체 등에 어떻게 위해를 가할지도 모른다는 뜻을 고지하여 고소인을 협박하였습니다.

2. 따라서 피고소인을 귀서에 고소하오니 철저히 조사하시어 처벌하여 주시기 바랍니다.

첨 부 서 류

조사시 자세히 진술하겠습니다.

20○○. ○. ○.
위 고소인 ○ ○ ○ (인)

○○경찰서장 귀하

제출기관	범죄지, 피의자의 주소, 거소 또는 현재지의 경찰서, 검찰청	공소시효	5년
고소권자	피해자(형사소송법 223조)	소추요건	반의사 불벌죄
제출부수	고소장 1부	관련법규	형법 283조
범죄성립 요 건	사람을 협박한 때		
형 량	• 3년 이하의 징역 • 500만원 이하의 벌금, 구류, 과료		
불기소 처분 등에 대한 불복절차 및 기간	(항고) • 근거 : 검찰청법 10조 • 기간 : 처분결과의 통지를 받은 날부터 30일(검찰청법 10조4항) (재정신청) • 근거 : 형사소송법 제260조 • 기간 : 항고기각 결정을 통지받은 날 또는 동법 제260조 제2항 각 호의 사유가 발생한 날부터 10일(형사소송법 제260조 제3항) (헌법소원) • 근거 : 헌법재판소법 68조 • 기간 : 그 사유가 있음을 안 날로부터 90일 이내에, 그 사유가 있은 날로부터 1년 이내에 청구하여야 한다. 다만, 다른 법률에 의한 구제절차를 거친 헌법소원의 심판은 그 최종결정을 통지받은 날로부터 30일 이내에 청구(헌법재판소법 69조)		

고　소　장

고 소 인　　ㅇ　ㅇ　ㅇ (000000-0000000)

　　　　　　ㅇㅇ시 ㅇㅇ구 ㅇㅇ로 ㅇㅇ(ㅇㅇ동)

　　　　　　(전화번호 : 000-0000)

피고소인　　ㅇ　ㅇ　ㅇ (000000-0000000)

　　　　　　ㅇㅇ시 ㅇㅇ구 ㅇㅇ로 ㅇㅇ(ㅇㅇ동)

　　　　　　(전화번호 : 000-0000)

고　소　취　지

피고소인에 대하여 협박죄로 고소하오니 처벌하여 주시기 바랍니다.

고　소　사　실

1. 사건의 경위

가. 고소인은 20ㅇㅇ. ㅇ. ㅇ. 피고소인 소유의 ㅇㅇ시 ㅇㅇ구 ㅇㅇ로 ㅇㅇ(ㅇㅇ동)
　　소재에 있는 상가를 보증금 ㅇㅇㅇ원, 월세 ㅇㅇ원, 임차기간 20ㅇㅇ. ㅇ. ㅇ.까
　　지로 정하여 임차하여 지금까지 식당업을 하고 있습니다.

나. 피고소인은 자신이 위 상가에서 식당업을 하겠다며, 임대차기간이 만료되기
　　전임에도 수차에 걸쳐 고소인에게 상가를 명도하여 줄 것을 요구하여 오다가,
　　20ㅇㅇ. ㅇ. ㅇ. 00:00경 고소인이 운영하는 위 'ㅇㅇㅇ'식당에 찾아와서 '일주
　　일 내로 상가를 비워주지 않으면 고소인 및 고소인의 가족을 죽여 버리겠다'는
　　내용의 협박을 하여 고소인은 심한 공포를 느꼈습니다.

2. 피고소인의 범죄행위로 인한 피해상황

피고소인의 위 협박행위 이후, 피고소인이 고소인이나 고소인의 아이들에 대하여 신체적 가해를 하지 않나 하는 두려움에 아이들이 학교를 가거나 외출할 때에는 꼭 고소인이 따라 다니고 있는 실정이며, 극심한 정신적인 고통을 겪다가 결국 신경쇠약으로 정신과적 치료를 받기도 하였습니다.

3. 결 론

이상의 이유로 피고소인을 협박죄로 고소하오니, 부디 고소인 및 고소인 가족의 안전을 위해서라도 피고소인을 엄중히 조사하시어 처벌하여 주시기 바랍니다.

<h1 align="center">첨 부 서 류</h1>

1. 상가임대차계약서 사본   1통
1. 내용증명   각 1통
1. 국립정신병원 진단서   1통

조사시 자세히 진술하겠습니다.

20○○.　　○.　　○.

위 고소인　○　　○　　○　(인)

○○경찰서장　귀하

57. 횡령죄

> **제355조(횡령, 배임)** ① 타인의 재물을 보관하는 자가 그 재물을 횡령하거나 그 반환을 거부한 때에는 5년 이하의 징역 또는 1천500만원 이하의 벌금에 처한다.
> ② 타인의 사무를 처리하는 자가 그 임무에 위배하는 행위로써 재산상의 이익을 취득하거나 제삼자로 하여금 이를 취득하게 하여 본인에게 손해를 가한 때에도 전항의 형과 같다.

가. 개념

본죄는 타인의 재물을 보관하는 자가 그 재물을 횡령하거나 그 반환을 거부한 때에 성립하는 범죄이며, 본죄성립 시 5년 이하의 징역 또는 1천500만원 이하의 벌금에 처해질 수 있고, 공소시효는 7년이다. 다만, 업무상횡령죄의 공소시효는 10년이다.

나. 횡령죄의 구성요건

(1) 행위의 주체

횡령죄의 주체는 위탁관계에 의하여 타인의 재물을 보관하는 자이며, 여기서 보관이라 함은 물건을 사실상 지배하는 것 이외에 법률상 지배하는 것도 포함된다. 또한 법률상의 지배라 함은 부동산의 등기명의를 가지고 있는 경우, 타인의 돈을 위탁받아 은행에 예금한 경우 등이 이에 해당한다.

한편, 부동산에 관한 횡령죄에 있어서 타인의 재물을 보관하는 자의 지위는 동산의 경우와는 달리 부동산에 대한 점유의 여부가 아니라 부동산을 제3자에게 유효하게 처분할 수 있는 권능의 유무에 따라 결정하여야 하므로, 부동산을 공동으로 상속한 자들 중 1인이 부동산을 혼자 점유하던 중 다른 공동상속인의 상속지분을 임의로 처분하여도 그에게는 그 처분권능이 없어 횡령죄가 성립하지 아니한다.[168]

---

168) 대법원 2000. 4. 11. 선고 2000도565 판결.

(2) 행위의 객체

횡령죄의 객체는 자기가 점유하는 타인 소유의 재물이다. 행위자와 타인의 공동소유에 속하는 재물도 타인의 재물에 해당하며, 할부판매에 있어서는 대금을 완납할 때까지는 소유권이 매도인에게 있으므로 매수인이 대금 완납을 하기 전에 물건을 처분할 경우 횡령죄가 성립한다.

(3) 행위

횡령죄의 행위는 횡령하거나 반환을 거부하는 것으로 불법영득의 의사를 표현하는 행위를 말하며, 이러한 횡령행위는 사실행위나 법률행위를 묻지 않으며 부작위에 의하여도 가능하다.

또한, 반환거부란 보관물에 대해서 소유자의 권리를 배제하는 의사표시로서 불법영득의사를 표현하는 것을 말하는데, 반환거부의 이유 및 주관적인 의사 등을 종합하여 반환거부행위가 횡령행위와 같다고 볼 수 있을 정도이어야만 횡령죄가 성립한다.[169]

(4) 주관적 구성요건

횡령죄의 주관적 구성요건으로는 위의 객관적 요소들에 대한 고의가 있어야 하며, 불법영득의 의사를 요한다.

다. 처벌

본죄성립 시 5년 이하의 징역 또는 1천500만원 이하의 벌금에 처해질 수 있다.

---

169) 명의신탁자가 구체적인 보수나 비용의 약정없이 신탁한 농지의 반환을 요구하면서 등기이전에 따른 비용과 세금은 자신이 부담하고 수탁자인 피고인에게 손해가 없도록 하겠다고 했음에도 불구하고 피고인이 위 토지에 대해 재산세를 납부한 것이 해결되지 않았고 계속 2년 가량 더 농사를 짓고 넘겨 주겠다는 대답으로 위 반환요구에 불응한 소위는 타인의 재물을 보관하는 자가 그 위탁취지에 반하여 정당한 권한없이 반환을 거부한 것이므로 횡령죄를 구성한다(출처: 대법원 1983. 11. 8. 선고 82도800 판결).

고 　 소 　 장

고 소 인 　　ㅇ 　 ㅇ 　 ㅇ (000000-0000000)

　　　　　　　ㅇㅇ시 ㅇㅇ구 ㅇㅇ로 ㅇㅇ(ㅇㅇ동)

　　　　　　　(전화번호 : 000-0000)

피고소인 　　ㅇ 　 ㅇ 　 ㅇ (000000-0000000)

　　　　　　　ㅇㅇ시 ㅇㅇ구 ㅇㅇ로 ㅇㅇ(ㅇㅇ동)

　　　　　　　(전화번호 : 000-0000)

고 　 소 　 취 　 지

피고소인에 대하여 횡령죄로 고소하오니 처벌하여 주시기 바랍니다.

고 　 소 　 사 　 실

1. 피고소인은 일정한 직업이 없는 자인바, 20ㅇㅇ. ㅇ. ㅇ.경 ㅇㅇ시 ㅇㅇ구 ㅇㅇ로 ㅇㅇ(ㅇㅇ동)에 있는 고소인의 집에서 동인으로부터 액면금 3,000만원 약속어음 1매에 대한 할인의뢰를 받고 이를 보관 중 같은 달 ㅇ.경 ㅇㅇ시 ㅇㅇ구 ㅇㅇ로 ㅇㅇ(ㅇㅇ동)에서 고소 외 ㅇㅇㅇ로부터 선이자 150만원을 공제하고 2,850만원에 할인하여 고소인을 위해 보관 중 그 무렵 유흥비로 임의 소비하여 이를 횡령한 자입니다.

2. 위와 같은 사실을 들어 피고소인을 고소하오니 철저히 조사하시어 엄벌하여 주시기 바랍니다.

입 증 방 법

조사시 자세히 진술하겠습니다.

20○○.   ○.   ○

위 고소인 ○   ○   ○ (인)

○○경찰서장   귀하

제출기관	범죄지, 피의자의 주소, 거소 또는 현재지의 경찰서, 검찰청	공소시효	10년
고소권자	피해자(형사소송법 223조)	소추요건	
제출부수	고소장 1부	관련법규	형법 355조
범죄성립 요 건	타인의 재물을 보관하는 자가 그 재물을 횡령하거나 그 반환을 거부한 때		
형 량	• 5년 이하의 징역 • 1,500만원 이하의 벌금		
불기소 처분 등에 대한 불복절차 및 기간	(항고) • 근거 : 검찰청법 10조 • 기간 : 처분결과의 통지를 받은 날부터 30일(검찰청법 10조4항) (재정신청) • 근거 : 형사소송법 제260조 • 기간 : 항고기각 결정을 통지받은 날 또는 동법 제260조 제2항 각 호의 사유가 발생한 날부터 10일(형사소송법 제260조 제3항) (헌법소원) • 근거 : 헌법재판소법 68조 • 기간 : 그 사유가 있음을 안 날로부터 90일 이내에, 그 사유가 있는 날로부터 1년 이내에 청구하여야 한다. 다만, 다른 법률에 의한 구제절차를 거친 헌법소원의 심판은 그 최종결정을 통지받은 날로부터 30일 이내에 청구(헌법재판소법 69조)		

고 소 장

고 소 인   ○ ○   ○ (000000-0000000)
　　　　　　○○시 ○○구 ○○로 ○○(○○동)
　　　　　　(전화번호 : 000-0000)

피고소인   ○ ○   ○ (000000-0000000)
　　　　　　○○시 ○○구 ○○로 ○○(○○동)
　　　　　　(전화번호 : 000-0000)

고 소 취 지

피고소인에 대하여 횡령죄로 고소하오니 처벌하여 주시기 바랍니다.

고 소 사 실

1. 피고소인은 ○○시 ○○로 ○○(○○동) 소재 '금별은별'이라는 보석가게를 운영하는 자인바, 20○○. ○. ○. 13:00경 위 가게에 온 성명불상의 손님이 1캐럿짜리 황색다이아몬드를 찾았지만 없어서, 위 같은 동 125번지에 있는 고소인 운영의 '보석나라'에서 손님에게 보여준다며 고소인으로부터 황색다이아몬드 1.05캐럿짜리 1개 시가 1,500만원 상당을 잠시 빌려 손님에게 보여주고 피해자를 위하여 보관하던 중 같은 달 ○.경 고소인이 빌려간 다이아몬드를 돌려달라는 요청을 받고도 아무런 이유 없이 그 반환을 거부하여 이를 횡령한 것입니다.

2. 위와 같은 사실을 들어 피고소인을 고소하오니 철저히 조사하시어 엄벌하여 주시기 바랍니다.

입 증 방 법

조사시 자세히 진술하겠습니다.

20○○.   ○.   ○

위 고소인 ○   ○   ○ (인)

○○경찰서장 귀하

고 소 장

고 소 인　　ㅇ　ㅇ　ㅇ (000000-0000000)

　　　　　　ㅇㅇ시 ㅇㅇ구 ㅇㅇ로 ㅇㅇ(ㅇㅇ동)

　　　　　　(전화번호 : 000-0000)

피고소인　　ㅇ　ㅇ　ㅇ (000000-0000000)

　　　　　　ㅇㅇ시 ㅇㅇ구 ㅇㅇ로 ㅇㅇ(ㅇㅇ동)

　　　　　　(전화번호 : 000-0000)

고 소 취 지

피고소인에 대하여 횡령죄로 고소하오니 처벌하여 주시기 바랍니다.

고 소 사 실

1. 피고소인은 여러 가지 물건 등의 영업을 하는 자로서 고소인 회사가 팔아달라고
보관시킨 ㅇㅇㅇ을 금 ㅇㅇㅇ원 어치를 20ㅇㅇ. ㅇ. ㅇ. 소외 ㅇㅇㅇ에게 금 ㅇㅇㅇ
원에 매각하여 그 대금 ㅇㅇㅇ원 전부 고소인에게 교부하여야 함에도 불구하고
이를 교부치 아니하고 횡령한 사실이 있습니다.

2. 위와 같은 사실을 들어 고소하오니 철저히 조사하시어 엄벌하여 주시기 바랍니다.

입 증 방 법

조사시 자세히 진술하겠습니다.

20ㅇㅇ.　　ㅇ.　　ㅇ

위 고소인　ㅇ　ㅇ　ㅇ　(인)

ㅇㅇ경찰서장　귀하

고 소 장

고 소 인   ○ ○   ○ (000000-0000000)
            ○○시 ○○구 ○○로 ○○(○○동)
            (전화번호 : 000-0000)

피고소인   ○ ○   ○ (000000-0000000)
            ○○시 ○○구 ○○로 ○○(○○동)
            (전화번호 : 000-0000)

고 소 취 지

고소인은 피고소인을 상대로 횡령 및 배임죄로 고소하오니 처벌하여 주시기 바랍니다.

고 소 사 실

1. 고소인과 피고소인과의 관계

고소인은 ○○○씨의 시조인 ○○○의 ○○세손인 ○○○군 ○○○을 중시조로 하여 그의 제사와 분묘관리 및 후손들의 친목도모를 위하여 결성된 ○○○대표자이고, 피고소인은 명의 신탁된 종회의 재산을 상속받은 공동명의자 중 한사람입니다.

2. 피고소인이 종토의 공동명의자로 등재된 경위

고소인 종회는 20○○. ○. ○.경 분할 전 토지인 ○○시 ○○면 ○○리 ○○○전 ○○○평 토지를 매수하여 20○○. ○. ○. 충무공의 후손인 망 ○○○, 망 ○○○, 망 ○○○, 망 ○○○ 및 ○○○의 후손인 망 ○○○ 외 5인의 공동명의로 소유권이전 등기를 마쳤습니다.

또한 위 토지는 20○○. ○. ○. 위 같은 리 ○○○-○ 전 ○○○㎡, 같은 리 ○○○-○ 전 ○○○㎡, 위 같은 리 ○○○-○ 전 ○○○㎡, 같은 리 ○○○-○ 전 ○○○㎡로 분할되었습니다.

한편, 위 망 ○○○의 지분 5분의 1 중 4,200분의 210은 피고소인 ○○○, 4,200분의 90은 ○○○, 4,200분의 60은 ○○○, 4,200분의 126은 ○○○, 4,200분의 84는 ○○○, 4,200분의 35는 ○○○, 4,200분의 35는 ○○○, 4,200분의 35는 ○○○, 4,200분의 35는 ○○○, 4,200분의 35는 ○○○, 4,200분의 35는 ○○○이 각 상속을 받아 공동명의자가 되었습니다.

3. 종토의 관리현황

고소인은 위 상속된 토지를 종원들에게 경작하게 하고 그 소출로 일정한 도지를 받아 선조들의 분묘의 관리와 시제 등의 비용에 충당하였으며 위 토지에 대한 각종 세금을 납부하였습니다.

4. 종토에 대한 수용경위 및 대책

고소인의 종토인 위 토지에 대하여 ○○주식회사에서 시행하는 공익사업에 따라 공익사업을 위한 토지등의취득및보상에관한법률에 의한 협의 또는 수용취득의 대상이 되었고, 이에 고소인은 20○○. ○. ○.경 ○○시 ○○동 ○○식당에서 임원회를 개최하여 수용되는 위 투자에 관하여 위탁된 등기명의자로 부터의 상속등기를 마치고, 그들로 하여금 보상금을 수령하게 한 후 환수할 것을 결의하고, 20○○. ○. ○. ○○시 ○○동 ○○회관 3층 회의실에서 정기총회를 개최하여 종토의 명의자들이 보상을 받아 종회로 환수하기로 가결, 재확인하였습니다. 본 가결에 따라 고소인 종회에서는 피고소인을 비롯하여 상속인들에게 총회의 의결사항을 내용증명원으로 통지하여 줄 것을 당부하였고, 상속등기에 필요한 제반비용을 고소인 종회에서 부담하여 피고소인이 상속을 받게 된 것입니다.

5. 범죄사실

고소인은 임원회의와 정기총회를 거쳐 토지보상금을 종원 및 명의자들이 수령함과 동시에, 그 즉시 수령한 보상금을 본 종회에 환수하기로 결정하고, 이를 피고소인에게 통지한바, 피고소인은 명의신탁 된 부동산을 상속받은 등기명의인들 중 한사람으로써 응당 보상금 금 ○○○원을 수령함과 동시에 즉시 본 종회의 고소인명의인 ○○회 통장으로 입금시켜야 마땅하나 피고소인은 고소인의 환수 요수에 응하지 아니하고 고의적으로 기피하고 위 금원을 횡령, 착복하고 지급을 거절하고 있습니다. 또한, 피고소인은 고소인이 제기한 ○○지방법원 ○○지원 20○○가합 ○○○호로 부당이득금반환청구 소송에서 패소하였고, 피고소인이 대전고등법원 20○○나 ○○○호로 제기한 항소심 재판 또한 항소기각 판결이 선고되어 최종적으로 고소인의 승소가 확정되었음에도 불구하고 피고소인은 착복한 보상금을 고소인에게 반환하지 않고 있는 것입니다.

6. 결 어

위와 같은 정황을 살펴 볼 때 피고소인은 종회의 총회결의사항에 따라 명의신탁 된 부동산의 상속인들 중 한사람으로써 토지보상금을 수령한 다음 이를 종회에 반납하여야 함에도 불구하고 정작 피고소인 명의의 문중 종토보상금을 수령하고는 마음을 달리하여 고소인에게 지급을 거절하고 보상금을 횡령하여 착복한 자이오니 피고소인으로 철저히 조사하시어 법이 허용하는 한도 내에서 엄벌하여 주시기 바랍니다.

첨 부 서 류

1. 종중등록증명서   1부
1. 등기부등본   4부
1. 판결문(1심, 2심)   2부

조사시 자세히 진술하겠습니다.

20○○.　　○.　　○.

위 고소인　○○○○○회

대표자　○ ○ ○　(인)

○○경찰서장　귀하

고 소 장

Ⅰ. 고소인

성 명	000	주민등록번호	000000-0000000
주 소	00시 00구 00로 000-00		
직 업		사무실주소	
전 화	010-0000-0000		
이메일			

Ⅱ. 피고소인

성 명	000	주민등록번호	000000-0000000
주 소	00시 00구 00로 000-00		
직 업		사무실주소	
전 화	010-0000-0000		
이메일			
기타사항			

성 명	000	주민등록번호	000000-0000000
주 소	00시 00구 00로 000-00		
직 업		사무실주소	
전 화	010-0000-0000		
이메일			
기타사항			

Ⅲ. 고소취지

1. 고소인은 피고소인 000을 사기죄로,
2. 고소인은 피고소인 전00을 횡령죄, 업무상횡령죄, 사기죄로 각 고소하오니 철저히 조사하여 법에 따라 엄벌하여 주시기 바랍니다.

Ⅳ. 고소이유

1. 고소인과 피고소인들의 관계

고소인과 피고소인들은 약 00여년전 사업상 우연히 알게 된 관계로서, 친인척관계는 아닙니다.

2. 피고소인의 범죄

가. 피고소인 고00의 범죄행위 - 사기

피고소인 고00은 이 사건 당시 자신이 소유하고 있던 부동산에 관한 재산세조차 납부하기 어려울 만큼 경제적으로 매우 힘든 형편이어서 타인으로부터 돈을 빌리더라도 이를 변제할 의사나 능력이 없었음에도 불구하고,

2000. 00. 초경 고소인에게 다급한 목소리로 전화를 하여 "00아 내가 여의도에서 운영중인 주점의 영업이 어려워 제때에 세금(재산세 및 특별소비세 등)조차 납부하지 못하였더니 관할 세무서에서 이를 납부하지 아니하면 곧바로 체납처분절차에 들어간다는 통지를 받았다. 그 돈이 00억 정도 되는데, 급히 네가 000원 정도를 빌려주면, 추후에 위 상가를 담보로 대출을 받아 일부 이자를 더하여 변제를 해 주겠다"는 취지로 거짓말을 하여 이에 속은 고소인으로부터 2000. 00. 00. 000원, 같은 달 00. 000원 합계 000원을 제3자인 최00 명의의 계좌로 이체받는 방법으로 교부받아 이를 편취하였습니다(증 제1호증의 1, 2 : 각 송금확인증 각 참조).

피고소인 고00의 편취의사는, 고소인으로부터 위 돈을 교부받은 후 보여주었던 동인의 태도에서도 명백히 드러납니다.

고00은 위와 같은 방법으로 고소인으로부터 돈을 교부받고 난 후 2000. 00.경 고소인의 변제독촉에 대하여는 "00아 내가 00구 상가를 최00 명의로 해놓은 거 너도 알잖아. 남 명의로 되어 있어서인지 대출을 받는 것을 내 맘대로 쉽지는 않다. 그래서 이를 다시 내 명의로 변경한 후 내가 직접 대출을 받아서 돈을 갚아 주어야 할 것 같은데, 시간이 좀 걸릴 것 같다. 조금만 더 기다려 달라" 등의 사유로 차일피일 하면서 시간을 보내더니, 2000. 00.경에 이르러서는 갑자기 태도를 바꾸어 전혀 근거도 없는 돈을 자신이 고소인에게 빌려주었다고 주장하면서, 위 금 000원은 그 돈 중 일부금으로 고소인으로부터 되돌려 받은 것이라는 터무니 없는 주장까지 하면서 지금껏 그 변제를 거부하고 있는 상태입니다(증 제2호증 : 내용증명 참조).

이는 애초 고00이 고소인으로부터 돈을 빌리더라도 이를 변제할 의사가 전혀 없었음에도 불구하고 고소인을 기망하여 착오에 빠뜨리고 그로 인한 처분행위로 위 돈을 교부받았음을 보여주는 단적으로 소행이라 할 것입니다.

나. 피고소인 전00의 범죄행위 – 횡령죄, 업무상횡령죄, 사기죄

고소인은 피고소인 전00이 대표로 있었던 ㈜ 00에 2000. 00.~2000. 00. 00.까지 약 00개월여 정도를 전00과 동업자로서 근무한 사실이 있습니다(증 제3호증 : 건강보험자격득실확인서 참조). 당시 위 회사에서 고소인의 직책은 이사였고, 주된 업무는 외근영업 및 업체관리였는데, 고소인의 영업활동으로 득한 수입이 위 회사수입의 전부였습니다. 이 때문에 <u>고소인이 위 회사에 입사를 할 당시 고소인과 ㈜00 사이에서, 고소인이 영업활동을 주로 하고, 고소인의 영업활동으로 인하여 발생하는 모든 수입(세금공제후)의 0%를 ㈜ 00가 고소인에게 정산해 주는 조건의 합의가 이었습니다</u>(증 제4호증 : 고소장(피고소인이 고소인을 업무상횡령죄로 고소한 사건임 – 위 사건에서 고소인은 증거불충분으로 불기소처분을 받았습니다) 중 3면 상단부분 참조).

위 근무조건에 따라 고소인은 위 근무기간 동안 총 00억원의 매출을 올렸고, 이중 통상 0% 상당인 약 00억원 상당이 영업이익이며, 위 돈에서 ㈜ 00가 법인소득세를 납부하더라도 최소한 00억원 정도가 순이익이 됩니다. 따라서 고소인의 동업자인 ㈜ 00의 대표이사였던 <u>피고소인 전00은 최소한 금 000원을 고소인에게 정산하여 지급할 의무가</u> 있습니다.

그럼에도 불구하고 피고소인 전00은 위와 같이 발생한 정산금을 고소인에게 지급하기 위하여 보관 중, 이를 임의로 소비하는 방법으로 횡령하였습니다.

<u>이러한 사실은 ㈜00가 2000. 00.경 00세무서로부터 허위세금계산서 수수와 관련하여 조사를 받을 당시, 고소인도 참고인으로 조사를 받은 사실이 있는데, 그 때 담당조사관으로부터 피고소인 전00이 위 순수익금 00억원 상당을 포함한 모든 회사자금을 세탁하여 현금화시키고, 자신의 통장으로 인출을 하는 방법으로 횡령을 한 후 등 관련된 세금 한 푼 납부치 아니하였다는 사실을 들어 알게 되었습니다.</u>

<u>이러한 피고소인 전00의 소위에 대하여도 업무상횡령죄로 반드시 조사가 병행되어져야 할 것입니다.</u>

피고소인 전00의 소위가 법리상 횡령, 업무상 횡령에 해당하지 않는 경우에는 <u>사기죄</u>에 해당할 것입니다.

3. 결 어
따라서 고소인은 피고소인 고00에 대하여는 사기죄로, 전00에 대하여는 횡령, 업무상 횡령죄, 사기죄로 각 고소를 하오니, 이 사건을 철저히 수사하시어 피고소인을 엄벌에 처해 주시기 바랍니다.

V. 증거자료
☐ 고소인은 고소인의 진술 외에 제출할 증거가 없습니다.
☑ 고소인은 고소인의 진술 외에 제출할 증거가 있습니다.

1. 증 제1호증의 1, 2	각 송금확인증
2. 증 제2호증	
3. 증 제3호증	
4. 증 제4호증	

본 고소장에 기재한 내용은 고소인이 알고 있는 지식과 경험을 바탕으로 모두 사실대로 작성하였으며, 만일 허위사실을 고소하였을 때에는 형법 제156조 무고죄로 처벌받을 것임을 서약합니다.

2000.   00.   .

고소인   0 0 0 (인)

서울00지방검찰청   귀중

58. 아동복지법위반

가. 아동학대의 개념

'아동학대'란 보호자를 포함한 성인이 아동의 건강 또는 복지를 해치거나 정상적 발달을 저해할 수 있는 신체적 · 정신적 · 성적 폭력이나 가혹행위를 하는 것과 아동의 보호자가 아동을 유기하거나 방임하는 것을 말한다.

나. 아동학대의 유형

아동학대의 대표적인 유형은 신체학대, 정서학대, 성학대, 방임등의 행위이다. 여기서 신체학대라 함은 보호자를 포함한 성인이 아동의 건강 또는 복지를 해치거나 정상적인 발달을 저해할 수 있는 신체적 폭력이나 가혹행위를 하는 것을 말하고, 정서학대라 함은 보호자를 포함한 성인이 아동에게 행하는 언어적 모욕, 정서적 위협, 감금이나 억제, 기타 가학적인 행위 등을 말하며, 성적학대라 함은 보호자를 포함한 성인이 자신의 성적 충족을 목적으로 18세 미만의 아동에게 행하는 모든 성적 행위를 말하고, 방임이라 함은 보호자가 아동을 위험한 환경에 처하게 하거나 아동에게 필요한 의식주, 의무교육, 의료적 조치 등을 제공하지 않는 행위를 말하며 유기란 보호자가 아동을 보호하지 않고 버리는 행위를 말한다.

금지행위	■ 아동의 신체에 상해를 주는 학대행위 ■ 아동에게 성적 수치심을 주는 성희롱, 성폭행 등의 학대행위 ■ 아동의 정신건강 및 발달에 해를 끼치는 정서적 학대행위 ■ 자신의 보호 · 감독을 받는 아동을 유기하거나 의식주를 포함한 기본적 보호 · 양육 및 치료를 소홀히 하는 방임 행위 ■ 아동을 타인에게 매매하는 행위 ■ 아동에게 음행을 시키거나 음행을 매개하는 행위 ■ 장애를 가진 아동을 대중에 관람시키는 행위 ■ 아동에게 구걸을 시키거나 아동을 이용하여 구걸하는 행위 ■ 대중의 오락 또는 흥행을 목적으로 아동의 건강 또는 안전에 유해한 곡예를 시키는 행위

	■ 정당한 권한을 가진 알선기관 외의 자가 아동의 양육을 알선하고 금품을 취득하는 행위 ■ 아동을 위하여 증여 또는 급여된 금품을 그 목적 외의 용도로 사용하는 행위

[아동학대의 유형]

정서학대	– 원망적, 거부적, 적대적 또는 경멸적인 언어폭력 등 – 잠을 재우지 않는 것 – 벌거벗겨 내쫓는 행위 – 형제나 친구 등과 비교, 차별, 편애하는 행위 – 가족 내에서 왕따 시키는 행위 – 아동이 가정폭력을 목격하도록 하는 행위 – 아동을 시설 등에 버리겠다고 위협하거나 짐을 싸서 쫓아내는 행위 – 미성년자 출입금지 업소에 아동을 데리고 다니는 행위 – 아동의 정서 발달 및 연령상 감당하기 어려운 것을 강요하는 행위 (감금, 약취 및 유인, 아동 노동 착취), – 다른 아동을 학대하도록 강요하는 행위
신체학대	– 신체적 손상을 입힌 경우와 신체적손상을 입도록 허용한 경우 – 구타나 폭력에 의한 멍, 화상, 찢김, 골절, 장기파열, 기능의 손상 – 생후 36개월 이하의 영아에 가해진 체벌은 이유 여하를 막론하고 학대
성적학대	– 성인의 성적 충족을 목적으로 아동과 함께 하는 모든 성적 행위 – 성적 유희, 성기 및 자위행위 장면의 노출, 관음증 – 성기 삽입, 성적 접촉, 강간, 매춘, 매매 – 포르노 매체에 배우로 출연, 포르노물 판매 행위
방임	– 고의적 반복적으로 아동 양육 및 보호를 소홀히 함으로 아동의 건강과 복지를 해치거나 정상적인 발달을 저해 할수 있는 모든 행위

	– 아동에게 의식주를 제공하지 않거나, 장시간 위험한 상태에 방치하는 물리적 방임 및 유기 – 아동의 무단결석을 허용하는 등 교육적 방임 – 예방접종을 제때에 하지 않거나 필요한 치료를 소홀히 하는 등 의료적 방임 – 아동과의 약속에 무신경하거나 아동의 마음에 상처를 입히는 정서적 방임

교육적 방임	– 보호자가 아동을 특별한 사유 없이 학교에 보내지 않거나 아동의 무단결석을 방치하는 행위
	– 입학, 재취학, 전학 또는 편입한 기일 이후 2일 이내에 입학, 재취학, 전학 또는 편입학하지 아니한 경우
	– 정당한 사유 없이 계속하여 2일 이상 결석하는 경우
	  • 학생의 고용자에 의하여 의무교육을 받는 것이 방해당하는 때 지체 없이 그 보호자 또는 고용자에게 해당 아동이나 학생의 취학 또는 출석을 독촉하거나 의무교육을 받는 것을 방해하지 아니하도록 경고하여야 함 등
	  • 의무교육은 6년의 초등교육 및 3년의 중학교를 의미함 (교육기본법 제8조 제1항)

의료적 방임 및 유기	– 아동에게 필요한 의료적 처치 및 개입을 하지 않는 행위 등 – 유기는 아동을 보호하지 않고 버리는 행위, 아동을 병원에 입원시키고 사라진 경우 – 시설 근처에 버리고 가는 행위

다. 처벌

아동학대범죄에 대한 처벌은 아래 표와 같다.

아동학대범죄 처벌규정	
내용	처벌
① 「형법」 제2편제25장 상해와 폭행의 죄 중 제257조(상해)제1항·제3항, 제258조의2(특수상해)제1항(제257조제1항의 죄에만 해당)·제3항(제1항 중 제257조제1항의 죄에만 해당), 제260조(폭행)제1항, 제261조(특수폭행) 및 제262조(폭행치사상)(상해에 이르게 한 때에만 해당)의 죄 ② 「형법」 제2편제28장 유기와 학대의 죄 중 제271조(유기)제1항, 제272조(영아유기), 제273조(학대)제1항, 제274조(아동혹사) 및 제275조(유기등 치사상)(상해에 이르게 한 때에만 해당)의 죄 ③ 「형법」 제2편제29장 체포와 감금의 죄 중 제276조(체포, 감금)제1항, 제277조(중체포, 중감금)제1항, 제278조(특수체포, 특수감금), 제280조(미수범) 및 제281조(체포·감금등의 치사상)(상해에 이르게 한 때에만 해당)의 죄 ①부터 ③까지의 아동학대범죄를 범한 사람이 아동을 살해한 때	사형, 무기 또는 7년 이상의 징역 「아동학대범죄의 처벌 등에 관한 특례법」 제4조 제1항
① 「형법」 제2편제25장 상해와 폭행의 죄 중 제257조(상해)제1항·제3항, 제258조의2(특수상해)제1항(제257조제1항의 죄에만 해당)·제3항(제1항 중 제257조	무기 또는 5년 이상의 징역 「아동학대범죄의 처벌 등에 관한 특례법」 제4조제2항

<table>
<tr>
<td>

제1항의 죄에만 해당), 제260조(폭행)제1
항, 제261조(특수폭행) 및 제262조(폭행
치사상)(상해에 이르게 한 때에만 해당)의
죄

② 「형법」 제2편제28장 유기와 학대의 죄 중
제271조(유기)제1항, 제272조(영아유
기), 제273조(학대)제1항, 제274조(아동
혹사) 및 제275조(유기등 치사상)(상해에
이르게 한 때에만 해당)의 죄

③ 「형법」 제2편제29장 체포와 감금의 죄 중
제276조(체포, 감금)제1항, 제277조(중
체포, 중감금)제1항, 제278조(특수체포,
특수감금), 제280조(미수범) 및 제281조
(체포·감금등의 치사상)(상해에 이르게
한 때에만 해당)의 죄

①부터 ③까지의 아동학대범죄를 범한 사람
이 아동을 사망에 이르게 한 때

</td>
<td>
</td>
</tr>
<tr>
<td>

① 「형법」 제2편제25장 상해와 폭행의 죄 중
제257조(상해)제1항·제3항, 제258조
의2(특수상해)제1항(제257조제1항의
죄에만 해당)·제3항(제1항 중 제257조
제1항의 죄에만 해당), 제260조(폭행)제1
항, 제261조(특수폭행) 및 제262조(폭행
치사상)(상해에 이르게 한 때에만 해당)의
죄

② 「형법」 제2편제28장 유기와 학대의 죄 중
제271조(유기)제1항, 제272조(영아유
기), 제273조(학대)제1항, 제274조(아동
혹사) 및 제275조(유기등 치사상)(상해에
이르게 한 때에만 해당)의 죄

</td>
<td>

3년 이상의 징역
「아동학대범죄의 처벌 등에 관한 특례법」
제5조

</td>
</tr>
</table>

③「형법」제2편제29장 체포와 감금의 죄 중 제276조(체포, 감금)제1항, 제277조(중체포, 중감금)제1항, 제278조(특수체포, 특수감금), 제280조(미수범) 및 제281조(체포・감금등의 치사상)(상해에 이르게 한 때에만 해당)의 죄 ①부터 ③까지의 아동학대범죄를 범한 사람이 아동의 생명에 대한 위험을 발생하게 하거나 불구 또는 난치의 질병에 이르게 한 때	
아동을 매매하는 행위	10년 이하의 징역(미수범 처벌) 「아동복지법」 제71조제1항제1호 및 제73조
아동에게 음란한 행위를 시키거나 이를 매개하는 행위 또는 아동에게 성적 수치심을 주는 성희롱 등의 성적 학대행위	10년 이하의 징역 또는 1억원이하의 벌금 「아동복지법」 제71조제1항제1호의2
① 아동의 신체에 손상을 주거나 신체의 건강 및 발달을 해치는 신체적 학대행위 ② 아동의 정신건강 및 발달에 해를 끼치는 정서적 학대행위 ③ 자신의 보호・감독을 받는 아동을 유기하거나 의식주를 포함한 기본적 보호・양육・치료 및 교육을 소홀히 하는 방임행위 ④ 장애를 가진 아동을 공중에 관람시키는 행위 ⑤ 아동에게 구걸을 시키거나 아동을 이용해 구걸하는 행위	5년 이하의 징역 또는 5천만원 이하의 벌금 「아동복지법」 제71조제1항제2호

공중의 오락 또는 흥행을 목적으로 아동의 건강 또는 안전에 유해한 곡예를 시키는 행위 또는 이를 위해 아동을 제3자에게 인도하는 행위	1년 이하의 징역 또는 1천만원 이하의 벌금 「아동복지법」 제71조제1항제4호

고 소 장

1. 고소인

성 명 (상호·대표자)	ㅇㅇㅇ	생년월일 (법인등록번호)	1900. 00.
주 소 (주사무소 소재지)	경기도 00시 00구 00로 000		
직 업	회사원	사무실 주소	-
전 화	(휴대폰) 010-0000-0000		
이메일			
대리인에 의한 고소	☐ 법정대리인 (성명 : , 연락처) ☐ 고소대리인 (성명 :)		

2. 피고소인

성 명	ㅇㅇㅇ	주민등록번호	000000-000000
주 소	경기도 00시 00구 00로 000		
직 업		사무실 주소	
전 화			

3. 고소 취지

고소인은 피고소인을 상해(형법 제257조 제1항), 폭행(제260조 제1항), 협박(형법 제283조 제1항), 아동복지법 위반(아동복지법 제17조 제3호, 제5호)죄로 고소하오니 엄중한 수사로 처벌하여 주시기 바랍니다.

또한 가정폭력범죄의 처벌 등에 관한 특례법(약칭 : 가정폭력처벌법), 아동학대범죄의 처벌 등에 관한 특례법(약칭: 아동학대처벌법) 상의 임시조치를 함께 청구합니다.

4. 고소 경위

고소인과 피고소인은 2000. 00. 00. 혼인신고를 마친 법률상의 부부이나, 피고소인이 평소 쉽게 흥분하고 한 번 흥분하면 쉽게 자제가 되지 않아 배우자인 고소인에게 상해, 폭행을 가해왔습니다. 피고소인의 행동은 배우자인 고소인을 상대로 하는 상해 · 폭행에 그치지 아니하고, 어린 자녀인 OOO에게도 화를 잘 내고 흥분 시 때리는 일을 수시로 행하는 등 고도의 폭력성을 가지고 있습니다.

최근까지도 피고소인의 폭언, 폭행 등 배우자인 고소인과 어린 자녀에 대한 학대가 계속되고 있는바 이러한 상황이 계속된다면 자녀 OOO이 제대로 성장이 가능할지 의심스러운 것은 둘째 치고, 갖은 폭언과 폭력에 시달리게 되어 아이의 신체적 · 정신적 건강에 문제가 생길 수 있으며 경우에 따라서는 큰 사단이 발생할 가능성 또한 높기에 고소인은 부득이하게 이 사건 고소에 이르렀습니다.

5. 범죄 사실
가. 법률의 규정

[형법]
제257조(상해, 존속상해) ① 사람의 신체를 상해한 자는 7년 이하의 징역, 10년 이하의 자격정지 또는 1천만원 이하의 벌금에 처한다.
제260조(폭행, 존속폭행) ① 사람의 신체에 대하여 폭행을 가한 자는 2년 이하의 징역, 500만원 이하의 벌금, 구류 또는 과료에 처한다.
제283조(협박, 존속협박) ① 사람을 협박한 자는 3년 이하의 징역, 500만원 이하의 벌금, 구류 또는 과료에 처한다.

[아동복지법]
제17조(금지행위) 누구든지 다음 각 호의 어느 하나에 해당하는 행위를 하여서는 아니 된다.
3. 아동의 신체에 손상을 주거나 신체의 건강 및 발달을 해치는 신체적 학대행위
5. 아동의 정신건강 및 발달에 해를 끼치는 정서적 학대행위
제71조(벌칙) ① 제17조를 위반한 자는 다음 각 호의 구분에 따라 처벌한다.

2. 제3호부터 제8호까지의 규정에 해당하는 행위를 한 자는 5년 이하의 징역 또는 5천만원 이하의 벌금에 처한다.

나. 관련 법리 및 판례

1) 상해

상해죄의 성립에는 상해의 고의와 신체의 완전성을 해하는 행위 및 이로 인하여 발생하는 인과관계 있는 상해의 결과가 있어야 하는데(대법원 1982. 12. 28. 선고 82도2588 판결), 외부적으로 어떤 상처가 발생하지 않았다고 하더라도 생리적 기능에 훼손을 입었다면 신체에 대한 상해가 있었다고 할 것이고(대법원 1996. 12. 10. 선고 96도2529 판결), 피고인이 피해자의 얼굴과 머리를 몇차례 때려 피해자가 코피를 흘리고 콧등이 부었다면 비록 병원에서 치료를 받지 않더라도 일상생활에 지장이 없고 또 자연적으로 치유될 수 있는 것이라 하더라도 상해해 해당합니다(대법원 1991. 10. 22. 선고 91도1832 판결).

2) 폭행

폭행이란 사람에 대한 유형력의 행사 등 불법한 공격을 뜻하고 그 대상은 사람의 신체라고 할 것인데(대법원 1977. 2. 8. 선고 75도2673 판결), 그 성질상 반드시 신체상 가해의 결과를 야기함에 족한 완력행사가 있음을 요하지 아니하고 육체상 고통을 수반하는 것도 요하지 아니하므로 폭언을 수차 반복하는 것도 폭행인 것입니다 (대법원 1956. 12. 12. 선고 4289형상297 판결).

3) 협박

협박죄에 있어서의 협박이라 함은 사람으로 하여금 공포심을 일으킬 수 있을 정도의 해악을 고지하는 것을 말하고 협박죄가 성립하기 위하여는 적어도 발생 가능한 것으로 생각될 수 있는 정도의 구체적인 해악의 고지가 있어야 하며, 해악의 고지가 있다 하더라도 그것이 사회의 관습이나 윤리관념 등에 비추어 사회통념상 용인될 정도의 것이라면 협박죄는 성립하지 않으나, 이러한 의미의 협박행위 내지 협박의 고의가 있었는지 여부는 행위의 외형뿐 아니라 그러한 행위에 이르게 된 경위, 피해자와의 관계 등 전후 상황을 종합하여 판단해야 할 것입니다(대법원 1991. 5. 10. 선고 90도2102 판결, 대법원 2005. 3. 25. 선고 2005도329 판결 등 참조).

4) 아동 학대

대법원 2016. 5. 12. 선고 2015도6781 판결은 "구 아동복지법(2000. 1. 28. 법률 제12361호로 개정되기 전의 것) 제17조 제3호는 "아동의 신체에 손상을 주는 학대행위"를 금지행위의 하나로 규정하고 있는데, 여기에서 '신체에 손상을 준다'란 아동의 신체에 대한 유형력의 행사로 신체의 완전성을 훼손하거나 생리적 기능에 장애를 초래하는 '상해'의 정도에까지는 이르지 않더라도 그에 준하는 정도로 신체에 부정적인 변화를 가져오는 것을 의미한다."라고 판시한 바 있습니다.

대법원 2015. 12. 23. 선고 2015도13488 판결은 "구 아동복지법(2000. 1. 28. 법률 제12361호로 개정되기 전의 것) 제17조 제5호에서 '아동의 정신건강 및 발달에 해를 끼치는 정서적 학대행위'를 규정하고 있는데, 아동의 신체에 손상을 주는 행위 가운데 아동의 정신건강 및 발달에 해를 끼치지 않는 행위를 상정할 수 없는 점 및 위 각 규정의 문언 등에 비추어 보면, 제5호의 행위는 유형력 행사를 동반하지 아니한 정서적 학대행위나 유형력을 행사하였으나 신체의 손상에까지 이르지는 않고 정서적 학대에 해당하는 행위를 가리킨다. 여기에서 '아동의 정신건강 및 발달에 해를 끼치는 정서적 학대행위'란 현실적으로 아동의 정신건강과 정상적인 발달을 저해한 경우뿐만 아니라 그러한 결과를 초래할 위험 또는 가능성이 발생한 경우도 포함되며, 반드시 아동에 대한 정서적 학대의 목적이나 의도가 있어야만 인정되는 것은 아니고 자기의 행위로 아동의 정신건강 및 발달을 저해하는 결과가 발생할 위험 또는 가능성이 있음을 미필적으로 인식하면 충분하다."라고 판시한 바 있습니다.

다. 피고소인의 범죄사실

1) 상해
피고소인은,

① 2000. 00. 00.경 고소인과 피고소인이 함께 생활하는 주거지인 경기도 00시 00구 00로 000 집에서 주먹으로 고소인의 왼쪽 팔 부위를 가격하여 피하출혈 등의 상해를 입혔고,

② 2000. 00. 00.경 같은 장소에서 피고소인의 휴대전화를 손에 파지한 채 고소인의 상박 부위를 타격하여 마찬가지로 피하출혈 등의 상해를 입혔고,

③ 2000. 00. 00.경 같은 장소에서 고소인의 얼굴을 때려 고소인의 왼쪽 아랫 입술에 상해를 입혔습니다.

2) 폭행
피고소인은,

① 2000. 00. 00. 09:00경 고소인과 함께 거주하고 있던 집에서 고소인에게 폭행을 행사하였고,

② 2000. 00. 00. 21:50경 같은 장소에서 고소인을 폭행하였고,

③ 2000. 00. 00. 09:30경 같은 장소에서 고소인에게 "앉아서 하지 말고 바닥에서 해. 뭘 맨바닥에서 못 앉는다고 지랄이냐", "목이 뻐근하다 어디가 뻐근하다 이렇게 뻐대냐", "아예 골방으로 들어가라", "꼴도 보기 싫다", "니 목소리 들리면 좋냐? 좋냐고", "내가 미쳐버리겠다 아주 받들어주니까 끝도 없다. 나대지 마라", "뭘 할라해도 니가 있어서 걸리적거려 엄청 짜증나 싫어 죽겠어", "맞춰주는 줄도 모르고 나댄다."라고 하면서 고소인을 폭행하였고,

④ 2000. 00. 00. 18:30경 같은 장소에서 고소인에게 (둘째) 아이를 내려놓고 자신에게 오라고 한 다음 "나가라"며 소리 지르면서 고소인을 폭행하였습니다.

3) 협박

피고소인은,

① 2000. 00. 00.. 21:50경 고소인을 폭행하면서 "칼로 찔러 죽일 것 같아", "(고소인의 가슴을 손날로 쿡쿡 찌르며) 칼을 여기다 꽂아? 열 번 스무 번 꽂아? 나 계속 그런 상상한다니까 그러야지 안할 거야? 너 죽어야지 안 할 거야?"라며 하였고,

② 2000. 00. 00. 23:00경 고소인에게 "(이혼하고) 아주 다른 여자랑 결혼해서 아주 피맛을 봐야해"라고 하며, 고소인으로 하여금 공포심을 일으킬 수 있을 정도의 해악을 고지하여 고소인을 협박하였습니다.

3) 아동 학대

피고소인은,

① 2000. 00. 00. 20:00경 피고소인은 피고소인이 000과 함께 거주하고 있던 집에서 울고 있는 자녀 000에게 유형력을 행사하였고,

② 2000. 00. 00. 20:00경 자녀 000이 함께 있는 자리에서 고소인에게 "대화를 해라 좆병신", "너 나와 왜 내 말을 뭉게냐", "000 너 나와"라는 말을 공연히 함으로써 아동의 정신건강과 정상적인 발달을 초래할 위험 또는 가능성을 발생시키는 등 아동의 신체에 손상을 주는 학대행위, 아동의 정신건강 및 발달에 해를 끼치는 정서적 학대행위를 범했습니다.

6. 임시조치 요청
가. 고소인 보호를 위한 임시조치 요청

[가정폭력범죄의 처벌 등에 관한 특례법(약칭: 가정폭력처벌법)]

제8조(임시조치의 청구 등) ① 검사는 가정폭력범죄가 재발될 우려가 있다고 인정하는 경우에는 직권으로 또는 사법경찰관의 신청에 의하여 법원에 제29조제1항제1호·제2호 또는 제3호의 임시조치를 청구할 수 있다.

② 검사는 가정폭력행위자가 제1항의 청구에 의하여 결정된 임시조치를 위반하여 가정폭력범죄가 재발될 우려가 있다고 인정하는 경우에는 직권으로 또는 사법경찰관의 신청에 의하여 법원에 제29조제1항제5호의 임시조치를 청구할 수 있다.

③ 제1항 및 제2항의 경우 피해자 또는 그 법정대리인은 검사 또는 사법경찰관에게 제1항 및 제2항에 따른 임시조치의 청구 또는 그 신청을 요청하거나 이에 관하여 의견을 진술할 수 있다.

④ 제3항에 따른 요청을 받은 사법경찰관은 제1항 및 제2항에 따른 임시조치를 신청하지 아니하는 경우에는 검사에게 그 사유를 보고하여야 한다.

제29조(임시조치) ① 판사는 가정보호사건의 원활한 조사·심리 또는 피해자 보호를 위하여 필요하다고 인정하는 경우에는 결정으로 가정폭력행위자에게 다음 각 호의 어느 하나에 해당하는 임시조치를 할 수 있다.

1. 피해자 또는 가정구성원의 주거 또는 점유하는 방실(房室)로부터의 퇴거 등 격리
2. 피해자 또는 가정구성원이나 그 주거·직장 등에서 100미터 이내의 접근 금지
3. 피해자 또는 가정구성원에 대한「전기통신기본법」제2조제1호의 전기통신을 이용한 접근 금지
4. 의료기관이나 그 밖의 요양소에의 위탁
5. 국가경찰관서의 유치장 또는 구치소에의 유치
6. 상담소등에의 상담위탁

위에서 살펴본 바와 같이 피고소인의 고소인에 대한 상해, 폭행, 협박행위 등은 과거부터 계속되어 왔고, 현재까지도 이어지고 있습니다.

고소인은 향후 피고소인과 동거하고 있는 거주지를 떠나 자녀 OOO을 데리고 안전한 장소에서 생활할 예정인바, 피고소인에게 최소한 '고소인'의 ① 주거, 학교 또는 보호시설 등에서 100미터 이내의 접근 금지, ② 전기통신을 이용한 접근 금지 등의 임시조치를 명하여 주시기 바랍니다.

고소인의 행위는 가정폭력범죄의 처벌 등에 관한 특례법 제2조 제3호에서 규정하고 있는 가정폭력범죄임이 명백한 바, 같은 법 제8조, 제29조에 따라 임시조치를 신청하여 주시기를 요청드립니다.

나. 자녀 000 보호를 위한 임시조치 요청

> **[아동학대범죄의 처벌 등에 관한 특례법(약칭: 아동학대처벌법)]**
> **제14조(임시조치의 청구)** ① 검사는 아동학대범죄가 재발될 우려가 있다고 인정하는 경우에는 직권으로 또는 사법경찰관이나 보호관찰관의 신청에 따라 법원에 제19조 제1항 각 호의 임시조치를 청구할 수 있다.
> ② 피해아동등, 그 법정대리인, 변호사, 시·도지사, 시장·군수·구청장 또는 아동보호전문기관의 장은 검사 또는 사법경찰관에게 제1항에 따른 임시조치의 청구 또는 그 신청을 요청하거나 이에 관하여 의견을 진술할 수 있다.
> ③ 제2항에 따른 요청을 받은 사법경찰관은 제1항에 따른 임시조치를 신청하지 아니하는 경우에는 검사 및 임시조치를 요청한 자에게 그 사유를 통지하여야 한다.
> **제19조(아동학대행위자에 대한 임시조치)** ① 판사는 아동학대범죄의 원활한 조사·심리 또는 피해아동등의 보호를 위하여 필요하다고 인정하는 경우에는 결정으로 아동학대행위자에게 다음 각 호의 어느 하나에 해당하는 조치(이하 "임시조치"라 한다)를 할 수 있다.
> 1. 피해아동등 또는 가정구성원(「가정폭력범죄의 처벌 등에 관한 특례법」 제2조제2호에 따른 가정구성원을 말한다. 이하 같다)의 주거로부터 퇴거 등 격리
> 2. 피해아동등 또는 가정구성원의 주거, 학교 또는 보호시설 등에서 100미터 이내의 접근 금지
> 3. 피해아동등 또는 가정구성원에 대한 「전기통신기본법」 제2조제1호의 전기통신을 이용한 접근 금지
> 4. 친권 또는 후견인 권한 행사의 제한 또는 정지
> 5. 아동보호전문기관 등에의 상담 및 교육 위탁
> 6. 의료기관이나 그 밖의 요양시설에의 위탁
> 7. 경찰관서의 유치장 또는 구치소에의 유치
> ② 제1항 각 호의 처분은 병과할 수 있다.

피고소인의 자녀 000에 대한 신체적·정신적 학대가 이루어지고 있습니다(피고소인은 고소인이 있는 자리에서도 주저하지 않고 자녀 000에게 욕을 하거나 폭행을 가하고

있는바, 고소인이 없는 때에는 얼마나 많은 아동학대가 이루어지고 있을지 짐작조차 하기 어렵습니다).

고소인이 현재 제일 걱정되는 부분은 자녀가 엄마인 피고소인으로부터 학대를 받더라도 고소인에게 제대로 말을 하지 못한다는 점입니다. 이러한 아동 학대는 심각한 수준이지만 자녀 000은 피고소인이 무서워서 자신이 당한 학대사실을 고소인에게 알리는 것을 극도로 두려워하고 있습니다. 이에 자녀 000의 스트레스는 극에 다다른 상황입니다.

이러한 상황에서 피고소인의 자녀 000에 대한 접근금지 등 격리가 이루어지지 않은 상태에서 피고소인에 대한 조사가 이루어진다면 피고소인은 아이들이 자신에게 학대받았다는 사실을 고소인에게 말했다는 것을 알게 될 것이고 피고소인의 상태를 고려하면 자녀 000의 기본적인 안위조차 장담할 수가 없는 상황입니다.

이에 고소인은 자녀 000의 아버지로서 법정대리인의 자격에서 임시조치를 하오니 피고소인에게 최소한 '자녀 000'의 ① 주거, 학교 또는 보호시설 등에서 100미터 이내의 접근 금지, ② 전기통신을 이용한 접근 금지 등의 임시조치를 명하여 주시기 바랍니다.

7. 결론
피고소인은 ① 고소인에 대한 상해·폭행·협박, ② 자녀 000에 대한 학대행위로 심대한 정신적·육체적 해악을 끼치고 있는바 법에 따라 엄중히 수사하시어 처벌하여 주시기 바랍니다.

8. 증거 자료
- □ 고소인은 고소인의 진술 외에 제출할 증거가 없습니다.
- ■ 고소인은 고소인의 진술 외에 제출할 증거가 있습니다.
  - → 별지로 첨부합니다.

8. 관련 사건의 수사 및 재판 여부

① 중복 고소 여부	본 고소장과 같은 내용의 고소장을 다른 검찰청 또는 경찰서에 제출하거나 제출하였던 사실이 있습니다 ☐ / 없습니다 ■
② 관련 형사사건 수사 유무	본 고소장에 기재된 범죄사실과 관련된 사건 또는 공범에 대하여 검찰청이나 경찰서에서 수사 중에 있습니다 ☐ / 수사 중에 있지 않습니다 ■
③ 관련 민사소송 유 무	본 고소장에 기재된 범죄사실과 관련된 사건에 대하여 법원에서 민사소송 중에 있습니다 ☐ / 민사소송 중에 있지 않습니다 ■

9. 기타
(고소내용에 대한 진실확약)

　　본 고소장에 기재한 내용은 고소인이 알고 있는 지식과 경험을 바탕으로 모두 사실대로 작성하였으며, 만일 허위사실을 고소하였을 때에는 형법 제156조 무고죄로 처벌받을 것임을 서약합니다.

2000.　00.　.

고소인　　　　　○ ○ ○

00경찰서 귀중

제출기관	범죄지, 피의자의 주소, 거소 또는 현재지의 경찰서, 검찰청	공소시효	7년
고소권자	. 아동학대범죄의 처벌 등에 관한 특례법 제10조 제2항 . 동법 제10조의4 제1항	소추요건	
제출부수	고소장 1부	관련법규	아동복지법 제17조, 제71조
범죄성립 요 건	보호자를 포함한 성인이 아동의 건강 또는 복지를 해치거나 정상적 발달을 저해할 수 있는 신체적 · 정신적 · 성적 폭력이나 가혹행위를 하는 것과 아동의 보호자가 아동을 유기하거나 방임한 때		
형 량	• 5년 이하의 징역 • 5,000만원 이하의 벌금		
불기소 처분 등에 대한 불복절차 및 기간	(항고) • 근거 : 검찰청법 10조 • 기간 : 처분결과의 통지를 받은 날부터 30일(검찰청법 10조4항) (재정신청) • 근거 : 형사소송법 제260조 • 기간 : 항고기각 결정을 통지받은 날 또는 동법 제260조 제2항 각 호의 사유가 발생한 날부터 10일(형사소송법 제260조 제3항) (헌법소원) • 근거 : 헌법재판소법 68조 • 기간 : 그 사유가 있음을 안 날로부터 90일 이내에, 그 사유가 있은 날로부터 1년 이내에 청구하여야 한다. 다만, 다른 법률에 의한 구제절차를 거친 헌법소원의 심판은 그 최종결정을 통지받은 날로부터 30일 이내에 청구(헌법재판소법 69조)		

59. 통신비밀보호법위반

제3조(통신 및 대화비밀의 보호)

① 누구든지 이 법과 형사소송법 또는 군사법원법의 규정에 의하지 아니하고는 우편물의 검열·전기통신의 감청 또는 통신사실확인자료의 제공을 하거나 공개되지 아니한 타인간의 대화를 녹음 또는 청취하지 못한다. 다만, 다음 각호의 경우에는 당해 법률이 정하는 바에 의한다.

1. 환부우편물등의 처리 : 우편법 제28조·제32조·제35조·제36조등의 규정에 의하여 폭발물등 우편금제품이 들어 있다고 의심되는 소포우편물(이와 유사한 우편물을 포함한다) 을 개피하는 경우, 수취인에게 배달할 수 없거나 수취인이 수령을 거부한 우편물을 발송인에게 환부하는 경우, 발송인의 주소·성명이 누락된 우편물로서 수취인이 수취를 거부하여 환부하는 때에 그 주소·성명을 알기 위하여 개피하는 경우 또는 유가물이 든 환부불능우편물을 처리하는 경우
2. 수출입우편물에 대한 검사 : 관세법 제256조·제257조 등의 규정에 의한 신서 외의 우편물에 대한 통관검사절차
3. 구속 또는 복역중인 사람에 대한 통신 : 형사소송법 제91조, 군사법원법 제131조, 「형의 집행 및 수용자의 처우에 관한 법률」 제41조·제43조·제44조 및 「군에서의 형의 집행 및 군수용자의 처우에 관한 법률」 제42조·제44조 및 제45조에 따른 구속 또는 복역중인 사람에 대한 통신의 관리
4. 파산선고를 받은 자에 대한 통신 : 「채무자 회생 및 파산에 관한 법률」 제484조의 규정에 의하여 파산선고를 받은 자에게 보내온 통신을 파산관재인이 수령하는 경우
5. 혼신제거등을 위한 전파감시 : 전파법 제49조 내지 제51조의 규정에 의한 혼신제거등 전파질서유지를 위한 전파감시의 경우

② 우편물의 검열 또는 전기통신의 감청(이하 "통신제한조치"라 한다)은 범죄수사 또는 국가안전보장을 위하여 보충적인 수단으로 이용되어야 하며, 국민의 통신비밀에 대한 침해가 최소한에 그치도록 노력하여야 한다.

③ 누구든지 단말기기 고유번호를 제공하거나 제공받아서는 아니된다. 다만, 이동전화단말기 제조업체 또는 이동통신사업자가 단말기의 개통처리 및 수리 등 정당한 업무의 이행을 위하여 제공하거나 제공받는 경우에는 그러하지 아니하다.

가. 개념

누구든지 타인간의 대화내용을 녹음할 수 없고, 전기통신을 도청·감청할 수 없다. 이를 어기면 제16조에 따라 1년 이상 10년 이하의 징역의 대상이 된다. 통신비밀보호법 이라서 온라인으로 소통하는 대화내용만 보호대상이 될 것 같지만, 제3조는 전기통신 뿐만 아니라 오프라인에서 이루어지는 사람 간의 대화내용도 보호대상으로 한다.

나. 구성요건

통신비밀보호법은 공개되지 않은 타인 간의 대화에 관하여 다음과 같이 정하고 있다. 누구든지 이 법과 형사소송법 또는 군사법원법의 규정에 의하지 않고는 공개되지 않은 타인 간의 대화를 녹음하거나 청취하지 못하고(제3조 제1항), 위와 같이 금지하는 청취 행위는 전자장치 또는 기계적 수단을 이용한 경우로 제한된다(제14조 제1항). 그리고 제3조의 규정을 위반하여 공개되지 않은 타인 간의 대화를 녹음 또는 청취한 자(제1호) 와 제1호에 의하여 지득한 대화의 내용을 공개하거나 누설한 자(제2호)는 제16조 제1항 에 따라 처벌받는다.

위와 같은 통신비밀보호법의 내용과 형식, 통신비밀보호법이 공개되지 않은 타인 간의 대화에 관한 녹음 또는 청취에 대하여 제3조 제1항에서 일반적으로 이를 금지하고 있는 데도 제14조 제1항에서 구체화하여 금지되는 행위를 제한하고 있는 입법 취지와 체계 등에 비추어 보면, 통신비밀보호법 제14조 제1항의 금지를 위반하는 행위는 통신비밀 보호법과 형사소송법 또는 군사법원법의 규정에 따른 것이라는 등의 특별한 사정이 없는 한, 제3조 제1항 위반행위에 해당하여 제16조 제1항 제1호의 처벌대상이 된다고 해석해야 한다.

통신비밀보호법 제3조 제1항이 공개되지 않은 타인 간의 대화를 녹음 또는 청취하지 못하도록 한 것은 대화에 원래부터 참여하지 않는 제3자가 대화를 하는 타인 간의 발언 을 녹음하거나 청취해서는 안 된다는 취지이다. 따라서 대화에 원래부터 참여하지 않는 제3자가 일반 공중이 알 수 있도록 공개되지 않은 타인 간의 발언을 녹음하거나 전자장치 또는 기계적 수단을 이용하여 청취하는 것은 특별한 사정이 없는 한 제3조 제1항에 위반된다.

'공개되지 않았다.'는 것은 반드시 비밀과 동일한 의미는 아니고, 구체적으로 공개된 것인지는 발언자의 의사와 기대, 대화의 내용과 목적, 상대방의 수, 장소의 성격과 규모, 출입의 통제 정도, 청중의 자격 제한 등 객관적인 상황을 종합적으로 고려하여 판단해야 한다.[170]

이렇듯 본죄는 공개되지 아니한 사람 간의 대화의 녹음만을 보호하므로 공개석상의 대화내용은 녹음해도 무방하며, 타인간의 대화내용이므로 본인이 대화의 당사자가 된다면 본 법의 처벌대상이 되지 않는다. 그리고 타인간의 대화에 해당하지만 대화당사자 모두의 동의를 얻은 경우에는 검열이나 감청에는 해당된다고 보지 않아 처벌대상이 되지 않는다. 그러나 대화당사자 일방의 동의를 얻은 제3자의 녹음의 경우에는 처벌대상이 된다.[171]

다. 처벌

다음 각 호의 어느 하나에 해당하는 자는 1년 이상 10년 이하의 징역과 5년 이하의 자격정지에 처한다.

1. 제3조의 규정에 위반하여 우편물의 검열 또는 전기통신의 감청을 하거나 공개되지 아니한 타인간의 대화를 녹음 또는 청취한 자
2. 제1호에 따라 알게 된 통신 또는 대화의 내용을 공개하거나 누설한 자(통신비밀보호법 제16조 제1항)

---

170) 대법원 2022. 8. 31. 선고 2020도1007 판결.
171) 대법원 2002. 10. 8. 선고 2002도123 판결.

고　소　장

1. 고소인

성　명 (상호·대표자)	박 0 0	주민등록번호	000000-0000000
주　소 (주사무소 소재지)	00도 00시 00구 00로00길 00		
직　업		사무실 주소	
전　화	(휴대폰) 010-0000-0000　　(사무실)		
이메일			
대리인에 의한 고소	▫ 법정대리인 (성명 :　　, 연락처　　) ▫ 고소대리인 (성명:　　　)		

2. 피고소인

성　명	강 0 0	주민등록번호	000000-0000000
주　소	00도 00시 00구 00로00길 00		
직　업	00	사무실 주소	
전　화	(휴대폰) 010-0000-0000　　(사무실)		
이메일			
기타사항			

3. 고소 취지

고소인은 피고소인을 통신비밀보호법 위반(통신비밀보호법 제3조 제1항)죄로 고소하오니 엄중한 수사로 처벌하여 주시기 바랍니다.

4. 사건의 경위

가. 고소인과 피고소인의 관계

고소인과 피고소인은 2000. 00. 00. 혼인신고를 마친 법률상의 부부입니다(참고자료 1 혼인관계증명서). 한편 고소인은 조만간 00가정법원에 피고소인을 상대로 이혼 및 위자료를 구하는 소송을 제기하기 위해 준비중입니다.

나. 피고소인의 통신비밀보호법 위반행위

피고소인은 2000. 00. 00. 무렵 00도 00시 00구 00로00길 00에 있는 고소인과 피고소인의 거주지에서 불상의 방법으로 고소인과 고소인의 어머니 사이의 대화를 녹음하여 취득하였습니다.

2000. 00. 00.경 피고소인은 고소인에게 "고소인의 어머니가 나(=피고소인)를 '미친 000'라고 하는 소리를 들었다"라는 이야기를 했습니다. 그런데 고소인의 어머니는 피고소인 앞에서 그런 말을 한 적이 없습니다. 고소인 또한 고소인의 어머니가 언제 그와 같은 이야기를 했는지 기억나지 않아 의아했습니다.

위와 같이 피고소인은 피고소인은 고소인과 피고소인의 거주지에 도청장치를 설치하여두고, 고소인이 제3자와 나눈 공개되지 아니한 타인간의 통화내용을 불법으로 녹음하였습니다.

다. 고소인이 이 사건 고소를 결심하게 된 이유

고소인에게는 통신비밀을 보호받을 권리가 있음에도 불구하고, 피고소인은 고소인의 권리를 묵살한 채 불법적으로 녹취한 내용을 가지고 장래 진행될지 모르는 이혼소송에서 유리한 지위를 차지하거나 고소인의 약점을 확보하려고 하였습니다.

이제라도 피고소인의 위와 같은 행위를 멈추게 하기 위해 이 사건 고소를 결심하게 되었습니다.

5. 범죄 사실

-통신비밀보호법-

> 제3조(통신 및 대화비밀의 보호) ① 누구든지 이 법과 형사소송법 또는 군사법원법의 규정에 의하지 아니하고는 우편물의 검열·전기통신의 감청 또는 통신사실확인자료의 제공을 하거나 공개되지 아니한 타인간의 대화를 녹음 또는 청취하지 못한다. 다만, 다음 각호의 경우에는 당해 법률이 정하는 바에 의한다
>
> 제16조(벌칙) ① 다음 각 호의 어느 하나에 해당하는 자는 <u>1년 이상 10년 이하의 징역과 5년 이하의 자격정지에 처한다.</u>
>
> 1. 제3조의 규정에 위반하여 우편물의 검열 또는 전기통신의 감청을 하거나 <u>공개되지 아니한 타인간의 대화를 녹음 또는 청취한 자</u>
> 2. 제1호에 따라 알게 된 통신 또는 대화의 내용을 공개하거나 누설한 자

6. 결론

한편 위와 같이 피고소인의 녹음이 확인된 것은 2000. 00. 00.경의 일이지만, 피고소인의 행태와 정황 등을 살펴보면 분명 녹음은 상당한 기간 동안 일어난 것으로 보이며, 고소인은 현재 피고소인이 집에 없는 도중에도 고소인의 주거지에 불상의 방법으로 녹음기를 은닉하여 고소인의 모든 말을 녹음하고 있는 것이 아닌가 하는 의심에 시달리고 있습니다.

이를 엄밀히 살피시어 피고소인을 엄벌에 처해주시기 바랍니다.

7. 증거 자료

□ 고소인은 고소인의 진술 외에 제출할 증거가 없습니다.
■ 고소인은 고소인의 진술 외에 제출할 증거가 있습니다.
☞ 제출할 증거의 세부내역은 별지를 작성하여 첨부합니다.

8. 관련 사건의 수사 및 재판 여부

① 중복 고소 여부	본 고소장과 같은 내용의 고소장을 다른 검찰청 또는 경찰서에 제출하거나 제출하였던 사실이 있습니다 □ / 없습니다 ■
② 관련 형사사건 수사 유무	본 고소장에 기재된 범죄사실과 관련된 사건 또는 공범에 대하여 검찰청이나 경찰서에서 수사 중에 있습니다 □ / 수사 중에 있지 않습니다 ■
③ 관련 민사소송 유 무	본 고소장에 기재된 범죄사실과 관련된 사건에 대하여 법원에서 민사소송 중에 있습니다 □ / 민사소송 중에 있지 않습니다 ■

9. 기타

(고소내용에 대한 진실확약)

본 고소장에 기재한 내용은 고소인이 알고 있는 지식과 경험을 바탕으로 모두 사실대로 작성하였으며, 만일 허위사실을 고소하였을 때에는 형법 제156조 무고죄로 처벌받을 것임을 서약합니다.

2000.   00.   .

고소인   박 0 0 (인)

00경찰서 귀중

별지 : 증거자료 세부 목록

순번	증거	소유자	제출 유무
1	혼인관계증명서	고소인	■ 접수시 제출 □ 수사 중 제출
2	USB(불법녹음사실 시인한 피고소인의 발언내용)	고소인	■ 접수시 제출 □ 수사 중 제출
3			□ 접수시 제출 □ 수사 중 제출
4			□ 접수시 제출 □ 수사 중 제출
5			□ 접수시 제출 □ 수사 중 제출

제출기관	범죄지, 피의자의 주소, 거소 또는 현재지의 경찰서, 검찰청	공소시효	
고소권자	피해자	소추요건	
제출부수	고소장 1부	관련법규	통신비밀보호법 제3조
범죄성립 요 건	허락 없이 타인간의 대화내용을 녹음하거나 전기통신을 도청·감청한 때		
형 량	• 1년 이상 10년 이하의 징역 • 5년 이하의 자격정지		
불기소 처분 등에 대한 불복절차 및 기간	(항고) • 근거 : 검찰청법 10조 • 기간 : 처분결과의 통지를 받은 날부터 30일(검찰청법 10조4항) (재정신청) • 근거 : 형사소송법 제260조 • 기간 : 항고기각 결정을 통지받은 날 또는 동법 제260조 제2항 각 호의 사유가 발생한 날부터 10일(형사소송법 제260조 제3항) (헌법소원) • 근거 : 헌법재판소법 68조 • 기간 : 그 사유가 있음을 안 날로부터 90일 이내에, 그 사유가 있는 날로부터 1년 이내에 청구하여야 한다. 다만, 다른 법률에 의한 구제절차를 거친 헌법소원의 심판은 그 최종결정을 통지받은 날로부터 30일 이내에 청구(헌법재판소법 69조)		

[서식(고소장) – 통신비밀보호법 위반, 폭행죄,자동차수색죄, 스토킹범죄의처벌등에관한법률위반죄 등]

고 소 장

1. 고소인

성 명	전○○	주민등록번호	000000-0000000
주 소	00시 00구 00로 000		
직 업		사무실 주소	
전 화	010-0000-0000		
이메일			
대리인에 의한 고소	□ 법정대리인 (성명 : ,연락처) ■ 고소대리인 (성명 :)		

2. 피고소인

성 명	박○○	주민등록번호	000000-0000000
주 소	00시 00구 00로 000		
직 업		사무실 주소	
전 화			
기타사항			

성 명	손○○	주민등록번호	000000-0000000
주 소	00시 00구 00로 000		
직 업		사무실 주소	
전 화			
기타사항			

3. 고소취지

고소인은 피고소인 박00을 폭행죄, 자동차 수색죄, 통신비밀보호법 위반죄, 피고소인 손00을 스토킹범죄의처벌등에관한법률위반죄로 고소하오니 엄중히 수사 후 처벌하여 주시기 바랍니다.

4. 당사자의 관계

고소인과 피고소인 박00은 2000. 00. 00. 혼인신고를 마친 법률상의 부부이고 현재 고소인은 피고소인 박00과 이혼 소송을 준비 중입니다. 한편, 피고소인 손00은 소외 고00의 배우자로 고소인에게 손해배상청구 소송을 제기한 자입니다.

소외 정00는 현재 고소인과 동거하고 있는 자이고 고소인과 정00 사이에는 아이가 있습니다.

5. 피고소인 박00의 범죄사실
가. 폭행죄

피고소인은 2000. 00. 00. 새벽 00:00경까지 술을 마시고 귀가하더니 자고 있던 고소인을 깨워 시비를 걸기 시작하였고 이를 말리는 고소인의 머리채를 잡거나 자신의 손톱으로 고소인의 손, 팔, 어깨 등을 할퀴거나 때리는 등의 폭행을 하였습니다(증 제1호증 피고소인 박00의 폭행 사진).

나. 자동차 수색죄, 통신비밀보호법 위반

피고소인은 고소인과의 1차 이혼 소송이 진행 중이던 2000. 00. 00. 고소인의 승용차에서 고소인이 지인과 나눈 전화 통화 내용을 불법적으로 취득하였고 이를 녹취록으로 만들어서 2000. 00. 00. 법원에 제출하였습니다(증 제2호증 피고소인 박00이 제출한 녹취록).

고소인은 승용차의 키를 분실한 줄로만 알고 있었는데 실제로는 피고소인 박00이 가지고 있었고 이를 기회로 피고소인의 승용차에 침입하여 도청 장치를 설치한 것으로 추정됩니다.

피고소인 박00은 이와 관련하여 우연히 고소인 승용차의 키를 취득하여 고소인 승용차 내부에 있는 블랙박스를 확인하였고 고소인과 지인의 전화 통화 내용을 확인하였다고 주장하지만, 블랙박스에 음성녹음기능은 있으나 고소인은 평소에 녹음기능은 꺼놓은 상태로 다니기 때문에 블랙박스에서 피고소인이 녹취하였을 가능성은 없고 별도의 도청장치에 의하여 고소인과 지인의 전화 통화 내용을 녹음하였을 것으로 생각됩니다.

그리고 만약, 고소인의 착오로 블랙박스에 녹음기능이 켜져 있었다고 가정하더라도 블랙박스에는 수많은 녹음이 되어 있을텐데 어떻게 피고소인이 정확히 2000. 00. 00. 전화 통화 내용만 정확히 확인할 수 있었는지도 의문입니다.

백번 양보하여 위 전화 통화 내용을 도청 장치를 통하여 취득한 것이 아니라 피고소인의 주장처럼 블랙박스에 녹음이 되어 있었다고 하더라도 피고소인이 이혼 소송 중인 고소인의 의사에 반하여 소지하고 있던 차량 열쇠를 이용하여 고소인이 관리하는 차량의 문을 열고 들어가서 차량 내부에 설치된 블랙박스 영상을 뒤지고 고소인과 지인의 전화 통화를 녹취하였으므로 형법 제321조의 자동차 수색죄와 통신비밀보호법 위반이 명백합니다.

피고소인의 정확한 죄명을 판단하기 위하여 피고소인이 정말로 위 녹취록의 녹취파일을 블랙박스로부터 취득하였는지를 확인하여 주시기 바랍니다.

다. 고소인과 정00의 웨딩사진을 취득한 행위

피고소인은 현재 고소인과 동거하는 정00를 상대로 2000. 00. 00. 손해배상청구 소송을 진행하면서(서울00지방법원 2000가단000) 2000. 00. 00. 피고소인과 정00가 웨딩사진을 촬영한 0000 스튜디오에게 두 사람의 웨딩사진을 제출할 것을 사실조회신청을 통하여 요청하였으나(증 제3호증 피고소인 박00의 사실조회 신청서) 0000 스튜디오에서는 웨딩사진을 제출하지 않았습니다.

그런데 고소인은 2000. 00. 00. 위 서울00지방법원 2000가단000 사건에서 전부 패소하자 2000. 00. 00. 항소하였고(서울00지방법원 2000나000), 2000. 00. 00. 항소이유서를 제출하면서 피고소인과 정소희의 웨딩사진을 증거로 제출하였습니다 (증 제4호증 고소인과 정소희의 웨딩사진).

고소인은 피고소인이 제출한 증거를 보고 매우 놀랐는데 그 이유는 첫 번째로 고소인은 일찍이 0000 스튜디오 측에 웨딩사진을 폐기할 것을 요청하였고, 두 번째로 피고소인이 제출한 사진은 고소인조차 가지고 있지 않은 사진들이 대량으로 있었기 때문입니다. 피고소인이 제출한 웨딩사진은 단순히 한두 장이 아니라 증 제4호증의 25페이지 ~ 끝 페이지(피고소인이 갑 제10호증의 25로 제출한)를 보면 알 수 있듯이 616장에 이룹니다. 또한, 파일명을 보더라도 스튜디오에서 찍은 사진의 파일을 파일명 등을 가공하지 않고 그대로 제출하였음을 알 수 있습니다.

이에 고소인은 2000. 00. 00. 0000 스튜디오에 연락해서 피고소인에게 웨딩사진을 제공한 사실이 있는지 문의하였는데 엘 스튜디오에서는 제공한 사실이 없다고 답변하였습니다.

웨딩사진을 적법하게 소유할 수 있는 자는 사진 촬영 계약의 당사자인 고소인, 정00와 0000 스튜디오뿐입니다. 피고소인 또한 이를 잘 알고 있었기에 서울00지방법원 2000가단000 사건에서 재판부를 통하여 0000 스튜디오에게 웨딩사진을 제출할 것을 요청하였던 것입니다.

그러나 고소인과 정00, 0000 스튜디오 전부 피고소인에게 사진을 제공한 사실이 없음에도 피고소인은 2000. 00. 00. 웨딩사진을 증거로 제출하였는바, 피고소인이 위 웨딩사진을 취득한 경위를 확인할 필요가 있습니다.

현재로서는 피고소인이 위 웨딩사진을 취득한 정확한 경위를 확인할 수가 없어서 죄목을 특정하기가 어려우나 예를 들어 피고소인이 0000 스튜디오에 무단으로 침입하여 PC에서 위 사진들을 반출하였다면 방실침입죄, 업무방해죄, 정보통신망이용촉진및정보보호등에관한법률위반죄 등이 성립될 것입니다.

6. 피고소인 손00의 범죄사실

피고소인은 2000. 00. 00. 고소인에게 제기한 사건의 소장 사본을 정00가 근무하는 어린이집으로 보냈습니다(증 제6호증 피고소인 손00이 정00에게 보낸 우편물).

정00는 2000. 00. 00. 00:00경 위 우편물을 받았고 모르는 사람이 보낸 것이었지만 직장으로 온 우편이기에 업무와 관련이 있는 것으로 여기고 별 생각없이 우편물을 개봉하였습니다.

그러나 그 안에는 피고소인이 고소인에게 제기한 소장의 사본이 들어있었고 정00는 소스라치게 놀랄 수밖에 없었습니다. 정00는 떨리는 마음으로 고소인에게 연락해서"무섭다. 어떻게 내 직장 주소를 알았는지 두렵다."라고 하였고 고소인도 정00의 안전이 염려되어 공포심을 느꼈습니다.

스토킹범죄의 처벌 등에 관한 법률

제2조(정의) 이 법에서 사용하는 용어의 뜻은 다음과 같다.

1. "스토킹행위"란 상대방의 의사에 반(反)하여 정당한 이유 없이 다음 각 목의 어느 하나에 해당하는 행위를 하여 상대방에게 불안감 또는 공포심을 일으키는 것을 말한다.

   가. 상대방 또는 그의 동거인, 가족(이하 "상대방등"이라 한다)에게 접근하거나 따라다니거나 진로를 막아서는 행위

   나. 상대방등의 주거, 직장, 학교, 그 밖에 일상적으로 생활하는 장소(이하 "주거등"이라 한다) 또는 그 부근에서 기다리거나 지켜보는 행위

   다. 상대방등에게 우편·전화·팩스 또는「정보통신망 이용촉진 및 정보보호 등에 관한 법률」제2조제1항제1호의 정보통신망(이하 "정보통신망"이라 한다)을 이용하여 물건이나 글·말·부호·음향·그림·영상·화상(이하 "물건등"이라 한다)을 도달하게 하거나 정보통신망을 이용하는 프로그램 또는 전화의 기능에 의하여 글·말·부호·음향·그림·영상·화상이 상대방등에게 나타나게 하는 행위

   라. 상대방등에게 직접 또는 제3자를 통하여 물건등을 도달하게 하거나 주거등 또는 그 부근에 물건등을 두는 행위

   마. 상대방등의 주거등 또는 그 부근에 놓여져 있는 물건등을 훼손하는 행위

   바. 다음의 어느 하나에 해당하는 상대방등의 정보를 정보통신망을 이용하여 제3자에게 제공하거나 배포 또는 게시하는 행위

      1)「개인정보 보호법」제2조제1호의 개인정보

      2)「위치정보의 보호 및 이용 등에 관한 법률」제2조제2호의 개인위치정보

      3) 1) 또는 2)의 정보를 편집·합성 또는 가공한 정보(해당 정보주체를 식별할 수 있는 경우로 한정한다)

   사. 정보통신망을 통하여 상대방등의 이름, 명칭, 사진, 영상 또는 신분에 관한 정보를 이용하여 자신이 상대방등인 것처럼 가장하는 행위

2. "스토킹범죄"란 지속적 또는 반복적으로 스토킹행위를 하는 것을 말한다.

3. "피해자"란 스토킹범죄로 직접적인 피해를 입은 사람을 말한다.

4. "피해자등"이란 피해자 및 스토킹행위의 상대방을 말한다.

피고소인은 자신과 전혀 상관없는 제3자이자 고소인과 함께 사는 정00에게 악의적으로 우편물을 보내서(그것도 직장 주소로 보냈습니다) 고소인과 정00에게 불안감, 공포심을 일으키게 하였으며 <u>피고소인의 이러한 행위는 정당한 이유가 전혀 없는, 그야말로 오직"피고소인과 정00를 괴롭히기 위한"목적에 불과합니다.</u>

덧붙여 고소인은 정00는 공인이 아닌 평범한 일반인에 불과한바, 피고소인이 <u>정00의 직장 주소를 어떻게 알아내었는지</u>도 의문입니다. 이에 피고소인이 정00의 직장 주소를 알아낸 부분에 위법한 점은 없는지도 확인을 부탁드립니다.

7. 결론

부디 피고소인들을 엄중히 수사하여 처벌하여 주시기 바랍니다.

8. 증거 자료

1. 증 제1호증

2000. 00. 00.

고소인　　　　전 0 0　　(인)

00경찰서　귀중

60. 기타 고소관련 서류

[서식] 위임장 - 고소대리

<table>
<tr><td colspan="2" align="center">위 임 장</td></tr>
<tr><td>사 건</td><td></td></tr>
<tr><td>당 사 자</td><td>고 소 인
피고소인</td></tr>
<tr><td colspan="2">위 사건에 관하여 다음 표시 수임인을 대리인으로 선임하고 다음 표시 권한을 수여한다.</td></tr>
<tr><td>수 임 인</td><td>변호사 ○ ○ ○
○○시 ○○구 ○○로 ○○(○○동)
전화 :　　　　　　팩스 :</td></tr>
<tr><td>수권사항</td><td>1. 고소장을 비롯한 고소관련 각종 서류작성 및 제출권한
2. 피고소인과의 협의, 조정, 화해, 합의 및 그 금원 수령권
3. 기타 본 고소와 관련한 일체의 권한</td></tr>
<tr><td colspan="2">
　　　　　　　　　　20○○.　　○.　　○.

　　　　　　　　　위임인 ○ ○ ○ (인)

○○경찰서　귀중
</td></tr>
</table>

발행번호 제   호

고소(고발장) 접수증명서

고소인 고발인	① 성 명		② 주민등록번호	
	③ 주 소			
피고소인 피고발인	④ 성 명		⑤ 주민등록번호	
	⑥ 주 소			
⑦ 사 건 번 호		○○지검 ○○지청 20○○형 제○○○○호		
⑧ 접 수 년 월 일		20○○. . .		
⑨ 죄 명				
⑩ 용 도			⑪ 신 청 인	

위와 같이 고소(고발)장이 접수되었음을 증명합니다.

20○○.   ○.   ○.

○ ○ 지 방 검 찰 청   검 사 장

61. 고발장

가. 의의

고발이란 고소권자 및 범인 이외의 제3자가 수사기관에 대하여 범죄사실을 신고하여 범인의 처벌을 희망하는 의사표시이다. 고발도 고소와 마찬가지로 처벌희망의 의사표시를 핵심요소로 하므로 단순한 범죄사실의 신고는 고발이 아니다. 고발도 원칙적으로 단순한 수사의 단서에 그친다. 그러나 예외적으로 공무원의 고발을 기다려 논할 수 있는 범죄에서는 친고죄의 고소와 같이 소송조건으로서의 성질을 갖는다.

[고소와 고발의 차이]

고소	고발
• 범죄 피해자와 그 밖의 고소 대리인이 범죄 사실을 수사기관에 알려 기소하고자 하는 의사표시(형사소송법 제223조 ~ 228조) • 고소는 고소권자에 의해 행하여져야 하고, 고소권이 없는자가 한 고소는 고소의 효력이 없으며, 자기 또는 배우자의 직계존속은 고소하지 못함 • 형사소송법상 고소권자로는 피해자, 피해자의 법정대리인, 피해자의 배우자 및 친족, 지정 고소권자가 있음(친고죄에 대해 고소할 자가 없는 경우 이해관계인의 신청이 있으면 검사는 10일 이내에 고소할 수 있는 자를 지정) • 고소는 제1심 판결 선고전까지 취소할 수 있으며, 고소를 취소한 자는 다시 고소하지 못함.	• 제3자가 범죄사실을 알고 수사기관에 알려 기소하고자 하는 의사표시(형사소송법 제234조 ~ 237조) • 누구든지 범죄가 있다고 사료되는 경우 고발을 할 수 있으나 자기 또는 배우자의 직계존속은 고발하지 못함. • 고발은 제1심 판결 선고전까지 취소할 수 있으며, 고소와 달리 고발은 취소한 후에도 다시 고발할 수 있음.

> **형사소송법**
>
> 제223조(고소권자) 범죄로 인한 피해자는 고소할 수 있다.
>
> 제234조(고발) ① 누구든지 범죄가 있다고 사료하는 때에는 고발할 수 있다.
>
> 제237조(고소, 고발의 방식) ① 고소 또는 고발은 서면 또는 구술로써 검사 또는 사법경찰관에게 하여야 한다.
>
> ② 검사 또는 사법경찰관이 구술에 의한 고소 또는 고발을 받은 때에는 조서를 작성하여야 한다.
>
> 제238조(고소, 고발과 사법경찰관의 조치) 사법경찰관이 고소 또는 고발을 받은 때에는 신속히 조사하여 관계서류와 증거물을 검사에게 송부하여야 한다.

나. 고발권자

누구든지 범죄가 있다고 사료되는 때에는 고발할 수 있다. 공무원은 그 직무를 행함에 있어 범죄가 있다고 사료되는 때에는 고발하여야 한다. 그러나 공무원이 그 직무와 관련 없이 알게 된 범죄에 대하여는 고발의무가 없다.

다. 고발의 방식

고발의 방식과 처리절차 및 그 제한에 관하여는 고소의 경우에 준한다. 그러나 고발의 경우에는 대리가 허용되지 않고, 고발기간에 제한이 없으며, 고발을 취소한 후에도 다시 고발할 수 있고 고발의 주관적 불가분의 원칙이 적용되지 아니한다는 점에서 고소와 차이가 있다.

라. 고발사건의 처리

경찰관서 민원실에서는 고소 · 고발, 진정 · 탄원 등 민원을 접수한 경우 해당 주무기능 (수사 · 형사 · 여청 · 교통과 등)으로 전달, 조사담당자를 지정하여 처리하는데, 통상적인 처리기간은 형사소송법 규정에 따라 고발을 수리한 날로부터 3개월 이내에 수사를 완료하여 공소제기 여부를 결정한다.

마. 고발 기한의 제한

고소 등 모욕 등 친고죄의 경우 범인을 알게 된 날로부터 6개월이 경과하면 고소할 수 없으며, 그 외의 범죄는 기간의 제한이 없다. 단, 성폭력범죄의처벌및피해자보호에 관한법률의 경우의 고소기간은 1년이다. 반면, 고발·진정·탄원 등은 기간의 제한이 없다.

바. 고발의 효력이 미치는 범위

판례는 '고발은 범죄사실에 대한 소추를 요구하는 의사표시로서 그 효력은 고발장에 기재된 범죄사실과 동일성이 인정되는 사실 모두에 미치므로, 범칙사건에 대한 고발이 있는 경우 그 고발의 효과는 범칙사건에 관련된 범칙사실의 전부에 미치고 한 개의 범칙사실의 일부에 대한 고발은 그 전부에 대하여 효력이 생기므로, 동일한 부가가치세의 과세기간 내에 행하여진 조세포탈기간이나 포탈액수의 일부에 대한 조세포탈죄의 고발이 있는 경우 그 고발의 효력은 그 과세기간 내의 조세포탈기간 및 포탈액수 전부에 미친다. 따라서 일부에 대한 고발이 있는 경우 기본적 사실관계의 동일성이 인정되는 범위 내에서 조세포탈기간이나 포탈액수를 추가하는 공소장변경은 적법하다'라고 판단(대법원 2009. 7. 23. 선고 2009도3282 판결)하여 범칙사실 일부에 대한 고발이라도 전부에 미친다고 보았다.

사. 고발장 작성방법

고발장은 고소장 작성과 동일하다고 보면 된다. 따라서 위에서 열거한 고소장의 표제를 고발장으로 바꾸고, 고소인을 고발인으로, 피고소인을 피고발인으로, 고소취지를 고발취지로, 고소이유를 고발이유로 변경만 하면 고소장을 곧바로 고발장으로 바꿀 수 있다. 이와 같은 방법에 따라 고발장에는 아래의 표기들을 하나씩 기재해 나가면 된다.

(1) 고발인과 피고발인의 인적사항(주소, 연락처 등)을 순서대로 적는다.

　　고발인이 신고를 하는 사람이고, 피고발인은 범죄 사실이 있어 고발을 당하는 사람.

(2) 고발 취지를 간명하게 작성한다.

(3) 육하원칙에 맞추어 고발 내용을 사실대로 작성한다.

(4) 증인 진술서 작성한다.

(5) 고발 날짜를 작성하고 고발인 란에 도장을 날인한다.

(6) 가까운 검찰청 민원봉사실에 우편을 발송하거나, 직접 찾아가 고발장을 전달한다.

고 발 장

고 발 인　　　이름(주민번호)

주소

연락처

피고발인　　　이름

주소

연락처 ※ 아는 대로만 작성하시면 됩니다.

고발이유

고발인은 피고발인을 죄명로 처벌을 구하오니 엄히 처벌하여 주시기 바랍니다.

고발사실

육하원칙에 의거 작성하시면 됩니다.

첨부자료

1. 첨부자료를 입력하시면 됩니다

2 0 1 3 .   .
고발인   이름

00경찰서 귀중

고 발 장

고 발 인 :　　○○○

　　　　　　○○시 ○○구 ○○동 ○○번지

피고발인 :　　○○○

　　　　　　○○시 ○○구 ○○동 ○○번지

고 발 취 지

피고발인에 대하여 상해죄 고발하오니 처벌하여 주시기 바랍니다.

고 발 사 실

고발인은 2000.　.　. 경 동네친구들과 어울려 놀다가 사소한 시비로 피고발인과 서로 몸싸움을 벌인바있는데 피고발인의 주위에서 맥주병을 주어 이를 깬 다음 고발인의 앞가슴 등을 찔러 4주간의 상해를 입게 한 바 있습니다.

고발인을 치료비만 보상해주면 문제 삼지 않기로 하였으나 치료비를 커녕 고의적으로 도주하여 부득이 법에 따른 처벌을 구하고자 고발하는 바입니다.

첨 부 서 류

1. 진단서   1통

20○○.   ○.   ○.
고발인 : ○○○

○○경찰서장 귀하

고 발 장

고 발 인 　ㅇ　ㅇ　ㅇ (000000-0000000)
　　　　　　ㅇㅇ시 ㅇㅇ구 ㅇㅇ로 ㅇㅇ(ㅇㅇ동)
　　　　　　(전화번호 : 000-0000)

피고발인 　1. ㅇ　ㅇ　ㅇ (000000-0000000)
　　　　　　　ㅇㅇ시 ㅇㅇ구 ㅇㅇ로 ㅇㅇ(ㅇㅇ동)
　　　　　　　(전화번호 : 000-0000)
　　　　　　2. ㅇ　ㅇ　ㅇ (000000-0000000)
　　　　　　　ㅇㅇ시 ㅇㅇ구 ㅇㅇ로 ㅇㅇ(ㅇㅇ동)
　　　　　　　(전화번호 : 000-0000)

고 발 취 지

피고발인들에 대하여 낙태죄로 고발하오니 처벌하여 주시기 바랍니다.

고 발 사 실

1. 고발인 ㅇㅇㅇ과 피고발인 김ㅇㅇ은 20ㅇㅇ. ㅇ. ㅇ. 동거에 들어간 사실혼 관계에 있었던 사람들입니다.

2. 고발인은 고발인의 친구인 고발외 ㅇㅇㅇ에 대한 상해사건에 의해 19ㅇㅇ. ㅇ. ㅇ.부터 20ㅇㅇ. ㅇ. ㅇ.까지 ㅇㅇ교도소에 수감된 바 있습니다.

3. 고발인이 ○○교도소에 수감 전 피발소인 김○○는 임신 ○주의 임부였는바 고발인
   은 고발인이 수감생활을 하던 20○○. ○. ○. 고발인의 수감생활에 따른 생활고와
   육아에 대한 부담에 의해 ○○시 ○○구 ○○로 ○○(○○동) 소재 ○○병원 산부
   인과전문의인 피고발인 이○○에게 임신 중의 태아를 낙태하여 줄 것을 요청하고,
   피고발인 이○○은 피고발인 김○○의 촉탁을 받아 동 병원 산부인과 수술실에서
   임신 ○주의 태아를 낙태한 것입니다.

4. 피고발인들은 모자보건법상의 낙태에 대한 규정에 따르지 않고 낙태시술에 이른
   것이므로 이들을 모두 의법 조치하여 주시기 바랍니다.

입 증 방 법

    1. 진단서
    1. 자술서(피고발인 김○○ 작성)
    조사시 자세히 진술하겠습니다.

20○○.　　○.　　○.
위 고발인　○　　○　　○　(인)

○○경찰서장　귀하

고 발 장

고 발 인   ○ ○ ○ (000000-0000000)
○○시 ○○구 ○○로 ○○(○○동)

피고발인   1. 김 ○ ○
○○시 ○○구 ○○로 ○○(○○동)
2. 이 ○ ○
○○시 ○○구 ○○로 ○○(○○동)
3. 박 ○ ○
○○시 ○○구 ○○로 ○○(○○동)
4. 최 ○ ○
○○시 ○○구 ○○로 ○○(○○동)

고 발 취 지

피고발인들을 도박죄로 고발하오니 처벌하여 주시기 바랍니다.

고 발 사 실

1. 피고발인들은 20○○. ○.경 각자 친구들을 통하여 서로 알게 되어 20○○. ○. ○. ○○시 ○○구 ○○동 ○○모텔에서 00:00경부터 00:00까지 1점당 ○○원씩 수십 회에 걸쳐 금 ○○○원을 걸고 고스톱을 친 사실이 있습니다.

2. 며칠 후인 20○○. ○. ○. 저녁 그들은 ○○시 ○○구 ○○호텔에서 다시 만나 이번에는 기왕 치는 것 화끈하게 치자며 점당 ○○○원씩 당일 00:00부터 그 다음 날 00:00까지 수십 회에 걸쳐 도합 ○○○원을 걸고 고스톱을 치고,

3. 그 다음날 같은 장소에서 같은 방법으로 점당 ○○○원씩 ○○여 회에 걸쳐 도합 금 ○○○만원 걸고 도박행위를 한 사실이 있는 자들로 고발조치 하오니 철저히 조사하시어 의법처리 하여 주시기 바랍니다.

입 증 방 법

조사시 자세히 진술하겠습니다.

20○○.   ○.   ○.

위 고발인 ○ ○ ○ (인)

○○경찰서장 귀하

고 발 장

고 발 인   ○   ○   ○ (○○○○○○ - ○○○○○○○)
          ○○시 ○○구 ○○동 ○○
          (전화번호 : ○○○ - ○○○○)

피고발인   ○   ○   ○ (○○○○○○ - ○○○○○○○)
          ○○시 ○○구 ○○동 ○○
          (전화번호 : ○○○ - ○○○○)

고 발 취 지

피고발인에 대하여 강제추행죄로 고발하오니 처벌하여 주시기 바랍니다.

고 발 이 유

1. 피고발인은 20○○. ○. ○. 20:00경 ○○시 ○○동 ○○단란주점에서 동 주점 종업원
   인 고발인과 술을 먹다 순간적으로 욕정을 일으켜 동인을 끌어안고 유방과 음부를
   손으로 만져서 고발인을 강제로 추행한 것입니다.

2. 따라서 위와 같은 사실로 피고발인을 고소하오니 철저히 조사하시어 처벌하여 주시기
   바랍니다.

입 증 방 법

조사시 자세히 진술하겠습니다.

                    20○○년 ○월 ○일
                위 고발인 ○ ○ ○ (인)

○○경찰서장   귀하

고　발　장

고 발 인　　○　　○　　○ (○○○○○○ - ○○○○○○○)
　　　　　　○○시 ○○구 ○○동 ○○
　　　　　　(전화번호 : ○○○ - ○○○○)

피고발인　　○　　○　　○ (○○○○○○ - ○○○○○○○)
　　　　　　○○시 ○○구 ○○동 ○○
　　　　　　(전화번호 : ○○○ - ○○○○)

고　발　취　지

피고발인을 상대로 모욕죄로 고소하오니 처벌하여 주시기 바랍니다.

고　발　이　유

1. 피고발인은 ○○상사를 경영하는 자로서, 20○○. ○. ○. 11:00경 ○○시 ○○동 ○○ 번지에 있는 ○○주식회사의 회의실에서 열린 위 회사의 채권단회의 석상에서 고발외 ○○○ 등 ○○이 모인 앞에서 "이 회사의 ○○○ 상무는 허수아비노릇만 하는 바보새끼다. 그런 놈은 당장 사표를 써야 한다."라고 큰 소리를 질러 공연히 고발인을 모욕한 자입니다.

2. 따라서 피고소인을 귀서에 고발하오니 철저히 조사하시어 처벌하여 주시기 바랍니다.

입　증　방　법

추후 조사시 제출하겠습니다.

20○○. ○. ○.
위 고발인　○　○　○ (인)

○○경찰서장　귀하

고 발 장

고 발 인   ○   ○   ○ (○○○○○○ - ○○○○○○○)

　　　　　○○시 ○○구 ○○동 ○○

　　　　　(전화번호 : ○○○ - ○○○○)

피고발인   ○   ○   ○ (○○○○○○ - ○○○○○○○)

　　　　　○○시 ○○구 ○○동 ○○

　　　　　(전화번호 : ○○○ - ○○○○)

고 발 취 지

피고발인에 대하여 사기죄로 고발하오니 처벌하여 주시기 바랍니다.

고 소 이 유

1. 피고발인은 건축업자인 바, 20○○. ○. ○.경 고발인에게 ○○시 ○○동 ○○번지 모텔의 공사를 도급 주더라도 그 대금을 지급할 의사나 능력이 없음에도 불구하고 "공사를 완공하면 1개월 안에 모텔을 담보로 대출을 받거나 매도하여 공사대금 3억원을 주겠다."고 거짓말하여 이에 속은 고발인으로 하여금 20○○. ○.경 공사를 완공하도록 한 뒤 공사대금을 지급하지 아니하므로 위 금액 상당의 재산상 이익을 취득한 것이다.

2. 따라서 피고발인을 귀서에 고발하오니 철저히 조사하시어 처벌하여 주시기 바랍니다.

첨 부 서 류

조사시 자세히 진술하겠습니다.

20○○년 ○월 ○일

위 고발인 ○   ○   ○ (인)

○○경찰서장   귀하

고 발 장

고 발 인   ○   ○   ○ (○○○○○○ - ○○○○○○○)

　　　　　　　○○시 ○○구 ○○동 ○○

　　　　　　　(전화번호 : ○○○ - ○○○○)

피고발인   ○   ○   ○ (○○○○○○ - ○○○○○○○)

　　　　　　　○○시 ○○구 ○○동 ○○

　　　　　　　(전화번호 : ○○○ - ○○○○)

고 발 취 지

피고발인에 대하여 명의도용죄로 고발하오니 처벌하여 주시기 바랍니다.

고 발 이 유

1. 20○○7. ○. ○. ○○시 ○○구 ○○동 ○○ 소재 피고발인에게 부동산매매 관련으로 인감증명과 인감을 건네주었습니다. 차후 서울보증보험에서 ○○○의 채무자와 연대보증인으로 되어 있는 것을 확인했습니다. ○○○○보험 측에서 고발인이 피고발인에게 부동산매매 관련으로 인감증명과 인감을 건네 준 서류임은 확인되었습니다.

2. 위 문중의 실체를 소명하기 위하여 금감원에 내용을 확인한 결과 명백한 명의 도용사건이라고 하여 피고발인이 저의 명의를 도용하여 사용한 적이 있는 자 이오니 엄밀히 조사하시어 처벌하여 주시기 바랍니다.

입 증 방 법

조사시 자세히 진술하겠습니다.

20○○년 ○월 ○일

위 고발인 ○ ○ ○ (인)

○○경찰서장   귀하

고 발 장

고 발 인   ○   ○   ○ (○○○○○○ - ○○○○○○○)

　　　　　　　○○시 ○○구 ○○동 ○○

　　　　　　　(전화번호 : ○○○ - ○○○○)

피고발인   ○   ○   ○ (○○○○○○ - ○○○○○○○)

　　　　　　　○○시 ○○구 ○○동 ○○

　　　　　　　(전화번호 : ○○○ - ○○○○)

고 소 취 지

피고발인을 손괴죄로 고발하오니 처벌하여 주시기 바랍니다.

고 소 사 실

1. 피고발인은 고발인과 이웃에 사는 사람으로 20○○. ○. ○. 14:20경 고발인과 주위 토지 통행문제로 시비가 되어 이에 화가 나 마침 그 주위에 있던 기왓장을 고발인 소유의 승용차에 집어 던져 위 승용차의 앞 유리 부분 금 1,000,000원 상당을 손괴하여 그 효용을 해한 자이므로 엄벌에 처해 주시기 바랍니다.

20○○. ○. ○.

위 고발인 ○ ○ ○ (인)

○○경찰서장   귀하

고 발 장

고 발 인   ○   ○   ○ (○○○○○○ - ○○○○○○○)
          ○○시 ○○구 ○○동 ○○
          (전화번호 : ○○○ - ○○○○)

피고발인   ○   ○   ○ (○○○○○○ - ○○○○○○○)
          ○○시 ○○구 ○○동 ○○
          (전화번호 : ○○○ - ○○○○)

고발취지

고발인은 피고발인에 대하여 준강간죄로 고소하오니 처벌하여 주시기 바랍니다.

고 발 이 유

1. 피고발인은 20○○. ○. ○. ○○:○○경 ○○시 ○○구 ○○동 ○○○ 소재 고발인이
   경영하는 술집에서 고발인이 피고발인의 억지로 권하는 술에 취하여 쓰러져 잠이 들어
   항거할 수 없게 되자 피고발인은 고소인이 술에 취해 인사불성이 되어 항거불능상태에
   있던 사실을 이용하여 고소인의 의사에 반하여 유방을 만지고 손가락을 질내에 삽입하는
   등 추행한 사실이 있습니다.

2. 따라서 위와 같은 사실로 피고발인을 고발하오니 철저히 조사하시어 처벌하여 주시기
   바랍니다.

20○○년 ○월 ○일
위 고소인 ○ ○ ○ (인)

○○경찰서장   귀하

고 발 장

고 소 인   ○ ○   ○ (주민등록번호 :   -   )
　　　　　　○○시 ○○구 ○○동 ○○
　　　　　　전화번호 : ○○○ - ○○○○

피고소인   ○   ○   ○ (주민등록번호 :   -)
　　　　　　○○시 ○○구 ○○동 ○○
　　　　　　전화번호 : ○○○ - ○○○○

고 발 취 지

　고발인은 피고발인에 대하여 절도죄로 고소하오니 처벌하여 주시기 바랍니다.

고 발 이 유

피고발인은 ○○건설이라는 상호로 건축업에 종사하고 있는 자인바, 타인의 재물을 절취할 것을 마음먹고 20○○. ○.월 중순경 날자 미상일 ○○:○○경 건외 ○○의 건물을 신축하기 위하여 ○○군 ○○면 ○○리 ○○번지 공사현장에 고발인 ○○○가 쌓아놓은 건축자재를 피고발인 소유의 차량 5톤 트럭 ○○고 ○○○○호 차량에 싣고 가 이를 피고발인이 건축하던 공사 현장에 이를 임의적으로 사용한 사실이 있어 이를 고발하오니 철저히 조사하시어 엄벌하여 주시기 바랍니다.

　　　　　　　　　　　　20○○년 ○월 ○일
　　　　　　　　　　　　위 고발인 ○ ○ ○ (인)

○○경찰서장   귀하

고 발 장

고 발 인 　ㅇ　 ㅇ　 ㅇ (ㅇㅇㅇㅇㅇㅇ - ㅇㅇㅇㅇㅇㅇㅇ)
　　　　　ㅇㅇ시 ㅇㅇ구 ㅇㅇ동 ㅇㅇ
　　　　　(전화번호 : ㅇㅇㅇ - ㅇㅇㅇㅇ)

피고발인 　ㅇ　 ㅇ　 ㅇ (ㅇㅇㅇㅇㅇㅇ - ㅇㅇㅇㅇㅇㅇㅇ)
　　　　　ㅇㅇ시 ㅇㅇ구 ㅇㅇ동 ㅇㅇ
　　　　　(전화번호 : ㅇㅇㅇ - ㅇㅇㅇㅇ)

고 발 취 지

피고발인에 대하여 횡령죄로 고발하오니 처벌하여 주시기 바랍니다.

고 발 사 실

1. 피고발인은 여러 가지 물건 등의 영업을 하는 자로서 고발인 회사가 팔아달라고 보관시킨 ㅇㅇㅇ을 금 ㅇㅇㅇ원 어치를 20ㅇㅇ. ㅇ. ㅇ. 소외 ㅇㅇㅇ에게 금 ㅇㅇㅇ원에 매각하여 그 대금 ㅇㅇㅇ원 전부 고발인에게 교부하여야 함에도 불구하고 이를 교부치 아니하고 횡령한 사실이 있습니다.

2. 위와 같은 사실로 고발하오니 철저히 조사하시어 엄벌하여 주시기 바랍니다.

입 증 방 법

조사시 자세히 진술하겠습니다.

　　　　　　　　　　20ㅇㅇ년 ㅇ월 ㅇ일
　　　　　　　　　위 고발인 ㅇ　 ㅇ　 ㅇ (인)

○○경찰서장　귀하

고 발 장

고 발 인　　○　　○　　○ (000000-0000000)
　　　　　　　○○시 ○○구 ○○로 ○○(○○동)
　　　　　　　(전화번호 : 000-0000)

피고발인　　○　　○　　○ (000000-0000000)
　　　　　　　○○시 ○○구 ○○로 ○○(○○동)
　　　　　　　(전화번호 : 000-0000)

고 발 취 지

피고발인에 대하여 수뢰죄로 고발하오니 처벌하여 주시기 바랍니다.

고 발 사 실

1. 피고발인은 서울 ○○구청 인사계장으로 근무하는 공무원이고, 고발인은 용역업체
   에 소속되어 구청 주변의 상가건물을 청소하는 근로자입니다.

2. 고발인은 고등학교를 졸업하고 집에서 쉬고 있는 딸인 소외 ○○○의 어머니로서
   딸의 취직을 걱정하고 있던 중 같이 일하는 동료의 소개로 피고발인을 알게 되었는
   데, 고발인은 20○○. ○. ○.경 ○○구청 부근의 ○○다방에서 피고발인을 만나
   딸의 취직을 부탁하였는바, 피고발인은 자신이 근무하는 ○○구청에서 행정보조원
   을 채용하고 있으니 딸이 채용되도록 해주겠다고 하였습니다. 이에 고발인은 그
   자리에서 금 ○○○만원을 피고발인에게 건네주었고 피고발인은 딸의 취직을 약속

했던 사실이 있습니다.

3. 그런데 2년이 지난 현재까지 딸은 채용이 되지 않고 있으며 피고발인은 아무런 대책도 없이 기다리라고만 할 뿐 약속을 지키지 않고 있습니다.

4. 위와 같은 사실을 고발하오니 철저히 조사하시어 처벌하여 주시기 바랍니다.

입 증 방 법

조사시 자세히 진술하겠습니다.

20○○.   ○.   ○.

위 고발인 ○   ○   ○ (인)

○○경찰서장 귀하

고 발 장

고발인 :   ○○통신 계약직 노동조합 ○○○

　　　　　서울시 중구 신당동 ○○○번지 ○○타운 ○○ 아파트 ○○동 ○○○호

　　　　　전화번호 02) 1234-1234 (〈-- 고발인 직위 및 주소)

피고발인 :   ○○통신 번호 안내국 관리과장 ○○○

　　　　　　서울시 종로구 ○○동 ○○○-○○번지 (〈-- 피고발인 직책 및 주소)

고발요인 : 노동조합 및 노동관계조정법 제81조 부당노동행위

1. 고발인 ○○○은 ○○통신 계약직 노동조합 법규국장입니다.

2. 피고발인 ○○○은 ○○통신 번호 안내국 관리과장입니다.

3. ○○통신 계약직 노동조합은 2000. 10. 13. 노동부로부터 합법적인 단체로 설립인가를 받은 사실이 있습니다. (별첨자료 1. 노조설립 인가증)

4. (구체적 사례) 피고발인 ○○○은 ○년 ○월 ○일 ○○○부서에 근무하는 계약직 사원들을 대상으로 하는 아침 조회에서 조합에 가입하려고 하거나 가입한 조합원들에게 "○○통신 계약직 노동조합은 현재 노동부의 인가가 나지 않은 불법단체"라는 허위사실을 사실인 것처럼 말하고 "조합에 가입하면 불이익을 당하게 될 것"이라는 등 조합가입을 방해하고자 협박성의 발언을 한 사실이 있습니다. (별첨자료 2. 증인 진술서) (증인의 구체적인 진술서를 첨부하십시오. 이것은 당장 내지 않아도 되며 후에 증인출석요구 시 제출하셔도 됩니다)

5. 이는 노동조합 및 노동관계조정법 제 81조 【부당노동행위】 1항 "근로자가 노동조합에 가입 또는 가입하려고 하였거나 노동조합을 조직하려고 하였거나 기타 노동조합의 업무를 위한 정당한 행위를 한 것을 이유로 그 근로자를 해고하거나 그 근로자에게 불이익을 주는 행위"와 4항 "근로자가 노동조합을 조직 또는 운영하는 것을 지배하거

나 이에 개입하는 행위"에 해당한다고 판단됩니다(앞에 약술한 81조의 각 항에서 맞다고 판단되는 것이 있으면 그것을 적으십시오. 딱 맞지 않아도 실제 심의에서 다시 판단하니까 큰 상관없습니다).

6. 위와 같은 정황으로 보아 피 고발인 ○○○은 계약직 노동조합의 단결을 저해하고 조합활동을 위축시키기 위하여 상기와 같은 발언을 했으며 더 나아가 노동조합에 개입까지도 하려고 했던 것으로 판단됩니다. 또한 피 고발인의 발언이 조회시간에 대다수의 근무자가 모인 자리인 점을 감안할 때 순간적인 충동이나 무지에서 비롯된 것이라고 하기엔 도저히 납득할 수 없습니다.

7. 이에 ○○통신 번호안내국 관리과장 ○○○을 고발하오니 엄중 처벌하여 주시기 바랍니다.

2004. .(고발날짜)

위 고발인 ○ ○ ○ (인)

○ ○ 지 방 노 동 청 귀 하

민 원 서 류
접수번호:
접 수 일:
처리기한:
처리과 기록물등록번호:

고 발 장

고발인 (근로자)	성 명				연락처	자택	
						휴대폰	
	주 소						
	근무기간	년 월 일부터 년 월 일까지		주민등록 번호			—
피고발인 (사업주)	사업체명			전화 번호	회 사		
					휴대폰		
	사업장 소재지			상시 근로자수		명	
	대표자명			업종			
건설공사 의 경우 추가기재	원청업체		(전화번호:				
	공사명		(담당업무:				
	공사현장 소재지		(완공.중단여부:				

• 근로자의 4대보험 가입여부를 체크해 주세요! : ▶가입(   ) ▶미가입(   )

▶가입여부 모름(   )

▼고발 내용(간략히 적어 주세요)▼

20 년   월   일

고발인 :   (인)

담 당	과 장	지 청 장

고 발 장

고 발 인

　성 명 : ○○○(주민등록번호 기재)

　직 책 : ○○아파트 입주자대표회의 회장

　전화번호 : ○○○ - ○○○○

　주 소 :대구시 수성구 지산1동　000번지 〈○○○아파트 입주자대표회의〉

피고발인

　○○학원〉 원장

　성 명 : 원장 성명미상

　전화번호 : ○○○ - ○○○○

　주 소 : 00시 00구 00동 ○○번지 ○○빌딩 5층 〈○○학원〉

고발취지

피고발인을 경범죄처벌법 제1조 제13호(광고물 무단첩부 등) 위반 혐의로 고발합니다.

고발이유

고발인은 현재 000아파트 입주자대표회의 회장으로서 취임이후 입주자들의 쾌적한 주거환경 조성을 위해 노력하고 있습니다.

특히 000 아파트를 범죄없는 단지로 만들기 위해 단지의 정문·후문 출입구에 차량차단기 설치하여 외부차량 및 외부인들의 무단출입을 통제하여 오던 중, 외부인들의 무단출입행위가 근절되지 않아 단지내의 게시판 및 승강기 내부 등에 〈무단출입 외부인에 대한 경고문〉 〈단지내 광고물 무단부착자 등에 대한 경고문〉을 부착하여 외부인들에게 주의를 환기시킴과 동시에(#입증자료1, 2 참조) 경비원들로 하여금 단지 내부의 순찰을 강화시키는 등 무단출입자 근절에 만전을 기해 왔습니다.

그러나, 아직까지도 외부인들이 경고문을 무시하고 단지 내에 무단출입하여 각 세대를 돌며 초인종을 누르고 다니면서 상행위를 하는가 하면 세대 현관문 및 우편함 등에 몰래 광고물을 붙이거나 투입하여 입주자들로부터 이에 대한 항의민원이 빗발치고 있는 실정입니다.

피고발인은 현재 00동 소재 〈ㅇㅇ학원〉을 운영하는 자로서 2005년 10월 14일 16시경에 000 아파트 단지 내에서 각 세대 현관문 앞에 관리사무소장의 사전허락 없이 무단으로 광고지를 부착하여(#입증자료3, 4 참조) 000 아파트 입주민들로부터 민원을 유발시켰고, 이에 관리사무소 측에서 해당 업체에 광고물을 수거해 갈 것을 요구하였으나 이 요구를 외면하였고 결국 관리사무소 직원이 광고물을 일일이 수거한 사실이 있습니다.

최근 아파트를 대상으로 하는 도난. 강도사건의 경우 범죄수법이 날로 지능화되고 있는 추세이며 무단출입자는 빈집임을 확인하기 위하여 범행 며칠 전에 광고지 등을 세대 현관문 등에 부착해 놓고 범행당일 빈집임이 확인되는 세대에 침입하여 절도행각을 벌이다가 침입한 세대에 사람이 있을 경우에는 강도로 돌변하여 아파트 입주민들에게 인적. 물적 피해를 끼치는 사례가 있어, 낮에 부녀자만 있는 세대의 경우 외부인이 초인종을 누르고 다니면 불안감을 느끼고, 맞벌이 세대의 경우에는 빈집털이범의 범행대상이 되지 않을까 전전긍긍하고 있는 실정입니다. 더군다나 최근 중계 3차 벽산아파트 내에서도 도난사고가 발생한 바 있어 입주민들의 신경이 극도로 예민해져 있는 상태입니다.

설사 무단출입 외부인에 의해 범행으로까지 이어지지 않는다고 하더라도 그들로 인하여 아파트 입주민들이 쾌적한 주거환경을 침해당하고 있습니다(세대 초인종을 누르거나 가가호호 방문하여 입주민들에게 정신적인 고통 및 불안감을 유발시킴). 또한 무단출입자들이 단지 내에 살포한 광고지로 단지의 미관이 심히 저해되고 있으며 무단광고물의 수거작업에 관리인력을 추가로 투입해야 하는 등 더 이상 이러한 행위를 묵과할 수 없는 지경에 이르렀습니다.

〈경범죄처벌법〉 제1조 제13호에 의하면 『다른 사람 또는 단체의 집이나 그밖의 공작물에 함부로 광고물 등을 붙이거나 걸거나 또는 글씨나 그림을 쓰거나 그리거나 새기는 행위 등을 한 사람과 다른 사람 또는 단체의 간판 그밖의 표시물 또는 공작물을 함부로 옮기거나 더럽히거나 해친 사람은 10만원 이하의 벌금, 구류 또는 과료의 형으로 벌한다』고 규정되어 있습니다.

이에 본 고발장을 제출하오니, 귀 서에서 철저히 수사하여 피고발인을 엄벌에 처해 주시기 바랍니다.

※ **입증자료** : 1. 무단출입 외부인에 대한 경고문 1부.

2. 단지내 「광고물 무단부착자」등에 대한 경고문 1부.

3. 광고전단지 부착 및 수거 사진 1부.

4. 무단광고 전단지 원본 1부. 끝.

2005. 10. 20.

위 고발인 (○○○ 아파트 입주자대표회의 회장) ○ ○ ○ (인)

○○○ **경찰서장 귀하**

고 발 장

고발인

    ○ ○ ○   주민등록번호   123456 - 1234567
              주   소   ○○시 ○○구 ○○동 123-12
              전   화   012-345-6789

피고발인

    ○ ○ ○   주민등록번호   123456 - 1234568
              주   소   ○○시 ○○구 ○○동 123-13
              전   화   012-345-6780

고발취지

피고발인을 폭행죄로 고발합니다.

고 발 이 유

고발인은 2008년 1월 11일 ○○동 ○○정류소 부근 ○○호프점에서 회사 동료들과 함께 회식 후 다음 장소로 이동하기 위해 계산을 하고 문을 나서고 있었습니다.

이때 피고발인이 다짜고짜 자기 얼굴을 쳐다봤다며 고발인의 얼굴을 주먹과 발로 가격하였습니다.

이에 고발인은 갑작스런 상황에 대처하지 못하고 피고인의 폭행에 중심을 잡지 못하여 계단으로 굴러 떨어져 전치 8주의 상해를 입었습니다.

함께 있던 직장동료 및 ○○호프 사장을 비롯한 직원들도 모든 상황을 지켜보고 있었으며 증인 출석의 의사를 표시하였고 진술서도 작성해 주었습니다.

피고발인은 고발인과 전혀 알지 못하는 사이이며, 단지 쳐다봤다는 이유만으로 폭행을 당한 것에 대해 고소장을 제출오니 법에 따라 처벌해 주시기 바랍니다.

증 거 자 료

1. 진단서   1부
2. 진술서   각 1부

2008. 00. 00.

고발인   ○   ○   ○   (인)

○○경찰서장 귀하

고 발 장

고 발 인   ○ ○ ○

　　　　　주민등록번호 : 111111 - 1111111

　　　　　○○시 ○○구 ○○길 ○○

　　　　　전화번호 : ○○○ - ○○○○, ○○○ - ○○○ - ○○○○

피고발인   △ △ △

　　　　　주민등록번호 : 111111 - 1111111

　　　　　○○시 ○○구 ○○길 ○○

　　　　　전화번호 : ○○○ - ○○○○

고 발 취 지

피고발인에 대하여 공무상비밀누설죄로 고발하오니 처벌하여 주시기 바랍니다.

고 발 내 용

1. 고발인은 20○○. ○. ○. ◎◎시에서 주관하는 8급공개경쟁채용시험에 응시하였으며, 고발인은 100점만점중 92.5점을 득점하였으나 합격점인 92.6점에 미달하여 불합격된 사실이 있습니다.

2. 그런데 공무원인 피고발인은 위 시험의 출제위원으로서 출제위원의 조카이며 응시자인 고발 외 ㅁㅁㅁ에게 피고발인이 출제를 담당하였던 영어문제지를 시험 실시 하루 전에 건네준 사실이 있으며, 위 고발 외 ㅁㅁㅁ은 영어 과목에서 95점을

득점하여 100점 만점 중 92.6점으로 합격점에 달하여 합격처리 된 사실이 있으며, 고발인은 고발 외 ㅁㅁㅁ이 피고발인으로부터 문제지를 사전 입수한 사실을 위 ㅁㅁㅁ의 친구인 ◎◎◎로부터 우연히 알게 되었습니다.

3. 이에 고발인은 위 ㅁㅁㅁ의 친구인 ◎◎◎로부터 ㅁㅁㅁ이 시험 문제지를 피고발인으로부터 사전 입수한 사실에 대하여 증인확인서를 받고, 이를 녹음하여 속기사사무실에서 녹취록으로 작성을 하고, 위 ㅁㅁㅁ에게 사실을 확인한 바, 위 ㅁㅁㅁ은 처음에는 사실을 부인하였으나 고발인이 준비한 증인확인서와 녹취록을 보고는 사실을 시인하였으며, 위 ㅁㅁㅁ이 사실을 시인하는 자리에는 고발 외 ◉◉◉도 동석하고 있었습니다.

4. 위의 사실에 의하면 피고발인은 공무상의 비밀인 시험 문제지를 사전에 유출함으로써 공무상의 비밀을 누설하였으므로 사실관계를 조사하여 엄중 처벌하여 주시기 바랍니다.

첨 부 서 류

1. 증인확인서 사본   1부
1. 녹취록   사본   1부

200○년   ○월   ○일
위 고 발 인   ○ ○ ○ (인)

○ ○ 경 찰 서 장(또는 ○ ○ 지 방 검 찰 청 검 사 장) 귀 중

제3장

증거보전신청

1. 형사소송법상 증거보전청구

> 형사소송법 제184조(증거보전의 청구와 그 절차) ① 검사, 피고인, 피의자 또는 변호인은 미리 증거를 보전하지 아니하면 그 증거를 사용하기 곤란한 사정이 있는 때에는 제1회 공판기일 전이라도 판사에게 압수, 수색, 검증, 증인신문 또는 감정을 청구할 수 있다.
> ② 전항의 청구를 받은 판사는 그 처분에 관하여 법원 또는 재판장과 동일한 권한이 있다.
> ③ 제1항의 청구를 함에는 서면으로 그 사유를 소명하여야 한다.
> ④ 제1항의 청구를 기각하는 결정에 대하여는 3일 이내에 항고할 수 있다.
> 제185조(서류의 열람등) 검사, 피고인, 피의자 또는 변호인은 판사의 허가를 얻어 전조의 처분에 관한 서류와 증거물을 열람 또는 등사할 수 있다.

가. 증거보전청구

(1) 청구권자

증거보전을 청구할 수 있는 사람은 검사, 피고인, 피의자 또는 변호인 등이며, 대부분 형사 피의자 또는 피고인이나 그 변호인 등이 기소된 또는 수사 중인 사건의 무죄를 밝히기 위한 목적으로 활용하는 제도이다. 따라서 피해자나 고소인은 증거보전을 청구할 수 없다.

(2) 증거보전청구

(가) 시기

증거보전신청은 피고인 또는 피의자가 형사입건 되어 피의자 또는 피고인의 신분이 되어야 청구할 수 있으며, 이는 제1심 형사재판의 제1회 공판기일 전까지만 청구할 수 있다.

(나) 절차

검사, 피고인, 피의자 또는 변호인은 미리 증거를 보전하지 아니하면 그 증거를 사용하기 곤란한 사정이 있는 때에는 제1회 공판기일전이라도 판사에게 압수, 수색, 검증,

증인신문 또는 감정을 청구할 수 있으며(형사소송법 제184조 제1항), 위 청구를 함에는 서면으로 그 사유를 소명(사건의 개요, 증명할 사실, 증거 및 보전의 방법, 증거보전의 필요성 등)하여야 하고, 항소심 절차에서는 이를 청구할 수 없다.

실무에서는 주로 억울하게 성폭력으로 고소를 당한 피의자가 미리 피해자의 카카오톡 대화내용이나 범행현장의 CCTV 그리고 피해자의 전화통화내역 등을 확보하기 위한 수단과 같이 성폭력범죄에서 증거보전청구가 자주 활용되고 있다.

[별지 제32호의2서식] 〈신설 2011.8.8〉

○○○검찰청

제 0000-0000 호
0000. 00. 00.
수 신 : ○○○법원장   발 신 : ○○○검찰청
제 목 : **증거보전청구**   검 사   ㉑

다음 피의사건에 관하여 아래와 같이 증거보전신청이 있는바, 그 사유가 상당하다고 인정되므로 「형사소송법」 제184조에 따라 증거의 보전을 청구합니다.

사 건 번 호		
죄 명		
피 의 자	성명	주민등록번호

	직업
	주거
사 건 의 개 요	별지 증거보전신청서 기재내용과 같음
증 명 할 사 실	별지 증거보전신청서 기재내용과 같음
증거 및 보전의 방 법	별지 증거보전신청서 기재내용과 같음
증거보전을 필요로 하는 사 유	별지 증거보전신청서 기재내용과 같음
기각하는 취지 및 이 유	판 사 ㉑

210mm×297mm[일반용지 60g/㎡(재활용품)]

증거보전청구

사　　　건　　　　2024고단OOO OO사건
　　　　　　　　　　(또는 서울중앙지방검찰청 2024형제OO OO사건)

피고인(또는 피의자)　　O O O

위 사기사건에 관하여 미리 증거를 보전하지 않으면 그 증거를 사용하기 곤란한 사정이
있어서 다음과 같이 증거보전을 청구합니다.

- 다 음 -

1. 범죄사실
피의자가 고소인을 기망하여 동업자금 명목으로 금 O억원을 편취하였다는 것임.

2. 보전하여야 할 증거
증인 OOO의 진술

3. 증명할 사항
동업자금으로 편취한 것이 아니고 동업자금을 교부받아 실제 동업을 하였다는 사실

4. 보전해야 할 사유
증인 OOO은 같은 동업자로서 동업관계를 잘 알고 있었음에도 해외로 이민을 갈 예정이
므로 미리 증거를 보전하지 않으면 사용하기 곤란함.

소 명 서 류

　　　1. OOO의 진술서
　　　2. 이민신청서

2000 . O . O .
위 청구인(피고인 또는 피의자) O O O (인)

OO지방법원 귀중

(다) 관할

증거보전청구는 ⅰ) 압수에 관하여는 압수할 물건의 소재지, ⅱ) 수색 또는 검증에 관하여는 수색 또는 검증할 장소 신체 또는 물건의 소재지, ⅲ) 증인심문에 관하여는 증인의 주거지 또는 현재지, ⅳ) 감정에 관하여는 감정대상의 소재지 또는 현재지를 관할하는 지방법원판사에게 하여야 한다(형사소송규칙 제91조 제1항). 다만, 감정의 청구는 감정함에 편리한 지방법원판사에게 할 수 있다(같은 조 제2항).

(라) 한계

증거보전은 압수, 수색, 검증, 증인신문 또는 감정을 대상으로 한다. 따라서 피의자신문이나 피고인신문을 하기 위한 목적으로 청구할 수는 없다.

나. 결정 및 불복절차

청구를 받은 판사는 그 처분에 관하여 법원 또는 재판장과 동일한 권한이 있으며, 증거보전청구가 적법하고 요건을 충족한다고 판단될 경우 신청한 대로 증거보전을 한다. 다시 말해, 압수, 수색이 필요한 경우 영장을 발부하여 시행하고, 증인신문이 필요한 경우 증인을 소환하여 미리 증인신문절차를 진행한다. 만일, 청구를 기각하는 결정에 대하여는 3일 이내에 항고할 수 있다.

다. 관련 서류의 보관 및 열람 등

증거보전절차를 마친 경우 압수한 물건, 압수수색 검증조서나 증인신문조서, 감정서 등은 증거보전을 한 판사가 소속한 법원에서 보관하며, 감사, 피고인, 피의자 또는 변호인은 판사의 허가를 얻어 위 처분에 관한 서류와 증거물을 열람 또는 등사할 수 있다(형사소송법 제185조).

라. 효력

증거보전절차에서 작성된 각종 조서는 법원 또는 법관의 조서로서 당연히 증거능력이 인정된다.

2. 민사소송법상 증거보전신청

> **민사소송법**
>
> **제375조(증거보전의 요건)** 법원은 미리 증거조사를 하지 아니하면 그 증거를 사용하기 곤란할 사정이 있다고 인정한 때에는 당사자의 신청에 따라 이 장의 규정에 따라 증거조사를 할 수 있다.
>
> **제376조(증거보전의 관할)** ① 증거보전의 신청은 소를 제기한 뒤에는 그 증거를 사용할 심급의 법원에 하여야 한다. 소를 제기하기 전에는 신문을 받을 사람이나 문서를 가진 사람의 거소 또는 검증하고자 하는 목적물이 있는 곳을 관할하는 지방법원에 하여야 한다.
>
> ② 급박한 경우에는 소를 제기한 뒤에도 제1항 후단에 규정된 지방법원에 증거보전의 신청을 할 수 있다.
>
> **제377조(신청의 방식)** ① 증거보전의 신청에는 다음 각호의 사항을 밝혀야 한다.
>
>   1. 상대방의 표시
>
>   2. 증명할 사실
>
>   3. 보전하고자 하는 증거
>
>   4. 증거보전의 사유
>
> ② 증거보전의 사유는 소명하여야 한다.
>
> **제378조(상대방을 지정할 수 없는 경우)** 증거보전의 신청은 상대방을 지정할 수 없는 경우에도 할 수 있다. 이 경우 법원은 상대방이 될 사람을 위하여 특별대리인을 선임할 수 있다.
>
> **제379조(직권에 의한 증거보전)** 법원은 필요하다고 인정한 때에는 소송이 계속된 중에 직권으로 증거보전을 결정할 수 있다.
>
> **제380조(불복금지)** 증거보전의 결정에 대하여는 불복할 수 없다.

가. 증거보전신청

(1) 의의

소송에서 원하는 목적을 달성하기 위해서는 주장을 뒷받침하기 위한 증거가 필요하다. 민사소송법에서는 증인의 증언, 감정, 서증, 검증 등 증거를 신청하고 조사하는 방법에 대해 정하고 있다. 특히 증인으로 채택된 자는 정당한 사유가 없다면 출석할 의무가 있고, 출석하지 않으면 과태료가 부과될 수 있으며 감치나 구인까지도 가능하다.

문서나 동영상 등의 경우에도 제출명령을 신청해 이행하지 않는 경우 소송법상 일정한 불이익이 부과된다. 법원 밖에서 증거를 조사해줄 것을 신청하거나, 제3의 기관에 사실의 확인을 요청할 수도 있다. 즉, 소송을 진행하며 증거를 확보할 수 있는 일정 수단이 보장돼 있다.

다만, 소송이 진행될 때까지 기다릴 시간적 여유가 없을 수도 있다. 소송은 소장을 법원에 제출해 상대방에게 소장이 송달돼야 개시되며, 법원이 신청한 증거를 채택하는 결정을 해야 하는데, 아무리 빨리 진행된다고 해도 2개월에서 3개월의 시간은 필요하다. 증거가 훼손되기에 충분한 시간이며, 또한 소송이 계속된 후에도 급박하게 현장을 확인하는 등 빨리 증거조사를 해야 할 상황이 발생할 수도 있다.

이를 위해 민사소송법은 법원에 미리 증거조사를 신청할 수 있도록 하는 증거보전 절차를 마련하고 있는데, 여기서 증거보전이란 소송계속 전 또는 소송계속 중에 특정의 증거를 미리 조사해 두었다가 본안소송에서 사실을 인정하는 데 사용하기 위한 증거조사방법이다. 이는 정상적인 증거조사를 할 때까지 기다려서는 그 증거를 본래의 사용가치대로 사용하는 것이 불가능하게 되거나 곤란하게 될 염려가 있는 증거를 미리 조사하여 그 결과를 보전하여 두려는 판결의 부수절차이다.

(2) 대상
증거보전의 대상이 되는 것은 모든 증거방법이며, 증인신문 · 감정 · 서증조사 · 문서제출명령 · 문서송부촉탁 · 검증은 물론 당사자신문도 가능하다.

나. 요건
증거보전신청을 위해서는 '미리 증거조사를 해야 할 필요성', 즉 증거가 멸실되어 증거조사 불가능하게 되어 가는 경우는 물론 시간의 경과에 따라 조사가 점점 더 어렵게 된다던지 현상변경 염려가 있는 등 미리 증거조사를 하지 아니하면 그 증거를 사용하기 곤란한 사유 등을 소명해야 한다. 가장 대표적인 것이 건축공사가 계속 진행돼야 하므로 검증이나 감정의 대상인 건축물이 변형되거나 멸실될 우려가 있다는 사정이다. 이러한 건축 관련 사건의 경우 증거보전의 사유가 없다는 이유로 증거보전신청이 받아들여지지 않는 경우는 드물다. 공문서나 CCTV 녹화 자료 등 보존기간이 있는 자료나 상대방이 보관하고 있는 자료로서 은닉 또는 폐기의 위험이 자료의 경우에도 미리 조사할 필요성이 인정된다. 다만 이러한 경우에는 보존기간의 존재 및 구체적인 은닉 및 폐기의 위험 등을 소명해 증거보전의 사유를 실질적으로 밝혀야 할 것이다.

다. 신청

소제기 후 증거보전신청을 하는 경우에는 관할법원은 그 증거를 사용할 심급법원이 되며, 소제기 전에는 신문을 받을 증인·감정인·당사자의 거소, 증거로 할 문서를 가진 사람의 거소 또는 검증하고자 하는 목적물이 있는 곳을 관할하는 지방법원 법원의 관할이다. 급박한 경우에는 소를 제기한 후 관할법원에 증거보전신청 또한 가능하다. 신청서에는 1,000원의 인지를 첩부하며, 소송구조를 받은 경우가 아니면 그 증거조사 비용을 예납하여야 하며, 증거조사는 본안소송에 있어서의 증거조사와 동일한 방법으로 시행된다.

라. 결정

증거보전의 신청에 대하여 법원은 그 허부의 재판을 하여야 하며, 이 재판은 변론없이 결정으로 한다. 증거보전신청을 받아들이는 결정에 대하여는 불복신청을 할 수 없으나 각하하는 결정에 대하여는 신청인이 항고할 수 있다.

증거보전신청서

신 청 인   박 ○ ○
         ○○시 ○○구 ○○로 ○○, 201호

피신청인   성명불상(일명 ○○○)
         주소불명

증거소지인

1. 인천국제공항공사
   인천 ○구 공항로 424번길 47
   사장 ○ ○ ○

2. ○○○○ 인터내셔날 매니지먼트 컴퍼니
   대표이사 네덜란드국인 ○○○○
   송달장소 : 서울 ○○구 ○○로 15 ○○○○ ○○○○트 서울○○○ 호텔

증거보전

신청인은 피신청인을 피고로 하여 정신적 고통에 따른 위자료청구 소송을 진행하고자 준비 중에 있습니다. 그러나 위 본안 심리가 진행되기 전 위 사건의 증거를 보전하기 위하여 이 사건 증거보전을 신청합니다.

신 청 취 지

1. 증거소지인 1 인천국제공항공사 CCTV 관리자는 다음 시간과 장소에 인천중구 공항로 272 소재 인천국제공항 주차장에 설치된 각 CCTV 영상녹화물 중 피신청인과 ○○○의 모습이 촬영된 부분 복사본을 법원에 제출하라.
   가. 2024. 10. 27. 19:00~2024. 10. 27. 23:00 사이 인천국제공항 제1여객터미널 야외주차장 부근

나. 2024. 1. 8. 18:30~2024. 1. 8. 22:30 사이에 인천국제공항 지하2층 주차
    장 A23 구역 부근

2. 증거소지인 2 0000 0000 서울 00000 CCTV 관리자, 증거소지인 회사 00 운영의
   영등포 00000 CCTV 관리자는 다음 시간과 장소에 서울 영등포구 영중로 15
   소재 0000 0000 서울 00000 호텔 및 영등포 00000 지하주차장, 로비, 엘리베이
   터, 14층복도 등에 설치된 각 CCTV 영상녹화물 중 피신청인과 000의 모습이
   촬영된 부분 복사본을 법원에 제출하라.
   가. 2024. 10. 27. 21:00~22:00
   나. 2024. 10. 28. 06:30~07:30, 17:00~24:00
   다. 2024. 10. 29. 10:30~12:30
   라. 2024. 10. 30. 07:30~08:30
   마. 2024. 1. 1. 19:00~20:00
3. 증거보전 비용은 피신청인이 부담한다.라는 결정을 구합니다.

다 음

Ⅰ. 증명하여야 할 사실증거소지인 1이 관리하는 인천 중구 공항로 272 소재 인천국
   제공항 주차장, 증거소지인 2가 관리하는 서울 영등포구 영중로 15 소재 0000
   0000 서울 00000 호텔에서 피신청인과 000경이 부정한 행위를 하였다는 사실을
   증명하고자 합니다.

Ⅱ. 증거의 표시
1. 인천 중구 공항로 272 소재 인천국제공항 주차장에 설치된 다음 각 CCTV영상녹
   화물 중 피신청인과 000의 모습이 촬영된 부분 복사본
   가. 2024. 10. 27. 19:00~2024. 10. 27. 23:00 사이 인천국제공항 제1여객터
       미널 야외주차장 부근
   나. 2024. 1. 8. 18:30~2024. 1. 8. 22:30 사이에 인천국제공항 지하2층 주차
       장 A23 구역 부근
2. 서울 영등포구 영중로 15 소재 0000 0000 서울 00000 호텔및 영등포 00000
   지하주차장, 로비, 엘리베이터, 14층 복도 등에 설치된다음 각 CCTV 영상녹화물
   중 피신청인과 000의 모습이 촬영된 부분 복사본

가. 2024. 10. 27. 21:00~22:00

나. 2024. 10. 28. 06:30~07:30, 17:00~24:00

다. 2024. 10. 29. 10:30~12:30

라. 2024. 10. 30. 07:30~08:30

마. 2024. 1. 1. 19:00~20:00

Ⅲ. 증거보전의 사유

1. 당사자 관계

신청인은 신청외 000과 2000. 3. 28. 혼인신고를 마친 000의 법률상배우자이며(소갑 제4호증 혼인관계증명서), 피신청인은 위 000과 부정한 행위를 저지른 자입니다.

증거소지인 1은 피신청인과 000이 2024. 10. 27., 2024. 1. 8.경 만남을 가진 인천 중구 공항로 424번길 47 인천국제공항공사 사장(소갑 제1호증의 1 법인등기-인천국 제공항공사), 증거소지인 2는 피신청인과 000이 2024. 10. 27.~2024. 1. 8.경 부정한 행위를 벌인 서울 영등포구 영중로 15 0000 0000 서울 00000의 대표자(소갑 제1호증의 2 법인등기-매리어트)입니다.

2. 증거보전 신청의 이유

가. 신청인과 000의 혼인생활

신청인과 000은 2000. 00. 00. 혼인신고를 마친 법률상의 부부로, 서로노력하며 아끼고 사랑하면서 부부공동생활을 영위하여 왔습니다. 신청인과 000은 서로 각자의 입장에서 최선을 다해 인생을 살아왔고, 큰 문제 없이 약 00년 간의 혼인생활을 이어오고 있었습니다.

나. 000의 변화

언젠가부터 000은 신청인에게 "오늘 야근하고 갈게...좀 일이 많네", "내일 숙직 변경했어. "이번주 금욜날 워크숍이라서 00가야해", "어차피 토욜날 애들이랑 속초에 서 만나기로 해서", "원주 금욜날 갔다가 000 동생 집에서 자고 토욜날 강릉으로 바로 갈까 싶은데", "당직이면 내일 아침 9시 퇴근인데?"라고 하면서 귀가하지 않거 나 며칠 동안 집을 비우는 날들이 많아졌습니다. 신청인은 000이 부정한 행위를 저지르고 다닌다고는 생각지 않고 그저 '밤샘근무로 피곤하겠다', '친구들이랑 시간 보내며 스트레스를 풀고 있겠구나'라고만 생각했었는데, 무엇인가 심상치 않음을 느겼습니다.

다. 신청인이 피신청인과 000의 부정한 행위를 확인

2024. 1. 12.경, 신청인은 차량을 사용하려고 평소 000이 자동차 키를 보관하는 가방에서 자동차 키를 찾고 있었습니다. 그런던 중 '자기에게'라고 적힌 편지봉투를 발견했는데, 신청인은 당시 신청인과 작은 다툼이 있었던 000이 신청인과의 화해를 위해 편지를 작성한 것으로 생각하며 내용을 확인해보았습니다. 그러나 그 편지에는 놀랍게도 어떤 남성이 000에게 '내 사랑 당신 사랑해'라며 사랑을 고백한 내용이 담겨있었습니다. 충격적인 내용에 봉투를 다시 확인해보니 작성일 '2024.1. 7.', 작성자 '000'라고 씌여진 것과 호텔(0000 0000 서울 00000) 1416호 룸키가 있는 것을 확인했습니다. 편지에 기재된 2024. 1.7.은 000이 신청인에게 "당직 근무를 한다"라고 한 바로 그 날이었습니다.

또한 옆에 있던 000의 다이어리에는, 2024. 10. 27. 날짜에는 '서 인천공항 pick up 1여객터미널', '영등포 00000 : 내일 간식(준비)'내용이, 2024. 10. 28. 날짜에는 '설악산 등산코스', '휴게소−아침식사, 김밥'이라는 내용이 각 기재되어 있었습니다. 2024. 10. 28. 또한 000이 신청인에게 "당직근무를 한다"라고 이야기했던 날이었습니다(소갑 제7호증 다이어리). 신청인은 차량의 블랙박스 또한 확인해보았습니다. 2024. 10. 27.부터 2024.1. 8.까지의 영상이 온데간데 없었는데, 이 기간 동안의 영상은 블랙박스 휴지통 폴더에 들어가 완전히 삭제되지는 않은 채로 약 160개의 파일로 존재하고 있었습니다.

신청인이 해당 영상들을 휴지통 폴더에서 원래 폴더로 복원한 후 살펴보았더니, 000의 다이어리 내용과 일치하게도 2024. 10. 27.인천공항 제1여객터미널 주차장으로 운행하는 영상, 같은 날 서울 영등포구의 00000 호텔 앞에 주차한 영상, 2024. 10. 28. 관학산 부근으로 추정되는 주차장에 주차한 영상, 2024. 10. 28.~2024. 1. 8. 기간 동안 위 호텔주차장을 출입하는 영상 및 2024. 1. 8. 인천공항 제1여객터미널 주차장으로 다시 들어가는 영상이 남아있었습니다.

000의 가방에서는 주소 '강원 00군 00면 00로 00 000', 상호명 '주식회사 000', 금액 '000원', 거래일시 '2024/1/051:35:53'가 기재된 영수증 또한 발견되었습니다 (소갑 제3호증 영수증).

○○○과 피신청인은 미래를 약속한 사이였으며, ○○○은 피신청인과의 미래를 위해 미국으로 가기 위한 준비 및 피신청인과 함께할 미래에 대한 기대감과 흥분감을 다이어리에 작성해두고 있었습니다. 이를 위한 당연한 전제로 ○○○은 신청인과의 이혼을 준비하고 있다는 사실 또한 알게 되었습니다.

3. 증거보전 신청의 필요성

대법원 2000. 1. 20. 선고 201므2997 판결 등이 "제3자는 타인의 부부공동생활에 개입하여 부부공동생활의 파탄을 초래하는 등 혼인의 본질에 해당하는 부부공동생활을 방해하여서는 아니되고, 제3자가 부부의 일방과 부정행위를 함으로써 혼인의 본질에 해당하는 부부공동생활을 침해하거나 유지를 방해하고 그에 대한 배우자로서의 권리를 침해하여 배우자에게 정신적 고통을 가하는 행위는 원칙적으로 불법행위를 구성한다"라는 법리를 설시하고, 그 기준에 대하여 대법원 1992. 1. 10. 선고 92므68 판결이 "부정한 행위라함은 배우자로서의 정조의무에 충실치 못한 일체의 행위를 포함하며 이른바 간통보다는 넓은 개념으로서 부정한 행위인지의 여부는 각 구체적 사안에 따라 그 정도와 상황을 참작하여 이를 평가하여야 할 것이다"라고 판시한 바 있기는 하나, 현재 신청인이 확인한 피신청인과 ○○○의 행적만으로는 이들 사이의 부정한 행위 입증이 쉽지 않은 상황입니다.

특히 ○○○은 어떻게든 피신청인과의 부정한 행위에 대한 증거를 남기지 않으려 하고 있어 무엇보다도 이 사건 증거보전 신청의 필요가 크다고 할 것입니다.
다른 사건들의 경우에 비추어, 적어도 엘리베이터 혹은 아무도 왕래하지 않는 복도 등에서 부정한 행위를 직접 벌이는 모습 등을 확인한다면 부정한행위의 입증을 위한 증거자료로 충분히 기능할 수 있다고 할 것입니다.

4. 소결

신청인은 아내 ○○○에게 몇 번씩이나 반성과 사죄할 기회를 주려고 대화를 시도했으나, ○○○은 되려 자신의 행동을 숨기며 당당한 행동을 보일뿐 신청인에게 '미안하다'라는 말 한마디 하지 않았습니다. 이렇게 적반하장 태도로 나오는 ○○○과 피신청인의 행동에 경종을 울리기 위해 법적인 절차를 통해서라도 그 책임을 물어야 한다면 보다 객관적이고 확실한 증거가 필요한 상황입니다.

Ⅳ. 결론

이 사건 신청인의 증거보전신청을 인용하시어 신청인이 CCTV 영상녹화물을 확보할 수 있도록 결정하여 주시기 바랍니다.

소 명 방 법

1. 소갑 제1호증의 1 법인등기-인천국제공항공사
2. 소갑 제1호증의 2 법인등기-000
3. 소갑 제1호증의 3 법인등기-(주)00
4. 소갑 제1호증의 4 영수증

2024. 1.
신청인 0 0 0 (인)

00지방법원 귀중

증거보전신청

신 청 인   전 ○ ○

피 신 청 인   최 ○ ○

증거소지인   강원도 ○○군 ○○면 미시령옛길 델피노 ○○리조트

                 (㈜ ○○레저산업, 대표이사 최○○)

신청인은 피신청인을 상대로 2000가단000 손해배상(기) 사건을 제기하였는바, 신청인은 다음과 같이 민사소송법 제375조에 의하여 증거보전을 신청합니다.

다 음

1. 증명할 사실

가. 신청인은 2099. 10. 20. 남편인 신청 외 소○○(이하 '남편'이라 합니다)과 피신청인 사이의 상간행위를 원인으로 하여 손해배상(기) 소송을 제기하여 위자료를 청구하였습니다(소갑 제1호증의 1 신청인의 가족관계증명서, 2 본안사건의 접수증, 3 본안사건의 사건진행내역).

신청인은 198. 2. 3. 혼인신고를 마친 법률상의 부부로서 슬하에 세 딸을 두고 있는 등 단란한 가정을 꾸려오던 중, 남편과 피신청인이 상간행위를 저질렀으며 불상의 일시, 장소에서 성관계를 가지는 등 부적절한 관계를 유지하고 있음을 확인하였습니다(소갑 제2호증 내지 제4호증 신신청인의 남편과 피신청인의 각 사진).

그러나 신청인은 증거수집에 익숙하지 않아 신청인과 피신청인이 모텔이나 호텔 등 숙박업소에 출입하는 사진 등을 정확히 남기지 못하였는데, 최근 남편이 사용하던 은행계좌의 통장정리를 통하여 2017. 12. 12. 불상의 시간에 남편과 피신청인이 주식회사 대명콘도의 델피노 리조트로 추정되는 숙박업소에서 하룻밤 머무른 사실을 확인하게 되었습니다(소갑 제5호증 신청인의 남편의 체크카드 내역).

나. 이에 신청인은 2017. 12. 12. 01:00부터 15:30 사이에 남편과 상대방이 함께

숙박업소인 주식회사 대명콘도의 설악지점인 델피노 리조트에 투숙하였는지 여부를 입증하기 위하여 증거보전을 신청합니다.

2. 보전할 증거
가. 보전할 증거
영상녹화물(2017. 12. 12. 01:00부터 02:00 및 같은 날 15:00부터 15:30 사이에 호텔의 주차장, 로비 및 카운터, 엘리베이터, 객실 복도에 설치된 각 CCTV에 촬영된 영상 중, 아래 신용카드를 사용한 남성이 촬영된 영상 녹화물)
신용카드 : 우리체크카드 ****-****-****-****

나. 증거의 소재
강원도 00군 00면 미시령옛길 델피노 00리조트
(㈜ 00레저산업,   대표이사 최00)
                관리책임자 : 김00
                1588-4888

다. 증거조사방법
델피노 리조트(강원도 00군 00면 미시령옛길)의 폐쇄회로 TV(CCTV)에 녹화되어 있는 영상 중 2017. 12. 12. 1:00부터 02:00까지 1시간 동안의 녹화영상및 같은 날 15:00부터 15:30까지 30분 동안의 녹화영상이 저장된 매체를 이 법원에 제출하라는 방법으로 증거를 보전하고자 합니다.

3. 증거보전의 필요성
해당 리조트에 문의한 바, CCTV화면은 30일 정도만 저장된다고 하여 곧 폐기될 사정이 존재합니다.
이에 이 사건 손해배상소송에서 위자료 청구의 쟁점인 청구인의 남편과 상대방 사이의 부정한 행위에 대한 입증을 위하여 2017. 12. 12. 해당 시간에 한하여 해당 리조트의 CCTV 영상녹화물에 대한 증거보전을 신청합니다.

소명방법

1. 소갑 제1호증의   1 신청인의 혼인관계증명서

                2 본안사건의 접수증

                3 본안사건의 사건진행내역

2. 소갑 제2호증   신청인의 남편과 피신청인의 사진

3. 소갑 제3호증   신청인의 남편과 피신청인의 사진

4. 소갑 제4호증   신신청인의 남편과 피신청인의 사진

5. 소갑 제5호증   신청인의 남편의 체크카드 내역

첨부서류

1. 증거소지인의 법인등기부등본
2. 소송위임장 및 담당변호사 지정서

2000.　0012.　　．

신청인의 소송대리인

법무법인 0 0

담당변호사 김 0 0

서울가정법원　귀중

■ 작성 · 접수방법

1. 증거보전신청서에는 ① 상대방의 표기, ② 증명할 사실, ③ 증거보전의 사유 등을 기재하여야 한다.
2. 신청서는 1부를 법원에 제출한다.
3. 인지는 1,000원을 첨부하며, 별도의 송달료는 납부하지 아니한다.

증거보전 신청서

신 청 인   ○ ○ ○
                        00시 00구 00로 000, 000동 0000호

피신청인   ○ ○ ○
                        주소불명

증거소지인   ○ ○ ○ ○ 보안관리자
                        00시 00구 000가 000
                        전화 : 02-000-000

신 청 취 지

증거소지인은 이 사건 결정을 송달받은 다음 날부터 7일 이내에 별지1 목록 기재 영상녹화물 및 별지2 목록 기재 차량 입·출차 기록이 저장된 매체 을 이 법원에 제출하라.

라는 재판을 구합니다.

신 청 이 유

1. 증명하여야 할 사실

신청인은 신청인의 배우자인 신청외 000와 부정한 행위를 한 피신청인을 상대로 하여 부정행위 등을 원인으로 한 손해배상(기) 청구소송을 제기할 예정에 있는바, 피신청인이 부정한 행위를 한 증거로서 00시 00구 00동 000 건물의 폐쇄회로티이브이(CCTV)에 녹화되어 있는 영상 및 위 000와 피신청인의 차량 입·출차 기록을 확보하여야 하나, 위 각 영상 및 차량 입·출차 기록이 시간이 경과되어 삭제될 우려가 있으므로 위 증거의 보전을 위하여 이 신청에 이른 것입니다.

2. 증거의 표시

별지 목록 기재와 같습니다.

3. 증거보전의 사유

가. 당사자 관계

신청인은 신청외 000와 2000. 00. 00. 혼인신고를 마친 법률상 부부이고, 피신청인은 신청인의 배우자인 위 000와 부정한 행위를 한 자입니다.

나. 혼인생활의 파탄

(1) 신청인과 신청외 000의 혼인 생활은 000가 피신청인을 만나 부정한 행위를 하기 전까지는 여느 부부처럼 생활하면서 큰 무리 없이 지내왔습니다.

(2) 그러나 신청인은 000가 가정생활에 소홀하면서 귀가 시간이 늦어지는 것을 보고 의아하게 생각하던 중, 우연히 위 0000 건물에 000와 피신청인이 함께 들어가는 것을 보고 000와 피신청인이 부정한 행위를 하고 있다는 것을 알게 되었습니다.

(3) 이에 신청인은 2022. 00. 00. ~ 2022. 00. 00. 9. 000이 근무하는 직장에 찾아갔고, 위 기간동안 000이 퇴근 후에 직장 대표인 피신청인과 각자의 차량을 가지고 위 0000 건물로 들어가 1시간 가량 머문 후 건물에서 나오는 모습을 직접 목격하였습니다(**별지1 목록 관련**).

(4) 신청인은 2022. 00. 00. 위 0000를 찾아가 위 건물 각 호실을 돌면서 피신청인과 000을 찾던 중, 000호에서 흘러나오는 익숙한 (신음)소리를 듣고, 000이 내는 소리임을 알아차렸습니다. 이에 신청인은 501호 앞에서 피신청인과 000이 문을 열고 나올 때까지 기다렸고, 이후 문을 열고 나오는 피신청인과 000을 대면했지만, 뻔뻔스럽게도 피신청인과 000은 부정행위 사실을 부인하였고 신청인이 문밖에서 들었던 000의 (신음)소리 조차 TV에서 흘러나온 소리였다는 등의 억지 주장을 하면서 오히려 적반하장으로 나올 뿐이었습니다(**소갑 제4호증 2022. 4. 13.자 사진**).

(5) 한편 신청인은 2000. 00.경 000이 화장품을 들고 집에 와서는, '직장에서 장기근속수당으로 화장품을 받았다'라고 한 말이 떠올라 000과 같은 직장에서 근무하고 있는 신청인의 지인에게 000의 직장에 수당 등이 있는지 물었는바, 000이 근무하고 있는 직장에 따로 수당도 없고 직장에서 직원에게 화장품을 준 사실도 없다

는 것을 확인하였습니다. 이에 신청인은 피신청인과 000이 늦어도 2021. 1.경부터 부정한 관계를 이어왔을 것이라는 판단을 하게 되었습니다(**별지2 기재 차량 입·출차 기록 기간 관련**).

다. 소결
위와 같이 신청인은 피신청인을 상대로 부정행위 등을 이유로 손해배상(기) 청구소송을 준비 중에 있는바, 그에 가장 직접적인 증거가 증거소지인에게 있고, 단시일 내에 멸실될 우려가 있어 보전이 필요합니다.

4. 관할에 관하여
신청인은 민사소송법 제376조 (증거보전의 관할) 제1항 소정에 따라 본안 소송 전에 목적물이 있는 곳의 관할인 귀 법원에 이 사건 증거보전 신청에 이른 것입니다.

소 명 방 법

1. 소갑 제1호증	혼인관계증명서
1. 소갑 제2호증	가족관계증명서
1. 소갑 제3호증	주민등록표등본
1. 소갑 제4호증	2022. 00. 00.자 사진

첨 부 서 류

1. 소송대리권신고서	1부

2022. 00.   00.
신청인의 소송대리인
변호사 000

00지방법원 귀중

목 록

00시 00구 000가 000-00 0000 제1동의 폐쇄회로티이브이(CCTV)에 녹화되어 있는 영상 중,

① 2022. 4. 9. 19:50경부터 20:20경까지, 같은 날 20:50경부터 21:20경까지
② 2022. 4. 8. 17:50경부터 18:20경까지, 같은 날 21:20경부터 21:50경까지
③ 2022. 4. 7. 17:40경부터 18:10경까지, 같은 날 18:40경부터 19:10경까지
④ 2022. 4. 6. 18:00경부터 18:30경까지, 같은 날 19:00경부터 19:30경까지
⑤ 2022. 4. 4. 17:50경부터 18:20경까지, 같은 날 18:40경부터 19:10경까지

위 0000제1동의 주차장, 엘리베이터(상시용 2대, 비상용 1대)의 각 녹화영상.

목 록

00시 00구 000가 0000-00 (도로명주소:) 0000 제1동 차량 입·출차 기록 중,

<u>2021. 1. 1.부터 조회시점까지의</u>

① 000000 흰색차량 (차량번호: 00가0000),
② 000000 검정색차량 (차량번호: 00두0000),

<u>각 차량의 입·출차 기록</u>

－끝－

저자약력

김동근 (행정사, 법학박사)

숭실대학교 법학과 졸업

숭실대학교 대학원 법학과 졸업(법학박사)

[대한민국법률전문도서 최다출간(KRI 한국기록원 공식인증)]

현, 숭실대학교 법과대학 법학과 겸임교수

대한행정사회 중앙연수교육원 교수

국가전문자격시험출제위원

행정심판학회 학회장

경기대학교 탄소중립협력단 전문위원

YMCA병설 월남시민문화연구소 연구위원

전, 서울시장후보 법률특보단장

대통령후보 탐정위원회 부위원장

공인행정사협회 법제위원회 위원장

숭실대학교 행정학부 초빙교수

공무원연금관리공단 행정사지원 양성과정 강사

저서, ■ 고소장부터 고발장 진정서 탄원서 합의서 진술서 사실확인서 내용증명 적성까지
(법률출판사)

■ 탐정학개론(법률출판사)

■ 탐정관련법(법률출판사)

■ 나홀로 하는 형사소송절차(진원사)

■ 증거수집 및 증거신청절차(진원사) 외 다수

한권으로 끝내는
고소장 작성 이론 및 실무

2024년 3월 20일   초판 1쇄 인쇄
2024년 3월 25일   초판 1쇄 발행

저   자   김동근
발 행 인   김용성
발 행 처   법률출판사
          서울시 동대문구 휘경로2길 3, 4층
          ☎ 02) 962-9154   팩스 02) 962-9156

등 록 번 호   제1-1982호
ISBN   978-89-5821-429-8   13360

e-mail :   lawnbook@hanmail.net

정 가 33,000원